U0896326

2021 蘭州统计年鉴

LANZHOU STATISTICAL YEARBOOK

兰州市统计局　国家统计局兰州调查队　编

中国统计出版社
China Statistics Press

图书在版编目（CIP）数据

兰州统计年鉴. 2021 = Lanzhou Statistical Yearbook 2021 / 兰州市统计局, 国家统计局兰州调查队编. -- 北京 ： 中国统计出版社, 2021.10
ISBN 978-7-5037-9601-2

Ⅰ. ①兰… Ⅱ. ①兰… ②国… Ⅲ. ①统计资料－兰州－2021－年鉴 Ⅳ. ①C832.421-54

中国版本图书馆CIP数据核字（2021）第158388号

兰州统计年鉴—2021

作　　者 / 兰州市统计局　国家统计局兰州调查队
责任编辑 / 钟钰
装帧设计 / 徐静斌
出版发行 / 中国统计出版社有限公司
地　　址 / 北京市丰台区西三环南路甲6号
邮政编码 / 100073
电　　话 / 邮购（010）63376909　书店（010）68783171
网　　址 / http：//www.zgtjcbs.com
印　　刷 / 甘肃澳翔印业有限公司
经　　销 / 新华书店
开　　本 / 890mm × 1240mm　1/16
字　　数 / 440千字
印　　张 / 24　彩页 0.75
版　　别 / 2021年10月第1版
版　　次 / 2021年10月第1次印刷
定　　价 / 280.00元

如有印装差错，由本社发行部调换。

《兰州统计年鉴—2021》编辑部

主　　编： 苏　勇

副 主 编： 任大雁　高亚萍　丁建强　赵光辉　刘　军　于文业　边怀银　张永斌　周晓玲　闫英国　周　旋

执行编辑： 左　晴

编　　辑： 马　晶　于新萍　王红霞　王学林　左　晴　付　源　包　铁　刘红卫　刘　英　刘　璇　刘玉香　朱安民　张志定　张亚玲　张翠青　宋亚莉　张兴元　李　伟　金泗红　陈文军　陈　宗　周志红　杨文选　武　琳　姜　丽　洪江平　袁得瑜　唐雅玲　高　娜　常　勃　郭永平　韩　莉　管伟琪　薛伊玲　魏　巍　魏怀东

编写人员： 王立杰　王华超　王兆中　王　健　王如琼　王　娜　史　续　冯玉祥　冯　宁　白玉叶　年婷婷　刘　赟　闫　静　许彦辉　齐随娟　李永敏　李淑婧　宋　卓　张祖华　张义正　张东红　陈立忠　罗景源　周毓秦　胡晓山　赵延炜　郝　钰　徐静斌　梁　昕　阎慧丹　寇　杨　谢友兰　傅　铭　韩永霞　崔国宇　慕芳芳　魏　薇

排　　版： 徐静斌

编 辑 说 明

一、《兰州统计年鉴—2021》是全面反映兰州市经济社会发展情况的资料性年刊。本书通过大量翔实可靠的资料，全面系统地记录了2020年兰州市经济发展和社会各方面的数据以及历史年份的重要数据，是各级党政部门以及国内外各界人士认识兰州、了解兰州必备的、不可缺少的综合性工具书。

二、《兰州统计年鉴—2021》分为两个部分。第一部分为特载篇，刊载了2020年全国、甘肃省、兰州市国民经济和社会发展统计公报；第二部分为统计资料篇，分综合、人口、工业、农业、投资、消费、财政金融、社会发展等十五个单元，反映了2020年兰州市及甘肃省十四个市州、全国各直辖市和重点城市的主要经济指标。为方便使用，每一部分资料后附有主要指标解释。

三、《兰州统计年鉴—2021》统计范围按兰州市行政辖区内全部经济社会活动计算。

四、与往年年鉴相比，《兰州统计年鉴—2021》在内容上主要做了如下修订：“综合”篇中删减了非公经济增加值和支出法地区生产总值核算的相关指标；依据第四次经济普查结果，对《兰州统计年鉴—2021》“综合篇”中历史年份的GDP及增加值相关指标数据进行了修订；“人口”篇根据国家统计口径和范围变化删除了部分指标，增加了第七次全国人口普查兰州部分数据表，并依据第七次全国人口普查结果，对历史年份的相关指标数据进行了修订；“工业”篇中删除了工业增加值绝对数和市属工业部分；“投资、建筑”篇中增加了“各区县固定资产投资项目个数统计表”；“财政、金融”篇中根据财政指标变化进行了调整，根据金融指标变化删除了“城乡居民人民币储蓄存款余额”表；“劳动、工资”篇根据国家统计口径和范围变化删除了部分指标；“人民生活”篇根据统计调查体系结构性调整，进行了相关表格的变更。

五、由于统计制度方法改革，有些统计指标的口径、包括范围和计算方法有所变化，使用时请注意。

六、所有价值指标为现价；发展（增长）速度按可比价计算。

七、年鉴中涉及的历史数据，均以最新出版的年鉴数据为准；由于国家核算制度和调查方法的原因，部分行业区域汇总数与全市数据存在一些误差；部分数据合计数或相对数由于单位取舍不同而产生的计算误差，均未做机械调整。

八、使用符号说明：年鉴各表中的“空格”表示该项统计指标数据不足本表最小单位数、数据不详或无该项数据；#表示其中项。

九、由于时间仓促，编辑水平有限，难免有错漏之处，恳请广大读者批评指正。对本年鉴编辑出版过程中，各部门和有关企事业单位给予的大力支持表示衷心的感谢！

《兰州统计年鉴—2021》编辑部

2021年10月

地区生产总值构成（%）

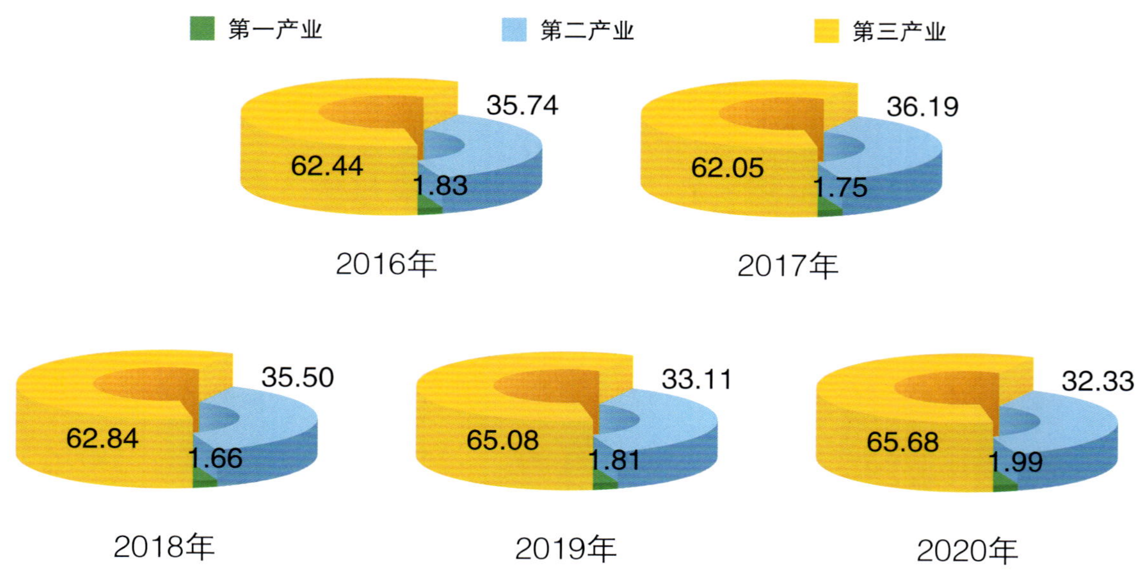

地区生产总值（亿元）

农林牧渔业增加值（亿元）

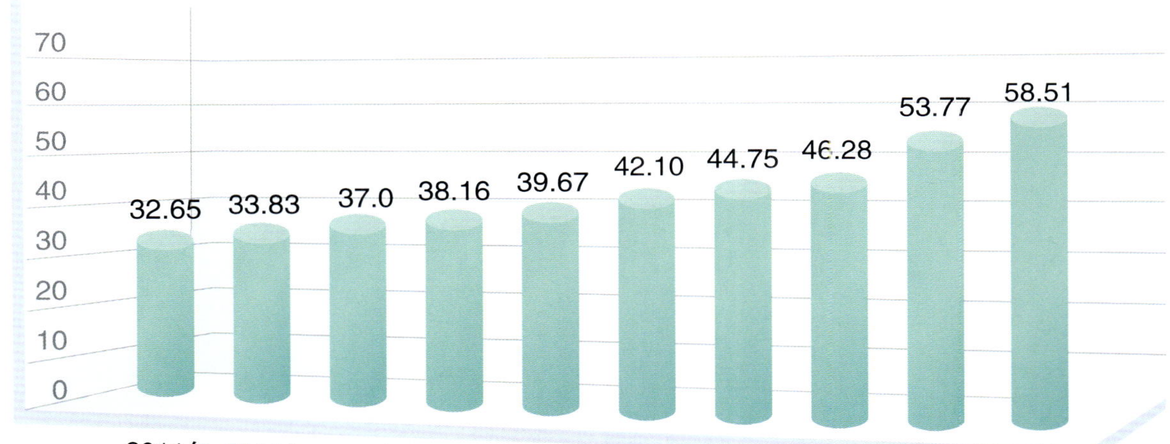

主要农产品产量（万吨）

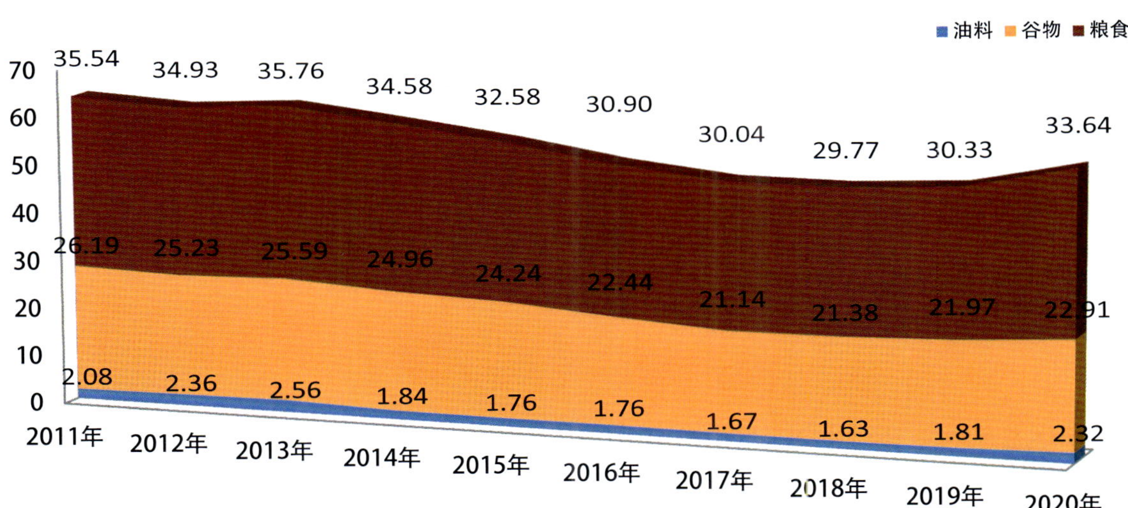

人均GDP（元）

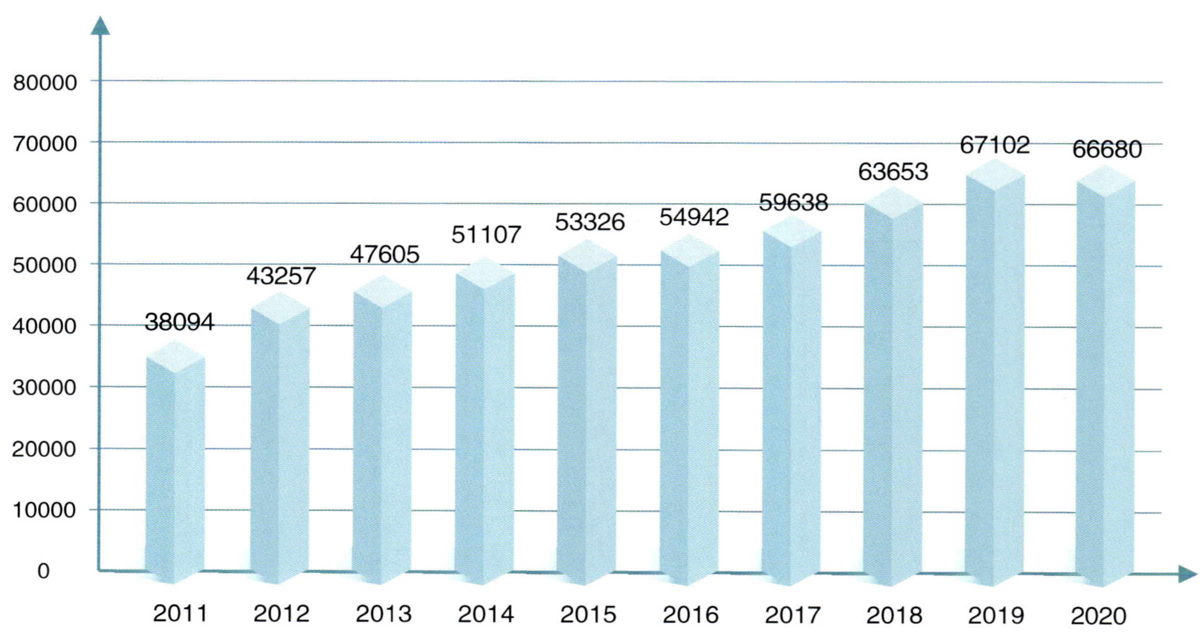

工业增加值（亿元）

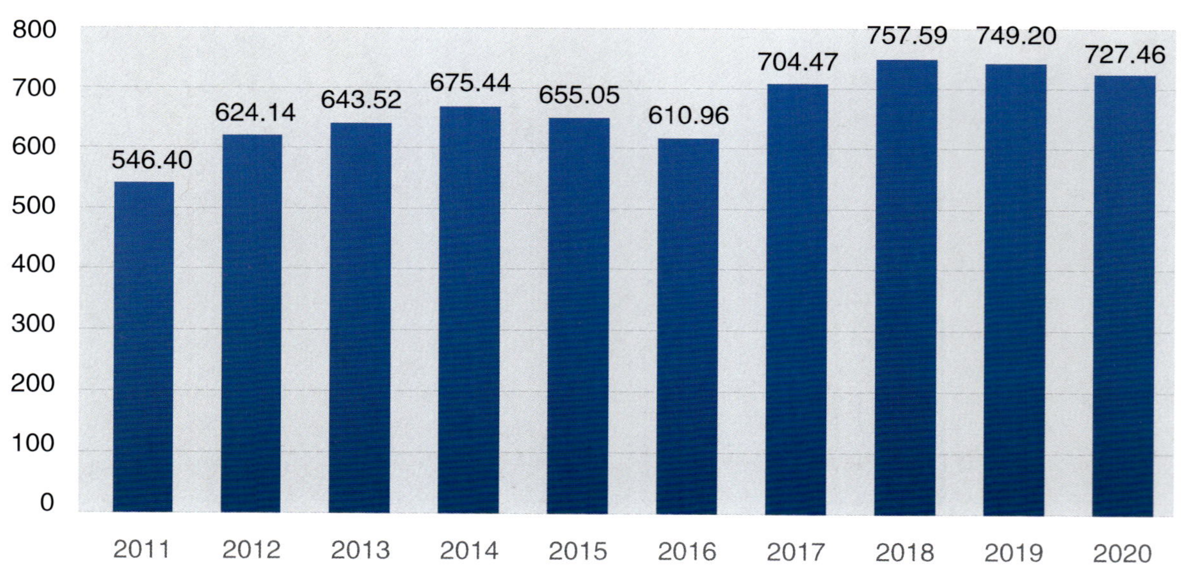

房地产开发投资（亿元）

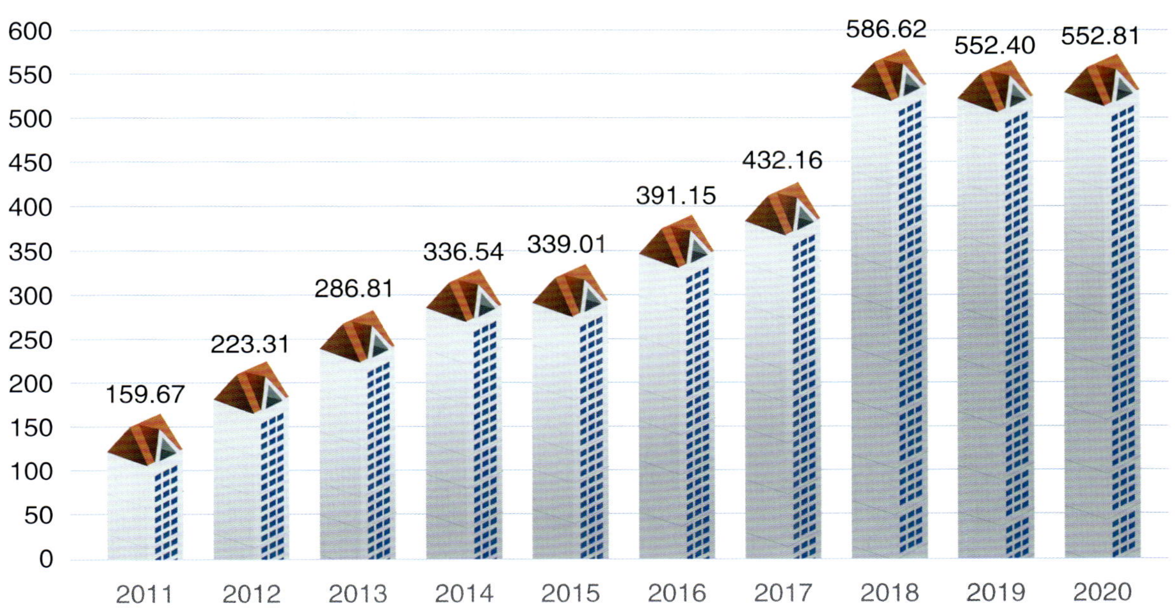

社会消费品零售总额（亿元）

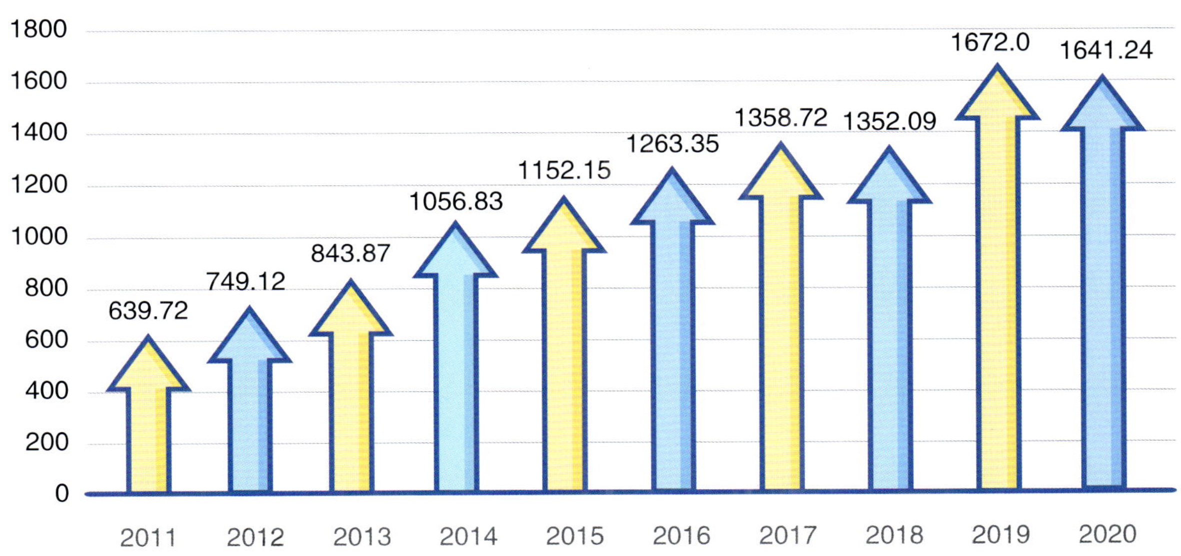

文化产业增加值及占GDP比重（亿元、%）

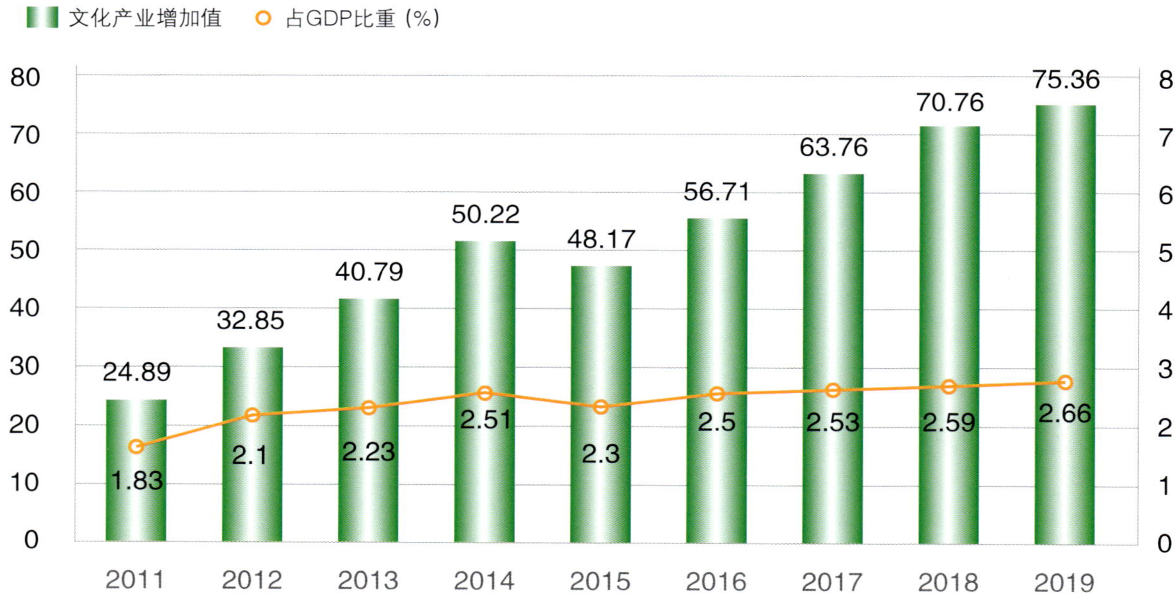

R&D经费内部支出及占GDP比重（亿元、%）

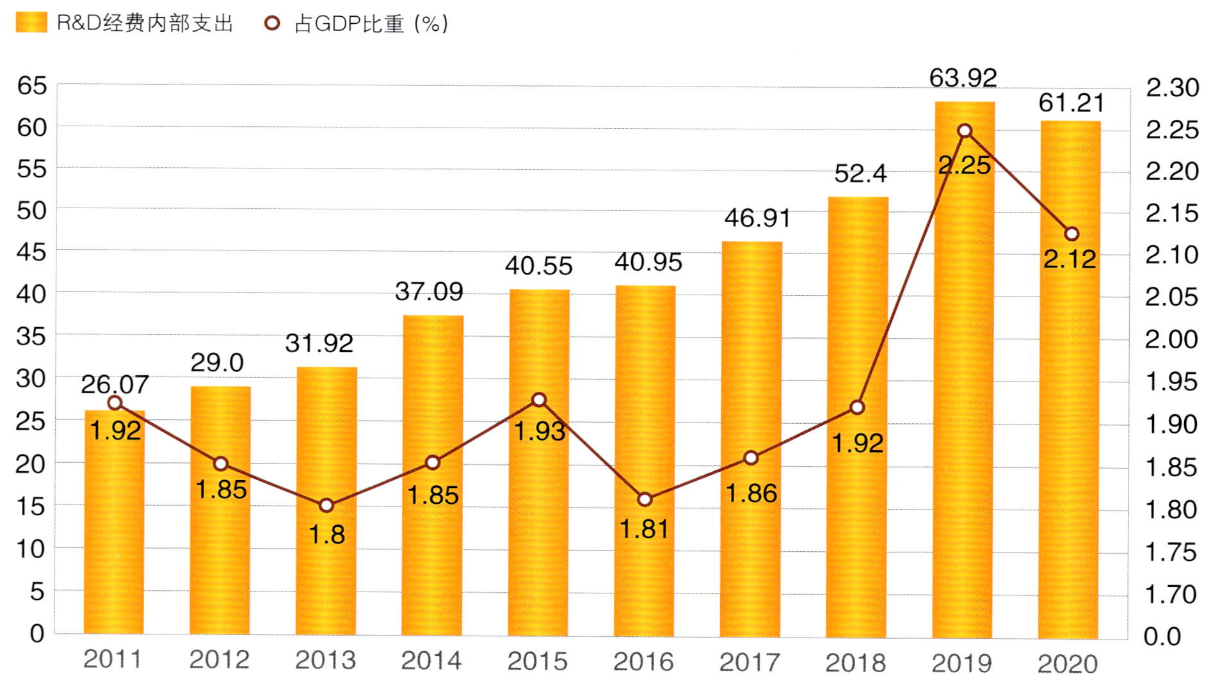

社会从业人数（万人）

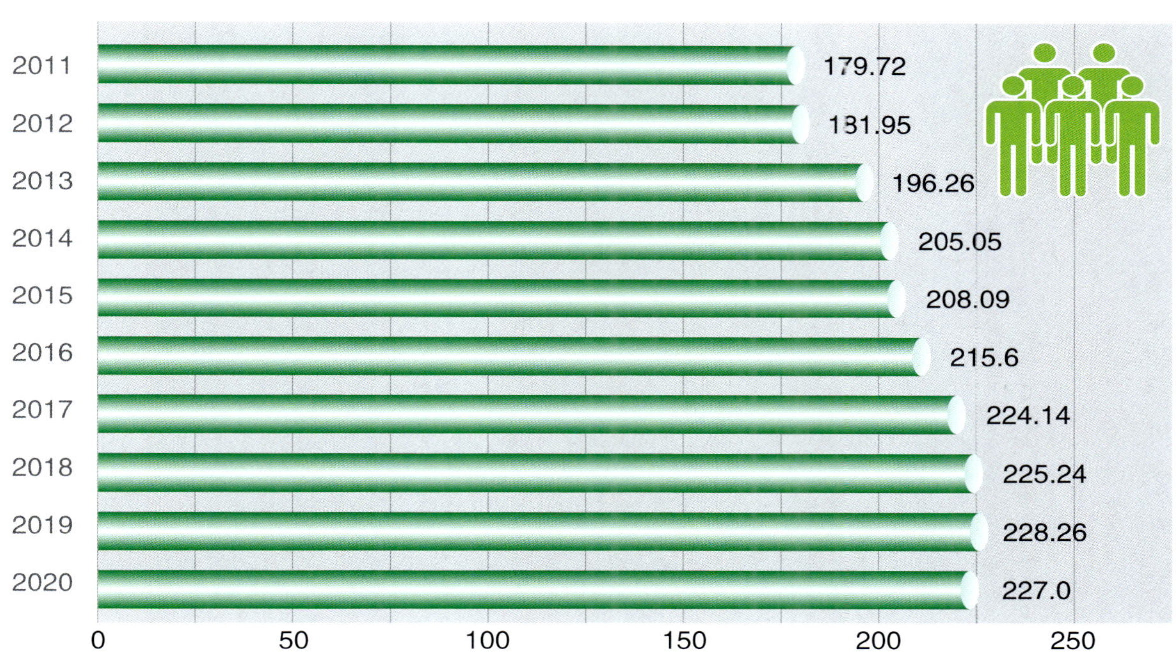

城镇非私营单位在岗职工平均工资（元）

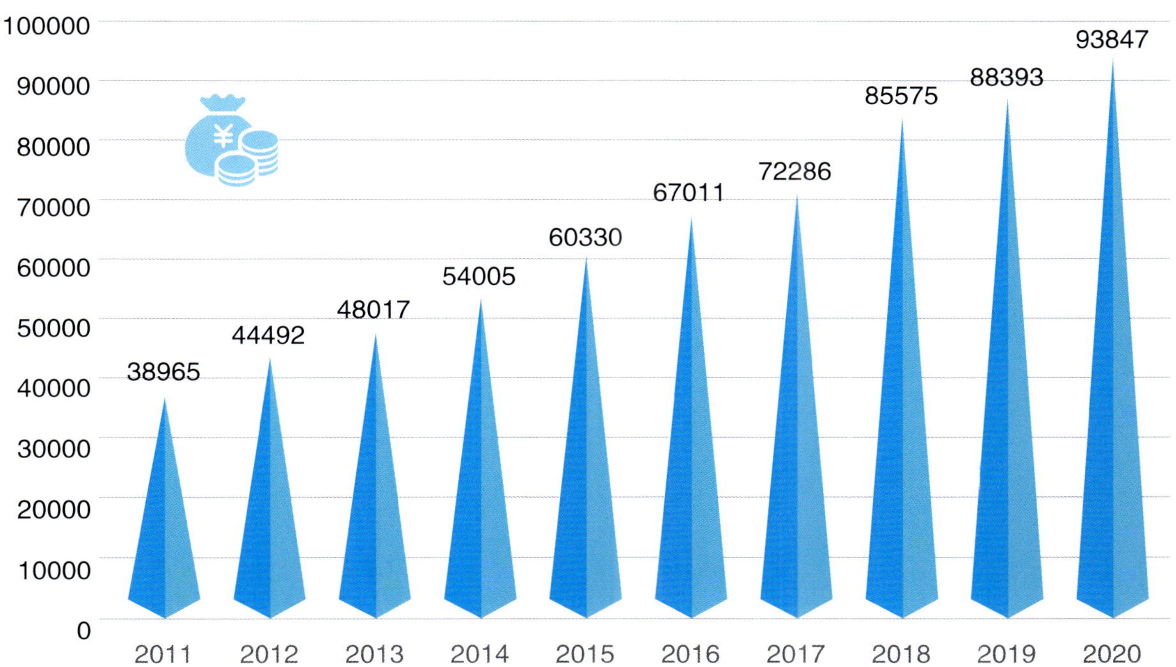

城镇居民人均可支配收入（元）

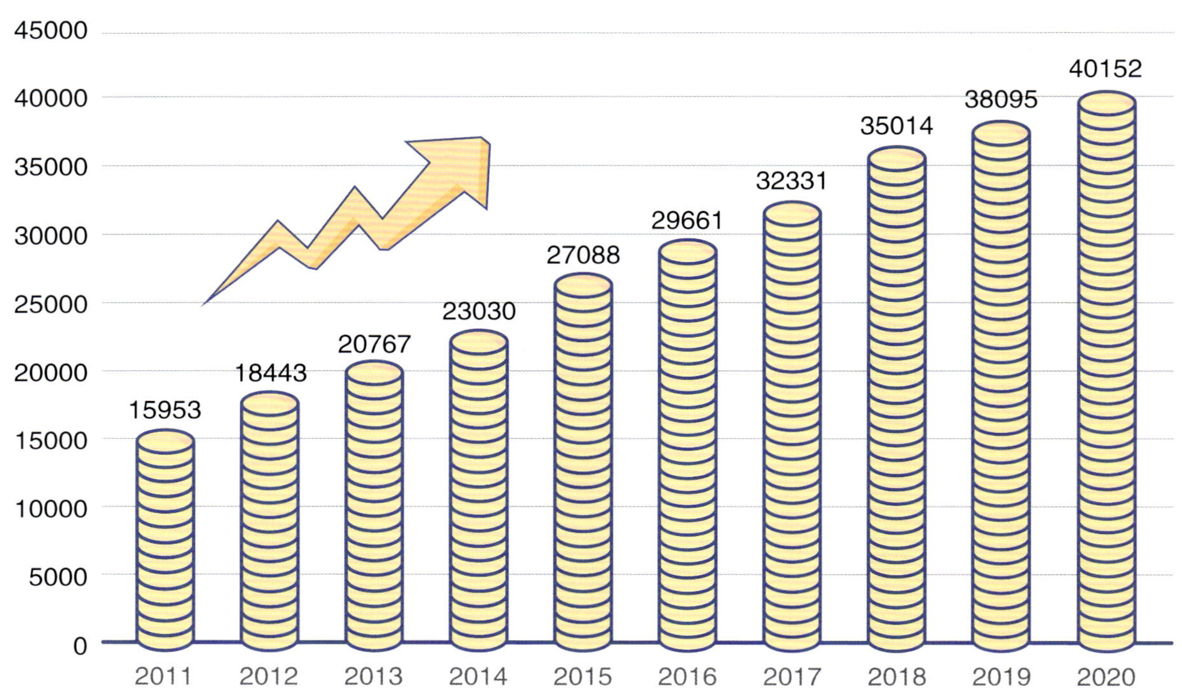

农村居民人均可支配收入（元）

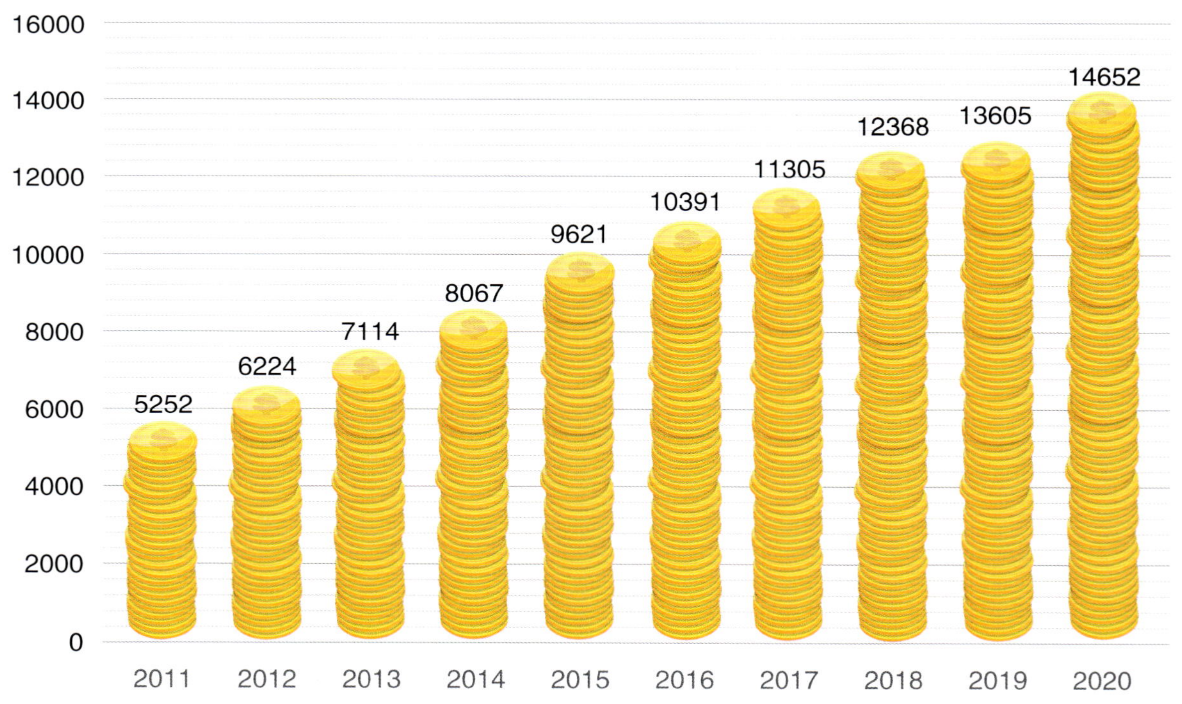

目 录

统 计 公 报

统 计 资 料

一、综合

二、人口

三、工业、能源

四、交通运输业

五、农业

六、投资、建筑

七、城市建设

八、商业、物价

九、财政、金融

十、劳动、工资

十一、教育、科技文化

十二、卫生、司法

十三、人民生活

十四、市州主要经济指标

十五、全国主要指标对比

中华人民共和国2020年国民经济和社会发展统计公报[1]

国家统计局

2021年2月28日

2020年是新中国历史上极不平凡的一年。面对严峻复杂的国际形势、艰巨繁重的国内改革发展稳定任务特别是新冠肺炎疫情的严重冲击，以习近平同志为核心的党中央统揽全局，保持战略定力，准确判断形势，精心谋划部署，果断采取行动，付出艰苦努力，及时作出统筹疫情防控和经济社会发展的重大决策。各地区各部门坚持以习近平新时代中国特色社会主义思想为指导，全面贯彻党的十九大和十九届二中、三中、四中、五中全会精神，按照党中央、国务院决策部署，沉着冷静应对风险挑战，坚持高质量发展方向不动摇，统筹疫情防控和经济社会发展，扎实做好“六稳”工作，全面落实“六保”任务，我国经济运行逐季改善、逐步恢复常态，在全球主要经济体中唯一实现经济正增长，脱贫攻坚战取得全面胜利，决胜全面建成小康社会取得决定性成就，交出一份人民满意、世界瞩目、可以载入史册的答卷。

一、综合[2]

初步核算，全年国内生产总值[3]1015986亿元，比上年增长2.3%。其中，第一产业增加值77754亿元，增长3.0%；第二产业增加值384255亿元，增长2.6%；第三产业增加值553977亿元，增长2.1%。第一产业增加值占国内生产总值比重为7.7%，第二产业增加值比重为37.8%，第三产业增加值比重为54.5%。全年最终消费支出拉动国内生产总值下降0.5个百分点，资本形成总额拉动国内生产总值增长2.2个百分点，货物和服务净出口拉动国内生产总值增长0.7个百分点。分季度看，一季度国内生产总值同比下降6.8%，二季度增长3.2%，三季度增长4.9%，四季度增长6.5%。预计全年人均国内生产总值72447元，比上年增长2.0%。国民总收入[4]1009151亿元，比上年增长1.9%。全国万元国内生产总值能耗[5]比上年下降0.1%。预计全员劳动生产率[6]为117746元/人，比上年提高2.5%。

全年城镇新增就业1186万人，比上年少增166万人。年末全国城镇调查失业率为5.2%，城镇登记失业率为4.2%。全国农民工[7]总量28560万人，比上年下降1.8%。其中，外出农民工16959万人，下降2.7%；本地农民工11601万人，下降0.4%。

全年居民消费价格比上年上涨2.5%。工业生产者出厂价格下降1.8%。工业生产者购进价格下降2.3%。农产品生产者价格[8]上涨15.0%。12月份，70个大中城市新建商品住宅销售价格同比上涨的城市个数为60个，下降的为10个。

图1 2016-2020年全国内生产总值及其增长速度

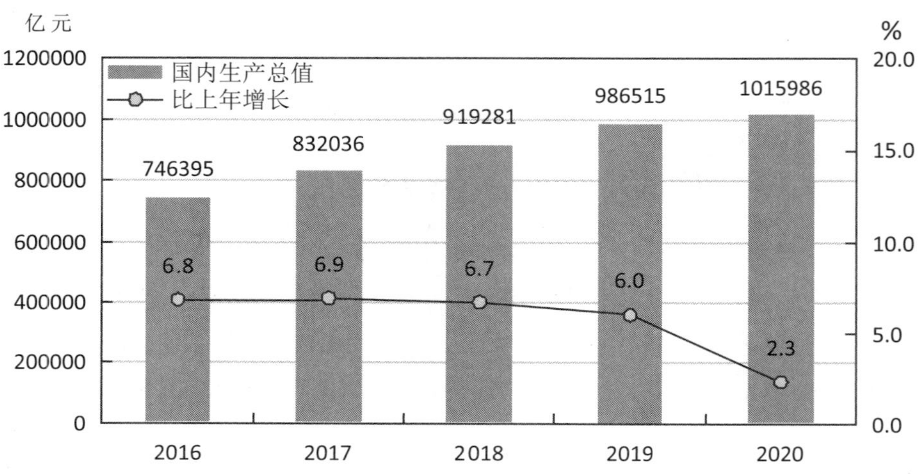

图2 2016-2020年三次产业增加值占国内生产总值比重

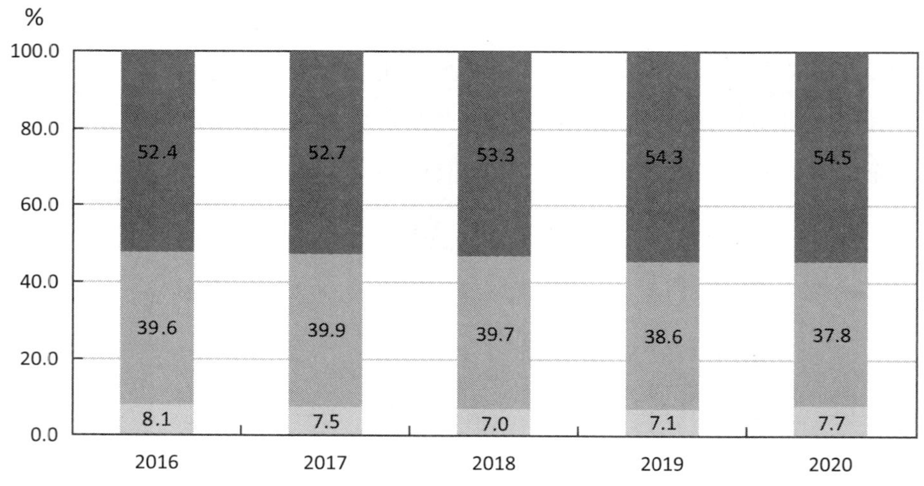

图3 2016-2020年城镇新增就业人数

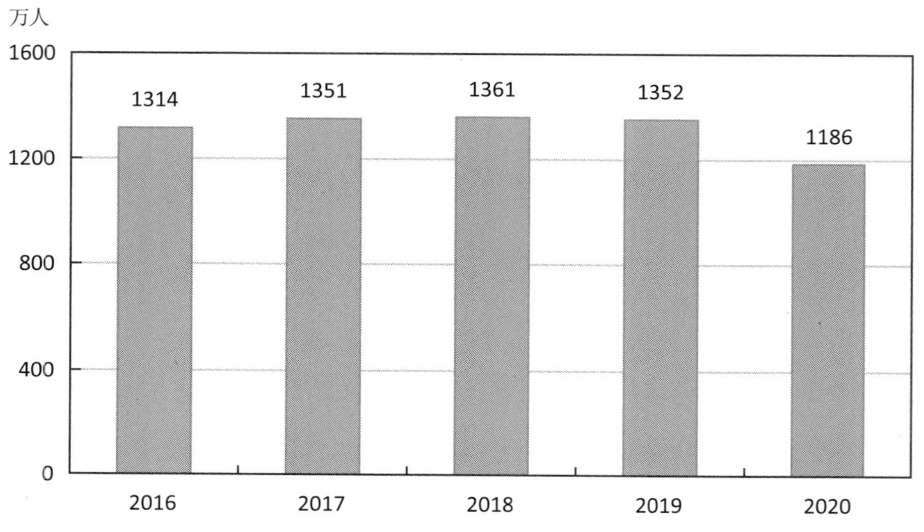

图4　2020年居民消费价格月度涨跌幅度

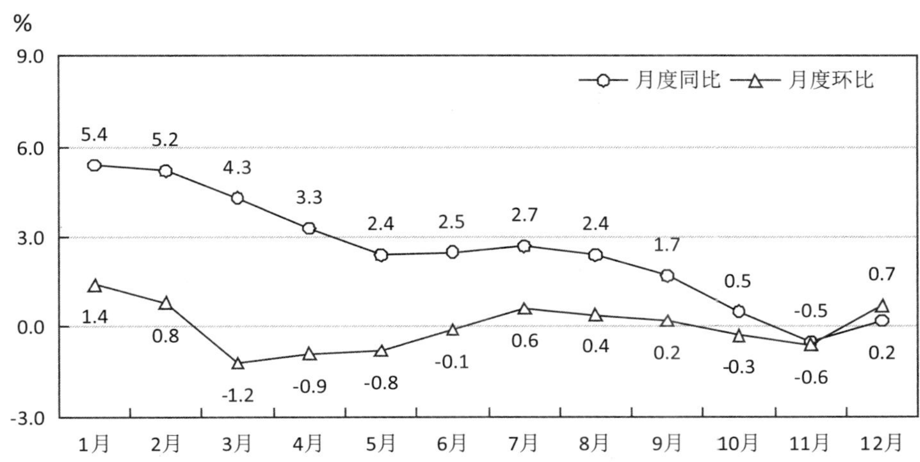

表1　2020年居民消费价格比上年涨跌幅度

单位：%

指标	全国		
		城市	农村
居民消费价格	2.5	2.3	3.0
其中：食品烟酒	8.3	7.8	9.6
衣　着	−0.2	−0.2	−0.3
居　住[9]	−0.4	−0.4	−0.5
生活用品及服务	0.0	0.1	−0.1
交通和通信	−3.5	−3.6	−3.2
教育文化和娱乐	1.3	1.4	1.1
医疗保健	1.8	1.7	2.0
其他用品和服务	4.3	4.4	4.1

年末国家外汇储备32165亿美元，比上年末增加1086亿美元。全年人民币平均汇率为1美元兑6.8974元人民币，比上年升值0.02%。

三大攻坚战取得决定性成就。按照每人每年生活水平2300元（2010年不变价）的现行农村贫困标准计算，551万农村贫困人口全部实现脱贫。党的十八大以来，9899万农村贫困人口全部实现脱贫，贫困县全部摘帽，绝对贫困历史性消除。全年贫困地区[10]农村居民人均可支配收入12588元，比上年增长8.8%，扣除价格因素，实际增长5.6%。在监测的337个地级及以上城市中，全年空气质量达标的城市占59.9%，未达标的城市占40.1%。细颗粒物（PM2.5）未达标城市（基于2015年PM2.5年平均浓度未达标的262个城市）年平均浓度37微克/立方米，比上年下降7.5%。1940个国家地表水考核断面中，全年水质优良（Ⅰ～Ⅲ类）断面比例为83.4%，Ⅳ类断面比例为13.6%，Ⅴ类断面比例为2.4%，劣Ⅴ类断面比例为0.6%。年末全国地方政府债务余额控制在全国人大批准的限额之内。金融风险处置取得重要阶段性成果。

图5 2016-2020年年末国家外汇储备

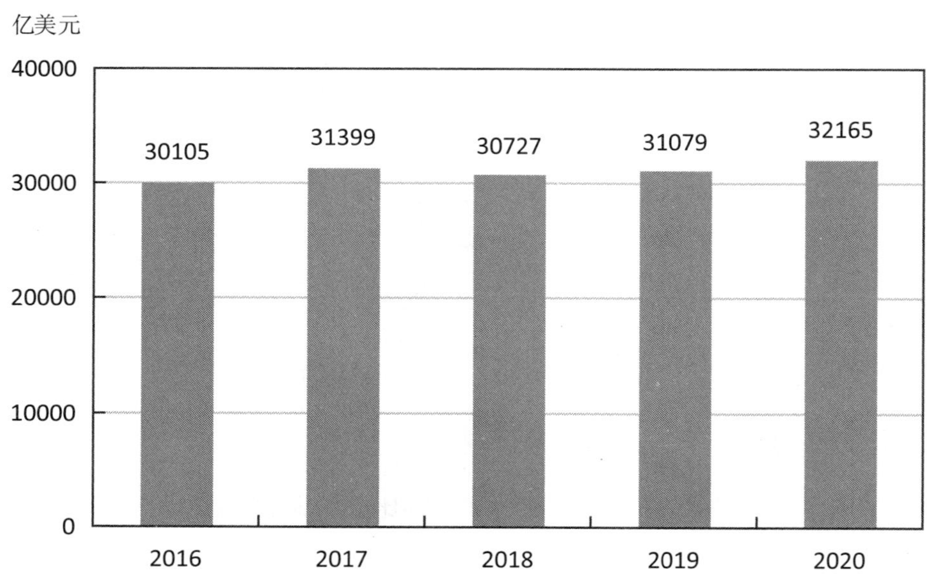

新产业新业态新模式逆势成长。全年规模以上工业中，高技术制造业[11]增加值比上年增长7.1%，占规模以上工业增加值的比重为15.1%；装备制造业[12]增加值增长6.6%，占规模以上工业增加值的比重为33.7%。全年规模以上服务业[13]中，战略性新兴服务业[14]企业营业收入比上年增长8.3%。全年高技术产业投资[15]比上年增长10.6%。全年新能源汽车产量145.6万辆，比上年增长17.3%；集成电路产量2614.7亿块，增长29.6%。全年网上零售额[16]117601亿元，按可比口径计算，比上年增长10.9%。全年新登记市场主体2502万户，日均新登记企业2.2万户，年末市场主体总数达1.4亿户。

城乡区域协调发展稳步推进。年末常住人口城镇化率超过60%。分区域看[17]，全年东部地区生产总值525752亿元，比上年增长2.9%；中部地区生产总值222246亿元，增长1.3%；西部地区生产总值213292亿元，增长3.3%；东北地区生产总值51125亿元，增长1.1%。全年京津冀地区生产总值86393亿元，比上年增长2.4%；长江经济带地区生产总值471580亿元，增长2.7%；长江三角洲地区生产总值244714亿元，增长3.3%。粤港澳大湾区建设、黄河流域生态保护和高质量发展等区域重大战略深入实施。

二、农业

全年粮食种植面积11677万公顷，比上年增加70万公顷。其中，稻谷种植面积3008万公顷，增加38万公顷；小麦种植面积2338万公顷，减少35万公顷；玉米种植面积4126万公顷，减少2万公顷。棉花种植面积317万公顷，减少17万公顷。油料种植面积1313万公顷，增加20万公顷。糖料种植面积157万公顷，减少4万公顷。

全年粮食产量66949万吨，比上年增加565万吨，增产0.9%。其中，夏粮产量14286万吨，增产0.9%；早稻产量2729万吨，增产3.9%；秋粮产量49934万吨，增产0.7%。全年谷物产量61674万吨，比上年增产0.5%。其中，稻谷产量21186万吨，增产1.1%；小麦产量13425万吨，增产0.5%；玉米产量26067万吨，持平略减。

图6　2016-2020年粮食产量

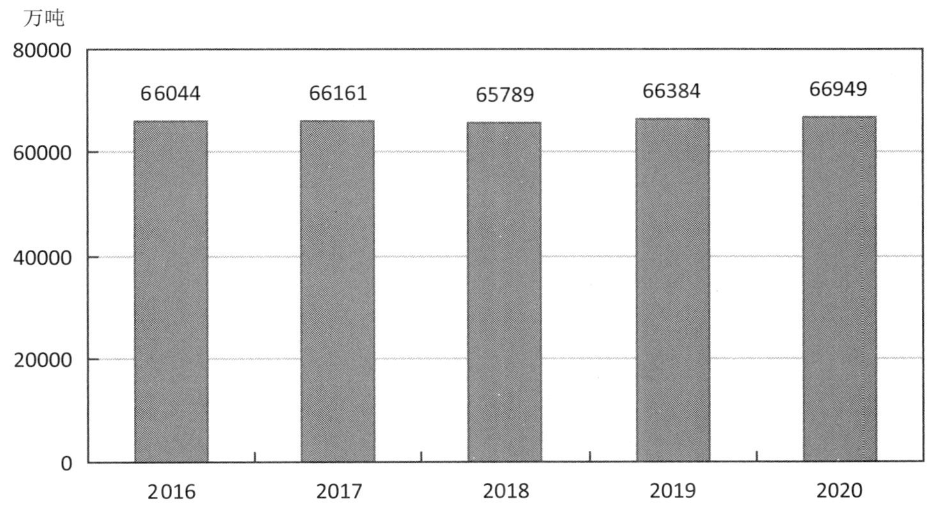

全年棉花产量591万吨，比上年增产0.4%。油料产量3585万吨，增产2.6%。糖料产量12028万吨，减产1.2%。茶叶产量297万吨，增产7.1%。

全年猪牛羊禽肉产量7639万吨，比上年下降0.1%。其中，猪肉产量4113万吨，下降3.3%；牛肉产量672万吨，增长0.8%；羊肉产量492万吨，增长1.0%；禽肉产量2361万吨，增长5.5%。禽蛋产量3468万吨，增长4.8%。牛奶产量3440万吨，增长7.5%。年末生猪存栏40650万头，比上年末增长31.0%；全年生猪出栏52704万头，比上年下降3.2%。

全年水产品产量6545万吨，比上年增长1.0%。其中，养殖水产品产量5215万吨，增长3.0%；捕捞水产品产量1330万吨，下降5.0%。

全年木材产量8727万立方米，比上年下降13.1%。

全年新增耕地灌溉面积43万公顷，新增高效节水灌溉面积160万公顷。

三、工业和建筑业

全年全部工业增加值313071亿元，比上年增长2.4%。规模以上工业增加值增长2.8%。在规模以上工业中，分经济类型看，国有控股企业增加值增长2.2%；股份制企业增长3.0%，外商及港澳台商投资企业增长2.4%；私营企业增长3.7%。分门类看，采矿业增长0.5%，制造业增长3.4%，电力、热力、燃气及水生产和供应业增长2.0%。

图7　2016-2020年全部工业增加值及其增长速度

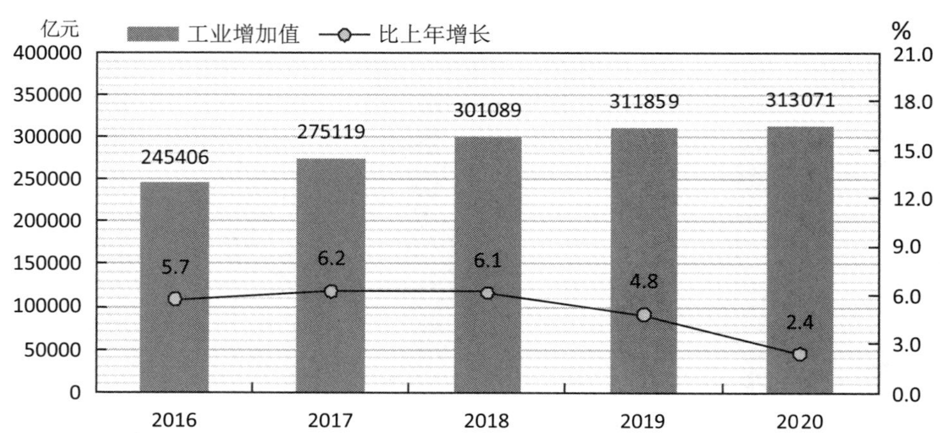

全年规模以上工业中，农副食品加工业增加值比上年下降1.5%，纺织业增长0.7%，化学原料和化学制品制造业增长3.4%，非金属矿物制品业增长2.8%，黑色金属冶炼和压延加工业增长6.7%，通用设备制造业增长5.1%，专用设备制造业增长6.3%，汽车制造业增长6.6%，电气机械和器材制造业增长8.9%，计算机、通信和其他电子设备制造业增长7.7%，电力、热力生产和供应业增长1.9%。

表2　2020年主要工业产品产量及其增长速度[18]

产品名称	单位	产量	比上年增长（%）
纱	万吨	2618.3	-7.4
布	亿米	460.3	-17.1
化学纤维	万吨	6126.5	4.1
成品糖	万吨	1431.3	3.0
卷烟	亿支	23863.7	0.9
彩色电视机	万台	19626.2	3.3
其中：液晶电视机	万台	19247.2	3.0
家用电冰箱	万台	9014.7	14.0
房间空气调节器	万台	21035.3	-3.8
一次能源生产总量	亿吨标准煤	40.8	2.8
原煤	亿吨	39.0	1.4
原油	万吨	19476.9	1.6
天然气	亿立方米	1925.0	9.8
发电量	亿千瓦小时	77790.6	3.7
其中：火电[19]	亿千瓦小时	53302.5	2.1
水电	亿千瓦小时	13552.1	3.9
核电	亿千瓦小时	3662.5	5.1
粗钢	万吨	106476.7	7.0
钢材[20]	万吨	132489.2	10.0

产品名称	单位	产量	比上年增长（%）
十种有色金属	万吨	6188.4	5.5
其中：精炼铜（电解铜）	万吨	1002.5	2.5
原铝（电解铝）	万吨	3708.0	5.6
水泥	亿吨	24.0	2.5
硫酸（折100%）	万吨	9238.2	1.3
烧碱（折100%）	万吨	3673.9	6.2
乙烯	万吨	2160.0	5.2
化肥（折100%）	万吨	5496.0	-4.1
发电机组（发电设备）	万千瓦	13226.2	38.3
汽车	万辆	2532.5	-1.4
其中：基本型乘用车（轿车）	万辆	923.9	-10.2
运动型多用途乘用车（SUV）	万辆	905.0	2.6
大中型拖拉机	万台	34.6	23.0
集成电路	亿块	2614.7	29.6
程控交换机	万线	702.5	-11.1
移动通信手持机	万台	146961.8	-13.3
微型计算机设备	万台	37800.4	10.6
工业机器人	万台（套）	21.2	20.7

年末全国发电装机容量220058万千瓦，比上年末增长9.5%。其中[21]，火电装机容量124517万千瓦，增长4.7%；水电装机容量37016万千瓦，增长3.4%；核电装机容量4989万千瓦，增长2.4%；并网风电装机容量28153万千瓦，增长34.6%；并网太阳能发电装机容量25343万千瓦，增长24.1%。

全年规模以上工业企业利润64516亿元，比上年增长4.1%[22]。分经济类型看，国有控股企业利润14861亿元，比上年下降2.9%；股份制企业45445亿元，增长3.4%，外商及港澳台商投资企业18234亿元，增长7.0%；私营企业20262亿元，增长3.1%。分门类看，采矿业利润3553亿元，比上年下降31.5%；制造业55795亿元，增长7.6%；电力、热力、燃气及水生产和供应业5168亿元，增长4.9%。全年规模以上工业企业每百元营业收入中的成本为83.89元，比上年减少0.11元；营业收入利润率为6.08%，提高0.20个百分点。年末规模以上工业企业资产负债率为56.1%，比上年末下降0.3个百分点。全年全国工业产能利用率[23]为74.5%，其中一、二、三、四季度分别为67.3%、74.4%、76.7%、78.0%。

全年全社会建筑业增加值72996亿元，比上年增长3.5%。全国具有资质等级的总承包和专业承包建筑业企业利润8303亿元，比上年增长0.3%，其中国有控股企业2871亿元，增长4.7%。

图8 2016-2020年建筑业增加值及其增长速度

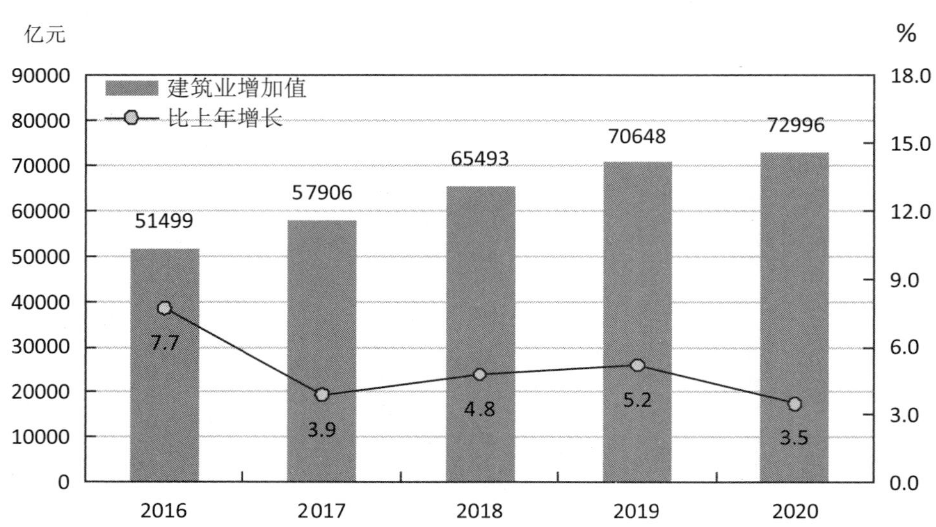

四、服务业

全年批发和零售业增加值95686亿元，比上年下降1.3%；交通运输、仓储和邮政业增加值41562亿元，增长0.5%；住宿和餐饮业增加值15971亿元，下降13.1%；金融业增加值84070亿元，增长7.0%；房地产业增加值74553亿元，增长2.9%；信息传输、软件和信息技术服务业增加值37951亿元，增长16.9%；租赁和商务服务业增加值31616亿元，下降5.3%。全年规模以上服务业企业营业收入比上年增长1.9%，利润总额下降7.0%。

图9 2016-2020年服务业增加值及其增长速度

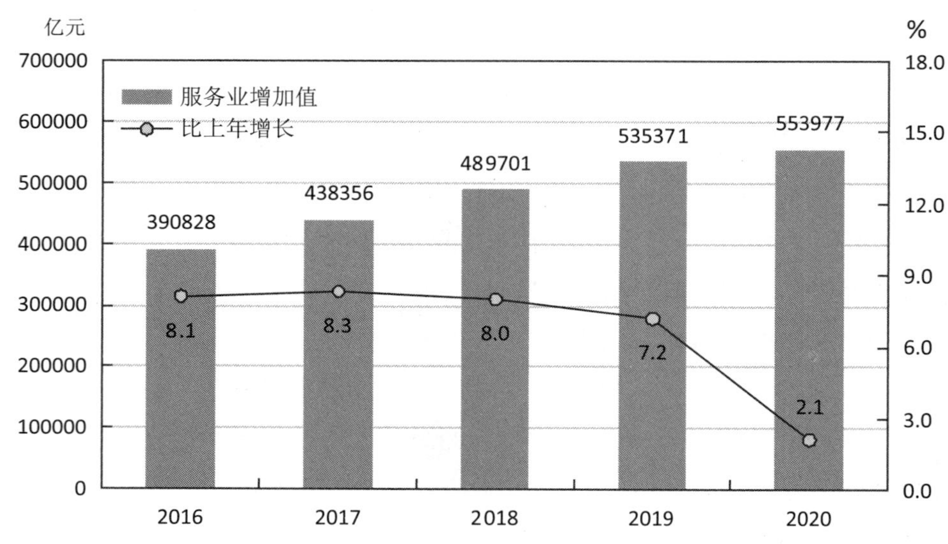

全年货物运输总量[24]463亿吨，货物运输周转量196618亿吨公里。全年港口完成货物吞吐量145亿吨，比上年增长4.3%，其中外贸货物吞吐量45亿吨，增长4.0%。港口集装箱吞吐量26430万标准箱，增长1.2%。

表3　2020年各种运输方式完成货物运输量及其增长速度

指标	单位	绝对数	比上年增长（%）
货物运输总量	亿吨	463.4	–0.5
铁路	亿吨	44.6	3.2
公路	亿吨	342.6	–0.3
水运	亿吨	76.2	–3.3
民航	万吨	676.6	–10.2
货物运输周转量	亿吨公里	196618.3	–1.0
铁路	亿吨公里	30371.8	1.0
公路	亿吨公里	60171.8	0.9
水运	亿吨公里	105834.4	–2.5
民航	亿吨公里	240.2	–8.7

全年旅客运输总量97亿人次，比上年下降45.1%。旅客运输周转量19251亿人公里，下降45.5%。

表4　2020年各种运输方式完成旅客运输量及其增长速度

指标	单位	绝对数	比上年增长（%）
旅客运输总量	亿人次	96.7	–45.1
铁路	亿人次	22.0	–39.8
公路	亿人次	68.9	–47.0
水运	亿人次	1.5	–45.2
民航	亿人次	4.2	–36.7
旅客运输周转量	亿人公里	19251.4	–45.5
铁路	亿人公里	8266.2	–43.8
公路	亿人公里	4641.0	–47.6
水运	亿人公里	33.0	–58.0
民航	亿人公里	6311.2	–46.1

年末全国民用汽车保有量28087万辆（包括三轮汽车和低速货车748万辆），比上年末增加1937万辆，其中私人汽车保有量24393万辆，增加1758万辆。民用轿车保有量15640万辆，增加996万辆，其中

私人轿车保有量14674万辆，增加973万辆。

全年完成邮政行业业务总量[25]21053亿元，比上年增长29.7%。邮政业全年完成邮政函件业务14.2亿件，包裹业务0.2亿件，快递业务量833.6亿件，快递业务收入8795亿元。全年完成电信业务总量[26]136758亿元，比上年增长28.1%。年末全国电话用户总数177598万户，其中移动电话用户159407万户。移动电话普及率为113.9部/百人。固定互联网宽带接入用户[27]48355万户，比上年末增加3427万户，其中固定互联网光纤宽带接入用户[28]45414万户，增加3675万户。全年移动互联网用户接入流量1656亿GB，比上年增长35.7%。年末互联网上网人数9.89亿人，其中手机上网人数[29]9.86亿人。互联网普及率为70.4%，其中农村地区互联网普及率为55.9%。全年软件和信息技术服务业[30]完成软件业务收入81616亿元，按可比口径计算，比上年增长13.3%。

图10　2016-2020年快递业务量及其增长速度

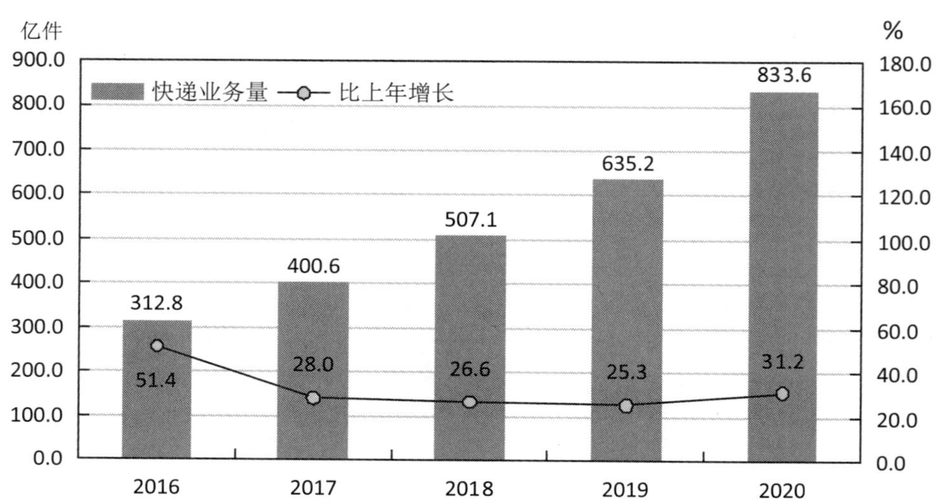

图11　2016-2020年年末固定互联网宽带接入用户数

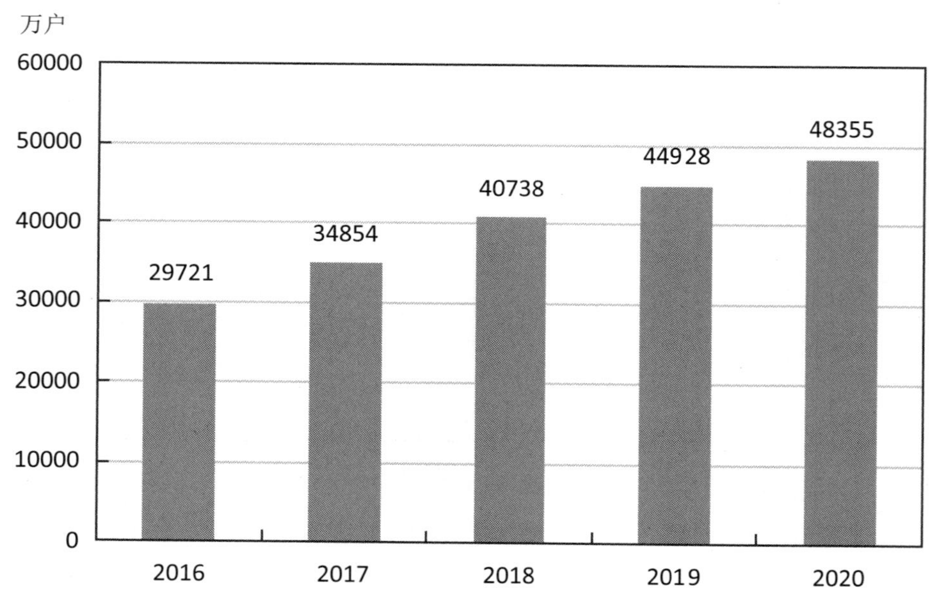

五、国内贸易

全年社会消费品零售总额391981亿元，比上年下降3.9%。按经营地统计，城镇消费品零售额339119亿元，下降4.0%；乡村消费品零售额52862亿元，下降3.2%。按消费类型统计，商品零售额352453亿元，下降2.3%；餐饮收入额39527亿元，下降16.6%。

图12　2016-2020年社会消费品零售总额[31]

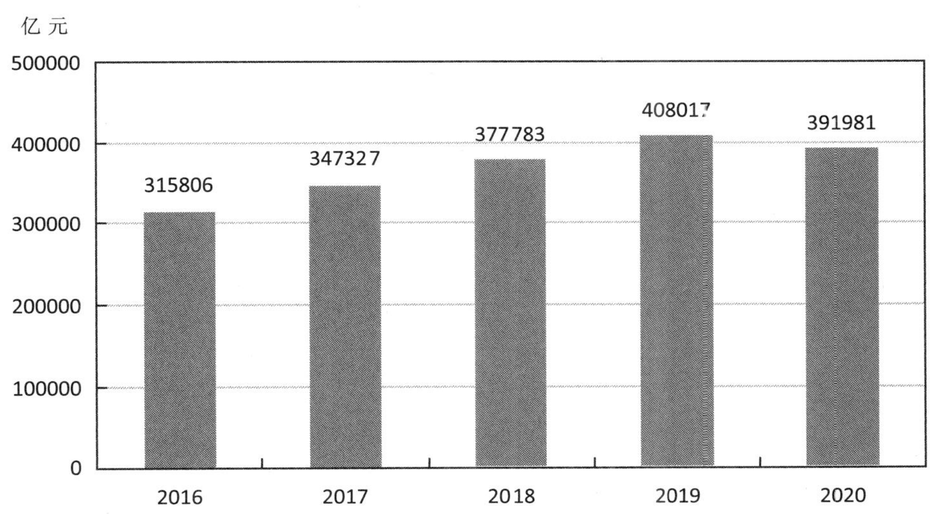

全年限额以上单位商品零售额中，粮油、食品类零售额比上年增长9.9%，饮料类增长14.0%，烟酒类增长5.4%，服装、鞋帽、针纺织品类下降6.6%，化妆品类增长9.5%，金银珠宝类下降4.7%，日用品类增长7.5%，家用电器和音像器材类下降3.8%，中西药品类增长7.8%，文化办公用品类增长5.8%，家具类下降7.0%，通讯器材类增长12.9%，建筑及装潢材料类下降2.8%，石油及制品类下降14.5%，汽车类下降1.8%。

全年实物商品网上零售额97590亿元，按可比口径计算，比上年增长14.8%，占社会消费品零售总额的比重为24.9%，比上年提高4.0个百分点。

六、固定资产投资

全年全社会固定资产投资[32]527270亿元，比上年增长2.7%。其中，固定资产投资（不含农户）518907亿元，增长2.9%。分区域看[33]，东部地区投资比上年增长3.8%，中部地区投资增长0.7%，西部地区投资增长4.4%，东北地区投资增长4.3%。

在固定资产投资（不含农户）中，第一产业投资13302亿元，比上年增长19.5%；第二产业投资149154亿元，增长0.1%；第三产业投资356451亿元，增长3.6%。民间固定资产投资[34]289264亿元，增长1.0%。基础设施投资[35]增长0.9%。

图13　2020年三次产业投资占固定资产投资（不含农户）比重

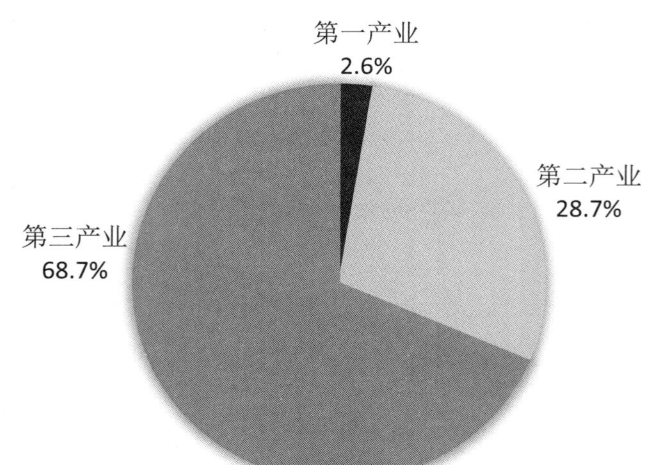

表5　2020年分行业固定资产投资（不含农户）增长速度

行　业	比上年增长（%）	行　业	比上年增长（%）
总 计	2.9	金融业	−13.
农、林、牧、渔业	19.1	房地产业[36]	5.0
采矿业	−14.1	租赁和商务服务业	5.0
制造业	−2.2	科学研究和技术服务业	3.4
电力、热力、燃气及水生产和供应业	17.6	水利、环境和公共设施管理业	0.2
建筑业	9.2	居民服务、修理和其他服务业	−2.9
批发和零售业	−21.5	教育	12.3
交通运输、仓储和邮政业	1.4	卫生和社会工作	26.8
住宿和餐饮业	−5.5	文化、体育和娱乐业	1.0
信息传输、软件和信息技术服务业	18.7	公共管理、社会保障和社会组织	−6.4

表6　2020年固定资产投资新增主要生产与运营能力

指标	单位	绝对数
新增220千伏及以上变电设备	万千伏安	22288
新建铁路投产里程	公里	4933
其中：高速铁路	公里	2521
增、新建铁路复线投产里程	公里	3380
电气化铁路投产里程	公里	5480
新改建高速公路里程	公里	12713
港口万吨级码头泊位新增通过能力	万吨/年	30562
新增民用运输机场	个	3
新增光缆线路长度	万公里	428

全年房地产开发投资141443亿元，比上年增长7.0%。其中住宅投资104446亿元，增长7.6%；办公楼投资6494亿元，增长5.4%；商业营业用房投资13076亿元，下降1.1%。年末商品房待售面积49850万

平方米，比上年末增加29万平方米。其中，商品住宅待售面积22379万平方米，减少94万平方米。

全年全国各类棚户区改造开工209万套，基本建成203万套。全面完成74.21万户[37]建档立卡贫困户脱贫攻坚农村危房改造扫尾工程任务。

表7 2020年房地产开发和销售主要指标及其增长速度

指标	单位	绝对数	比上年增长（%）
投资额	亿元	141443	7.0
其中：住宅	亿元	104446	7.6
房屋施工面积	万平方米	926759	3.7
其中：住宅	万平方米	655558	4.4
房屋新开工面积	万平方米	224433	-1.2
其中：住宅	万平方米	164329	-1.9
房屋竣工面积	万平方米	91218	-4.9
其中：住宅	万平方米	65910	-3.1
商品房销售面积	万平方米	176086	2.6
其中：住宅	万平方米	154878	3.2
本年到位资金	亿元	193115	8.1
其中：国内贷款	亿元	26676	5.7
个人按揭贷款	亿元	29976	9.9

七、对外经济

全年货物进出口总额321557亿元，比上年增长1.9%。其中，出口179326亿元，增长4.0%；进口142231亿元，下降0.7%。货物进出口顺差37096亿元，比上年增加7976亿元。对"一带一路"[38]沿线国家进出口总额93696亿元，比上年增长1.0%。其中，出口54263亿元，增长3.2%；进口39433亿元，下降1.8%。

图14 2016-2020年货物进出口总额

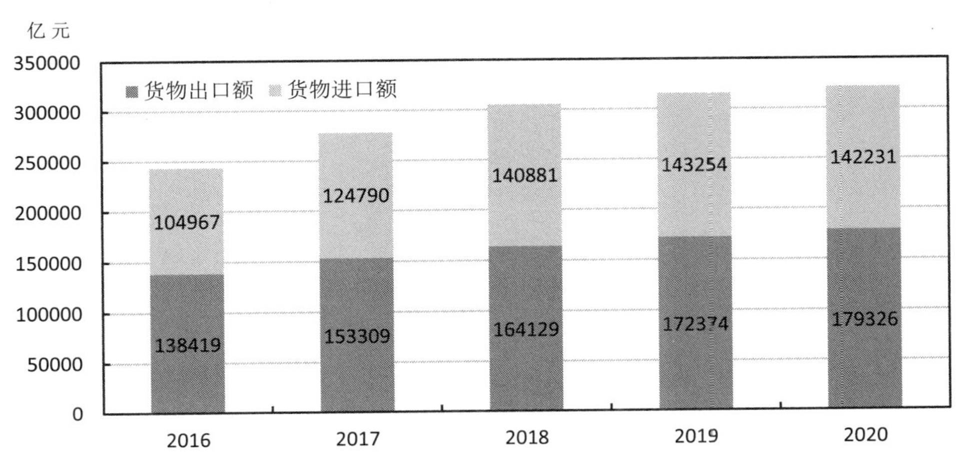

表8 2020年货物进出口总额及其增长速度

指标	金额（亿元）	比上年增长（%）
货物进出口总额	321557	1.9
货物出口额	179326	4.0
其中：一般贸易	106460	6.9
加工贸易	48589	-4.2
其中：机电产品	106608	6.0
高新技术产品	53692	6.5
货物进口额	142231	-0.7
其中：一般贸易	86048	-0.7
加工贸易	27853	-3.2
其中：机电产品	65625	4.8
高新技术产品	47160	7.2
货物进出口顺差	37096	—

表9 2020年主要商品出口数量、金额及其增长速度

商品名称	单位	数量	比上年增长（%）	金额（亿元）	比上年增长（%）
钢材	万吨	5367	-16.5	3151	-14.8
纺织纱线、织物及制品	—	—	—	10695	30.4
服装及衣着附件	—	—	—	9520	-6.0
鞋靴	万双	740137	-22.4	2454	-20.9
家具及其零件	—	—	—	4039	12.2
箱包及类似容器	万吨	201	-34.7	1429	-23.9
玩具	—	—	—	2317	7.7
塑料制品	—	—	—	5902	20.0
集成电路	亿个	2598	18.8	8056	15.0
自动数据处理设备及其零部件	—	—	—	14599	12.0
手机	万台	96640	-2.8	8647	0.4
集装箱	万个	198	-17.9	508	10.5
液晶显示板	万个	126747	-15.9	1370	-7.1
汽车（包括底盘）	万辆	108	-13.2	1090	-3.2

表10　2020年主要商品进口数量、金额及其增长速度

商品名称	单位	数量	比上年增长（%）	金额（亿元）	比上年增长（%）
大豆	万吨	10033	13.3	2743	12.5
食用植物油	万吨	983	3.1	515	17.7
铁矿砂及其精矿	万吨	117010	9.5	8229	17.8
煤及褐煤	万吨	30399	1.5	1411	–12.1
原油	万吨	54239	7.3	12218	–26.8
成品油	万吨	2835	–7.2	818	–30.4
天然气	万吨	10166	5.3	2315	–19.4
初级形状的塑料	万吨	4063	10.1	3628	–1.2
纸浆	万吨	3063	12.7	1088	–7.6
钢材	万吨	2023	64.4	1165	19.8
未锻轧铜及铜材	万吨	668	34.1	2988	33.4
集成电路	亿个	5435	22.1	24207	14.8
汽车（包括底盘）	万辆	93	–11.4	3242	–3.5

表11　2020年对主要国家和地区货物进出口金额、增长速度及其比重

国家和地区	出口额（亿元）	比上年增长（%）	占全部出口比重（%）	进口额（亿元）	比上年增长（%）	占全部进口比重（%）
东盟	26550	7.0	14.8	20807	6.9	14.6
欧盟[39]	27084	7.2	15.1	17874	2.6	12.6
美国	31279	8.4	17.4	9319	10.1	6.6
日本	9883	0.1	5.5	12090	2.1	8.5
韩国	7787	1.8	4.3	11957	0.0	8.4
中国香港	18830	–2.2	10.5	482	–22.9	0.3
中国台湾	4163	9.5	2.3	13873	16.2	9.8
巴西	2417	–1.5	1.3	5834	5.8	4.1
俄罗斯	3506	2.1	2.0	3960	–6.1	2.8
印度	4613	–10.5	2.6	1445	16.7	1.0
南非	1055	–7.5	0.6	1422	–20.4	1.0

全年服务进出口总额45643亿元，比上年下降15.7%。其中，服务出口19357亿元，下降1.1%；服务进口26286亿元，下降24.0%。服务进出口逆差6929亿元。

全年外商直接投资（不含银行、证券、保险领域）新设立企业38570家，比上年下降5.7%。实际使用外商直接投资金额10000亿元，增长6.2%，折1444亿美元，增长4.5%。其中“一带一路”沿线国家对华直接投资（含通过部分自由港对华投资）新设立企业4294家，下降23.2%；对华直接投资金额574亿元，下降0.3%，折83亿美元，下降1.8%。全年高技术产业实际使用外资2963亿元，增长11.4%，折428亿美元，增长9.5%。

表12　2020年外商直接投资（不含银行、证券、保险领域）及其增长速度

行业	企业数（家）	比上年增长（%）	实际使用金额（亿元）	比上年增长（%）
总计	38570	-5.7	10000	6.2
其中：农、林、牧、渔业	493	-0.4	40	4.9
制造业	3732	-30.8	2156	-10.8
电力、热力、燃气及水生产和供应业	260	-11.9	217	-9.4
交通运输、仓储和邮政业	592	0.2	347	12.1
信息传输、软件和信息技术服务业	3521	-18.0	1133	13.3
批发和零售业	10812	-21.9	819	33.3
房地产业	1190	13.3	1407	-12.5
租赁和商务服务业	7513	30.1	1838	22.6
居民服务、修理和其他服务业	447	23.8	21	-42.4

全年对外非金融类直接投资额7598亿元，比上年下降0.4%，折1102亿美元，下降0.4%。其中，对“一带一路”沿线国家非金融类直接投资额178亿美元，增长18.3%。

表13　2020年对外非金融类直接投资额及其增长速度

行业	金额（亿美元）	比上年增长（%）
总计	1101.5	-0.4
其中：农、林、牧、渔业	13.9	-9.7
采矿业	50.9	-32.3
制造业	199.7	-0.5
电力、热力、燃气及水生产和供应业	27.8	10.3
建筑业	51.6	-39.4
批发和零售业	160.7	27.8
交通运输、仓储和邮政业	26.5	-52.3
信息传输、软件和信息技术服务业	67.1	9.6
房地产业	27.3	-43.4
租赁和商务服务业	417.9	17.5

全年对外承包工程完成营业额10756亿元，比上年下降9.8%，折1559亿美元，下降9.8%。其中，对“一带一路”沿线国家完成营业额911亿美元，下降7.0%，占对外承包工程完成营业额比重为58.4%。对外劳务合作派出各类劳务人员30万人。

八、财政金融

全年全国一般公共预算收入182895亿元，比上年下降3.9%。其中税收收入154310亿元，下降2.3%。全国一般公共预算支出245588亿元，比上年增长2.8%。全年新增减税降费超过2.5万亿元。

年末广义货币供应量（M2）余额218.7万亿元，比上年末增长10.1%；狭义货币供应量（M1）余额62.6万亿元，增长8.6%；流通中货币（M0）余额8.4万亿元，增长9.2%。

图15　2016-2020年全国一般公共预算收入

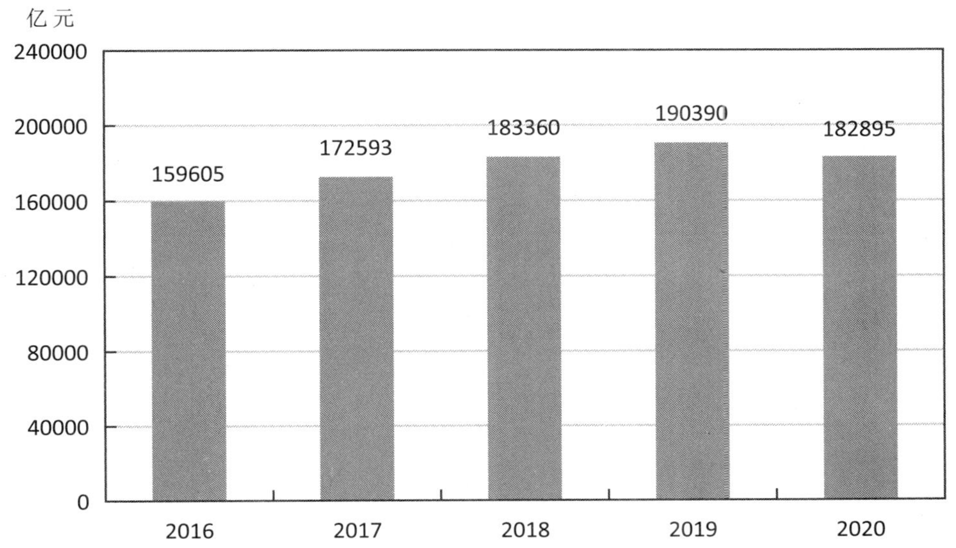

注：图中2016年至2019年数据为全国一般公共预算收入决算数，2020年为执行数。

全年社会融资规模增量[40]34.9万亿元，按可比口径计算，比上年多9.2万亿元；年末社会融资规模存量[41]284.8万亿元，按可比口径计算，比上年末增长13.3%，其中对实体经济发放的人民币贷款余额171.6万亿元，增长13.2%。年末全部金融机构本外币各项存款余额218.4万亿元，比年初增加20.2万亿元，其中人民币各项存款余额212.6万亿元，增加19.6万亿元。全部金融机构本外币各项贷款余额178.4万亿元，增加19.8万亿元，其中人民币各项贷款余额172.7万亿元，增加19.6万亿元。人民币普惠金融贷款[42]余额21.5万亿元，增加4.2万亿元。

表14　2020年年末全部金融机构本外币存贷款余额及其增长速度

指标	年末数（亿元）	比上年末增长（%）
各项存款	2183744	10.2
其中：境内住户存款	934383	13.8
其中：人民币	925986	13.9
境内非金融企业存款	688218	10.8
各项贷款	1784034	12.5
其中：境内短期贷款	492682	4.3
境内中长期贷款	1137504	17.1

年末主要农村金融机构（农村信用社、农村合作银行、农村商业银行）人民币贷款余额215886亿元，比年初增加25210亿元。全部金融机构人民币消费贷款余额495668亿元，增加55994亿元。其中，个人短期消费贷款余额87774亿元，增加7177亿元；个人中长期消费贷款余额407894亿元，增加48817亿元。

全年沪深交易所A股累计筹资[43]15417亿元，比上年增加1883亿元。首次公开发行上市A股394只，筹资4742亿元，比上年增加2252亿元，其中科创板股票145只，筹资2226亿元；A股再融资（包括公开增发、定向增发、配股、优先股、可转债转股）10674亿元，减少370亿元。全年各类主体通过沪深交易所发行债券（包括公司债、可转债、可交换债、政策性金融债、地方政府债和企业资产支持证券）筹资84777亿元，比上年增加12791亿元。全国中小企业股份转让系统[44]挂牌公司8187家，全年挂牌公司累计股票筹资339亿元。

全年发行公司信用类债券[45]14.2万亿元，比上年增加3.5万亿元。

全年保险公司原保险保费收入[46]45257亿元，比上年增长6.1%。其中，寿险业务原保险保费收入23982亿元，健康险和意外伤害险业务原保险保费收入9347亿元，财产险业务原保险保费收入11929亿元。支付各类赔款及给付13907亿元。其中，寿险业务给付3715亿元，健康险和意外伤害险业务赔款及给付3237亿元，财产险业务赔款6955亿元。

九、居民收入消费和社会保障

全年全国居民人均可支配收入32189元，比上年增长4.7%，扣除价格因素，实际增长2.1%。全国居民人均可支配收入中位数[47]27540元，增长3.8%。按常住地分，城镇居民人均可支配收入43834元，比上年增长3.5%，扣除价格因素，实际增长1.2%。城镇居民人均可支配收入中位数40378元，增长2.9%。农村居民人均可支配收入17131元，比上年增长6.9%，扣除价格因素，实际增长3.8%。农村居民人均可支配收入中位数15204元，增长5.7%。城乡居民人均可支配收入比值为2.56，比上年缩小0.08。按全国居民五等份收入分组[48]，低收入组人均可支配收入7869元，中间偏下收入组人均可支配收入16443元，中间收入组人均可支配收入26249元，中间偏上收入组人均可支配收入41172元，高收入组人均可支配收入80294元。全国农民工人均月收入4072元，比上年增长2.8%。

全年全国居民人均消费支出21210元，比上年下降1.6%，扣除价格因素，实际下降4.0%。其中，人均服务性消费支出[49]9037元，比上年下降8.6%，占居民人均消费支出的比重为42.6%。按常住地分，城镇居民人均消费支出27007元，下降3.8%，扣除价格因素，实际下降6.0%；农村居民人均消费支出13713元，增长2.9%，扣除价格因素，实际下降0.1%。全国居民恩格尔系数为30.2%，其中城镇为29.2%，农村为32.7%。

图16　2016-2020年全国居民人均可支配收入及其增长速度

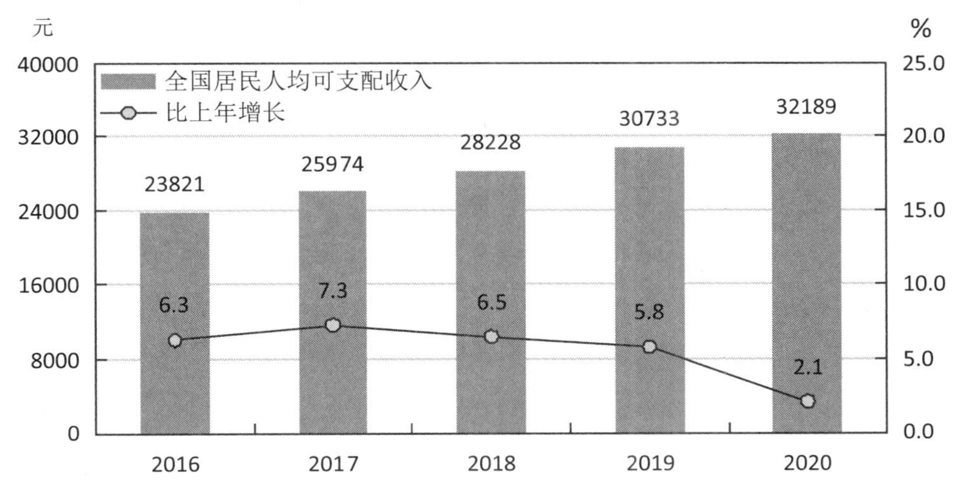

图17　2020年全国居民人均消费支出及其构成

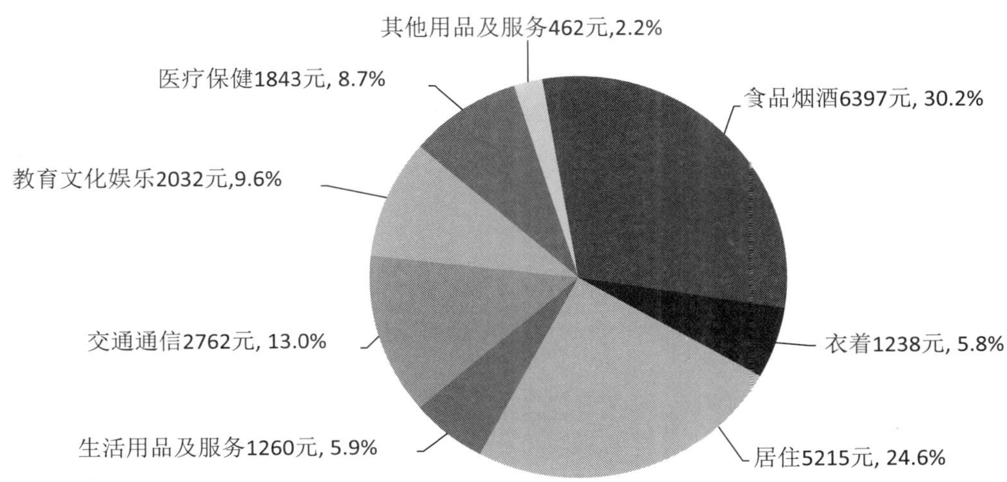

年末全国参加城镇职工基本养老保险人数45638万人，比上年末增加2150万人。参加城乡居民基本养老保险人数54244万人，增加978万人。参加基本医疗保险人数136101万人，增加693万人。其中，参加职工基本医疗保险人数34423万人，增加1498万人；参加城乡居民基本医疗保险人数101678万人。参加失业保险人数21689万人，增加1147万人。年末全国领取失业保险金人数270万人。参加工伤保险人数26770万人，增加1291万人，其中参加工伤保险的农民工8934万人，增加318万人。参加生育保险人数23546万人，增加2129万人。年末全国共有805万人享受城市最低生活保障，3621万人享受农村最低生活保障，447万人享受农村特困人员[50]救助供养，全年临时救助[51]1341万人次。全年资助8990万人参加基本医疗保险，实施直接救助[52]7300万人次。全年国家抚恤、补助退役军人和其他优抚对象837万人。

年末全国共有各类提供住宿的社会服务机构4.1万个，其中养老机构3.8万个，儿童服务机构735个。社会服务床位[53]850.9万张，其中养老服务床位823.8万张，儿童服务床位9.8万张。年末共有社区服务中心2.9万个，社区服务站39.3万个。

十、科学技术和教育

全年研究与试验发展（R&D）经费支出24426亿元，比上年增长10.3%，与国内生产总值之比为2.40%，其中基础研究经费1504亿元。国家科技重大专项共安排198个项目（课题），国家自然科学基金共资助4.57万个项目。截至年末，正在运行的国家重点实验室522个，国家工程研究中心（国家工程实验室）350个，国家企业技术中心1636家，大众创业万众创新示范基地212家。国家级科技企业孵化器[54]1173家，国家备案众创空间[55]2386家。全年授予专利权363.9万件，比上年增长40.4%；PCT专利申请受理量[56]7.2万件。截至年末，有效专利1219.3万件，其中境内有效发明专利221.3万件，预计每万人口发明专利拥有量15.8件。全年商标注册576.1万件，比上年下降10.1%。全年共签订技术合同55万项，技术合同成交金额28252亿元，比上年增长26.1%。

图18　216-2020年研究成果与试验发展（R&D）经费支出及其增长速度

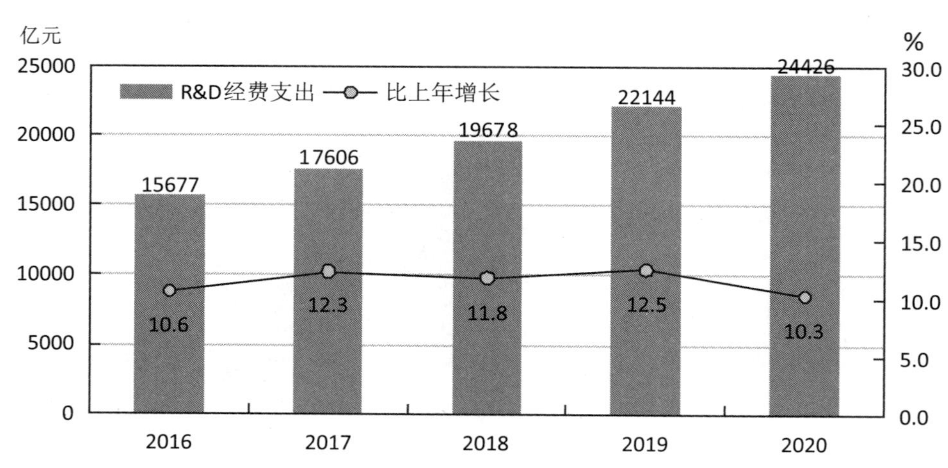

表15　2020年专利授权和有效专利情况

指标	专利数（万件）	比上年增长（%）
专利授权数	363.9	40.4
其中：境内专利授权	350.4	42.6
其中：发明专利授权	53.0	17.1
其中：境内发明专利	43.4	22.5
年末有效专利数	1219.3	25.4
其中：境内有效专利	1111.5	27.9
其中：有效发明专利	305.8	14.5
其中：境内有效发明专利	221.3	18.8

全年成功完成35次宇航发射。嫦娥五号发射成功，首次完成我国月表采样返回。我国首次火星探测任务“天问一号”探测器成功发射。500米口径球面射电望远镜（FAST）正式开放运行。北斗三号全球卫星导航系统正式开通。量子计算原型系统“九章”成功研制。全海深载人潜水器“奋斗者”号完成万米深潜。

年末全国共有国家质检中心852家。全国现有产品质量、体系和服务认证机构724个，累计完成对79万家企业的认证。全年制定、修订国家标准2252项，其中新制定1584项。全年制造业产品质量合格率[57]为93.39%。

全年研究生教育招生110.7万人，在学研究生314.0万人，毕业生72.9万人。普通本专科招生967.5万人，在校生3285.3万人，毕业生797.2万人。中等职业教育[58]招生644.7万人，在校生1663.4万人，毕业生484.9万人。普通高中招生876.4万人，在校生2494.5万人，毕业生786.5万人。初中招生1632.1万人，在校生4914.1万人，毕业生1535.3万人。普通小学招生1808.1万人，在校生10725.4万人，毕业生1640.3万人。特殊教育招生14.9万人，在校生88.1万人，毕业生12.1万人。学前教育在园幼儿4818.3万人。九年义务教育巩固率为95.2%，高中阶段毛入学率为91.2%。

图19　216-2020年普通本专科、中等职业教育及普通高中招生人数

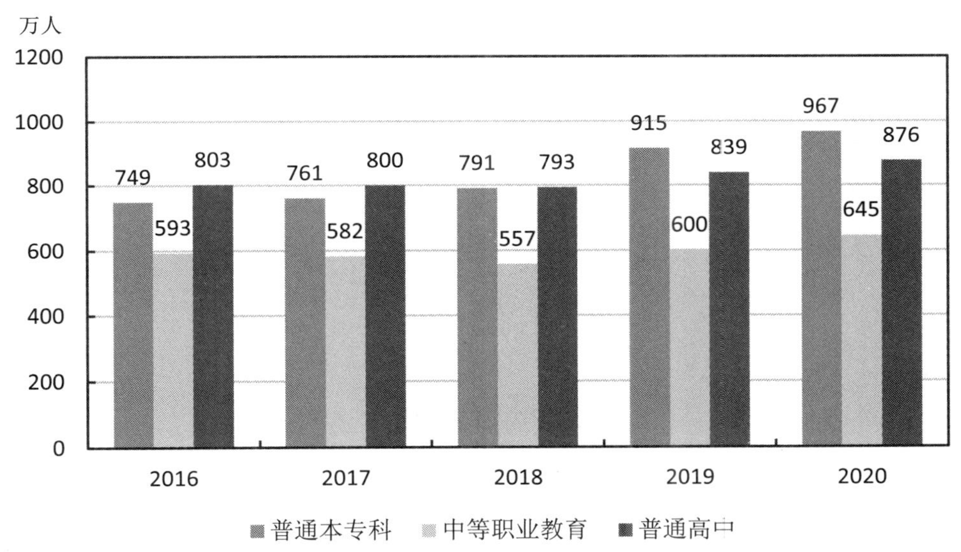

十一、文化旅游、卫生健康和体育

年末全国文化和旅游系统共有艺术表演团体2027个，博物馆3510个。全国共有公共图书馆3203个，总流通[59]56953万人次；文化馆3327个。有线电视实际用户2.10亿户，其中有线数字电视实际用户2.01亿户。年末广播节目综合人口覆盖率为99.4%，电视节目综合人口覆盖率为99.6%。全年生产电视剧202部7476集，电视动画片116688分钟。全年生产故事影片531部，科教、纪录、动画和特种影片[60]119部。出版各类报纸277亿份，各类期刊20亿册，图书101亿册（张），预计人均图书拥有量[61]7.24册（张）。年末全国共有档案馆4234个，已开放各类档案17659万卷（件）。全年全国规模以上文化及相关产业企业营业收入98514亿元，按可比口径计算，比上年增长2.2%。

全年国内游客28.8亿人次，比上年下降52.1%。其中，城镇居民游客20.7亿人次，下降53.8%；农村居民游客8.1亿人次，下降47.0%。国内旅游收入22286亿元，下降61.1%。其中，城镇居民游客花费17967亿元，下降62.2%；农村居民游客花费4320亿元，下降55.7%。

图20　216-2020年国内游客人次及其增长速度

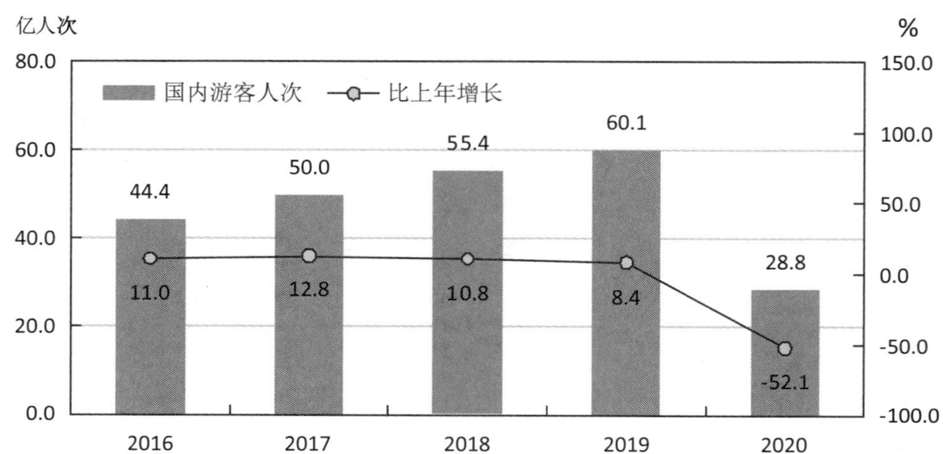

年末全国共有医疗卫生机构102.3万个，其中医院3.5万个，在医院中有公立医院1.2万个，民营医院2.4万个；基层医疗卫生机构97.1万个，其中乡镇卫生院3.6万个，社区卫生服务中心（站）3.5万个，门诊部（所）29.0万个，村卫生室61.0万个；专业公共卫生机构1.4万个，其中疾病预防控制中心3384个，卫生监督所（中心）2736个。年末卫生技术人员1066万人，其中执业医师和执业助理医师408万人，注册护士471万人。医疗卫生机构床位911万张，其中医院713万张，乡镇卫生院139万张。全年总诊疗人次[62]78.2亿人次，出院人数[63]2.3亿人。截至年末，全国累计报告新型冠状病毒肺炎确诊病例87071例，累计治愈出院病例82067例，累计死亡4634人。全国共有8177家医疗卫生机构提供新型冠状病毒核酸检测服务，总检测能力达到1153万份/天。

图21　2016-2020年年末卫生技术人员人数

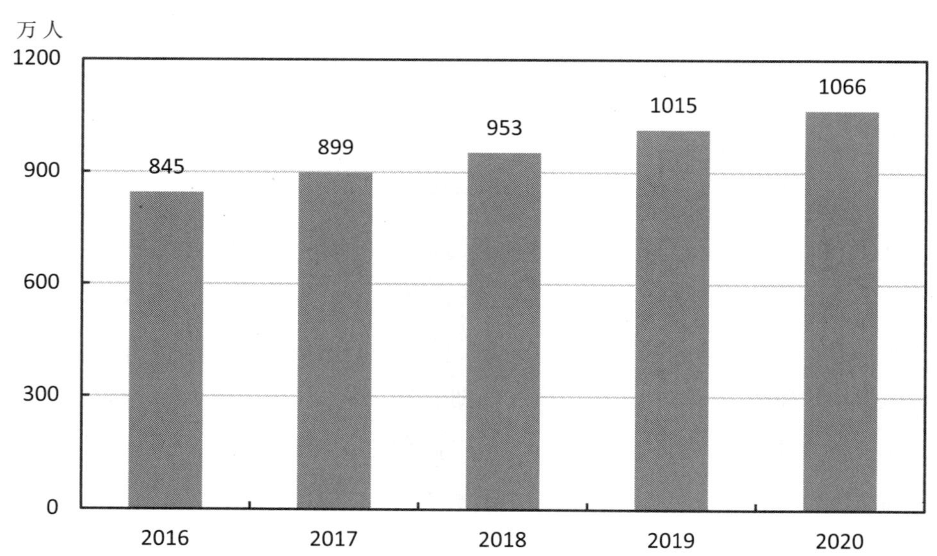

年末全国共有体育场地[64]371.3万个，体育场地面积[65]31.0亿平方米，预计人均体育场地面积2.20平方米。全年我国运动员在3个运动大项中获得4个世界冠军，共创1项世界纪录[66]。全年我国残疾人运动员在6项国际赛事中获得24个世界冠军[67]。全年全国7岁及以上人口中经常参加体育锻炼人数比例[68]达37.2%。

十二、资源、环境和应急管理

全年全国国有建设用地供应总量[69]65.8万公顷，比上年增长5.5%。其中，工矿仓储用地16.7万公顷，增长13.6%；房地产用地[70]15.5万公顷，增长9.3%；基础设施用地33.7万公顷，增长0.3%。

全年水资源总量30963亿立方米。

全年完成造林面积677万公顷，其中人工造林面积289万公顷，占全部造林面积的42.7%。种草改良面积[71]283万公顷。截至年末，国家级自然保护区474个。新增水土流失治理面积6.0万平方公里。

初步核算，全年能源消费总量49.8亿吨标准煤，比上年增长2.2%。煤炭消费量增长0.6%，原油消费量增长3.3%，天然气消费量增长7.2%，电力消费量增长3.1%。煤炭消费量占能源消费总量的56.8%，比上年下降0.9个百分点；天然气、水电、核电、风电等清洁能源消费量占能源消费总量的24.3%，上升1.0个百分点。重点耗能工业企业单位电石综合能耗下降2.1%，单位合成氨综合能耗上升0.3%，吨钢综合能耗下降0.3%，单位电解铝综合能耗下降1.0%，每千瓦时火力发电标准煤耗下降0.6%。全国万元国内生产总值二氧化碳排放下降1.0%。

图22　2016-2020年清洁能源消费量占能源消费总量的比重

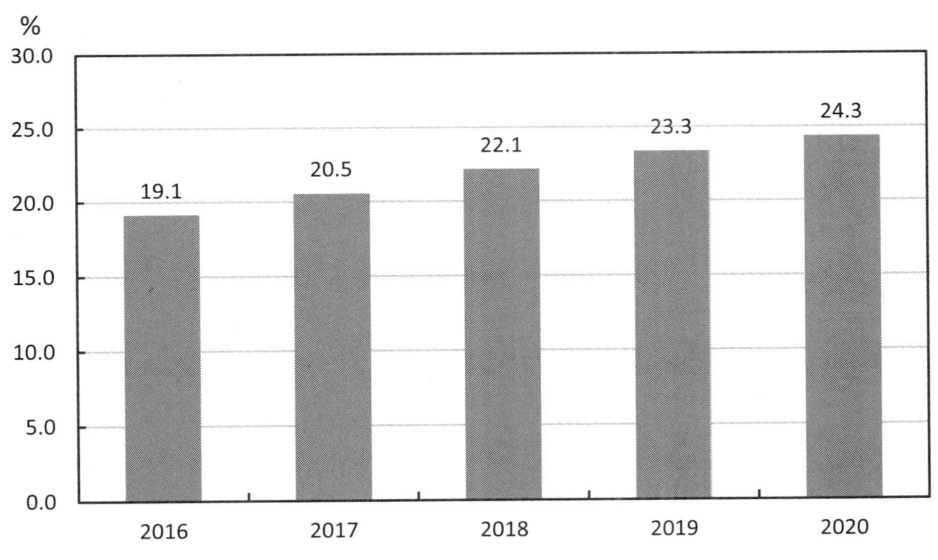

全年近岸海域海水水质[72]达到国家一、二类海水水质标准的面积占77.4%，三类海水占7.7%，四类、劣四类海水占14.9%。

在开展城市区域声环境监测的324个城市中，全年声环境质量好的城市占4.3%，较好的占66.4%，一般的占28.7%，较差的占0.6%。

全年平均气温为10.25℃，比上年下降0.09℃。共有5个台风登陆。

全年农作物受灾面积1996万公顷，其中绝收271万公顷。全年因洪涝和地质灾害造成直接经济损失2686亿元，因旱灾造成直接经济损失249亿元，因低温冷冻和雪灾造成直接经济损失154亿元，因海洋灾害造成直接经济损失8亿元。全年大陆地区共发生5.0级以上地震20次，成灾5次，造成直接经济损失约18亿元。全年共发生森林火灾1153起，受害森林面积约0.9万公顷。

全年各类生产安全事故共死亡27412人。工矿商贸企业就业人员10万人生产安全事故死亡人数1.301人，比上年下降11.7%；煤矿百万吨死亡人数0.059人，下降28.9%。道路交通事故万车死亡人数1.66人，下降7.8%。

注释：

[1] 本公报中数据均为初步统计数。各项统计数据均未包括香港特别行政区、澳门特别行政区和台湾省。部分数据因四舍五入的原因，存在总计与分项合计不等的情况。

[2] 2020年开展第七次全国人口普查，相关数据拟于2021年4月份发布，公报中不再单独发布人口和就业人员相关数据。公报中涉及的人均指标根据人口预计数计算得到。

[3] 国内生产总值、三次产业及相关行业增加值、地区生产总值、人均国内生产总值和国民总收入绝对数按现价计算，增长速度按不变价格计算。

[4] 国民总收入，原称国民生产总值，是指一个国家或地区所有常住单位在一定时期内所获得的初次分配收入总额，等于国内生产总值加上来自国外的初次分配收入净额。

[5] 万元国内生产总值能耗按2015年价格计算。

[6] 全员劳动生产率为国内生产总值（按2015年价格计算）与全部就业人员的比率。2020年就业人员数据为预计数。

[7] 年度农民工数量包括年内在本乡镇以外从业6个月及以上的外出农民工和在本乡镇内从事非农产业6个月及以上的本地农民工。

[8] 农产品生产者价格是指农产品生产者直接出售其产品时的价格。

[9] 居住类价格包括租赁房房租、住房保养维修及管理、水电燃料等价格。

[10] 贫困地区包括集中连片特困地区和片区外的国家扶贫开发工作重点县，原共有832个县。2017年开始将新疆阿克苏地区纳入贫困监测范围。

[11] 高技术制造业包括医药制造业，航空、航天器及设备制造业，电子及通信设备制造业，计算机及办公设备制造业，医疗仪器设备及仪器仪表制造业，信息化学品制造业。

[12] 装备制造业包括金属制品业，通用设备制造业，专用设备制造业，汽车制造业，铁路、船舶、航空航天和其他运输设备制造业，电气机械和器材制造业，计算机、通信和其他电子设备制造业，仪器仪表制造业。

[13] 规模以上服务业统计范围包括：年营业收入2000万元及以上的交通运输、仓储和邮政业，信息传输、软件和信息技术服务业，水利、环境和公共设施管理业，卫生行业法人单位；年营业收入1000万元及以上的房地产业（不含房地产开发经营），租赁和商务服务业，科学研究和技术服务业，教育行业法人单位；以及年营业收入500万元及以上

的居民服务、修理和其他服务业，文化、体育和娱乐业，社会工作行业法人单位。

[14] 战略性新兴服务业包括新一代信息技术产业，高端装备制造产业，新材料产业，生物产业，新能源汽车产业，新能源产业，节能环保产业和数字创意产业等八大产业中的服务业相关行业，以及新技术与创新创业等相关服务业。2020年战略性新兴服务业企业营业收入增速按可比口径计算。

[15] 高技术产业投资包括医药制造、航空航天器及设备制造等六大类高技术制造业投资和信息服务、电子商务服务等九大类高技术服务业投资。

[16] 网上零售额是指通过公共网络交易平台（主要从事实物商品交易的网上平台，包括自建网站和第三方平台）实现的商品和服务零售额。

[17] 东部地区是指北京、天津、河北、上海、江苏、浙江、福建、山东、广东和海南10省（市）；中部地区是指山西、安徽、江西、河南、湖北和湖南6省；西部地区是指内蒙古、广西、重庆、四川、贵州、云南、西藏、陕西、甘肃、青海、宁夏和新疆12省（区、市）；东北地区是指辽宁、吉林和黑龙江3省。

[18] 2019年部分产品产量数据进行了核实调整，2020年产量增速按可比口径计算。

[19] 火电包括燃煤发电量，燃油发电量，燃气发电量，余热、余压、余气发电量，垃圾焚烧发电量，生物质发电量。

[20] 钢材产量数据中含企业之间重复加工钢材约30566万吨。

[21] 少量发电装机容量（如地热等）公报中未列出。

[22] 由于统计调查制度规定的口径调整、统计执法、剔除重复数据等因素，2020年规模以上工业企业财务指标增速及变化按可比口径计算。

[23] 产能利用率是指实际产出与生产能力（均以价值量计量）的比率。企业的实际产出是指企业报告期内的工业总产值；企业的生产能力是指报告期内，在劳动力、原材料、燃料、运输等保证供给的情况下，生产设备（机械）保持正常运行，企业可实现并能长期维持的产品产出。

[24] 货物运输总量及周转量包括铁路、公路、水路和民航四种运输方式完成量，2020年增速按可比口径计算。因新组建国家管网集团，部分油气运输管线统计归口发生变化等原因，管道运输相关数据尚在核实。

[25] 邮政行业业务总量按2010年价格计算。

[26] 电信业务总量按2015年价格计算。

[27] 固定互联网宽带接入用户是指报告期末在电信企业登记注册，通过xDSL、FTTx+LAN、FTTH/O以及其他宽带接入方式和普通专线接入公众互联网的用户。

[28] 固定互联网光纤宽带接入用户是指报告期末在电信企业登记注册，通过FTTH或FTTO方式接入公众互联网的用户。

[29] 手机上网人数是指过去半年通过手机接入并使用互联网的人数。

[30] 软件和信息技术服务业包括软件开发，集成电路设计，信息系统集成和物联网技术服务，运行维护服务，信息处理和存储支持服务，信息技术咨询服务，数字内容服务和其他信息技术服务等行业。

[31] 根据第四次全国经济普查结果及有关制度规定，对2016-2019年社会消费品零售总额数据进行了修订。

[32] 根据第四次全国经济普查、统计执法检查、统计调查方法改革和制度规定，对2019年固定资产投资数据进行修订，2020年增速按可比口径计算。

[33] 见注释 [17]。

[34] 民间固定资产投资是指具有集体、私营、个人性质的内资调查单位以及由其控股（包括绝对控股和相对控股）的调查单位建造或购置固定资产的投资。

[35] 基础设施投资包括交通运输、邮政业，电信、广播电视和卫星传输服务业，互联网和相关服务业，水利、环境和公共设施管理业投资。

[36] 房地产业投资除房地产开发投资外，还包括建设单位自建房屋以及物业管理、中介服务和其他房地产投资。

[37] 数据包括2019年全国64.16万户建档立卡贫困户存量危房和脱贫攻坚“回头看”排查新增的10.05万户建档立卡贫困户危房。

[38] “一带一路”是指“丝绸之路经济带”和“21世纪海上丝绸之路”。

[39] 对欧盟的货物进出口金额不包括英国数据，增速按可比口径计算。

[40] 社会融资规模增量是指一定时期内实体经济从金融体系获得的资金总额。

[41] 社会融资规模存量是指一定时期末（月末、季末或年末）实体经济（境内非金融企业和个人）从金融体系获得的资金余额。

[42] 普惠金融贷款包括单户授信小于1000万元的小微型企业贷款、个体工商户经营性贷款、小微企业主经营性贷款、农户生产经营贷款、建档立卡贫困人口消费贷款、创业担保贷款和助学贷款。

[43] 沪深交易所股票筹资额按上市日统计，筹资额包括了可转债实际转股金额，2019年、2020年可转债实际转股金额分别为995亿元和1195亿元。

[44] 全国中小企业股份转让系统又称“新三板”，是2012年经国务院批准的全国性证券交易场所。全年全国中小企业股份转让系统挂牌公司累计筹资不含优先股，股票筹资按发行报告书的披露日统计。

[45] 公司信用类债券包括非金融企业债务融资工具、企业债券以及公司债、可转债等。

[46] 原保险保费收入是指保险企业确认的原保险合同保费收入。

[47] 人均收入中位数是指将所有调查户按人均收入水平从低到高（或从高到低）顺序排列，处于最中间位置调查户的人均收入。

[48] 全国居民五等份收入分组是指将所有调查户按人均收入水平从低到高顺序排列，平均分为五个等份，处于最低20%的收入家庭为低收入组，依此类推依次为中间偏下收入组、中间收入组、中间偏上收入组、高收入组。

[49] 服务性消费支出是指住户用于餐饮服务、教育文化娱乐服务和医疗服务等各种生活服务的消费支出。

[50] 农村特困人员是指无劳动能力，无生活来源，无法定赡养、抚养、扶养义务人或者其法定义务人无履行义务能力的农村老年人、残疾人以及未满16周岁的未成年人。

[51] 临时救助是指国家对遭遇突发事件、意外伤害、重大疾病或其他特殊原因导致基本生活陷入困境，其他社会救助制度暂时无法覆盖或救助之后基本生活暂时仍有严重困难的家庭或个人给予的应急性、过渡性的救助。

[52] 包括医保部门实施的住院救助、门诊救助和其他有关部门实施的直接救助。

[53] 社会服务床位数除收养性机构外，还包括救助类机构、社区类机构的床位。

[54] 国家级科技企业孵化器是指符合《科技企业孵化器管理办法》规定的，以促进科技成果转化、培育科技企业和企业家精神为宗旨，提供物理空间、共享设施和专业化服务的科技创业服务机构，且经过科技部批准确定的科技企

业孵化器。

［55］国家备案众创空间是指符合《发展众创空间工作指引》规定的新型创新创业服务平台，且按照《国家众创空间备案暂行规定》经科技部审核备案的众创空间。

［56］PCT专利申请受理量是指国家知识产权局作为PCT专利申请受理局受理的PCT专利申请数量。PCT（Patent Cooperation Treaty）即专利合作条约，是专利领域的一项国际合作条约。

［57］制造业产品质量合格率是指以产品质量检验为手段，按照规定的方法、程序和标准实施质量抽样检测，判定为质量合格的样品数占全部抽样样品数的百分比，统计调查样本覆盖制造业的29个行业。

［58］中等职业教育包括普通中专、成人中专、职业高中和技工学校。

［59］总流通人次是指本年度内到图书馆场馆接受图书馆服务的总人次，包括借阅书刊、咨询问题以及参加各类读者活动等。

［60］特种影片是指采用与常规影院放映在技术、设备、节目方面不同的电影展示方式，如巨幕电影、立体电影、立体特效（4D）电影、动感电影、球幕电影等。

［61］人均图书拥有量是指在一年内全国平均每人能拥有的当年出版图书册数。

［62］总诊疗人次是指所有诊疗工作的总人次数，包括门诊、急诊、出诊、预约诊疗、单项健康检查、健康咨询指导（不含健康讲座）人次。

［63］出院人数是指报告期内所有住院后出院的人数，包括医嘱离院、医嘱转其他医疗机构、非医嘱离院、死亡及其他人数，不含家庭病床撤床人数。

［64］体育场地调查对象不包括军队、铁路系统所属体育场地。

［65］体育场地面积是指体育训练、比赛、健身场地的有效面积。

［66］受新型冠状病毒肺炎疫情影响，2020年国际级体育赛事大幅减少，我国运动员获世界冠军数和创世界纪录数比往年有所减少。

［67］2020年1-3月份的国际赛事数据（受新型冠状病毒肺炎疫情影响，2020年4月份以后停止参加国际赛事）。

［68］经常参加体育锻炼人数比例来源于2020年全民健身活动状况调查。经常参加体育锻炼的人是指每周参加体育锻炼频度3次及以上，每次体育锻炼持续时间30分钟及以上，每次体育锻炼的运动强度达到中等及以上的人。

［69］国有建设用地供应总量是指报告期内市、县人民政府根据年度土地供应计划依法以出让、划拨、租赁等方式与用地单位或个人签订出让合同或签发划拨决定书、完成交易的国有建设用地总量。

［70］房地产用地是指商服用地和住宅用地的总和。

［71］种草改良面积是指通过实施播种、栽种等措施增加牧草数量的面积以及通过压盐压碱压沙、土壤改良、围栏封育等措施使草原原生植被、生态得到改善的面积之和。

［72］近岸海域海水水质采用面积法进行评价。

资料来源：

本公报中城镇新增就业、城镇登记失业率、社会保障、技工学校数据来自人力资源和社会保障部；外汇储备、汇率数据来自国家外汇管理局；环境监测、万元国内生产总值二氧化碳排放等数据来自生态环境部；财政数据来自财政部；市场主体、质量检验、国家标准制定修订、制造业产品质量合格率数据来自国家市场监督管理总局；水产品产量、新增高效节水灌溉面积数据来自农业农村部；木材产量、造林面积、种草改良面积、国家级自然保护区数据来自国家林业和草原局；新增耕地灌溉面积、水资源总量、新增水土流失治理面积数据来自水利部；发电装机容量、新增220千伏及以上变电设备、电力消费量数据来自中国电力企业联合会；港口货物吞吐量、港口集装箱吞吐量、公路运输、水运、新改建高速公路里程、港口万吨级码头泊位新增通过能力数据来自交通运输部；铁路运输、新建铁路投产里程、增新建铁路复线投产里程、电气化铁路投产里程数据来自中国国家铁路集团有限公司；民航、新增民用运输机场数据来自中国民用航空局；民用汽车、道路交通事故数据来自公安部；邮政业务数据来自国家邮政局；通信业、软件业务收入、新增光缆线路长度等数据来自工业和信息化部；互联网上网人数、互联网普及率数据来自中国互联网络信息中心；棚户区改造、建档立卡贫困户脱贫攻坚农村危房改造数据来自住房和城乡建设部；货物进出口数据来自海关总署；服务进出口、外商直接投资、对外直接投资、对外承包工程、对外劳务合作等数据来自商务部；减税降费数据来自国家税务总局；货币金融、公司信用类债券数据来自中国人民银行；境内交易场所筹资数据来自中国证券监督管理委员会；保险业数据来自中国银行保险监督管理委员会；医疗保险、生育保险、资助参加基本医疗保险、实施直接救助数据来自国家医疗保障局；城乡低保、农村特困人员救助供养、临时救助、社会服务数据来自民政部；优抚对象数据来自退役军人事务部；国家科技重大专项、国家重点实验室、国家级科技企业孵化器、国家备案众创空间、技术合同等数据来自科学技术部；国家自然科学基金资助项目数据来自国家自然科学基金委员会；国家工程研究中心（国家工程实验室）、国家企业技术中心、大众创业万众创新示范基地等数据来自国家发展和改革委员会；专利、商标数据来自国家知识产权局；宇航发射数据来自国家国防科技工业局；教育数据来自教育部；艺术表演团体、博物馆、公共图书馆、文化馆、旅游数据来自文化和旅游部；电视、广播数据来自国家广播电视总局；电影数据来自国家电影局；报纸、期刊、图书数据来自国家新闻出版署；档案数据来自国家档案局；医疗卫生数据来自国家卫生健康委员会；体育数据来自国家体育总局；残疾人运动员数据来自中国残疾人联合会；国有建设用地供应、海洋灾害造成直接经济损失数据来自自然资源部；平均气温、台风登陆数据来自中国气象局；农作物受灾面积、洪涝和地质灾害造成直接经济损失、旱灾造成直接经济损失、低温冷冻和雪灾造成直接经济损失、森林火灾、受害森林面积、生产安全事故数据来自应急管理部；地震次数、地震灾害造成直接经济损失数据来自中国地震局；其他数据均来自国家统计局。

2020年甘肃省国民经济和社会发展统计公报

甘肃省统计局 国家统计局甘肃调查总队

2021年3月23日

2020年，面对严峻复杂的国内外环境特别是突如其来的新冠肺炎疫情严重冲击，在省委、省政府的坚强领导下，全省各级各部门以习近平新时代中国特色社会主义思想为指导，全面贯彻党的十九大和十九届二中、三中、四中、五中全会精神，深入贯彻落实习近平总书记对甘肃重要讲话和指示精神，坚持稳中求进工作总基调，坚持新发展理念，着力推动高质量发展，科学统筹疫情防控和经济社会发展，扎实做好“六稳”工作，全面落实“六保”任务，全省经济稳定恢复、持续向好，人民福祉不断改善，社会大局和谐稳定，“十三五”规划目标任务总体完成，脱贫攻坚战取得决定性胜利，全面建成小康社会取得历史性成就。

一、综合

初步核算，全年全省地区生产总值9016.7亿元，比上年增长3.9%。其中，第一产业增加值1198.1亿元，增长5.4%；第二产业增加值2852.0亿元，增长5.9%；第三产业增加值4966.5亿元，增长2.2%。三次产业结构比为13.3∶31.6∶55.1。

全年全省十大生态产业增加值2179.4亿元，比上年增长5.8%，占全省地区生产总值的24.2%。

全年城镇新增就业35.68万人，其中失业人员再就业14.68万人。城镇登记失业率为3.27%。全年输转城乡富余劳动力526.9万人，其中，省外输转213.2万人，省内输转313.7万人。

全年居民消费价格比上年上涨2.0%。商品零售价格上涨1.3%。农业生产资料价格上涨0.7%，农产品生产者价格上涨6.6%。工业生产者出厂价格下降6.1%，工业生产者购进价格下降5.9%。

表1 2020年甘肃省居民消费价格比上年涨跌幅度

单位：%

指 标	全省	城市	农村
居民消费价格	2.0	1.9	2.1
其中：食品烟酒	6.4	6.0	7.1
衣着	−0.6	−0.6	−0.6
居住	0.1	−0.2	0.5
生活用品及服务	0.3	0.3	0.2
交通和通信	−2.6	−2.6	−2.4
教育文化和娱乐	1.2	1.7	0.1
医疗保健	0.6	0.8	0.3
其他用品和服务	4.3	4.5	3.8

全年贫困地区农村居民人均可支配收入9385元，比上年增长9.2%。全省75个贫困县全部摘帽，7262个贫困村全部退出，现行标准下农村贫困人口全部实现脱贫。

二、农业

全年全省粮食种植面积263.8万公顷，比上年增加5.7万公顷。油料种植面积27.61万公顷，减少1.39万公顷。蔬菜种植面积40.18万公顷，增加2.05万公顷。中药材种植面积28.68万公顷，增加1.57万公顷。果园面积32.67万公顷，增加0.77万公顷。

全年粮食产量1202.2万吨，比上年增产3.4%。其中，夏粮产量321.3万吨，减产1.9%；秋粮产量880.9万吨，增产5.5%。

全年蔬菜产量1478.51万吨，比上年增长6.5%。中药材产量123.22万吨，增长8.9%。园林水果产量481.07万吨，增长9.7%。

全年猪牛羊禽肉产量108.9万吨，比上年增长8.3%。牛奶产量57.5万吨，增长30.4%。年末牛存栏482.0万头，增长5.2%；牛出栏228.6万头，增长6.4%。羊存栏2191.8万只，增长10.3%；羊出栏1737.1万只，增长12.2%。生猪存栏622.0万头，增长29.5%；生猪出栏664.3万头，增长2.4%。

表2　2020年甘肃省主要农产品产量及其增长速度

产品名称	产量（万吨）	比上年增长（%）
粮食	1202.2	3.4
夏粮	321.3	-1.9
秋粮	880.9	5.5
#小麦	268.9	-4.3
玉米	616.8	3.8
薯类	222.8	7.7
油料	61.45	-2.7
#油菜籽	33.93	-4.7
棉花	3.01	-7.8
甜菜	22.42	-15.4
烟叶	0.52	-0.2
中药材	123.22	8.9
园林水果	481.07	9.7
蔬菜	1478.51	6.5
猪牛羊禽肉	108.9	8.3
猪肉	49.2	2.5
牛肉	24.9	9.7
羊肉	27.6	10.4
禽肉	7.2	50.0
牛奶	57.5	30.4
禽蛋	19.8	31.1

三、工业和建筑业

全年全省全部工业增加值2288.96亿元，比上年增长6.2%。规模以上工业增加值增长6.5%。在规模以上工业中，分经济类型看，国有控股企业增加值增长5.9%；集体企业下降14.8%，股份制企业增长4.7%，外商及港澳台投资企业增长4.0%；私营企业增长14.8%。分隶属关系看，中央企业增长5.2%，省属企业增长6.2%，省以下地方企业增长9.5%。分轻重工业看，轻工业增长3.1%，重工业增长7.1%。分门类看，采矿业增长3.3%，制造业增长6.0%，电力、热力、燃气及水生产和供应业增长12.5%。

表3　2020年甘肃省规模以上工业分行业增加值增长速度及占比

行　业	比上年增长（%）	占规模以上工业增加值比重（%）
全　省	6.5	100
煤炭工业	1.5	6.3
电力工业	11.7	17.7
冶金工业	8.6	7.8
有色工业	4.0	11.0
石化工业	5.0	26.4
机械工业	15.6	4.3
电子工业	34.0	2.2
食品工业	-0.5	10.8
建材工业	3.3	8.3
纺织工业	10.1	0.2
医药工业	14.9	3.3
其他工业	8.9	1.7

表4　2020年甘肃省主要工业产品产量及其增长速度

产品名称	单位	产量	比上年增长（%）
原煤	万吨	3859.0	4.7
原油	万吨	968.7	7.2
天然气	亿立方米	3.9	146.5
原油加工量	万吨	1467.5	0.1
发电量	亿千瓦时	1762.4	8.1
#火力发电量	亿千瓦时	876.0	11.2
水力发电量	亿千瓦时	506.8	2.2
铁矿石原矿	万吨	970.0	8.3
电石	万吨	81.4	2.4
水泥	万吨	4651.2	5.0
生铁	万吨	782.3	18.7
粗钢	万吨	1059.2	20.7
钢材	万吨	1102.6	17.7

产品名称	单位	产量	比上年增长（%）
十种有色金属	万吨	350.6	6.6
#铜	万吨	66.3	14.3
铅	万吨	3.2	17.4
锌	万吨	40.4	13.3
铝	万吨	225.5	3.5

年末全省发电装机容量5620.4万千瓦，比上年末增长6.7%。其中，火电装机容量2308.3万千瓦，增长9.7%；水电装机容量957.4万千瓦，增长1.5%；风电装机容量1373.2万千瓦，增长5.9%；太阳能发电装机容量981.6万千瓦，增长6.5%。

全年规模以上工业企业利润284.3亿元，比上年增长3.7%，其中国有及国有控股企业利润203.7亿元，增长1.3%。全年规模以上工业企业每百元营业收入中的成本为84.17元。年末规模以上工业企业资产负债率为59.0%，营业收入利润率为3.9%。

全年建筑业增加值572.6亿元，比上年增长4.3%。年末具有资质的总承包和专业承包建筑业企业1972个，比上年末增加158个。

四、服务业

全年全省交通运输、仓储和邮政业增加值420.2亿元，比上年下降4.7%；批发和零售业增加值659.3亿元，增长3.9%；住宿和餐饮业增加值144.7亿元，下降9.6%；金融业增加值897.5亿元，增长3.3%；房地产业增加值497.3亿元，增长6.1%。规模以上服务业企业营业收入比上年下降7.0%。

全年货物运输总量67239.7万吨，比上年增长5.7%；货物运输周转量2516.8亿吨公里，增长0.8%。旅客运输总量26830.9万人次，下降36.6%；旅客运输周转量399.6亿人公里，下降40.8%。甘肃省民航机场集团完成旅客吞吐量1336.4万人次，下降25.6%；货邮吞吐量7.5万吨，下降0.9%。年末全省铁路营业里程4454.2公里，比上年增长5.8%；公路里程15.6万公里，增长3.0%，其中等级公路15.2万公里，增长3.6%。

表5　2020年甘肃省主要运输方式完成货物、旅客运输量及其增长速度

指标	单位	绝对数	比上年增长（%）
货物运输总量	万吨	67239.7	5.7
#铁路	万吨	5966.1	11.2
公路	万吨	61272.0	5.2
货物运输周转量	亿吨公里	2516.8	0.8
#铁路	亿吨公里	1496.4	-1.3
公路	亿吨公里	1020.3	4.2
旅客运输总量	万人次	26830.9	-36.6
#铁路	万人次	4153.3	-30.4
公路	万人次	22478.5	-37.7
旅客运输周转量	亿人公里	399.6	-40.8
#铁路	亿人公里	237.9	-43.2
公路	亿人公里	140.8	-38.2

年末全省民用汽车保有量392.7万辆，比上年末增长7.8%，其中私人汽车保有量337.2万辆，增长8.3%。民用轿车保有量174.7万辆，增长7.8%，其中私人轿车保有量155.8万辆，增长8.5%。

全年完成邮政行业业务总量47.1亿元，比上年增长22.0%。邮政业全年完成邮政函件业务695.9万件；包裹业务54.1万件；快递业务量13823.5万件，增长33.3%；快递业务收入29.8亿元，增长31.6%。全年完成电信业务总量2557.0亿元，增长30.5%。年末电话用户2983.6万户，其中移动电话用户2673.8万户，4G移动电话用户2175.4万户。移动电话普及率为101.0部/百人。固定互联网宽带接入用户931.4万户，其中固定互联网光纤宽带接入用户896.8万户，移动互联网用户2298.6万户。全年移动互联网用户接入流量31.9亿GB，比上年增长40.5%。年末互联网宽带接入端口1460.6万个，比上年末增长3.9%。移动宽带接入用户普及率为84.0部/百人，固定宽带接入用户普及率为35.2部/百人。

五、国内贸易和对外经济

全年全省社会消费品零售总额3632.4亿元，比上年下降1.8%。按经营地统计，城镇消费品零售额2991.2亿元，下降2.1%；乡村消费品零售额641.1亿元，下降0.6%。按消费类型统计，商品零售额3214.2亿元，下降1.1%；餐饮收入额418.2亿元，下降7.1%。

全年限额以上单位商品零售额中，粮油、食品类零售额比上年增长30.1%，烟酒类增长4.0%，日用品类增长15.4%，家用电器和音像器材类下降3.3%，中西药品类增长3.3%，煤炭及制品类增长19.0%，石油及制品类下降12.1%，汽车类增长9.5%，化妆品类下降14.2%。限额以上批零住餐企业通过公共网络实现零售额增长113.9%。

全年货物进出口总额372.8亿元，比上年下降2.0%。其中，出口85.7亿元，下降34.8%；进口287.1亿元，增长15.3%。对“一带一路”沿线国家进出口总额165.2亿元，比上年下降7.5%，占全省进出口总额的44.3%。其中，出口24.2亿元，下降54.7%；进口141亿元，增长12.6%。

全年外商直接投资合同项目23个，实际使用外商直接投资金额8875万美元，比上年增长8.2%。对外承包工程完成营业额28598万美元，下降26.9%。对外承包工程新签合同金额48537万美元，下降5.9%。

六、固定资产投资

全年全省固定资产投资比上年增长7.8%。按三次产业分，第一产业投资增长37.0%；第二产业投资增长0.4%，其中工业投资下降0.3%；第三产业投资增长8.0%。基础设施投资增长12.2%。民间固定资产投资增长6.1%。

全年项目投资比上年增长7.9%。其中，制造业投资增长5.0%，电力、热力、燃气及水生产和供应业投资下降6.9%，交通运输、仓储和邮政业投资增长18.2%，水利、环境和公共设施管理业投资下降4.5%。

全年房地产开发投资比上年增长7.8%，其中住宅投资增长16.7%。房屋施工面积11328.3万平方米，增长3.2%，其中住宅施工面积7824.5万平方米，增长4.7%。在房屋施工面积中,房屋新开工面积

3534.1万平方米，增长6.9%，其中住宅新开工面积2620.7万平方米，增长8.9%。房屋竣工面积881.4万平方米，增长30.7%，其中住宅竣工面积655.0万平方米，增长39.2%。商品房销售面积1967.9万平方米，增长15.4%，其中住宅销售面积1863.8万平方米，增长18.8%。

全年城镇棚户区住房改造开工11.67万套，棚户区改造基本建成5.73万套。完成动态新增危房改造149户，其中建档立卡贫困户85户，全面完成危房改造任务。

表6　2020年甘肃省分行业项目投资情况

行 业	比上年增长（%）	占项目投资比重（%）
项目投资	7.9	100
农林牧渔业	37.0	7.0
采矿业	2.0	2.9
制造业	5.0	11.2
电力、热力、燃气及水的生产和供应业	–6.9	8.7
建筑业	440.3	0.2
批发和零售业	–28.7	1.3
交通运输、仓储和邮政业	18.2	31.7
住宿和餐饮业	–35.4	0.7
信息传输、软件和信息技术服务业	16.5	1.3
金融业	49.2	0.05
房地产业	7.6	10.0
租赁和商务服务业	36.4	2.5
科学研究和技术服务业	3.0	0.7
水利、环境和公共设施管理业	–4.5	12.1
居民服务和其他服务业	43.2	0.4
教育	–4.0	3.5
卫生、社会保障和社会福利业	8.6	2.3
文化、体育和娱乐业	9.9	2.7
公共管理和社会组织	–10.2	0.9

七、财政金融

全年全省一般公共预算收入874.5亿元，比上年增长2.8%。其中，税收收入567.9亿元，下降1.7%；非税收入306.6亿元，增长12.5%。从主体税种看，国内增值税260.2亿元，下降6.0%；企业所得税64.4亿元，下降0.6%；个人所得税20.5亿元，增长1.2%。一般公共预算支出4154.9亿元，增长5.1%。其中，民生支出3320.7亿元，增长4.3%。扶贫支出342.2亿元，增长2.8%。

年末全省金融机构本外币各项存款余额20992.7亿元，比上年末增长6.2%，其中人民币各项存款余额20938.3亿元，增长6.2%。金融机构本外币各项贷款余额22159.4亿元，增长7.2%，其中人民币各项贷款余额21935.6亿元，增长7.4%。

表7 2020年甘肃省金融机构本外币各项存贷款余额及其增长速度

指标	年末数（亿元）	比上年末增长（%）
金融机构本外币各项存款余额	20992.7	6.2
#境内存款	20977.9	6.2
#住户存款	12454.5	11.4
非金融企业存款	4922.7	-0.4
机关团体存款	2951.1	-1.7
财政性存款	352.7	94.9
金融机构本外币各项贷款余额	22159.4	7.2
#境内贷款	22043.3	7.4
#住户贷款	6019.3	10.2
企事业单位贷款	16013.0	6.3

年末全省共有上市公司35家，其中，仅发A股上市公司33家，仅发H股上市公司1家，同时发A、H股上市公司1家。34家A股上市公司总市值2501.1亿元，比上年增长15.8%。全年A股上市公司累计融资64.2亿元。

全年保险公司原保险保费收入485.2亿元，比上年增长9.2%；支付各类赔款及给付169.3亿元，增长11.7%。

表8 2020年甘肃省保险业务情况

指标	绝对数（亿元）	比上年增长（%）
原保险保费收入	485.2	9.2
财产险	144.0	4.4
人身险	341.2	11.4
支付各类赔款及给付	169.3	11.7
财产险	84.0	13.4
人身险	85.3	10.1

八、居民收入消费和社会保障

全年全省居民人均可支配收入20335.1元，比上年增长6.2%。按常住地分，城镇居民人均可支配收入33821.8元，增长4.6%；农村居民人均可支配收入10344.3元，增长7.4%。城乡居民人均可支配收入比值为3.27，比上年缩小0.09。

全年全省居民人均消费支出16174.9元，比上年增长1.9%。按常住地分，城镇居民人均消费支出24614.6元，增长0.7%；农村居民人均消费支出9922.9元，增长2.4%。全省居民恩格尔系数为29.5%，其中城镇为28.7%，农村为30.9%。

表9 2020年甘肃省城乡居民家庭人均收支情况

指标	全体居民		城镇		农村	
	绝对数（元）	比上年增长（%）	绝对数（元）	比上年增长（%）	绝对数（元）	比上年增长（%）
可支配收入	20335.1	6.2	33821.8	4.6	10344.3	7.4
工资性收入	11461.8	7.1	22903.6	5.5	2985.9	7.8
经营净收入	3730.7	5.0	2489.1	0.2	4650.5	7.6
财产净收入	1195.8	5.0	2627.4	3.5	135.3	4.5
转移净收入	3946.8	5.5	5801.8	3.7	2572.6	6.8
消费支出	16174.9	1.9	24614.6	0.7	9922.9	2.4
食品烟酒	4768.8	4.3	7068.2	1.0	3065.4	8.4
衣着	1140.6	1.4	1859.4	-3.2	608.1	10.2
居住	3557.3	3.4	5786.6	2.9	1905.8	2.1
生活用品及服务	1045.5	10.6	1662.0	14.2	588.8	1.9
交通通信	2020.4	2.4	3081.4	1.0	1234.4	3.3
教育文化娱乐	1728.6	-6.2	2426.7	-5.0	1211.4	-9.0
医疗保健	1544.7	-4.6	2090.5	-6.0	1140.4	-3.6
其他用品和服务	369.1	3.0	639.8	1.3	168.6	4.4

年末全省参加城镇职工基本养老保险人数484.5万人，比上年末增加15.1万人。参加城乡居民基本养老保险人数1388.18万人，增加15.58万人。参加基本医疗保险人数2590.4万人，增加17.5万人。其中，参加职工基本医疗保险人数361.9万人，参加城乡居民基本医疗保险人数2228.5万人。参加失业保险人数187.4万人，增加14.43万人。年末全省领取失业保险金人数1.68万人。参加工伤保险人数264.6万人，增加20.1万人，其中参加工伤保险的农民工37.12万人，增加8.48万人。参加生育保险人数234万人，增加12.2万人。年末全省共有35.58万人享受城市居民最低生活保障，141.80万人享受农村居民最低生活保障，9.06万人享受农村特困人员救助供养。

年末全省共有各类社区服务机构和设施14206个。其中，社区服务指导中心8个，社区服务中心556个，社区服务站4574个，未登记和挂靠的特困人员供养机构92个，社区养老照料机构和设施3091个，社区互助型养老设施5569个，其他社区服务机构和设施316个。

九、科学技术和教育

全省共有国家工程技术研究中心5个，国家级企业技术中心28家。全年登记省级科技成果2140项，其中，基础理论648项，应用技术类成果1463项，软科学29项。获得奖励153项。专利申请量32280件，比上年增长16.80%；专利授权量20991件，增长40.94%，其中发明专利授权量1446件，增长25.30%。有效发明专利8310件，每万人口发明专利拥有量3.14件，比上年末增长11.31%。共签订技术合同7403项，增长25.0%；技术合同成交金额233.16亿元，增长18.7%。

全年研究生教育招生1.84万人，在学研究生4.85万人，毕业生1.19万人。普通本专科招生19.43万人，在校生58.11万人，毕业生13.35万人。中等职业教育招生8.14万人，在校生19.46万人，毕业生5.73万人。普通高中招生17.18万人，在校生51.58万人，毕业生18.12万人。初中招生27.85万人，在校生87.41万人，毕业生28.53万人。普通小学招生35.09万人，在校生200.91万人，毕业生27.99万人。特殊教育招生0.37万人，在校生2.15万人。幼儿园在园幼儿95.83万人。九年义务教育巩固率为96.6%，高中阶段毛入学率为95%。

十、文化旅游、卫生健康和体育

年末全省广播节目综合人口覆盖率为99.31%，比上年末提高0.74个百分点；电视节目综合人口覆盖率为99.41%，提高0.51个百分点。

全年接待国内游客2.13亿人次，比上年下降43.1%；国内旅游收入1454.4亿元，下降45.7%。接待入境游客2.54万人次，下降87.2%。其中，接待外国游客1.45万人次，下降87.2%；接待港澳台同胞1.09万人次，下降87.1%。国际旅游外汇收入696万美元，下降88.2%。旅游人均花费683元，比上年减少33元。

年末全省共有医疗卫生机构26250个。其中医院705个，医院中有综合医院373个，中医医院117个，专科医院167个；基层医疗卫生机构24636个，其中，社区卫生服务中心（站）671个，卫生院1368个，村卫生室16421个；专业公共卫生机构873个，其中，疾病预防控制中心102个，妇幼保健院（所、站）99个，卫生监督所（中心）95个，计划生育技术服务机构534个。年末卫生技术人员18.89万人。其中，执业医师和执业助理医师6.64万人，注册护士8.53万人。医疗卫生机构床位17.79万张，其中，医院13.86万张，卫生院2.87万张。全年总诊疗人次11591.08万人次，出院人数452.88万人。

年末全省共有体育场地70807个，体育场地面积4527.44万平方米，人均体育场地面积1.72平方米。全年体育获得各类奖牌69枚，其中金牌22枚。

十一、资源、环境和应急管理

全年全省水资源总量410.9亿立方米。年末全省大中型水库蓄水总量45.6亿立方米，比上年末下降1.1%。全年总用水量109.9亿立方米，比上年下降0.1%。其中，生活用水量9.3亿立方米，下降2.7%；工业用水量6.3亿立方米，下降28.3%；农业用水量83.6亿立方米，下降3.3%；生态用水量10.7亿立方米，增长106.0%。

全省共有自然保护区56个，其中国家级自然保护区21个。国家地质公园12个，省级地质公园24个。

全年全省规模以上工业能源消费量4926.0万吨标准煤，比上年增长5.1%。其中，六大高耗能行业能源消费量4471.5万吨标准煤，增长4.6%。

省内38个地表水监测断面中，达到或优于Ⅲ类断面比例为100%。全年全省14个市州空气质量优良天数比率为93.7%，比上年提高0.6个百分点。省内监测的14个城市中，城市区域声环境评价（昼间）总体较好，14个城市区域声环境质量等级均为二级。

全年全省平均气温为8.8℃，比上年下降0.1℃。年日照小时数2169小时，比上年减少23小时。年降水量506.5毫米，比上年增加11.5毫米。全省气象雷达观测站点8个，卫星云图接收站点10个。

全省共有地震台站（点）390个，其中，有人值守的地震监测台站16个，无人值守的地震监测台站（点）374个。

全年农作物受灾面积33.15万公顷，比上年增长105.35%；农作物成灾面积20.94万公顷，增长111.08%。全年实际发生地质灾害1714起，造成直接经济损失15.59亿元。

全年共发生各类生产安全事故717起，比上年下降15.15%；死亡608人，下降14.25%；受伤543人，下降12.28%；直接经济损失1.48亿元，下降16.27%。亿元地区生产总值生产安全事故死亡人数为0.067人，下降17.08%；工矿商贸企业就业人员10万人生产安全事故死亡人数2.402人，下降17.84%；煤矿百万吨死亡人数0.207人，下降15.16%；十二类营运车辆道路交通事故万车死亡人数10.73人，下降7.96%。

注：

1.本公报各项数据均为初步统计数，正式数据以《甘肃发展年鉴2021》为准。部分数据因四舍五入的原因，存在着总计与分项合计不等的情况。

2.2020年开展第七次全国人口普查，相关数据拟以甘肃省第七次全国人口普查公报发布，公报中涉及的与人口相关指标计算的数据暂缺。

3.地区生产总值、三次产业及相关行业增加值绝对数按现价计算，（增长/下降）速度按不变价格计算。

4.农产品生产者价格是指农产品生产者直接出售其产品时的价格。

5.工业增加值、利润、原油、天然气产量数据含长庆油田甘肃境内部分。

6.主要工业产品产量中原煤、火电发电量包括规模以上和规模以下工业企业产量，发电量包括火电、水电、风电、太阳能发电量,2020年产量增速按可比口径计算。

7.规模以上工业企业财务指标增速及变化按可比口径计算。

8.规模以上服务业统计范围包括：辖区内年营业收入2000万元及以上交通运输、仓储和邮政业，信息传输、软件和信息技术服务业，水利、环境和公共设施管理业三个门类和卫生行业法人单位；辖区内年营业收入1000万元及以上租赁和商务服务业，科学研究和技术服务业，教育三个门类，以及物业管理、房地产中介服务、房地产租赁经营和其他房地产业四个行业小类法人单位；辖区内年营业收入500万元及以上居民服务、修理和其他服务业，文化、体育和娱乐业两个门类，以及社会工作行业法人单位。

9.邮政行业业务总量按2010年不变价格计算。

10.电信业务总量按2015年不变价格计算。

11.基础设施投资包括交通运输、邮政业，电信、广播电视和卫星传输服务业，互联网和相关服务业，水利、环境和公共设施管理业投资（其中不含土地管理业）。

12.民间固定资产投资是指具有集体、私营、个人性质的内资企事业单位以及由其控股（包括绝对控股和相对控股）的企业单位建造或购置固定资产的投资。

13.原保险保费收入是指保险企业确认的原保险合同保费收入。

14.社会保障数据为快报数，最终数据以决算数为准。

15.体育场地统计范围不包括军队、铁路系统所属体育场地，数据为截至2020年年底。

16.工矿商贸企业就业人员（第二、三产业就业人数）使用《甘肃发展年鉴2020》中2019年数据，最终数据以《甘肃发展年鉴2021》为准。

17.资料来源：本公报中城镇登记失业率、城镇新增就业人员、社会保障数据来自甘肃省人力资源和社会保障厅；发电装机容量数据来自甘肃省电力公司；财政数据来自甘肃省财政厅；进出口数据来自兰州海关；利用外资数据来自甘肃省商务厅；交通运输数据来自甘肃省交通运输厅、甘肃省公安厅交警总队、中国铁路兰州局集团有限公司、甘肃省民航机场集团、东航甘肃分公司；邮政数据来自甘肃省邮政管理局；通信数据来自甘肃省通信管理局；棚户区改造、农村地区建档立卡贫困户危房改造数据来自甘肃省住房和城乡建设厅；旅游数据来自甘肃省文化和旅游厅；金融数据来自中国人民银行兰州中心支行；保险数据来自中国银保监会甘肃监管局；证券数据来自中国证监会甘肃监管局；医疗保险、生育保险数据来自甘肃省医疗保障局；城乡低保、农村特困人员救助供养、社会服务数据来自甘肃省民政厅；教育数据来自甘肃省教育厅；除国家级企业技术中心数据外，其他科技数据来自甘肃省科技厅；专利数据来自甘肃省市场监督管理局（知识产权局）；广播、电视数据来自甘肃省广播电视局；卫生数据来自甘肃省卫生健康委员会；体育数据来自甘肃省体育局；用水量数据来自甘肃省水利厅；自然灾害、安全生产数据来自甘肃省应急管理厅；自然保护区、地质公园数据来自甘肃省林业和草原局；环境监测数据来自甘肃省生态环境厅；地质灾害数据来自甘肃省自然资源厅；气象数据来自甘肃省气象局；地震数据来自甘肃省地震局；煤矿百万吨死亡人数来自甘肃煤矿安全监察局；十二类营运车辆数量来自甘肃省公安厅交通管理局。

2020年兰州市国民经济和社会发展统计公报

兰州市统计局　国家统计局兰州调查队

（2021年3月31日）

2020年，面对错综复杂的国际形势和新冠肺炎疫情的严重冲击，在党中央和省市委的坚强领导下，全市上下坚持以习近平新时代中国特色社会主义思想为指导，全面贯彻党的十九大和十九届二中、三中、四中、五中全会精神，深入落实习近平总书记对甘肃重要讲话和指示精神，坚持稳中求进工作总基调，坚定不移贯彻新发展理念，主动融入和服务国家战略，扎实做好"六稳"工作，全力落实"六保"任务，坚持"守三线、抓项目、保目标"的工作方针，统筹推进常态化疫情防控和经济社会发展，全市经济呈现稳定恢复、企稳向好的发展态势，人民生活水平不断提升，社会发展和谐稳定，全面建成小康社会胜利在望。

一、综合

初步核算，全年全市地区生产总值2886.74亿元，比上年增长2.4%。其中，第一产业增加值57.43亿元，增长5.0%；第二产业增加值933.42亿元，增长3.7%；第三产业增加值1895.9亿元，增长1.5%。三次产业结构比为1.99：32.33：65.68。

年末全市户籍人口为334.0万人，比上年末增加2.08万人。其中，城镇人口246.13万人，乡村人口87.87万人。

年末全市就业人员230.31万人，其中城镇就业人员163.52万人。全年城镇新增就业8.24万人，其中失业人员再就业2.96万人。年末城镇登记失业率为3.06%。全年输转城乡富余劳动力25.40万人，创劳务收入67.40亿元。

全年居民消费价格累计上涨2.0%。其中，食品烟酒上涨5.8%，衣着下降0.3%，生活用品及服务上涨0.8%，医疗保健上涨0.3%，教育文化和娱乐上涨2.2%，其他用品和服务上涨4.6%，交通和通信下降2.3%，居住下降0.1%。

表1 2020年兰州市居民消费价格

指标	累计指数（%）
居民消费价格总指数	102.0
商品零售价格总指数	101.4
服务项目价格指数	100.0
食品	107.6
其中：粮食	102.8

指标	累计指数（%）
食用油	105.4
畜肉类	125.2
禽肉类	111.8
蛋类	91.4
水产品	101.3
菜	112.2
糖果糕点	101.9
干鲜瓜果类	90.9
奶类	99.8
在外餐饮	103.1

二、农业

全年全市粮食作物播种面积125.04万亩，比上年增加10.42万亩。油料种植面积15.96万亩，增加2.33万亩。蔬菜种植面积87.76万亩，增加4.8万亩。中药材种植面积15.67万亩，增加1.89万亩。果园面积13.39万亩，减少0.01万亩。

全年粮食产量33.64万吨，增产10.92%。其中，夏粮产量11.06万吨，增产13.87%；秋粮产量22.58万吨，增产9.52%。

全年蔬菜产量191.8万吨，比上年增产6.26%。园林水果产量13.25万吨，增产0.26%。中药材产量3.69万吨，增产13.05%。

全年肉类产量4.57万吨，比上年增长6.25%。牛奶产量7.79万吨，下降7.96%。年末大牲畜存栏6.74万头，比上年末下降4.52%，其中牛存栏4.87万头，下降1.62%；羊存栏70.64万只，增长4.0%；生猪存栏48.01万头，增长27.2%。牛出栏1.13万头，增长5.61%；羊出栏41.63万只，增长8.44%；生猪出栏42.17万头，增长3.43%。

表2　2020年兰州市主要农产品产量及其增长速度

产品名称	单位	产量	比上年增长（%）
粮食	万吨	33.64	10.92
#夏粮	万吨	11.06	13.87
秋粮	万吨	22.58	9.52
#小麦	万吨	7.84	-0.36
玉米	万吨	14.83	7.39
油料	万吨	2.32	28.05
#油菜籽	万吨	0.38	-12.2
中药材	万吨	3.69	13.05
园林水果	万吨	13.25	0.26
蔬菜	万吨	191.8	6.26

产品名称	单位	产量	比上年增长（%）
#设施蔬菜	万吨	7.83	–5.45
肉类	万吨	4.57	6.25
#猪肉	万吨	3.09	5.27
牛肉	万吨	0.12	5.68
羊肉	万吨	0.76	9.71
禽肉	万吨	0.57	5.70
牛奶	万吨	7.79	–7.96
水产品	万吨	0.07	17.43
年末大牲畜存栏数	万头	6.74	–4.52
#牛存栏	万头	4.87	–1.62
羊存栏	万只	70.64	4.00
猪存栏	万头	48.01	27.20
牛出栏	万头	1.13	5.61
羊出栏	万只	41.63	8.44
猪出栏	万头	42.17	3.43

三、工业和建筑业

全年全市工业增加值比上年增长3.1%。规模以上工业增加值增长3.2%。在规模以上工业中，分经济类型看，国有控股企业增加值增长31.9%，集体企业增加值增长5.1%，股份制企业增加值增长0.2%，外商及港澳台投资企业增加值下降3.9%。分隶属关系看，中央企业增加值增长2.8%，地方企业增加值增长4.0%。分轻重工业看，轻工业增加值增长5.0%，重工业增加值增长2.7%。分门类看，采矿业增加值下降5.3%，制造业增加值增长2.1%，电力、热力、燃气及水生产和供应业增加值增长13.2%。

表3　2020年兰州市规模以上工业分行业增加值增长速度

行业	比上年增长（%）
全　市	3.2
煤炭工业	–5.0
电力工业	13.1
冶金工业	14.1
有色工业	2.1
石化工业	1.1
机械工业	2.0
电子工业	73.0
食品工业	–0.3
建材工业	–12.5
纺织工业	26.3
医药工业	23.3
其他工业	–2.4

表4　2020年兰州市主要工业产品产量及其增长速度

产品名称	单位	产量	比上年增长（%）
卷烟	万箱	56.3	-1.3
原煤	万吨	515.02	1.15
原油	万吨	2	-29.35
原油加工量	万吨	911.3	-0.38
发电量	亿千瓦时	159.66	8.40
#火力发电量	亿千瓦时	130.35	11.34
水力发电量	亿千瓦时	28.66	-3.02
水泥	万吨	1112.2	-1.1
生铁	万吨	232.5	7.2
粗钢	万吨	453.4	20.1
钢材	万吨	496.7	18.4
原铝	万吨	54.4	7.3
乙烯	万吨	69.7	30.8
平板玻璃	万重量箱	519.3	-6.7

年末全市发电装机容量690.71万千瓦，比上年末增长1.2%。其中，火电装机容量331.5万千瓦，增长0%；水电装机容量338.4万千瓦，增长0%；并网太阳能发电装机容量20.8万千瓦，增长66.27%。

全年规模以上工业企业利润55.1亿元，比上年增长140.6%。其中国有及国有控股企业利润39.4亿元。规模以上工业企业每百元主营业务收入中的成本为79.12元。年末规模以上工业企业资产负债率为60.7%。每百元营业收入中的费用为7.41元，产成品存货周转天数为6.9天。

全年建筑业增加值207.7亿元，比上年增长6.1%。年末具有资质等级的总承包和专业承包建筑业企业441个，比上年末减少18个。

四、服务业

全年全市交通运输、仓储和邮政业增加值238.61亿元，下降7.6%；住宿和餐饮业增加值39.38亿元，下降9.4%；金融业增加值431.51亿元，增长1.3%；房地产业增加值200.83亿元，增长4.2%。规模以上服务业企业营业收入918.38亿元，比上年下降10.43%。

全年各种运输方式完成货物周转量226.19亿吨公里，比上年增长3.64%；旅客周转量36.61亿人公里，下降14.71%。兰州中川国际机场完成旅客吞吐量1112.66万人次，比上年下降27.29%；货邮吞吐量7.0万吨，下降2.79%。年末全市公路里程0.97万公里，其中等级公路0.95万公里。全年新建二级以上公路47.66公里。

表5　2020年兰州市主要运输方式完成货物、旅客运输量及其增长速度

指标	单位	绝对数	比上年增长（%）
货运量	万吨	14854.55	5.16
#铁路	万吨	907.10	7.43
公路	万吨	13947.45	5.02
货物周转量	亿吨公里	226.19	3.64
#铁路	亿吨公里	—	—
公路	亿吨公里	226.19	3.64
客运量	万人次	4864.66	-24.81
#铁路	万人次	1977.52	-30.78
公路	万人次	2887.14	-20.09
旅客周转量	亿人公里	36.61	-14.71
#铁路	亿人公里	—	—
公路	亿人公里	36.61	-14.71

年末全市机动车保有量114.49万辆，比上年末增长4.3%，其中私人汽车保有量74.2万辆，增长6.4%。民用轿车保有量46.65万辆，增长3.8%，其中私人轿车保有量39.32万辆，增长4.5%。

全年邮政业务总量18.62亿元，比上年增长25.96%。邮政业完成邮玫函件业务490.76万件；包裹业务8.56万件；快递业务量6390.73万件，增长21.60%；快递业务收入14.14亿元，增长17.25%。电信业务总量632.4亿元，增长20.03%。年末电话用户667.12万户，其中移动电话用户609.7万户，4G移动电话用户453.38万户，5G移动电话用户149.46万户。固定互联网宽带接入用户212.87万户，其中固定互联网光纤宽带接入用户196.17万户。年末互联网宽带接入端口393.69万个，增长17.00%。

五、国内贸易和对外经济

全年全市社会消费品零售总额1641.2亿元，比上年下降1.8%。按经营地统计，城镇消费品零售额1438.9亿元，下降2.2%；乡村消费品零售额202.3亿元，增长0.4%。按消费类型统计，商品零售额1465.9亿元，下降1.6%；餐饮收入额175.3亿元，下降3.5%。

全年全市限额以上企业实现商品零售额503.5亿元，比上年下降1.2%。其中，石油及制品类零售额96.1亿元，下降14.7%；汽车类零售额195.8亿元，增长6.1%；粮油、食品类零售额32.4亿元，增长24.4%；服装鞋帽、针纺织品类零售额40.4亿元，下降6.8%；中西药类零售额35.8亿元，增长1.0%；家用电器和音像器材类零售额15.2亿元，下降0.1%；金银珠宝类零售额8.9亿元，下降23.6%。限额以上批

零住餐企业通过公共网络实现零售额增长7.9%。

全年进出口总额102.5亿元，比上年下降14.2%。其中，出口32.7亿元，下降54.6%；进口69.9亿元，增长46.7%。

全年外商直接投资合同项目9个，实际利用外资额6292.72万美元。对外承包工程完成营业额26877万美元，下降16.7%。对外承包工程新签合同金额46699万美元，下降9.5%。

六、固定资产投资

全年固定资产投资比上年增长3.4%。按三次产业分，第一产业投资增长43.9%；第二产业投资增长25.7%，其中工业投资增长26.0%；第三产业投资下降0.9%。基础设施投资增长15.7%。民间固定资产投资下降8.4%。高技术产业投资增长18.2%。

全年项目投资比上年增长5.9%。其中，制造业投资增长24.4%，电力、热力、燃气及水的生产和供应业投资增长52.3%，交通运输、仓储和邮政业投资增长38.5%，房地产业投资下降15.7%，水利、环境和公共设施管理业投资下降27.6%。

表6　2020年兰州市分行业项目投资增长速度

行业	比上年增长（%）	占项目投资比重（%）
项目投资	5.9	100.00
农林牧渔业	43.9	7.39
采矿业	–31.0	1.04
制造业	24.4	15.31
电力、热力、燃气及水的生产和供应业	52.3	6.10
建筑业	–46.8	0.04
批发和零售业	–51.9	1.30
交通运输、仓储和邮政业	38.5	25.90
住宿和餐饮业	–65.2	0.10
信息传输、软件和信息技术服务业	6.3	3.27
金融业	–21.1	0.04
房地产业	–15.7	13.11
租赁和商务服务业	45.5	3.16
科学研究和技术服务业	–34.2	0.61
水利、环境和公共设施管理业	–27.6	10.35
居民服务和其他服务业	–71.0	0.06
教育	–51.8	3.10
卫生、社会保障和社会福利业	5.8	3.02
文化、体育和娱乐业	69.0	5.29
公共管理和社会组织	–20.6	0.81

全年房地产开发投资比上年增长0.1%，其中住宅投资增长14.0%。房屋施工面积5175.73万平方米，下降2.4%，其中住宅施工面积3396.06万平方米，下降3.9%。在房屋施工面积中,房屋新开工面积1197.1万平方米，下降18.6%，其中住宅新开工面积841.22万平方米，下降21.0%。房屋竣工面积198.33万平方米，增长51.3%，其中住宅竣工面积157.75万平方米，增长79.1%。商品房销售面积848.82万平方米，增长16.1%，其中住宅销售面积797.93万平方米，增长16.5%。

全年全市城镇棚户区住房改造开工12099套，棚户区改造基本建成10704套，新筹集公租房2586套。

七、财政金融

全年全市一般公共预算收入247.13亿元，增长5.96%。其中，税收收入176.15亿元，下降0.66%；非税收入70.98亿元，增长26.97%。从主体税种看，国内增值税60.62亿元，下降6.71%；企业所得税16.82亿元，下降5.32%；个人所得税5.62亿元，下降8.35%。一般公共预算支出485.73亿元，增长6.37%。其中，民生支出393.79亿元，增长1.55%。扶贫支出11.5亿元，下降12.26%。

年末全市金融机构本外币各项存款余额9083.88亿元，比上年末增长2.35%；金融机构本外币各项贷款余额13167.60亿元，比上年末增长7.29%。金融机构人民币各项存款余额9044.77亿元，比上年末增长2.38%；金融机构人民币各项贷款余额12954.98亿元，比上年末增长7.70%。

表7 2020年兰州市金融机构各项存贷款余额及其增长速度

指标	本外币		人民币	
	年末数（亿元）	比上年末增长（%）	年末数（亿元）	比上年末增长（%）
金融机构各项存款余额	9083.88	2.35	9044.77	2.38
住户存款	3884.71	8.07	3859.63	8.08
非金融企业存款	3133.92	–0.24	3125.98	–0.14
金融机构各项贷款余额	13167.60	7.29	12954.98	7.70
住户贷款	2097.32	20.69	2097.21	20.70
企（事）业单位贷款	10944.05	5.36	10833.58	5.42

年末全市境内上市公司21家。股票总市值1045.84亿元，增长1.20%。全年发行、配售股票筹集资金13.78亿元。

全年保费收入160.8亿元，比上年增长1.8%；赔付额74.36亿元，增长14.2%。

表8 2020年兰州市保险业务情况

指标	绝对数（亿元）	比上年增长（%）
保费收入	160.8	1.8
财产险收入	49.95	-3.9
人身险收入	110.85	4.7
赔付支出	74.36	14.2
财产险赔款	31.27	12.9
人身险赔付	43.1	15.2

八、居民收入消费和社会保障

全年全市城镇居民人均可支配收入40152元，增长5.4%；农村居民人均可支配收入14652元，增长7.7%。

全年全市城镇居民人均消费支出25892元，比上年下降4.2%，恩格尔系数为30.2%；农村居民人均消费支出11551元，增长2.7%，恩格尔系数为30.8%。

表9 2020年兰州市城乡居民家庭人均收支情况

指标	城镇		农村	
	绝对数（元）	比上年增长（%）	绝对数（元）	比上年增长（%）
可支配收入	40152	5.4	14652	7.7
工资性收入	23101	8.0	7378	7.3
经营净收入	1427	15.8	4714	6.3
财产净收入	4611	3.2	309	20.7
转移净收入	11013	0.0	2251	10.5
生活消费支出	25892	-4.2	11551	2.7
食品烟酒	7819	-3.5	3560	-0.1
衣着	1772	-14.8	701	-3.3
居住	7086	6.1	2501	10.4
生活用品及服务	1690	10.6	546	-5.5
交通通信	2652	-8.7	1605	9.4
教育文化娱乐	2639	2.1	1409	12.5
医疗保健	1673	-27.6	986	-15.1
其他用品和服务	560	-33.3	243	4.7

年末全市共有3.03万人享受城镇居民最低生活保障，3.82万人享受农村居民最低生活保障，0.34万人享受农村特困人员救助供养。全年资助22.70万人参加基本医疗保险，医疗救助资助保险人数10.17万

次。全市共有社区服务机构和设施776个。其中，社区服务指导中心53个，社区服务站409个，养老机构32个。

九、科学技术和教育

全市共有国家工程技术研究中心3个。全年登记市级科技成果1555项，其中，基础理论594项，应用技术类成果932项，软科学29项。专利申请量14050件，比上年增长2.35%；专利授权量9289件，增长46.1%，其中发明专利授权量1165件，增长38.69%。有效发明专利5618件，每万人口发明专利拥有量14.82件。共签订技术合同5477项，增长17.71%；技术合同成交金额81.45亿元，增长21.24%。

全年研究生教育招生1.8万人，在校研究生4.81万人，毕业生1.17万人。普通高等教育招生18.95万人，在校生56.03万人，毕业生15.80万人。中等职业教育招生1.40万人，在校生3.49万人，毕业生1.22万人。普通高中招生2.15万人，在校生6.21万人，毕业生2.24万人。普通初中招生3.55万人，在校生10.41万人，毕业生3.31万人。普通小学招生4.68万人，在校生24.51万人，毕业生3.55万人。特殊教育招生46人，在校生543人。幼儿园在园幼儿12.54万人。学龄儿童入学率为100%，九年义务教育巩固率为99.87%，高中阶段入学率为99.7%。

表10 2020年兰州市各类教育招生和在校生情况

指标	招生数（万人）	比上年增长（%）	在校生数（万人）	比上年增长（%）	毕业生数（万人）	比上年增长（%）
研究生教育	1.80	19.21	4.81	13.18	1.17	19.66
普通高等教育	18.95	12.60	56.03	7.22	15.8	28.15
中等职业教育	1.40	18.65	3.49	–0.29	1.22	–11.60
普通高中	2.15	4.37	6.21	1.43	2.24	–0.89
普通初中	3.55	0.57	10.41	2.06	3.31	7.82
普通小学	4.68	6.61	24.51	4.79	3.55	3.50

十、文化旅游、卫生健康和体育

年末广播综合人口覆盖率99.76%，比上年末提高0.02个百分点；电视综合人口覆盖率99.99%，提高0.24个百分点。

全年累计接待国内外游客4821.4万人次，实现旅游总收入421.4亿元。旅游人均花费874元，同比减少59元。

年末全市共有医疗卫生机构2245个，其中，医院116个，卫生院67个，妇幼保健院（所、站）10个，专科疾病防治院（所、站）2个，社区卫生服务中心（站）249个，诊所、卫生所、医务室913个。卫生技术人员4.15万人，其中，执业医师和执业助理医师1.49万人，注册护士2.05万人。疾病预防控制中心（防疫站）10个，疾病预防控制中心（防疫站）卫生技术人员594人；卫生监督所（中心）10个，卫生监督所（中心）卫生技术人员277人。乡镇卫生院65个，乡镇卫生院卫生技术人员0.15万人。医疗卫生机构拥有床位数3.22万张，其中医院2.85万张、卫生院拥有床位0.11万张。全年总诊疗人次2221.56万人次，出院人数83.78万人。

全年全市共获得国家级金牌1枚、银牌1枚、铜牌2枚，合计全年体育获得各类奖牌4枚，比上年减少7枚。

十一、资源、环境和应急管理

全年总用水量9.95亿立方米。其中，生活用水量1.99亿立方米，下降14.95%；工业用水量1.53亿立方米，下降57%；农业用水量4.89亿立方米，增长27.34%；生态用水量1.54亿立方米，增长33.91%。

全年全市规模以上工业综合能源消费量1423.04万吨标准煤，比上年增长3.78%。六大高耗能行业能源消费量1368.38万吨标准煤，比上年增长5.01%。

全年全市空气质量优良天数比率为85.2%，比上年提高4.1个百分点。

全年平均气温为11.1℃，比上年偏低0.1℃。年日照2096.1小时数小时，比上年偏多7.8小时。年降水量341.2毫米，比上年偏少26.7毫米。全市气象雷达观测站点1个，卫星云图接收站点1个。

全市地震台站（点）7个。全年发生5.0级以上的地震0次。

全年农作物受灾面积5.06万亩，比上年下降32.03%；农作物成灾面积2.74万亩，下降47.74%。全年实际发生各类地质灾害11起，造成直接经济损失413万元。

全年共发生各类生产安全事故149起，比上年下降9.15%。死亡120人，下降4.76%；受伤106人，下降3.64%。直接经济损失4015.76万元，增长0.19%。煤矿百万吨死亡人数1人，百万吨死亡率0.19；十二类营运车辆道路交通事故万车死亡人数10.57人，下降17.2%。

注：

1.本公报各项数据均为初步统计数，正式数据以《兰州统计年鉴-2021》为准。部分数据因四舍五入的原因，存在着总计与分项合计不等的情况。

2.公报中地区生产总值、各产业增加值和人均地区生产总值绝对数按现价计算，增长速度按不变价格计算。

3.农业生产数据增长速度根据第三次全国农业普查结果修订后的2017年数据为基数计算。

4.主要工业产品产量数据均为规模以上工业产品产量。

5.规模以上工业企业增加值增速及变化按可比口径计算。

6.邮政业务总量按2010年不变价格计算,电信业务总量按2015年不变价格计算。

7.基础设施投资包括交通运输、邮政业，电信、广播电视和卫星传输服务业，互联网和相关服务业、水利管理业、生态保护和环境治理业、公共设施管理业。

8.年末电话用户数、移动电话用户数、固定互联网宽带接入用户数、年末互联网宽带接入端口数等指标较之前年份调整统计口径，以省通信管理局提供数据为准。

9.资料来源：本公报中物价、粮食产量、人民生活数据来自国家统计局兰州调查队，城镇登记失业率、城镇新增就业人员、社会保障数据来自兰州市人力资源和社会保障局；财政数据来自兰州市财政局；发电装机容量数据来自甘肃省电力公司兰州供电公司；外贸数据来自兰州市商务局；交通运输数据来自兰州市交通运输委员会、兰州市公安局交警支队、中国铁路兰州局集团有限公司、兰州中川国际机场有限公司；邮政数据来自兰州市邮政管理局；通信数据来自甘肃省通信管理局；艺术表演团体、文化馆、公共图书馆、博物馆和旅游数据来自兰州市文化和旅游局；金融数据来自中国人民银行兰州中心支行；保险、证券数据来自兰州市政府金融工作办公室；城乡低保、农村特困人员救助供养、社会服务数据来自兰州市民政局；农村贫困人口相关数据来自兰州市扶贫开发办公室；教育数据来自兰州市教育局；科技数据来自兰州市科技局；专利数据来自兰州市市场监督管理局（知识产权局）；广播、电视数据来自兰州市广播电视局；卫生数据来自兰州市卫生健康委员会；体育数据来自兰州市体育局；用水量数据来自兰州市水务局；棚户区改造数据来自兰州市住房和城乡建设局；安全生产数据来自兰州市应急管理局；环境监测数据来自兰州市生态环境局；地质公园、地质灾害数据来自兰州市自然资源局；气象数据来自兰州市气象局；地震数据来自兰州市地震局。

一、综合

1-1　行政区划

地区	镇数	乡数	街道办事处数	社区居委会数	村民委员会数
全市	**47**	**14**	**53**	**433**	**730**
市区	14	2	53	386	151
城关区			26	157	18
七里河区	5	1	9	80	59
西固区	5	1	7	71	40
安宁区			8	56	
红古区	4		3	22	34
各县	33	12		47	579
永登县	15	3		26	240
皋兰县	7			8	71
榆中县	11	9		13	268

1-2　气象

指标	市区	榆中县	皋兰县	永登县
平均气温（摄氏度）	**11.1**	**7.4**	**8.1**	**6.5**
冬季（12–2）	–1.0	–4.4	–5.4	–5.2
春季（3–5）	12.8	9.2	10.0	7.8
夏季（6–8）	22.3	18.3	20.5	17.7
秋季（9–11）	10.8	7.3	7.8	6.5
年降水量（毫米）	**341.2**	**428.2**	**222.5**	**283.0**
冬季	3.2	5.6	2.4	6.9
春季	64.2	91.9	38.8	49.5
夏季	205.5	244.0	146.1	159.3
秋季	68.2	84.3	35.7	66.5

1-3 区县所辖街道办事处、乡、镇名称

地区	街道办事处、镇			乡		
城关区	临夏路街道	张掖路街道	白银路街道			
	伏龙坪街道	酒泉路街道	广武门街道			
	东岗西路街道	皋兰路街道	渭源路街道			
	雁南街道	雁北街道	盐场路街道			
	草场街街道	靖远路街道	团结新村街道			
	铁路东村街道	铁路西村街道	五泉街道			
	火车站街道	拱星墩街道	嘉峪关路街道			
	焦家湾街道	东岗街道	青白石街道			
	高新区街道	雁园街道				
七里河区	秀川街道	土门墩街道	西站街道	魏岭乡		
	西园街道	西湖街道	建兰路街道			
	龚家湾街道	晏家坪街道	敦煌路街道			
	黄峪镇	西果园镇	阿干镇			
	八里镇	彭家坪镇				
西固区	西固城街道	先锋路街道	福利路街道	金沟乡		
	四季青街道	陈坪街道	西柳沟街道			
	临洮街街道	达川镇	东川镇			
	新城镇	河口镇	柳泉镇			
安宁区	培黎街道	安宁西路街道	银滩路街道			
	刘家堡街道	孔家崖街道	十里店街道			
	安宁堡街道	沙井驿街道				
红古区	窑街街道	矿区街道	海石湾镇			
	花庄镇	平安镇	华龙街道			
	红古镇					
永登县	城关镇	武胜驿镇	中堡镇	坪城乡	民乐乡	七山乡
	中川镇	连城镇	河桥镇			
	红城镇	上川镇	树屏镇			
	大同镇	苦水镇	秦川镇			
	龙泉寺镇	柳树镇	通远镇			
皋兰县	九合镇	西岔镇	什川镇			
	忠和镇	石洞镇	黑石镇			
	水阜镇					
榆中县	甘草店镇	夏官营镇	城关镇	小康营乡	清水驿乡	中连川乡
	高崖镇	青城镇	金崖镇	园子岔乡	上花岔乡	哈岘乡
	定远镇	和平镇	连搭镇	马坡乡	龙泉乡	韦营乡
	新营镇	贡井镇				

1-4　各部门机构数和人数

指标	机构数（个）										
	2010	2011	2012	2013	2014	2015	2016	2017	2018	2019	2020
基层组织											
镇政府	34	35	35	35	37	40	46	47	47	47	47
乡政府	26	26	26	26	24	21	15	14	14	14	14
街道	52	52	52	53	53	53	53	54	54	54	53
社区居委会	390	399	399	399	405	405	402	420	424	428	433
村民委员会	749	731	731	731	730	730	730	730	730	730	730
居民总户数（万户）	100.18	102.00	103.17	104.93	106.33	107.65	109.57	110.5	114.81	114.61	116.20
规模以上工业企业	**480**	**342**	**344**	**390**	**374**	**367**	**359**	**361**	**350**	**325**	**346**
国有及国有控股企业	121	106	90	94	87	87	90	96	92	103	101
集体企业	49	28	24	21	12	10	9	8	5	2	2
建筑施工企业	**329**	**327**	**464**	**493**	**492**	**494**	**470**	**466**	**458**	**459**	**441**
国有经济	41	41	44	27	23	22	21	19	12	16	15
集体经济	34	36	40	31	30	29	25	22	19	18	12
其他经济	254	250	380	435	439	443	424	425	427	425	414
卫生											
医院、卫生院	163	167	166	165	167	164	172	194	192	196	183
卫生防疫站	11	11	11	11	11	11	11	10	10	10	10
妇幼保健站、所	10	10	10	10	10	10	10	10	10	10	10
教育											
高等院校(含成人教育)	19	19	19	25	24	25	23	23	23	23	34
中等职业教育学校	40	40	41	42	44	61	57	56	59	58	44
普通中学	219	211	206	205	204	198	197	199	205	206	209
小学	697	676	616	607	570	523	515	518	519	507	478
幼儿园	281	295	324	324	456	464	815	863	882	877	864
文化事业机构											
图书馆	8	8	8	8	8	8	8	8	8	8	8
群众艺术馆	9	9	9	9	9	9	9	9	9	9	9

1-5 国民经济和社会

指标	总量指标						
	1995	2005	2006	2007	2008	2009	2010
人口							
户籍总人口（万人）	270.84	311.74	313.64	319.28	322.28	323.59	323.54
非农业人口	142.99	183.93		198.53	201.63	202.77	202.92
农业人口	127.85	127.81		120.75	120.65	120.82	120.62
男女性别比（以女性为100）	107.18			105.20	105.03	104.30	104.20
人口自增率（‰）	9.78			7.64	6.27	4.35	3.06
就业							
从业人员（万人）	161.22	150.75	150.63	153.98	157.15	162.72	176.48
单位从业人员	87.39	57.06	56.71	56.41	53.15	54.68	55.74
在岗职工		52.70	55.60	54.19	50.96	52.18	53.14
城镇登记失业人数（万人）	1.70	1.85	2.26	2.20	1.89	2.12	2.37
宏观经济							
地区生产总值（亿元）	210.43	576.65	649.42	746.33	868.14	938.85	1129.59
第一产业增加值	11.83	21.49	22.00	24.25	24.72	25.90	27.23
第二产业增加值	120.85	251.69	293.32	340.66	405.36	438.95	537.87
第三产业增加值	77.75	303.47	334.10	381.41	438.06	474.00	564.48
固定资产投资							
固定资产投资总额（亿元）	66.02	259.59	298.21	358.61	431.98	506.18	660.69
房地产投资	10.52	52.57	53.81	74.54	92.51	98.61	118.28
财政							
地区财政收入（亿元）			106.19	134.06	152.44	254.80	304.13
公共财政预算收入	10.09	28.93	33.14	46.63	50.86	57.04	72.76
公共财政预算支出	11.77	50.22	63.13	83.30	99.56	119.83	146.93
物价总指数（上年=100）							
商品零售价格指数（%）	115.5	98.8	100.3	103.1	107.2	100.5	103.9
居民消费价格总指数（%）	119.0	100.6	101.7	105.3	107.2	99.6	103.8
利用外资							
合同投资总额（亿美元）	1.88		0.96	3.10	1.87	1.79	0.97
合同外资额（亿美元）	0.97			0.82	0.95	0.78	0.33
实际使用外资额（亿美元）		2.22	0.38		0.39	0.43	0.20

发展总量与速度指标

					年平均增长速度（%）			
2011	2012	2013	2014	2015	1996-2000年	2001-2005年	2006-2010年	2011-2015年
323.30	321.52	321.43	321.64	321.90	1.42	1.41	0.75	-0.10
202.67	202.50	201.41	200.99	214.17	2.24	2.86	1.98	1.09
120.63	119.02	120.02	120.65	107.73	0.48	0.48	-1.15	-2.23
103.40	102.86	102.55	102.10	101.82				
5.95	4.28	6.99	8.14	5.67				
179.72	181.95	196.26	205.05	208.09	-2.00	0.68	3.20	3.35
56.76	58.32	69.60	71.37	71.47	-6.02	-2.29	-0.47	5.10
53.39	56.44	64.93	65.29	59.55	-1.58	-3.10	0.17	2.30
2.15	1.44	1.44	1.52	1.46	11.73	-8.97	5.08	
1391.66	1613.16	1810.24	1977.77	2102.25	8.9	11.2	11.7	11.7
30.80	31.88	34.80	35.76	37.09	5.0	4.4	4.7	5.6
669.76	761.34	795.94	841.22	830.48	8.1	11.9	13.6	10.5
691.10	819.93	979.50	1100.80	1234.68	10.1	11.2	10.5	13.1
870.57	1239.18	1316.86	1610.68	1803.75	18.42	11.05	20.54	31.32
159.67	223.31	286.81	336.54	339.01	13.75	21.29	17.61	23.44
350.63	406.08	394.82	467.48	593.81				14.81
86.49	103.73	124.52	152.33	185.19	10.48	11.74	20.26	22.32
175.48	202.43	242.32	280.10	344.00	12.56	18.75	23.95	18.56
105.4	102.4	102.7	101.8	100.6	0.40	-0.62	1.01	2.20
105.4	102.4	103.5	102.2	101.3	1.80	0.79	0.63	2.50
1.06	0.79	1.14	2.90	3.66	1.75			16.39
0.40	0.46	0.62	0.36	1.38	2.55	15.08		
0.17	0.75	0.21						

1-5 国民经济和社会发展

指标	总量指标						
	1995	2005	2006	2007	2008	2009	2010
农业							
耕地面积（万亩）	328.36	316.85	316.37	315.23	314.79	314.51	314.22
农林牧渔业劳动力（万人）	43.61	43.51		41.67	41.43	40.77	40.34
农林牧渔业增加值（亿元）	11.83	22.13		26.09	28.10	30.55	33.79
主要农产品产量（万吨）							
粮食	29.57	32.30		30.71	34.40	33.01	31.84
油料	1.20	2.39	2.17	2.26	2.15	2.01	2.15
甜菜	1.78	0.61	0.55	0.00	0.00	0.00	0.00
水果	9.22	10.58	11.85	11.25	11.43	11.54	11.61
肉类	3.81	4.18	4.37	3.96	3.46	3.38	3.38
猪牛羊肉	3.79	3.90	4.04	3.43	3.05	2.99	2.97
工业							
规模以上工业增加值（亿元）		181.39	212.39	247.92	296.59	308.17	372.67
轻工业		22.18	41.00	43.55	53.67	59.67	76.19
重工业		159.21	171.39	204.38	242.92	248.50	296.48
主要工业产品产量							
呢绒（万米）	411.00	558.57	554.25	556.64	553.70	451.75	490.40
卷烟（万支）	817500	1525845	1944414	2285550	2425481	2265221	2395810
发电量（亿千瓦时）	45.81	125.69	121.06	128.60	121.51	164.41	169.27
原煤（万吨）	147.38	510.99	553.12	575.50	464.83	452.76	486.03
水泥（万吨）	151.09	402.15	409.61	441.84	487.21	516.05	548.06
建筑业							
建筑业增加值（亿元）	17.85	52.29	59.50	68.20	79.32	102.40	130.12
房屋施工面积（万平方米）	622.00	1048.74	1162.07	1205.57	1403.85	1593.00	1842.00
房屋竣工面积（万平方米）	278.00	428.93	462.81	447.94	528.85	464.00	458.00
交通运输							
货运量（万吨）	3245.40	5972.19	6263.85	6839.45	7206.66	7358.37	8054.29
铁路	724.00	820.55	903.10	1234.50	1318.65	1202.33	1221.15
公路	2521.00	5151.00	5360.00	5604.00	5887.00	6155.00	6832.00
空运	0.40	0.64	0.75	0.95	1.01	1.04	1.14
客运量（万人）	1380.50	2545.68	2731.67	2925.50	3150.41	3373.04	3802.30
铁路	448.00	586.77	635.90	672.53	777.16	874.19	975.81
公路	904.00	1896.00	1995.62	2112.37	2253.18	2346.24	2627.00
空运	28.50	62.91	100.15	140.60	120.07	152.61	199.49
邮电通信业							
邮电业务总量（亿元）	3.42	24.07	25.23	29.75	28.50	29.36	36.05
国内商业							
社会消费品零售总额（亿元）	96.67	256.67	289.72	337.57	395.04	469.77	545.11
旅游							
国内旅游者（万人次）			348.20	435.00	522.00	700.01	887.50
入境旅游者（万人次）			5.82	6.53	4.60	2.39	3.20
旅游总收入（亿元）			21.84	26.70	31.00	37.20	63.50
对外经济贸易（亿美元）							
进出口总额	4.47	7.16	7.88	7.15	7.15	4.88	10.60
进口额	0.86	2.16	2.08		1.29	1.82	1.90
出口额	3.61	5.00	5.80	5.66	5.86	3.06	8.70

总量与速度指标（续一）

					年平均增长速度（%）			
2011	2012	2013	2014	2015	1996-2000年	2001-2005年	2006-2010年	2011-2015年
314.01	314.44	314.44	318.80	308.92	-0.39	-0.32	-0.17	-0.40
40.88	39.85	38.20	37.71	37.00	0.82	-0.86	-1.50	-1.66
40.00	44.55	49.12	53.64	57.56	4.99	4.48	8.83	8.65
35.54	34.93	35.76	34.58	32.58	2.50	-0.70	4.57	2.62
2.08	2.36	2.56	1.84	1.76	5.66	8.63	-1.11	-2.12
0.00	0.00	0.00	0.00	0.00	9.01	-25.95	-2.77	
11.42	12.73	13.42	14.65	14.07	1.62	1.15	4.04	4.47
3.14	3.30	3.40	3.75	3.67	1.40	3.32	-5.56	5.43
2.72	2.86	2.96	3.26	3.17	-2.38	3.03	-6.15	2.03
465.03	538.15	575.10	565.00	515.00		13.14	15.49	10.80
97.27	128.83	148.80	164.37	168.80		11.83	27.99	12.41
367.76	409.32	426.30	429.90	346.20		12.89	13.24	7.91
491.60	459.00	386.20	405.80	340.10	-3.16	0.98	-2.57	-7.06
2602713	2771520	3197600	3344568	3462000	10.96	8.82	9.44	7.64
182.13	203.74	210.38	185.92	178.47	-3.19	18.91	6.13	1.98
511.37	716.32	714.57	629.18	628.12	-7.19	-1.30	-1.00	10.77
568.56	847.17	966.90	1104.30	1154.20	4.17	8.03	6.39	14.36
159.30	182.28	205.97	234.90	251.52	13.66	9.13	20.00	12.96
2709.00	4815.33	4409.92	5508.88	4960.84	0.39	10.59	11.92	21.91
720.00	1108.43	1136.51	1372.34	1468.49	2.62	6.28	1.32	26.24
8907.70	9671.89	10490.84	11139.69	11801.02	9.75	2.94	6.16	7.94
1214.52	1003.95	955.66	936.11	799.42	2.40	0.14	8.28	-8.03
7663.50	8664.34	9531.00	10198.88	10996.60	11.53	3.43	5.81	9.99
2.68	3.60	4.18	4.70	5.00	5.79	3.84	12.24	14.32
4388.82	4829.07	5324.79	5655.52	6153.30	7.66	5.02	8.35	9.20
1042.06	996.95	1039.97	1084.23	1277.30	1.22	4.27	10.71	5.53
2965.86	3373.82	3719.86	3871.29	4067	10.41	5.04	6.74	9.14
380.90	458.30	564.96	700.00	809.00	5.29	13.77	25.96	17.55
44.27	48.90	53.38	69.34	92.39	41.01	4.77	8.41	19.81
639.72	749.16	843.87	1056.83	1152.15	10.61	9.91	16.26	14.14
1403.60	2101.51	2602.52	3030.77	3703.75				35.74
3.80	3.90	3.48	2.71	1.74				
102.30	154.35	206.50	232.28	290.93				39.08
18.80	33.94	40.57	45.60	50.59	2.00	12.13	8.16	36.69
6.50	7.02	4.69	5.53	6.00	7.59	11.74		25.86
12.30	26.92	35.88	40.07	44.59	4.95	12.30	11.71	38.66

1-5 国民经济和社会发展

指标	总量指标						
	1995	2005	2006	2007	2008	2009	2010
金融保险							
金融机构各项存款（亿元）	263.29	1421.92	1615.51	1791.12	2156.29	2621.20	3235.84
金融机构各项贷款（亿元）	223.79	1089.42		1346.58	1520.26	2007.19	2359.28
中外资保险公司保险金额（亿元）	276.00	1667.93		2403.70	2652.02	3141.01	12335.43
中外资保险公司保费（亿元）	2.32	18.17		24.11	35.45	35.85	58.12
中外资保险公司赔款及给付（亿元）	0.80	3.05		4.53	4.92	5.76	11.12
教育							
在校学生数（万人）	53.94	76.40	80.51	84.13	91.10	92.86	94.76
普通高等学校	3.87	17.98	16.79	17.14	20.07	21.82	22.76
中等职业学校	2.28	3.60	4.04	4.92	5.78	6.18	6.22
普通中学	12.99	22.02	22.20	21.56	20.80	20.35	19.89
小学	27.61	25.10	25.11	24.92	23.46	22.16	21.76
地方财政用于教育支出（万元）	20994	108284	129103	181881	230436	269714	295364
文化							
图书印数（万册）	6181	7521	7571	7591	7593	8890	9260
家庭、生活、环境							
家庭							
家庭总户数（万户）	72.09	89.99	91.16	94.33	96.31	98.35	100.18
城镇居民平均每户家庭人口（人）	3.14	2.79	2.78	2.74	2.67	2.65	2.60
农村居民平均每户家庭人口（人）	4.86	4.23	4.20	4.15	4.18	4.14	4.14
婚姻							
结婚数（万对）	2.16	2.03	4.74	2.36		2.65	2.47
离婚数（万对）	0.12	0.22	0.44	0.45	0.41	0.48	0.50
居住							
城镇居民人均居住面积（平方米）	8.81	16.69	17.98	17.00	17.60	17.76	18.46
农村居民人均居住面积（平方米）	17.21	22.32	21.94	22.37	22.90	24.26	25.00
生活							
城市居民人均可支配收入（元）	3539	8529	9418	10271	11677	12761	14062
农村居民人均纯收入（元）	1142	2713	2898	3103	3503	4001	4587
城乡居民储蓄存款余额（亿元）	137.16	581.71	687.75	710.52	907.10	1089.97	1295.95
工资							
单位从业人员劳动报酬总额（亿元）	50.69	87.15	98.79	115.20	133.16	147.12	171.78
单位从业人员平均劳动报酬（元）	5564	16609	18822	22152	25849	28569	33340
卫生							
卫生机构数	957	285	290	1646	1456	1534	2257
医院、卫生院个数	250	170	168	160	160	159	163
卫生机构床位数	14098	148825	15658	17045	31461	21873	25498
医院、卫生院床位数	14322	13954	14854	15884	21220	14841	16916
卫生技术人员	21344	18738	20651	20573	20721	22372	24388
医生	9585	7951	8801	8890	8971	9440	10060
市政建设							
全年供水总量（万立方米）	38345	23105	21437	21770	28670	27891	24276
道路面积（万平方米）	868	1805	2214	2318	1635	1974	2162
园林绿地面积（公顷）	1911	4977	4770	3920	4593	4651	4441
环境							
工业废水排放量（万吨）			4029	3725	3737.12	2945.18	2529.10
工业废气排放量（亿标立方米）			1342.00	1766.00	1869.68	2070.00	1805.00

总量与速度指标（续二）

2011	2012	2013	2014	2015	年平均增长速度（%）1996–2000年	2001–2005年	2006–2010年	2011–2015年
3833.55	4589.26	5499.15	6617.51	7803.12	20.61	16.18	17.88	19.25
2917.88	3672.85	4407.71	5612.72	6892.02	21.35	13.10	16.71	23.91
13319.38	11462.40	13759.57	15917.50	36309.49	42.13	0.82	49.21	24.05
52.43	59.66	65.90	74.52	87.05	24.36	21.36	26.18	11.37
13.84	16.34	23.25	29.93	32.20	18.00	10.76	29.53	23.49
94.60	92.90	108.11	100.73	99.57	3.19	3.89	4.40	0.89
23.85	24.75	46.28	41.42	41.64	13.31	19.99	4.83	12.84
6.31	6.29	7.76	6.50	5.98	10.93	1.23	11.56	–0.78
18.74	18.42	18.06	17.82	17.01	5.55	5.29	–2.01	–3.08
20.88	20.38	20.28	20.35	20.80	1.06	2.92	–2.82	–0.90
339636	403815	429489	514802	671067	15.81	19.87	22.22	17.84
9502	9350	6573	5312	6650	2.55	1.42	4.25	4.80
102.00	103.17	104.93	106.33	107.65	2.49	1.99	2.17	1.45
2.73	2.73				0.13	2.21	–1.40	
3.97	3.95	4.03	4.11		1.79	0.96	–0.43	
2.81	2.50	2.87	2.73	2.83	2.43	1.22		2.79
0.60	0.55	0.65	0.65	0.71	5.92	6.58	17.84	5.46
18.42	19.08	22.45	33.50	34.67	6.55	6.64	2.04	13.43
24.00	31.00	33.99	30.95	32	0.73	6.11	2.29	5.06
15953	18443	20767	23030	27088	12.28	7.83	10.52	12.60
5252	6224	7114	8067	9621	11.92	6.24	11.07	14.58
1480.16	1743.18	2021.56	2262.94	2608.54	16.79	14.31	17.38	15.02
198.37	239.77	307.61	354.39	390.64	4.22	6.93	14.54	17.86
37754	43658	46621	51928	58967	10.45	12.67	14.95	12.08
2362	2359	2288	2288	2385	6.97	3.41	51.26	
167	166	165	167	164	0.60	平	–0.84	0.12
25411	27545	23614	23614	22774	0.09	0.91	–29.73	
18444	19936	21441	22753	22409	165.00	3.47	3.92	5.79
26363	27914	28489	30859	30967	4.85	2.39	5.41	4.89
10745	11308	11349	12252	12354	6.54	2.99	4.82	4.19
29401	26828	21818	23903	27491.60	2.96	6.88	0.99	2.50
2168	2219	2910.44	3545.53	4294.88	1.71	17.77	3.67	14.72
4471	5495	6584	7201.62	7742.59	5.37	27.97	–2.25	11.76
4097.28	4624.55	4909.07	4563.49	4138.48	3.18	11.76	–9.42	
3183.02	3954.42	4068.37	3768.00	3576.57				

1-5 国民经济和社会发展总量与速度指标（续三）

指标	总量指标					比上年增长（%）	年平均增长速度（%）
	2016	2017	2018	2019	2020		2016-2020年
人口							
户籍总人口（万人）	324.23	325.55	328.47	331.92	334.00	0.63	0.7
非农业人口	222.73	226.05	231.25	235.72	246.13	4.42	2.8
农业人口	101.50	99.50	97.22	96.20	87.87	-8.66	-4.0
男女性别比（以女性为100）	101.47	100.90	100.40	100.06	105.69		
人口自增率（‰）	7.75	5.37	4.78	6.81			
就业							
从业人员（万人）	215.60	224.14	225.25	228.26	227.00	-0.55	1.8
单位从业人员	77.25	80.81	78.53	73.66	78.50	6.57	1.9
在岗职工	63.01	65.67	64.19	57.37	61.18	6.64	0.5
城镇登记失业人数（万人）	1.73	1.55	1.79	3.09	2.87	-7.12	14.5
宏观经济							
地区生产总值（亿元）	2207.42	2445.08	2660.19	2852.51	2886.74	2.4	5.7
第一产业增加值	40.31	42.79	44.29	51.66	57.43	5.0	5.7
第二产业增加值	788.85	885.00	944.28	944.59	933.42	3.7	3.8
第三产业增加值	1378.26	1517.29	1671.62	1856.26	1895.90	1.5	7.0
固定资产投资							
固定资产投资总额（亿元）	1990.95	1315.35	-	-	-	3.36	-4.2
房地产投资	391.15	432.16	586.62	552.40	552.81	0.07	10.3
财政							
地区财政收入（亿元）	606.75	671.65	721.53	679.51	704.15	3.63	3.5
公共财政预算收入	215.48	234.20	253.32	233.23	247.13	5.96	6.1
公共财政预算支出	424.16	429.36	465.64	456.66	486.24	6.48	7.7
物价总指数（上年=100）							
商品零售价格指数（%）	100.7	101.8	101.7	102.0	101.4	1.4	1.5
居民消费价格总指数（%）	100.8	101.5	101.7	102.2	102.0	2.0	1.6
利用外资							
合同投资总额（亿美元）	10.55	3.53	5.89	5.53	1.22		
实际利用外资额（亿美元）	3.38	1.00	1.80	1.23	0.63		

1-5　国民经济和社会发展总量与速度指标（续四）

指标	总量指标					比上年增长（%）	年平均增长速度（%）
	2016	2017	2018	2019	2020		2016-2020年
农业							
农作物播种面积（万亩）	249.90	250.65	238.99	248.59	274.03	10.23	1.1
农林牧渔业劳动力（万人）	36.94	36.16	35.60	33.88	33.72	-0.47	-2.0
农林牧渔业增加值（亿元）	42.10	44.75	46.28	53.77	58.51	4.95	5.7
主要农产品产量（万吨）							0.0
粮食	30.90	30.04	29.77	30.33	33.64	10.92	-1.4
油料	1.79	1.67	1.63	1.81	2.32	28.05	5.7
水果	14.26	14.00	11.73	13.22	13.25	0.26	-1.2
肉类	4.32	4.47	4.62	4.30	4.52	5.12	1.0
猪牛羊肉	3.16	3.65	3.81	3.74	3.97	6.11	4.8
工业							
规模以上工业增加值（亿元）	502.00	583.69	614.98			3.2	3.7
轻工业	154.10	151.60	145.80			5.0	1.0
重工业	347.90	432.10	462.70			2.7	4.9
主要工业产品产量							
呢绒（万米）	414.30	435.00	430.20	430.30	400.10	-7.0	3.3
卷烟（万支）	2938458	2824246	2783794	2849710	2812976	-1.3	-4.1
发电量（亿千瓦时）	147.53	155.32	148.70	144.75	159.66	8.4	-3.6
原煤（万吨）	637.63	503.24	503.29	509.17	515.02	1.2	0.5
水泥（万吨）	1130.00	905.91	774.63	1088.99	1112.17	-1.1	1.0
建筑业							
建筑业增加值（亿元）	179.46	182.19	188.42	197.19	207.70	6.10	1.8
房屋施工面积（万平方米）	4877.02	5031.90	5364.61	5643.83	6254.28	10.82	4.7
房屋竣工面积（万平方米）	1317.80	1090.84	1102.36	1029.32	880.77	-14.43	-9.7
交通运输							
货运量（万吨）	12208.84	12882.39	13518.52	14121.83	14861.55	5.24	4.7
铁路	741.90	837.12	869.96	834.09	907.10	7.43	2.3
公路	11461.00	12039.18	12642.41	13280.54	13947.45	5.02	4.9
空运	5.94	6.09	6.15	7.20	7.00	-2.79	7.0
客运量（万人）	6950.64	7684.69	8328.64	7980.41	5977.36	-25.10	-0.6
铁路	1648.89	2039.42	2550.96	2837.25	1977.52	-30.78	9.0
公路	4212.75	4363.63	4391.86	3612.86	2887.14	-20.09	-6.6
空运	1089.00	1281.64	1385.82	1530.30	1112.70	-27.29	6.6
邮电通信业							
电信业务总量（亿元）	136.57	133.81	346.28	526.81	632.35	20.03	48.9
邮政业务总量（亿元）	8.49	9.99	11.64	14.78	18.62	25.96	25.6
国内商业							
社会消费品零售总额（亿元）	1263.35	1358.72	1352.09	1672.00	1641.24	-1.8	6.0
旅游							
国内旅游者（万人次）	4448.82	5429.18	6718.56	8205.02	4821.40		5.4
入境旅游者（万人次）	2.18	2.22	3.34	5.78			
旅游总收入（亿元）	359.50	456.50	594.10	766.50	421.40		
对外经济贸易（亿元人民币）							
进出口总额	277.05	125.11	133.18	119.41	102.6	-14.20	-19.1
进口额	56.70	52.23	57.58	47.58	69.9	46.70	18.5
出口额	220.36	72.88	75.60	71.83	32.7	-54.60	-34.6

1-5 国民经济和社会发展总量与速度指标（续五）

指标	总量指标					比上年增长（%）	年平均增长速度（%）
	2016	2017	2018	2019	2020		2016-2020年
金融保险							
金融机构人民币各项存款（亿元）	8623.11	8513.59	8716.44	8834.47	9044.77	2.38	3.0
金融机构人民币各项贷款（亿元）	8401.56	9643.55	11010.54	12028.51	12954.98	7.70	13.5
中外资保险公司保险金额（亿元）	255548.01	157159.54					
中外资保险公司保费（亿元）	98.92	122.44	136.05	157.70			
中外资保险公司赔款及给付（亿元）	39.26	42.67					
教育							
在校学生数（万人）	102.62	103.80	108.37	110.03	113.93	3.54	2.7
普通高等学校	42.48	44.56	47.40	48.66	56.72	16.56	6.4
中等职业学校	4.90	4.10	3.79	3.50	3.49	-0.29	-10.2
普通中学	16.69	16.53	16.51	16.51	16.63	0.73	-0.5
小学	21.20	21.78	22.60	23.39	24.51	4.79	3.3
地方财政用于教育支出（万元）	740910	803250	799798	882874	824400	-6.62	4.4
家庭、生活、环境							
家庭							
家庭总户数（万户）	109.57	110.50	114.81	114.61	116.20	1.39	1.2
婚姻							
结婚数（万对）	2.64	2.46	2.47	2.26	1.99	-12.09	-6.8
离婚数（万对）	0.78	0.85	0.95	0.97	0.93	-4.11	5.6
居住							
城镇居民人均现住房建筑面积（平方米）	36.18	36.42	41.24	40.2	45.2	12.44	2.8
农村居民人均现住房建筑面积（平方米）	32.86	33	34.2	32.2	34.5	7.14	0.6
生活							
城镇居民人均可支配收入（元）	29661	32331	35014	38095	40152	5.4	8.2
农村居民人均可支配收入（元）	10391	11305	12368	13605	14652	7.7	8.8
工资							
单位从业人员劳动报酬总额（亿元）	462.51	524.61	640.46	609.51	703.89	15.48	12.5
单位从业人员平均劳动报酬（元）	64551	69555	82480	83542	93847	12.34	9.7
卫生							
卫生机构数	2408	2464	2211	2277	2245	-1.41	-1.2
医院、卫生院个数	172	194	192	196	183	-6.63	2.2
卫生机构床位数	26538	29164	30655	31409	32160	2.39	7.1
医院、卫生院床位数	24031	26589	28009	28616	29530	3.19	5.7
卫生技术人员	32153	35251	36775	39723	41516	4.51	6.0
医生	13123	13692	13954	14337	14883	3.81	3.8
市政建设							
全年供水总量（万立方米）	26441	27178	28463	24526	24747	0.90	-3.9
道路面积（万平方米）	4536.73	4805.11	5611.84	5872.34	5982.48	1.88	-8.6
园林绿地面积（公顷）	7852.30	9592.07	10076.76	10003.49	10439.64	4.36	1.2
环境							
工业废水排放量（万吨）	3341.89	3527.75	3780.53	3260.03	3006.08	-7.79	-6.2
工业废气排放量（亿标立方米）	2566.45	2146.49	2731.78	2467.52	2844.93	15.30	-4.5

1-6 地区生产总值

单位：亿元

年份	地区生产总值	第一产业	第二产业			第三产业			人均GDP（元）（按常住人口计算）
				工业	建筑业		交通运输仓储及邮政业	批发和零售业	
“一五”时期									
1953	1.46	0.20	0.36	0.24	0.12	0.90	0.38	0.32	179
1954	1.76	0.21	0.46	0.32	0.14	1.09	0.39	0.38	202
1955	2.43	0.23	0.85	0.59	0.26	1.35	0.46	0.44	255
1956	3.31	0.24	1.52	0.93	0.59	1.55	0.49	0.51	308
1957	3.72	0.26	1.70	1.06	0.64	1.76	0.50	0.57	313
“二五”时期									
1958	4.99	0.25	2.65	2.01	0.64		0.78	0.58	388
1959	7.69	0.25	5.23	4.39	0.84	2.21	0.86	0.66	548
1960	8.09	0.25	5.88	4.89	0.99	1.96	0.64	0.61	553
1961	4.52	0.25	2.62	2.45	0.17	1.65	0.47	0.47	314
1962	4.32	0.24	2.37	2.24	0.13	1.71	0.43	0.54	314
三年调整期									
1963	5.82	0.29	3.67	3.42	0.25	1.86	0.43	0.63	421
1964	7.94	0.34	5.39	5.07	0.32	2.21	0.48	0.64	544
1965	10.01	0.39	7.09	6.48	0.61	2.53	0.65	0.59	647
“三五”时期									
1966	9.85	0.40	6.91	6.69	0.22	2.54	0.62	0.59	609
1967	11.70	0.41	8.80	8.52	0.28	2.49	0.57	0.57	702
1968	12.92	0.43	10.15	9.82	0.33	2.34	0.50	0.51	759
1969	13.55	0.46	10.68	10.40	0.28	2.41	0.54	0.54	786
1970	14.99	0.52	11.92	11.51	0.41	2.55	0.60	0.59	856
“四五”时期									
1971	16.22	0.53	13.03	12.78	0.25	2.66	0.62	0.60	896
1972	17.96	0.53	14.34	13.89	0.45	3.09	0.67	0.79	958
1973	18.91	0.53	14.91	14.26	0.65	3.47	0.73	0.98	981
1974	20.84	0.66	16.40	15.82	0.58	3.78	0.79	1.11	1063
1975	22.70	0.67	17.89	17.23	0.66	4.14	0.85	1.26	1143
“五五”时期									
1976	22.69	0.69	17.76	17.10	0.66	4.24	0.88	1.32	1130
1977	21.82	0.70	16.78	16.21	0.57	4.34	0.91	1.38	1077
1978	21.80	0.74	16.56	15.85	0.71	4.50	0.94	1.44	1067
1979	24.54	0.78	18.60	17.72	0.88	5.16	0.95	1.63	1180
1980	25.68	0.94	18.80	17.64	1.16	5.94	0.98	1.96	1209

1-6 地区生产总值（续一）

单位：亿元

年份	地区生产总值	第一产业	第二产业	工业	建筑业	第三产业	交通运输仓储及邮政业	批发和零售业	人均GDP（元）（按常住人口计算）
“六五”时期									
1981	24.01	0.80	16.75	15.61	1.14	6.46	10.60	2.27	1116
1982	25.82	0.84	18.09	16.67	1.42	6.89	1.28	2.27	1179
1983	29.49	1.12	20.89	19.25	1.64	7.48	1.51	2.39	1326
1984	35.40	1.40	23.74	21.80	1.94	10.26	1.90	4.00	1579
1985	43.50	1.90	28.16	25.46	2.70	13.44	2.72	5.17	1915
“七五”时期									
1986	50.79	2.20	32.01	28.66	3.35	16.58	3.87	6.18	2198
1987	56.11	2.33	33.95	29.68	4.27	19.83	4.27	7.23	2383
1988	64.30	3.06	36.77	32.15	4.62	24.47	4.74	9.76	2682
1989	73.69	3.80	42.60	38.52	4.08	27.29	5.31	10.03	3015
1990	77.89	4.26	45.05	40.13	4.92	28.58	5.21	10.09	3126
“八五”时期									
1991	85.23	5.01	45.50	40.17	5.33	34.72	5.49	11.20	3364
1992	100.57	5.53	52.52	46.11	6.41	42.52	6.41	13.37	3918
1993	126.72	6.54	73.65	64.64	9.01	46.53	7.55	14.87	4878
1994	172.49	9.57	100.92	87.69	13.23	62.00	9.22	20.75	6548
1995	210.43	11.83	120.85	103.01	17.82	77.75	10.25	26.82	7844
“九五”时期									
1996	225.01	13.72	119.25	96.82	22.43	92.04	12.58	31.98	8228
1997	237.42	14.08	119.36	94.04	25.32	103.98	17.31	35.79	8532
1998	252.55	15.24	121.06	92.09	28.97	116.25	21.11	39.29	8949
1999	267.46	15.61	125.65	94.42	31.23	126.19	23.57	42.21	9360
2000	300.32	15.89	140.71	107.04	33.67	143.72	29.60	45.66	10387
“十五”时期									
2001	341.68	16.89	156.38	116.37	37.01	171.42	37.10	49.27	11638
2002	386.41	17.19	166.87	126.38	40.49	202.34	45.45	41.87	11819
2003	440.85	18.04	188.85	144.62	44.24	233.96	52.03	44.72	13197
2004	508.15	20.00	218.86	171.06	47.81	269.28	47.18	48.24	14931
2005	576.65	21.49	251.69	203.67	48.02	303.47	52.89	53.59	16692
“十一五”时期									
2006	649.42	22.00	293.32	240.21	53.11	334.10	59.18	58.47	18597
2007	746.33	24.25	340.66	281.49	59.17	381.41	69.14	65.66	21196
2008	868.14	24.72	405.36	338.47	66.89	438.06	78.99	74.94	24464
2009	938.85	25.90	438.95	355.02	83.93	474.00	78.92	82.52	26251
2010	1129.59	27.23	537.87	434.21	103.67	564.48	90.27	97.81	31336
“十二五”时期									
2011	1391.66	30.80	669.76	546.40	123.36	691.10	115.65	119.31	38094
2012	1613.16	31.88	761.34	624.14	137.20	819.93	145.23	130.73	43257
2013	1810.24	34.80	795.94	643.52	153.62	979.50	157.04	152.71	47605
2014	1977.77	35.76	841.22	675.44	167.08	1100.80	169.36	167.07	51107
2015	2102.25	37.09	830.48	655.05	176.93	1234.68	178.33	171.10	53326
“十三五”时期									
2016	2207.42	40.31	788.85	610.96	179.46	1378.26	186.76	178.44	54942
2017	2445.08	42.79	885.00	704.47	182.19	1517.29	212.07	183.72	59638
2018	2660.19	44.29	944.28	757.59	188.42	1671.62	234.37	198.44	63653
2019	2852.51	51.66	944.59	749.20	197.19	1856.26	255.13	223.43	67102
2020	2886.74	57.43	933.42	727.46	207.70	1895.90	238.61	231.18	66680

1-7　地区生产总值构成

单位：%

年份	地区生产总值	第一产业	第二产业	工业	建筑业	第三产业	交通运输仓储及邮政业	批发和零售业
“一五”时期								
1953	100.00	13.62	24.39	16.44	8.22	61.99	26.03	21.92
1954	100.00	11.93	26.14	18.18	7.95	61.93	22.16	21.59
1955	100.00	9.34	34.95	24.28	10.70	55.71	18.93	18.11
1956	100.00	7.32	45.91	28.10	17.82	46.77	14.80	15.41
1957	100.00	6.99	45.70	28.49	17.20	47.31	13.44	15.32
“二五”时期								
1958	100.00	5.14	53.04	40.28	12.83	41.82	15.63	11.62
1959	100.00	3.25	68.01	57.09	10.92	28.74	11.18	8.58
1960	100.00	3.09	72.68	60.44	12.24	24.23	7.91	7.54
1961	100.00	5.53	57.96	54.20	3.76	36.50	10.40	10.40
1962	100.00	5.56	54.86	51.85	3.01	39.58	9.95	12.50
三年调整期								
1963	100.00	5.01	62.99	58.76	4.30	32.00	7.39	10.82
1964	100.00	4.28	67.88	63.85	4.03	27.83	6.05	8.06
1965	100.00	3.90	70.83	64.74	6.09	25.27	6.49	5.89
“三五”时期								
1966	100.00	4.06	70.15	67.92	2.23	25.79	6.29	5.99
1967	100.00	3.50	75.21	72.82	2.39	21.28	4.87	4.87
1968	100.00	3.37	78.55	76.01	2.55	18.08	3.87	3.95
1969	100.00	3.39	78.82	76.75	2.07	17.79	3.99	3.99
1970	100.00	3.48	79.55	76.78	2.74	16.97	4.00	3.94
“四五”时期								
1971	100.00	3.23	80.34	78.79	1.54	16.43	3.82	3.70
1972	100.00	2.95	79.84	77.34	2.51	17.20	3.73	4.40
1973	100.00	2.80	78.85	75.41	3.44	18.35	3.86	5.18
1974	100.00	3.17	78.69	75.91	2.78	18.14	3.79	5.33
1975	100.00	2.93	78.83	75.90	2.91	18.24	3.74	5.55
“五五”时期								
1976	100.00	3.04	78.27	75.36	2.91	18.69	3.88	5.82
1977	100.00	3.18	76.93	74.29	2.61	19.89	4.17	6.32
1978	100.00	3.39	75.96	72.71	3.26	20.64	4.31	6.61
1979	100.00	3.18	75.79	72.21	3.59	21.03	3.87	6.64
1980	100.00	3.66	73.21	68.69	4.52	23.13	3.82	7.63

1-7 地区生产总值构成（续一）

单位：%

年份	地区生产总值	第一产业	第二产业	工业	建筑业	第三产业	交通运输仓储及邮政业	批发和零售业
“六五”时期								
1981	100.00	3.33	69.77	65.01	4.75	26.90	4.41	9.45
1982	100.00	3.25	70.06	64.56	5.50	26.68	4.96	8.79
1983	100.00	3.80	70.85	65.28	5.56	25.35	5.12	8.10
1984	100.00	3.96	67.06	61.58	5.48	28.98	5.37	11.30
1985	100.00	4.37	64.74	58.53	6.21	30.90	6.25	11.89
“七五”时期								
1986	100.00	4.33	63.02	56.43	6.60	32.64	7.62	12.17
1987	100.00	4.15	60.51	52.90	7.61	35.34	7.61	12.89
1988	100.00	4.76	57.19	50.00	7.19	38.06	7.37	15.18
1989	100.00	5.16	57.81	52.27	5.54	37.03	7.21	13.61
1990	100.00	5.46	57.85	51.52	6.32	36.69	6.69	12.95
“八五”时期								
1991	100.00	5.88	53.38	47.13	6.25	40.74	6.44	13.14
1992	100.00	5.49	52.23	45.85	6.37	42.28	6.37	13.29
1993	100.00	5.16	58.12	51.01	7.11	36.72	5.96	11.74
1994	100.00	5.55	58.51	50.84	7.67	35.94	5.34	12.03
1995	100.00	5.62	57.43	48.95	8.48	36.95	4.87	12.74
“九五”时期								
1996	100.00	6.10	53.00	43.03	9.97	40.91	5.59	14.21
1997	100.00	5.93	50.27	39.61	10.66	43.80	7.29	15.07
1998	100.00	6.04	47.93	36.46	11.47	46.03	8.36	15.56
1999	100.00	5.84	46.98	35.30	11.68	47.18	8.81	15.78
2000	100.00	5.29	46.85	35.64	11.21	47.86	9.86	15.20
“十五”时期								
2001	100.00	4.94	44.89	34.06	10.83	50.17	10.86	14.42
2002	100.00	4.45	43.19	32.71	10.48	52.36	11.76	10.84
2003	100.00	4.09	42.84	32.80	10.03	53.07	11.80	10.14
2004	100.00	3.94	43.07	33.66	9.41	52.99	9.28	9.49
2005	100.00	3.73	43.65	35.32	8.33	52.63	9.17	9.29
“十一五”时期								
2006	100.00	3.39	45.17	36.99	8.18	51.45	9.11	9.00
2007	100.00	3.25	45.65	37.72	7.93	51.10	9.26	8.80
2008	100.00	2.85	46.69	38.99	7.70	50.46	9.10	8.63
2009	100.00	2.76	46.75	37.81	8.94	50.49	8.41	8.79
2010	100.00	2.41	47.62	38.44	9.18	49.97	7.99	8.66
“十二五”时期								
2011	100.00	2.21	48.13	39.26	8.86	49.66	8.31	8.57
2012	100.00	1.98	47.20	38.69	8.51	50.83	9.00	8.10
2013	100.00	1.92	43.97	35.55	8.49	54.11	8.68	8.44
2014	100.00	1.81	42.53	34.15	8.45	55.66	8.56	8.45
2015	100.00	1.76	39.50	31.16	8.42	58.73	8.48	8.14
“十三五”时期								
2016	100.00	1.83	35.74	27.68	8.13	62.44	8.46	8.08
2017	100.00	1.75	36.19	28.81	7.45	62.05	8.67	7.51
2018	100.00	1.66	35.50	28.48	7.08	62.84	8.81	7.46
2019	100.00	1.81	33.11	26.26	6.91	65.08	8.94	7.83
2020	100.00	1.99	32.33	25.20	7.19	65.68	8.27	8.01

1-8　地区生产总值指数

（上年=100）

单位：%

年份	地区生产总值	第一产业	第二产业			第三产业			人均GDP（按常住人口计算）
				工业	建筑业		交通运输仓储及邮政业	批发和零售业	
1955	119.70	103.30	125.20	124.10	120.60	122.80			109.30
1956	119.60	104.20	135.60	126.50	162.70	114.30			106.20
1957	116.00	105.10	124.60	130.20	111.60	112.70			105.10
“二五”年均	104.12	96.01	112.02	117.02	90.33	97.98			101.15
1958	128	92.4	150.9	163.9	115.8	118.4			118.30
1959	128.5	82.4	156.7	168.8	110.4	108.9			117.80
1960	111.9	100.1	128.8	135.8	88	89.7			107.30
1961	61.9	99.2	50.1	48.6	63.8	80.5			63.00
1962	107.4	107.9	115.6	120.2	83.8	97			112.40
三年调整期	122.79	119.1	127.91	125.82	145.77	114.99			118.06
1963	120.6	118.6	128.6	125	164.3	108.9			119.90
1964	122.9	119.8	124.4	124.4	124.1	120.9			116.30
1965	124.9	118.9	130.8	128.1	151.9	115.5			118.00
“三五”年均	103.02	103.54	103.69	104.86	94.73	101.54			100.48
1966	102.3	102.9	100.7	107.2	59.4	105.6			97.60
1967	92.4	103	87.6	86	106.1	99.6			89.90
1968	102.3	103.3	107.1	107.4	104.5	93.9			100.10
1969	108.1	103.7	111.2	113.1	93.5	103			106.70
1970	111	104.8	114.1	113.2	123.9	106.1			109.30
“四五”年均	109.27	104.32	109.75	110.6	98.63	109.38			106.59
1971	107.5	100.6	109.4	113.7	64.2	104.7			104.00
1972	110.3	100.6	110.8	110.3	120	111.5			106.40
1973	105.9	97.1	103.9	103.5	110.5	112.9			103.10
1974	109.4	124	108.5	108.8	104.1	108.8			107.60
1975	113.4	101.4	116.5	117.2	105.3	109.2			112.10
“五五”年均	102.56	100.54	101.86	101.68	105.16	106.2			
1976	100.5	100.6	99.6	99.6	99.5	102.7			99.40
1977	100.2	100.7	98.9	99	98.1	102.8			99.30
1978	102.2	95.6	102.5	102.1	110.4	102.7			101.30
1979	109.7	102.1	108.6	108.5	109.5	113.6			107.80
1980	100.5	103.9	100	99.5	109	109.7			101.00

1-8 地区生产总值指数（续一）

（上年=100）

单位：%

年份	地区生产总值	第一产业	第二产业	工业	建筑业	第三产业	交通运输仓储及邮政业	批发和零售业	人均GDP（按常住人口计算）
“六五”年均	108.9	111.0	106.5	105.0	114.2	112.5			107.5
1981	96.7	80.8	92.6	87.5	109.0	106.8			95.5
1982	106.9	110.1	107.5	106.5	120.6	105.5			105.1
1983	111.4	124.9	112.2	113.0	103.5	108.5			109.7
1984	117.0	117.8	110.9	111.0	110.0	127.0			116.1
1985	113.5	128.5	110.6	109.0	130.0	115.9			112.1
“七五”年均	106.4	105.5	107.8	107.3	112.0	104.6			104.5
1986	112.3	109.9	109.6	108.0	125.9	116.3			110.4
1987	107.8	97.5	108.1	106.0	126.3	108.9			105.8
1988	103.8	100.5	108.0	108.0	108.1	98.7			101.9
1989	103.8	109.6	106.4	107.5	98.3	99.3			101.8
1990	104.6	110.9	106.7	107.0	104.2	100.7			102.6
“八五”年均	109.5	104.9	110.6	110.0	115.2	108.7			108.6
1991	102.2	112.5	98.8	98.0	105.2	106.3			101.2
1992	110.3	107.2	110.4	109.8	114.8	110.7			108.9
1993	111.6	102.7	114.9	115.3	114.0	107.9			110.3
1994	114.5	101.2	119.6	118.8	125.9	110.9	114.5	113.8	110.3
1995	109.2	101.2	110.3	109.3	117.3	108.9	113.2	111.3	107.2
“九五”年均	108.9	105.0	108.1	107.1	113.7	110.1	115.5	110.1	107.1
1996	109.2	105.8	109.3	108.4	114.8	109.5	112.0	112.2	107.1
1997	108.9	103.6	108.8	107.0	119.7	109.5	125.6	109.6	107.0
1998	108.7	107.1	106.6	105.0	115.0	111.3	117.1	111.4	107.2
1999	108.2	104.5	107.4	107.0	109.5	109.5	109.9	109.0	106.9
2000	109.2	104.0	108.2	107.9	109.6	110.8	113.7	108.2	107.2
“十五”年均	111.2	104.4	111.9	113.2	107.3	111.2	113.5	108.6	109.3
2001	110.5	105.5	109.9	110.1	109.4	111.6	113.9	108.3	108.9
2002	110.8	104.8	110.8	110.8	110.7	111.4	116.7	108.6	108.9
2003	111.0	104.8	111.7	113.0	107.8	110.9	112.2	107.2	108.6
2004	111.7	103.0	112.9	114.7	106.8	111.4	114.2	108.1	109.6
2005	112.1	104.0	114.2	117.6	102.1	110.9	110.7	111.0	110.4
“十一五”年均	111.7	104.7	113.6	114.7	108.4	110.5	110.2	110.7	110.8
2006	112.0	102.8	115.5	117.8	106.0	109.7	111.8	108.8	110.8
2007	112.1	103.5	116.4	118.3	107.2	109.0	113.6	110.1	111.2
2008	111.6	105.7	112.2	114.3	101.1	111.4	110.9	107.8	110.7
2009	110.3	106.3	110.5	110.5	110.4	110.4	104.1	113.7	109.4
2010	112.6	105.2	113.7	113.0	118.0	112.0	111.0	113.4	111.7
“十二五”年均	111.7	105.6	110.5	110.6	110.2	113.1	112.8	108.4	109.8
2011	115.0	103.6	116.3	116.3	116.3	114.2	119.8	112.0	113.5
2012	113.8	106.7	112.4	112.9	110.3	115.4	122.8	107.3	111.5
2013	110.7	105.7	108.0	107.6	110.9	113.5	109.6	113.9	108.6
2014	110.3	106.0	109.1	109.2	108.4	111.6	105.7	107.6	108.4
2015	109.0	105.8	106.9	107.2	105.5	111.1	107.1	101.4	107.0
“十三五”年均	105.7	105.7	103.8	104.2	101.8	107.0	105.9	104.8	103.8
2016	108.1	106.0	103.9	103.8	104.3	111.0	105.3	103.4	106.1
2017	105.7	105.9	103.8	105.6	97.2	106.9	113.4	101.5	103.6
2018	106.4	106.1	105.5	106.8	100.1	106.9	110.6	106.2	104.4
2019	106.1	105.5	101.9	102.0	101.6	108.7	109.2	106.5	104.3
2020	102.4	105.0	103.7	103.1	106.1	101.5	92.4	106.3	100.5

1-9 各区县生产总值

单位：亿元

地区	生产总值	第一产业	第二产业	工业	建筑业	第三产业	交通运输仓储及邮政业	批发和零售业	人均GDP（元）（按常住人口计算）
兰州市	**2886.74**	**57.43**	**933.42**	**727.46**	**207.70**	**1895.90**	**238.61**	**231.18**	**66680**
城关区	1061.23	0.65	155.29	82.45	73.47	905.30	63.46	128.23	71928
七里河区	492.06	6.28	173.35	135.68	38.34	312.43	67.66	22.21	69701
西固区	391.46	2.91	214.53	196.87	17.84	174.02	39.79	11.09	96679
安宁区	240.75	0.11	73.13	59.55	13.57	167.51	0.16	32.19	55645
红古区	100.01	5.95	52.42	51.41	1.26	41.64	13.70	2.07	69717
永登县	112.61	14.46	29.37	27.30	2.07	68.78	25.93	6.06	38891
皋兰县	81.00	8.92	33.99	32.40	1.59	38.08	4.31	4.37	64826
榆中县	171.74	16.28	82.97	70.07	12.91	72.49	8.97	4.16	36352
兰州新区	235.89	1.86	118.37	71.73	46.64	115.66	14.63	20.80	84262

1-10 各区县生产总值构成

单位：%

地区	生产总值	第一产业	第二产业	工业	建筑业	第三产业	交通运输仓储及邮政业	批发和零售业
兰州市	**100.00**	**1.99**	**32.33**	**25.20**	**7.19**	**65.68**	**8.27**	**8.01**
城关区	100.00	0.06	14.63	7.77	6.92	85.31	5.98	12.08
七里河区	100.00	1.28	35.23	27.57	7.79	63.49	13.75	4.51
西固区	100.00	0.74	54.80	50.29	4.56	44.45	10.17	2.83
安宁区	100.00	0.05	30.38	24.74	5.64	69.58	0.07	13.37
红古区	100.00	5.95	52.41	51.41	1.26	41.64	13.70	2.07
永登县	100.00	12.84	26.08	24.24	1.84	61.08	23.03	5.38
皋兰县	100.00	11.01	41.97	40.00	1.96	47.02	5.32	5.40
榆中县	100.00	9.48	48.31	40.80	7.51	42.21	5.22	2.42
兰州新区	100.00	0.79	50.18	30.41	19.77	49.03	6.20	8.82

1-11 各区县生产总值指数

（上年=100）

地区	生产总值	第一产业	第二产业			第三产业			人均GDP（按常住人口计算）
				工业	建筑业		交通运输仓储及邮政业	批发和零售业	
兰州市	102.4	105.0	103.7	103.1	106.1	101.5	92.4	106.3	100.5
城关区	102.0	101.1	107.0	116.2	97.1	101.1	93.3	104.2	100.5
七里河区	100.0	100.9	98.8	99.2	96.9	100.8	92.7	102.0	97.7
西固区	97.9	93.4	97.8	98.8	86.3	98.2	92.0	103.5	96.7
安宁区	105.8	91.6	110.1	111.0	105.8	103.8	121.4	100.7	101.6
红古区	87.1	104.3	80.1	80.0	83.6	98.4	91.2	85.1	86.6
永登县	101.8	107.1	107.1	110.6	70.5	98.3	90.7	107.5	105.8
皋兰县	108.6	104.2	109.8	110.0	104.9	108.4	97.0	135.5	108.4
榆中县	111.2	106.9	119.4	111.2	249.0	102.4	99.6	105.9	110.3
兰州新区	116.7	120.2	122.8	118.5	131.6	110.4	86.3	139.8	106.8

主要统计指标解释

行政区划　指国家对行政区域的划分。根据宪法规定，我国的行政区域划分如下：（1）全国分为省、县、自治区、直辖市；（2）省、自治区分为自治州、县、自治县、市；（3）自治州分为县、自治县、市；（4）县、自治县分为乡、民族乡、镇；（5）直辖市和较大的市区分为区、县；（6）国家在必要时设立的特别行政区。

耕地面积　指经过开垦用以种植农作物并经常进行耕耘的土地面积。包括种有作物的土地面积、休闲地、新开荒地和抛荒未满三年的土地面积。

林业面积　指成品种植乔木、竹类、灌木、沿海红树林等林木的土地面积，包括有林地、灌木林、疏林地、未成林造林地、迹地、苗圃等。

草地面积　指牧区和农区用于放牧牲畜或割草，植被盖度在5%以上的草原、草坡、草山等面积。包括天然的和人工种植或改良的草地面积。

气　温　指空气的温度，我国一般以摄氏度（℃）为单位表示。气象观测的温度表是放在离地面约1.5米处通风良好的百叶箱里测量的，因此，通常说的气温指的是离地面1.5米处百叶箱中的温度。其统计计算方法为：

月平均气温　是将全月各日的平均气温相加，除以该月的天数而得。

年平均气温　是将12个月的平均气温累加后除以12而得。

降水量　指从天空降落到地面的液态或固态（经融化后）水、未经蒸发、渗透、流失而在地面上积聚的深度。其统计计算方法为：

月降水量是将全月各日的降水量累加而得。

年降水量是将12个月的月降水量累加而得。

日照时数　指太阳实际照射地面的时间。其统计方法与降水量相同。

可比价格　指计算各种总量指标所采用的扣除了价格变动因素的价格，可进行不同时期总量指标的对比。按可比价格计算总量指标有两种方法：一种是直接用产品产量乘某一年的不变价格计算；另一种是用价格指数进行缩减。

平均增长速度　我国计算平均增长速度有两种方法：一种是习惯上经常使用的“水平法”，又称几何平均法，是以间隔期最后一年的水平同基期水平对比来计算平均每年增长（或下降）速度；另一种是“累计法”，又称代数平均法或方程法，是以间隔期内各年水平的总和同基期水平对比来计算平均每年增长（或下降）速度。

在一般正常情况下，两种方法计算的平均每年增长速度比较接近；但在经济发展不平衡、出现大起大落时，两种方法计算的结果差别较大。

企业（单位）登记注册类型　是以在工商行政管理机关登记注册的各类企业为划分对象，以工商行政管理部门对企业登记注册的类型为依据，将企业登记注册类型分为内资企业、港澳台商投资企业和外商投资企业三大类。内资企业包括国有企业、集体企业、股份合作企业、联营企业、有限责任公司、股份有限公司、私营公司和其他企业；港澳台商投资企业和外商投资企业分别包括合资经营企业、合作经营企业、独资经营企业和股份有限公司。对不在工商行政管理部门进行登记注册的行政机关、事业单位和社会团体，主要按其经费来源和管理方式进行划分。

国有企业 指企业全部资产归国家所有，并按《中华人民共和国企业法人登记管理条例》规定登记注册的非公司制的经济组织。不包括有限责任公司中的国有独资公司。

集体企业 指企业资产归集体所有，并按《中华人民共和国企业法人登记管理条例》规定登记注册的经济组织。

股份合作企业 指以合作制为基础，由企业职工共同出资入股，吸收一定比例的社会资产投资组建，实行自主经营，自负盈亏，共同劳动，民主管理，按劳分配与按股分红相结合的一种集体经济组织。

联营企业 指两个及两个以上相同或不同所有制性质的企业法人或事业单位法人，按自愿、平等、互利的原则，共同投资组成经济组织。联营企业包括国有联营企业、集体联营企业、国有与集体联营企业和其他联营企业。

有限责任公司 指根据《中华人民共和国公司登记管理条例》规定登记注册，由两个以上、五十个以下的股东共同出资，每个股东以其所认缴的出资额对公司承担有限责任，公司以其全部资产对其债务承担责任的经济组织。有限责任公司包括国有独资公司以及其他有限责任公司。

股份有限公司 指根据《中华人民共和国公司登记管理条例》规定登记注册，其全部注册资本由等额股份构成并通过发行股票筹集资本，股东以其认购的股份对公司承担有限责任，公司以其全部资产对其债务承担责任的经济组织。

私营企业 指由自然人投资设立或由自然人控投，以雇佣劳动为基础的营利性经济组织。包括按照《公司法》《合伙企业法》《私营企业暂行条例》规定登记注册的私营有限责任公司、私营股份有限公司、私营合伙企业和私营独资企业。

其他企业 指上述企业之外的其他内资经济组织。

与港澳台商合资经营企业 指港澳台地区投资企业与内地企业依照《中华人民共和国中外合资经营企业法》及有关法律的规定，按合同规定的比例投资设立、分享利润和分担风险的企业。

与港澳台商合作经营企业 指港澳台地区投资者与内地企业依照《中华人民共和国中外合作经营企业法》及有关法律的规定，依照合作合同的约定进行投资或提供条件设立、分配利润和分担风险的企业。

港澳台商独资经营企业 指依照《中华人民共和国外资企业法》及有关法律的规定，在内地由港澳台地区投资者全额投资设立的企业。

港澳台商投资股份有限公司 指根据国家有关规定，经外贸部依法批准设立，其中港、澳、台商的股本占公司注册资本的比例达25%以上的股份有限公司。凡其中港、澳 、台商的 股本占公司注册资本的比例小于25%的，属于内资 企业中的股份有限公司。

中外合资经营企业 指外国企业或外国人与中国内地企业依照《中华人民共和国中外合资企业法》及有关法律的规定，按合同规定的比例投资设立、分享利润和分担风险的企业。

中外合作经营企业　指外国企业或外国人与中国内地企业依照《中华人民共和国中外合作经营企业法》及有关法律的规定，依照合作合同的约定进行投资或提供条件设立、分配利润和分担风险的企业。

外资企业　指依照《中华人民共和国外资企业法》及有关法律的规定，在中国内地由外国投资者全额投资设立的企业。

外商投资股份有限公司　指根据国家有关规定，经外经贸部部依法批准设立，其中外资的股本占公司注册资本的比例达25%以上的股份有限公司。凡其中外资股本占公司注册资本的比例小于25%的，属于内资企业中的股份有限公司。

行政机关、事业单位和社会团体　参照企业登记注册类型，主要按其经费来源和管理方式划分。具体规定如下：

（1）行政机关：包括国家机关和政党机关，原则上均列为“国有”。但有特殊规定的，如供销社等，则列为“集体”。

（2）事业单位：包括经国家机构编制部门和有关业务主管部门批准成立的各类事业单位，不包括实行企业化管理的事业单位。事业单位的划分办法如下：

①由国家财政预算拨款或列入财政预算外资金管理以及经费主要来源于国有主管部门或国有上级单位的事业单位，列为“国有”。

②经费主要来源于集体单位的事业单位，列为“集体”。

③公民个人（或个人合伙）开办的事业单位，列为“私营”。

④上述以外的其他事业单位，如果其经费来源不明确，按管理方式进行归类。

（3）社会团体：包括经民政部门批准成立以及未纳入社会团体管理条例范围的工会、妇联等各类社会团体。社会团体的划分办法如下：

①未纳入民政部社会团体管理条例范围的工会、妇联、共青团、青联、工商联、科协、侨联等社会团体，国家拨款设立的基金会或基金管理组织以及经费主要来源于国有业务主管部门或国有上级单位的社会团体，列为“国有”。

②经费主要来源于集体单位的社会团体，列为“集体”。

③公民个人（或个人合伙）开办的社会团体，划为“私营”。

④上述以外的其他社会团体，如果其经费来源不明确，改按管理方式进行归类。

进出口总额　海关进出口总额指实际进出我国国境的货物总金额。包括对外贸易实际进出口货物，来料加工装配进出口货物，国家间、联合国及国际组织无偿援助物资和赠送品，华侨、港澳台同胞和外籍华人捐赠品，租赁期满归承租人所有的租赁货物，进料加工进出口货物，边境地方贸易及边境地区小额贸易进出口货物（边民互市贸易除外），中外合资企业、中外合作经营企业、外商独资经营企业进出口货物和公用物品，到、离岸价格在规定限额以上的进出口货样和广告品（无商业价值、无使用价值和免费提供出口的除外），从保税仓库提取在中国境内销售的进口货物，以及其他进出口货物。进出口总额用以观察一个国家在对外贸易方面的总规模。我国规定出口货物按离岸价格统计，进口货物按到岸价格统计。

国际旅游（外汇）收入 指入境旅游的外国人、华侨、港澳同胞和台湾同胞在中国大陆旅游过程中发生的一切旅游支出，对于国家来说就是国际旅游（外汇）收入。

地区生产总值（GDP） 指一个国家（或地区）所有常住单位在一定时期内生产活动的最终成果。地区生产总值有三种表现形态，即价值形态、收入形态和产品形态。从价值形态看，它是所有常住单位在一定时期内生产的全部货物和服务价值超过同期中间投入的全部非固定资产货物和服务价值的差额、即所有常住单位的增加值之和；从产品形态看，它是所有常住单位在一定时期内最终使用的货物和服务价值与货物和服务净出口价值之和。在实际核算中，地区生产总值有三种计算方法，即生产法、收入法和支出法。三种方法分别从不同的方面反映地区生产总值及其构成。

三次产业是根据社会生产活动历史发展的顺序对产业结构的划分，产品直接取自自然界的部门称为第二产业，为生产和消费提供各种服务的部门称为第三产业。它是世界上较为通用的产业结构分类，但各国的划分不尽一致。

我国的三次产业划分是：

第一产业：农业（包括种植业、林业、牧业和渔业）。

第二产业：工业（包括采掘业、制造业、电力、煤气及水的生产和供应业）和建筑业。

第三产业：除第一、第二产业以外的其他各业。由于第三产业包括的行业多、范围广、根据我国的实际情况，第三产业可分为两大部分：一是流通部门，二是服务部门。具体又可分为四个层次：

第一层次：流通部门，包括交通运输、仓储及邮电通信业、批发和零售贸易、餐饮业。

第二层次：为生产和生活服务的部门，包括金融、保险业、地质勘查业、水利管理业，记地产业，社会服务业、农、林、牧、渔服务业，交通运输辅助业，综合技术服务业等。

第三层次：为提高科学文化水平和居民素质服务的部门，包括教育、文化艺术及广播电影电视业，卫生、体育和社会福利业，科学研究业等。

第四层次：为社会公共需要服务的部门，包括国家机关、政党机关和社会团体以及军队、警察等。

支出法国内生产总值 指一个国家（或地区）所有常住单位在一定时期内用于最终消费，资本形成总额，以及货物和服务的净出口总额，它反映本期生产的国内生产总值的使用及构成。

最终消费 指常住单位在一定时期内对于货物和服务的全部最终消费支出，也就是常住单位为满足物质、文化和精神生活的需要，从本国经济领土和国外购买的货物和服务的支出；不包括非常住单位在本国经济领土内的消费支出。最终消费分为居民消费和政府消费。

居民消费 指常住住户对货物和服务的全部最终消费支出。居民消费按市场价格计算，即按居民支付的购买者价格计算。购买者价格是购买者取得货物所支付的价格，包括购买者支付的运输和商业费用。居民消费除了直接以货币形式购买货物和服务的消费之外，还包括以其他方式获得的货物和服务的消费支出，即所谓的虚拟消费支出。居民虚拟消费支出包括以下几种类型：单位以实物报酬及实物转移的形式提供给劳动者的货物和服务；住户生产并由本住户消费了的货物和服务，其中的服务仅指住户的自有住房服务；金融机构提供的金融媒介服务；保险公司提供的保险服务。

政府消费 指政府部门为全社会提供公共服务的消费支出和免费或以较低价格向住户提供的货物

和服务的净支出。前者等于政府服务的产出价值减去政府单位所获得的经营收入的价值，政府服务的产出价值等于它的经常性业务支出加上固定资产折旧；后者等于政府部门免费或以较低价格向住户提供的货物和服务的市场价值减去向住户收取的价值。

资本形成总额 指常住单位在一定时期内获得的减去处置的固定资产加存货的变动，包括固定资本形成总额和存货增加。

固定资本形成总额 指常住单位购置、转入和自产自用的固定资产，扣除固定资产的销售和转出后的价值，分有形固定资产形成总额和无形固定资产形成总额。有形固定资产形成总额包括一定时期内完成的建筑工程、安装工程和设备工器购置（减处置）价值，以及土地改良、新增役、种、奶、毛、娱乐用牲畜和新增经济林木价值。无形固定资产形成总额包括矿藏的勘探，计算机软件、娱乐和文学艺术品原件等获得减处置。

存货增加 指常住单位存货实物最变动的市场价值，即期末价值减去期初价值的差额。存货增加可以是正值，也可是负值；正值表示存货上升，负值表示存货下降。它包括生产单位购进的原材料、燃料和储备物资等存货，以及生产单位生产的产成品、在制品等。

货物和服务净出口 指货物和服务出口减货物和服务进口的差额。出口包括常住单位向非常住单位出售或无偿转让的各种货物和服务的价值；进口包括常住单位从常住单位购买或无偿得到的各种货物和服务的价值。由于服务活动的提供与使用同时发生，因此服务的进出口业务并不发生出入境现象，一般把常住单位从国外得到的服务作为进口，非常住单位从本国得到的服务作为出口。货物的出口和进口都按离岸价格计算。

劳动者报酬 指劳动者因从事生产活动所获得的全部报酬。包括劳动者获得的各种形式的工资、奖金和津贴，既包括货币形式的，也包括实物形式的；还包括劳动者所享受的公费医疗和医药卫生费、上下班交通补贴和单位支付的社会保险费等。对于个体经济来说，其所有者所获得的劳动报酬和经营利润不易区分，这两部分统一作为劳动者报酬处理。

生产税净额 指生产税减生产补贴后的余额。生产税指政府对生产单位生产、销售和从事经营活动以及因从事生产活动使用某些生产要素（如固定资产、土地、劳动力）所征收的各种税、附加费和规费。生产补贴与生产税相反，指政府对生产单位的单方面收入转移，因此视为负生产税，包括政策亏损补贴、粮食系统价格补贴、外贸企业出口退税收等。

固定资产折旧 指一定时期内为弥补固定资产损耗按照核定的固定资产折旧率提取的固定资产折旧，或按国民经济核算统一规定的折旧率虚拟计算的固定资产折旧。它反映了固定资产在当期生产中的转移价值。各类企业和企业化管理的事业单位的固定资产折旧是指实际计提并计入成本费中的折旧费；不计提折旧的政府机关、非企业化管理的事业单位和居民住房的固定资产折旧是按照统一规定的折旧率和固定资产原值计算的虚拟折旧。原则上，固定资产折旧应按固定资产的重置价值计算，但是目前我国尚不具备对全社会固定资产进行重估价的基础，所以暂时只能采用上述办法。

营业盈余 指常住单位创造的增加值扣除劳动者报酬、生产税净额和固定资产折旧后的余额。它相当于企业的营业利润加上生产补贴，但要扣除从利润中开支的工资和福利等。

二、人口

兰州统计年鉴
LANZHOU STATISTICAL YEARBOOK
2021

2-1 人口数及构成（户籍数）

单位：万人、%

年份	年末户籍总人口	按性别分				按城乡分			
		男		女		非农业人口		农业人口	
		人口数	比重	人口数	比重	人口数	比重	人口数	比重
1979	210.35	110.72	52.64	99.63	47.36	97.75	46.47	112.60	53.53
1980	214.50	112.68	52.53	101.82	47.47	100.17	46.70	114.33	53.30
1981	215.98	113.53	52.57	102.45	47.43	102.42	47.42	113.56	52.58
1982	221.96	116.09	52.30	105.87	47.70	103.56	46.66	118.40	53.34
1983	222.84	116.74	52.39	106.10	47.61	107.63	48.30	115.21	51.70
1984	225.59	118.09	52.35	107.50	47.65	109.68	48.62	115.91	51.38
1985	228.71	119.60	52.29	109.11	47.71	112.69	49.27	116.02	50.73
1986	233.40	121.73	52.16	111.67	47.84	116.53	49.93	116.87	50.07
1987	237.49	123.55	52.02	113.94	47.98	119.24	50.21	118.25	49.79
1988	241.98	126.00	52.07	115.98	47.93	122.66	50.69	119.32	49.31
1989	246.74	128.27	51.99	118.47	48.01	125.56	50.89	121.18	49.11
1990	251.69	131.54	52.26	120.15	47.74	127.10	50.50	124.59	49.50
1991	255.01	132.70	52.04	122.31	47.96	129.85	50.92	125.16	49.08
1992	258.38	134.10	51.90	124.28	48.10	132.20	51.16	126.18	48.84
1993	261.21	135.43	51.85	125.78	48.15	133.87	51.25	127.34	48.75
1994	265.67	137.73	51.84	127.94	48.16	138.70	52.21	126.97	47.79
1995	270.84	140.11	51.73	130.73	48.27	142.99	52.80	127.85	47.20
1996	276.09	142.41	51.58	133.68	48.42	147.54	53.44	128.55	46.56
1997	280.46	144.57	51.55	135.89	48.45	150.65	53.72	129.81	46.28
1998	283.93	146.22	51.50	137.71	48.50	153.75	54.15	130.18	45.85
1999	287.19	148.08	51.56	139.11	48.44	156.58	54.52	130.61	45.48
2000	290.68	149.62	51.47	141.06	48.53	159.75	54.96	130.93	45.04
2001	296.51	152.47	51.42	144.04	48.58	164.87	55.60	131.64	44.40
2002	300.95	154.67	51.39	146.28	48.61	170.09	56.52	130.86	43.48
2003	304.36	156.53	51.43	147.83	48.57	175.54	57.68	128.82	42.32
2004	308.11	158.53	51.45	149.58	48.55	180.27	58.51	127.84	41.49
2005	311.74	160.29	51.42	151.45	48.58	183.93	59.00	127.81	41.00
2006	313.64	160.94	51.31	152.70	48.69	185.69	59.20	127.95	40.80
2007	319.28	163.68	51.27	155.6	48.73	198.53	62.18	120.75	37.82
2008	322.28	165.09	51.23	157.19	48.77	201.63	62.56	120.65	37.44
2009	323.59	165.2	51.05	158.39	48.95	202.77	62.66	120.82	37.34
2010	323.54	165.09	51.03	158.44	48.97	202.92	62.72	120.62	37.28
2011	323.30	164.35	50.84	158.95	49.16	202.67	62.69	120.63	37.31
2012	321.52	163.03	50.71	158.49	49.29	202.5	62.98	119.02	37.02
2013	321.43	162.74	50.63	158.69	49.37	201.41	62.66	120.02	37.34
2014	321.64	162.50	50.52	159.14	49.48	200.99	62.49	120.65	37.51
2015	321.90	162.4	50.45	159.50	49.55	214.17	66.53	107.73	33.47
2016	324.23	163.30	50.37	160.93	49.63	222.73	68.69	101.5	31.31
2017	325.55	163.5	50.22	162.05	49.78	226.05	69.44	99.5	30.56
2018	328.47	164.59	50.11	163.88	49.89	231.25	70.40	97.22	29.60
2019	331.92	166.01	50.02	165.91	49.98	235.72	71.02	96.20	28.98
2020	334	166.81	49.94	167.2	50.06	246.13	73.69	87.87	26.31

2-2 户籍人口自然变动情况

年份	出生人口（人）	出生率（‰）	死亡人口（人）	死亡率（‰）	自然增长率（‰）
1979	30212	14.36	9410	4.73	9.63
1980	23621	11.01	9702	4.85	6.16
1981	35132	16.27	9940	4.82	11.45
1982	36541	16.46	10409	4.70	11.76
1983	34831	15.63	10403	4.68	10.95
1984	33714	14.91	10441	4.62	10.29
1985	31721	13.87	10430	4.55	9.32
1986	37634	16.12	10430	4.46	11.66
1987	39136	16.48	10400	4.69	11.79
1988	39024	16.13	10411	4.67	11.46
1989	35728	14.48	9549	3.87	10.61
1990	32518	12.92	9539	3.79	9.13
1991	34554	13.55	12546	4.92	8.63
1992	33693	13.04	13229	5.12	7.92
1993	33905	12.98	10762	4.12	8.86
1994	31987	12.04	10228	3.85	8.19
1995	38621	14.40	12398	4.62	9.78
1996	41756	15.27	12428	4.54	10.73
1997	34588	12.34	14824	5.28	7.06
1998	31938	11.24	15842	5.56	5.68
1999	26837	9.39	11002	3.85	5.54
2000	39386	13.62	19904	6.88	6.74
2001	32626	11.00	10324	3.48	7.52
2002	28276	9.40	12730	4.22	5.18
2003	26083	8.62	12399	4.10	4.52
2004	30509	9.96	18249	5.96	4.00
2005	32817	10.59	11202	3.61	6.98
2006	31249	9.99	12962	4.15	5.84
2007	36346	11.49	12180	3.85	7.64
2008	33596	10.47	13462	4.20	6.27
2009	31660	9.81	17641	5.46	4.35
2010	35785	11.06	25904	8.00	3.06
2011	30598	9.46	11342	3.51	5.95
2012	34178	10.60	20381	6.32	4.28
2013	34295	10.67	11817	3.68	6.99
2014	40861	12.71	14698	4.57	8.14
2015	34909	10.84	16654	5.17	5.67
2016	38453	11.86	13311	4.11	7.75
2017	37463	10.11	17564	4.74	5.37
2018	42349	12.89	26649	8.11	4.78
2019	40727	12.27	18116	5.46	6.81
2020	34734	10.4	23207	6.95	3.45

2-3 各区县人口情况

地区	国土调查面积（平方公里）	建成区面积（平方公里）	常住人口（万人）	户籍人口			人口密度（人/平方公里）
				年末总户数（万户）	年末总人口（万人）	非农业人口	
兰州市	13192.31	366.84	437.18	116.20	334.00	246.13	331
城关区	207.84	75.30	148.74	36.28	97.35	96.49	7156
七里河区	394.47	42.88	71.48	17.60	47.96	40.51	1812
西固区	358.32	42.00	40.77	11.98	32.30	29.30	1138
安宁区	82.33	28.03	44.21	8.26	22.57	22.57	5370
红古区	531.14	13.64	14.39	5.51	14.26	11.18	271
永登县	5846.73	63.86	28.33	16.74	53.89	21.37	48
皋兰县	2476.78	53.20	12.50	6.35	19.81	11.68	50
榆中县	3294.70	47.92	47.45	13.48	45.87	13.03	144

注：1.国土调查面积为2018年土地变更调查自然资源部下发的调查范围数据；

2.建成区面积为2018年度城镇土地变更调查数据，为《土地利用现状分类》中城市（201）和建制镇（202）两类之和；

3.国地调查面积和建成区面积数据由兰州市自然资源局提供。

2-4 就业

指标	2000	2010	2011	2012	2013
从业人员合计	**145.67**	**176.48**	**179.72**	**181.95**	**196.26**
第一产业	45.43	40.78	41.19	40.75	39.64
第二产业	43.88	47.16	47.25	47.16	52.50
第三产业	56.36	88.54	91.28	94.04	104.12
从业人员构成	**100.00**	**100.00**	**100.00**	**100.00**	**100.00**
第一产业	31.39	23.11	22.92	22.40	20.20
第二产业	30.12	26.72	26.29	25.92	26.75
第三产业	38.69	50.17	50.79	51.68	53.05
按城乡分从业人员	**145.67**	**176.48**	**179.72**	**181.95**	**196.26**
城镇从业人员	64.06	105.33	108.99	110.93	127.01
国有单位	51.78	40.43	38.80	39.13	36.46
城镇集体单位	9.06	1.91	1.92	2.02	2.55
股份合作单位	3.22	0.23	0.19	0.19	0.13
联营单位		0.25	0.04	0.03	0.20
有限责任公司		8.19	11.00	11.63	20.06
股份有限公司		3.83	4.09	4.48	8.10
私营企业	6.38	30.67	31.48	29.07	31.66
港澳台商投资单位		0.27	0.05	0.13	0.66
外商投资单位		0.36	0.40	0.50	1.04
其他		0.27	0.27	0.21	0.40
个体	6.44	18.92	20.75	23.54	25.75
乡村从业人员	68.79	71.15	70.73	71.02	69.25
城镇单位从业人数	**64.06**	**55.74**	**56.76**	**58.32**	**69.60**
国有单位	51.78	37.63	38.80	39.13	36.46
城镇集体单位	9.06	1.91	1.92	2.02	2.55
其他单位	3.22	16.20	16.04	17.17	30.59
城镇单位女性从业人员		**18.28**	**18.17**	**19.96**	**23.14**
城镇登记失业人数	**2.96**	**2.37**	**2.15**	**1.44**	**1.44**
城镇登记失业率（%）	**2.60**	**3.12**	**2.94**	**1.63**	**1.71**
下岗失业人员再就业人数	**0.96**	**1.00**	**2.72**	**3.17**	**1.41**

基本情况

单位：万人

2014	2015	2016	2017	2018	2019
205.05	208.09	215.6	224.14	225.25	228.26
39.51	38.73	39.04	40.56	39.39	36.96
53.73	55.25	59.50	61.18	56.32	57.49
111.81	114.11	117.06	122.4	129.54	133.81
100.00	100.00	100.00	100.00	100.00	100.00
19.27	18.61	18.11	18.1	17.49	16.19
26.20	26.55	27.60	27.3	25	25.19
54.53	54.84	54.29	54.6	57.51	58.62
205.05	208.09	215.6	224.14	225.25	228.26
136.03	137.19	144.62	153.74	154.61	162.86
36.26	36.61	42.59	40.75	35.06	32.61
2.08	1.89	1.74	1.53	1.02	1.06
0.08	0.09	0.08	0.07	0.15	0.17
0.19	0.05	0.03	0.03	0.03	0.06
22.72	23.16	23.00	26.2	32.19	28.2
8.13	8.02	8.14	10.43	8.31	8.75
35.89	35.28	36.29	37.56	42.01	52.35
0.61	0.57	0.61	0.55	0.45	0.43
1.08	0.88	0.86	1.04	1.02	1.04
0.23	0.21	0.18	0.21	0.29	1.34
28.76	30.44	31.08	35.37	34.08	36.85
69.02	70.89	70.98	70.4	70.64	65.4
71.37	71.47	77.25	80.81	78.52	73.66
36.26	36.61	42.59	40.75	35.06	32.61
2.08	1.89	1.74	1.53	1.02	1.06
33.03	32.97	32.91	38.53	42.44	39.99
24.19	24.08	25.96	27.91	26.79	26.36
1.52	1.46	1.73	1.55	1.79	3.09
1.77	1.77	2.17	2.04	2.09	3.38
2.19	2.5	2.46	1.9	4.81	3.75

2-4 就业基本情况（续一）

指标	2020
从业人员合计	227.00
第一产业	36.44
第二产业	56.84
第三产业	133.72
从业人员构成	100.00
第一产业	16.05
第二产业	25.04
第三产业	58.91
城镇单位从业人数	78.5
城镇单位女性从业人员	29.79
城镇登记失业人数	2.87
城镇登记失业率（%）	3.06
下岗失业人员再就业人数	2.96

2-5 从业人员

单位：万人

年份	从业人员合计	单位从业人员	农村劳动者
1979	103.23	61.66	41.52
1980	106.56	59.93	44.43
1981	108.90	63.00	45.18
1982	115.51	64.20	50.78
1983	118.74	66.22	51.65
1984	123.35	67.01	54.36
1985	127.98	71.05	54.36
1986	132.58	73.38	56.68
1987	135.35	75.47	57.55
1988	138.54	76.36	58.68
1989	140.17	76.37	60.40
1990	143.97	79.34	61.77
1991	151.47	84.86	62.78
1992	157.36	87.58	63.86
1993	160.12	87.30	64.89
1994	160.89	88.14	65.46
1995	161.22	87.40	65.99
1996	162.27	86.26	66.57
1997	160.26	82.64	67.23
1998	160.37	82.53	67.48
1999	152.32	65.17	67.61
2000	145.70	64.06	68.79
2001	141.40	59.04	69.17
2002	153.36	59.42	80.07
2003	154.23	60.01	78.25
2004	150.04	59.34	66.90
2005	150.75	57.06	70.36
2006	150.63	56.71	70.83
2007	153.98	56.46	70.54
2008	157.15	53.15	70.56
2009	162.72	54.68	70.69
2010	176.48	55.74	71.15
2011	179.72	56.76	70.73
2012	181.95	58.32	71.02
2013	196.26	69.60	69.25
2014	205.05	71.37	69.02
2015	208.09	71.47	70.89
2016	215.60	77.25	70.98
2017	224.14	80.81	70.4
2018	225.24	78.52	70.64
2019	228.26	73.66	65.4
2020	227	78.5	65.42

2-5 从业人员（续一）

单位：万人

年份	从业人员	第一产业	第二产业	第三产业	构成（%）第一产业	第二产业	第三产业
1979	103.23						
1980	106.56						
1981	108.90						
1982	115.51						
1983	118.74						
1984	123.35						
1985	127.98						
1986	132.58	38.80	56.39	37.79	29.27	42.53	28.50
1987	135.35	41.60	56.40	37.35	30.74	41.67	27.60
1988	138.54	43.76	58.13	37.64	31.59	41.96	27.17
1989	140.17	43.56	57.86	38.76	31.08	41.28	27.65
1990	143.97	44.99	58.54	40.44	31.25	40.66	28.09
1991	151.47	45.80	61.31	44.36	30.24	40.48	29.29
1992	157.36	46.46	63.86	47.03	29.52	40.58	29.89
1993	160.12	43.43	64.83	51.86	27.12	40.49	32.39
1994	160.89	43.53	61.48	55.88	27.06	38.21	34.73
1995	161.22	43.61	61.96	55.64	27.05	38.43	34.51
1996	162.27	43.57	60.48	58.23	26.85	37.27	35.88
1997	160.26	44.44	58.16	57.66	27.73	36.29	35.98
1998	160.37	44.80	55.49	60.08	27.94	34.40	37.46
1999	152.32	44.60	45.91	61.80	29.28	30.14	40.57
2000	145.70	45.43	43.88	56.36	31.18	30.12	38.70
2001	141.40	45.56	39.88	55.91	32.22	28.20	39.58
2002	142.96	45.04	40.09	57.83	31.51	28.04	45.45
2003	145.63	44.72	42.78	58.13	30.71	29.73	39.92
2004	150.04	41.65	48.09	59.00	27.75	32.93	39.32
2005	150.75	44.68	43.18	62.89	29.64	28.64	41.72
2006	150.63	42.81	44.92	62.90	28.42	29.82	41.76
2007	153.98	42.04	45.86	66.08	27.26	29.73	43.01
2008	157.15	41.75	42.37	73.03	26.57	26.96	46.47
2009	162.72	41.08	44.72	76.92	25.25	27.48	47.27
2010	176.48	40.78	47.16	88.54	23.11	26.72	50.17
2011	179.72	41.19	47.25	91.28	22.92	26.29	50.79
2012	181.95	40.75	47.16	94.04	22.40	25.92	51.68
2013	196.26	39.64	52.50	104.12	20.20	26.75	53.05
2014	205.05	39.51	53.73	111.81	19.27	26.20	54.53
2015	208.09	38.73	55.25	114.11	18.61	26.55	54.84
2016	215.60	39.04	59.50	117.06	18.11	27.60	54.29
2017	224.14	40.56	61.18	122.4	18.1	27.3	54.6
2018	225.25	39.39	56.32	129.54	17.49	25.00	57.51
2019	228.26	36.96	57.49	133.81	16.19	25.19	58.62
2020	227.00	36.44	56.84	133.72	16.05	25.04	58.91

2-6 全市城镇非私营单位从业人员

单位：万人

指标	从业人员	在岗职工
合计	785040	611798
农、林、牧、渔业	2752	2330
采矿业	9830	8832
制造业	86623	80582
电力、煤气和水生产和供应业	55864	49532
建筑业	148407	82733
批发和零售业	39909	36652
交通、仓储和邮政业	33995	25093
住宿和餐饮业	13019	10364
信息传输、计算机服务和软件	20997	20402
金融业	51534	34944
房地产业	39696	24462
租赁和商务服务业	22101	15969
科学研究技术服务和地质勘探业	40442	33384
水利、环境和公共设施管理	11369	8655
居民服务和其他服务业	4053	3821
教育	72120	64243
卫生、社会保障和社会福利业	42348	36662
文化、体育和娱乐业	10283	8622
公共管理和社会组织	79700	64516
按三次产业分		
第一产业	2752	2330
第二产业	300724	221680
第三产业	481564	387788

2-7 第七次全国人口普查基本情况（2020）

指标	全国	全省	兰州市
总人口（万人）	141177.87	2501.98	435.94
男	72333.99	1270.09	224.00
女	68843.88	1231.89	211.94
性别比（以女性为100）	105.07	103.10	105.69
平均家庭户规模（人／户）	2.62	2.77	2.43
各年龄组人口比重（%）			
0–14岁	17.95	19.40	14.19
15–64岁	68.55	68.02	74.11
65岁及以上	13.50	12.58	11.70
民族人口			
汉族（万人）	128631.13	2236.34	413.18
占总人口比重（%）	91.11	89.38	94.78
少数民族（万人）	12546.74	265.64	22.77
占总人口比重（%）	8.89	10.62	5.22
每十万人拥有的各种受教育程度人口（人）			
大专及以上	15467	14506	28584
高中和中专	15088	12937	18718
初　中	34507	27423	27113
小　学	24767	29808	16612
文盲人口及文盲率			
文盲人口（万人）	3775.02	168.03	10.01
文盲率（%）	2.67	6.72	2.30
城乡人口（万人）			
城镇人口	90199.12	1306.73	362.26
乡村人口	50978.76	1195.25	73.69

注：1.2020年全国人口普查标准时点为当年11月1日零时。
2.2020年人口为常住人口。
3.全国人口为不含香港、澳门、台湾地区的人口。

2-8 第七次全国人口普查分地区户数、人口数、性别比和户规模（2020年）

地区	户数（户）	家庭户	集体户	人口数（人）	男	女	性别比（女=100）
兰州市	1643623	1488899	154724	4359446	2239998	2119448	105.69
城关区	600246	549816	50430	1484016	753592	730424	103.17
七里河区	274041	252990	21051	712271	370315	341956	108.29
西固区	169669	164016	5653	407010	207508	199502	104.01
安宁区	161330	130623	30707	439566	219857	219709	100.07
红古区	51906	49512	2394	143795	73732	70063	105.24
永登县	105258	101951	3307	285549	145490	140059	103.88
皋兰县	46068	42593	3475	125157	68127	57030	119.46
榆中县	161019	137331	23688	473882	243072	230810	105.31
兰州新区	74086	60067	14019	288200	158305	129895	121.87

2-8 第七次全国人口普查分地区户数、人口数、性别比和户规模（2020年）（续一）

地区	家庭户人口数（人）	男	女	集体户人口数（人）	男	女	平均家庭户规模（人/户）
兰州市	3614873	1813035	1801838	744573	426963	317610	2.43
城关区	1246388	621429	624959	237628	132163	105465	2.27
七里河区	613337	306976	306361	98934	63339	35595	2.42
西固区	386711	193616	193095	20299	13892	6407	2.36
安宁区	317431	157032	160399	122135	62825	59310	2.43
红古区	131220	65512	65708	12575	8220	4355	2.65
永登县	269030	135396	133634	16519	10094	6425	2.64
皋兰县	105162	53496	51666	19995	14631	5364	2.47
榆中县	369083	188414	180669	104799	54658	50141	2.69
兰州新区	176511	91164	85347	111689	67141	44548	2.94

2-9 分地区分性别、户口登记状况的人口（2020年）

单位：人

地区	人口数			住本乡、镇、街道，户口在本乡、镇、街道	住本乡、镇、街道，户口在外乡、镇、街道，离开户口登记地半年以上	住本乡、镇、街道，户口待定	居住在港澳台或国外，户口在本乡、镇、街道
	合计	男	女				
兰州市	**4359446**	**2239998**	**2119448**	**1912678**	**2427019**	**13880**	**5869**
城关区	1484016	753592	730424	542216	932951	5723	3126
七里河区	712271	370315	341956	289550	419408	2671	642
西固区	407010	207508	199502	180989	224625	497	899
安宁区	439566	219857	219709	163156	274162	1708	540
红古区	143795	73732	70063	91924	51417	370	84
永登县	285549	145490	140059	209334	75611	302	302
皋兰县	125157	68127	57030	75886	49047	189	35
榆中县	473882	243072	230810	261780	210971	929	202
兰州新区	288200	158305	129895	97843	188827	1491	39

2-10 分区（县）分性别、民族的人口数

单位：人

地区	合计			汉族			少数民族		
	合计	男	女	小计	男	女	小计	男	女
兰州市	**4359446**	**2239998**	**2119448**	**4131756**	**2124920**	**2006836**	**227690**	**115078**	**112612**
城关区	1484016	753592	730424	1410589	716161	694428	73427	37431	35996
七里河区	712271	370315	341956	650521	338570	311951	61750	31745	30005
西固区	407010	207508	199502	396810	202132	194678	10200	5376	4824
安宁区	439566	219857	219709	419975	210291	209684	19591	9566	10025
红古区	143795	73732	70063	130065	66737	63328	13730	6995	6735
永登县	285549	145490	140059	274770	140460	134310	10779	5030	5749
皋兰县	125157	68127	57030	123084	66867	56217	2073	1260	813
榆中县	473882	243072	230810	453766	233729	220037	20116	9343	10773
兰州新区	288200	158305	129895	272176	149973	122203	16024	8332	7692

2-11 按年龄和性别分人口数（2020年）

年龄	人口数（人）	男	女	占总人口比重（%）	男	女	性别比（女=100）
总计	**4359446**	**2239998**	**2119448**	**100.00**	**51.38**	**48.62**	**105.69**
0–4	228516	118150	110366	5.24	51.70	48.30	107.05
5–9	207095	108836	98259	4.75	52.55	47.45	110.76
10–14	183108	97164	85944	4.20	53.06	46.94	113.06
15–19	253210	134876	118334	5.81	53.27	46.73	113.98
20–24	371860	190297	181563	8.53	51.17	48.83	104.81
25–29	363229	186923	176306	8.33	51.46	48.54	106.02
30–34	406659	212872	193787	9.33	52.35	47.65	109.85
35–39	300262	156932	143330	6.89	52.27	47.73	109.49
40–44	266323	138861	127462	6.11	52.14	47.86	108.94
45–49	361629	189406	172223	8.30	52.38	47.62	109.98
50–54	383073	198298	184775	8.79	51.77	48.23	107.32
55–59	312403	158299	154104	7.17	50.67	49.33	102.72
60–64	212089	107479	104610	4.87	50.68	49.32	102.74
65–69	193207	95565	97642	4.43	49.46	50.54	97.87
70–74	124103	59800	64303	2.85	48.19	51.81	93.00
75–79	91363	39981	51382	2.10	43.76	56.24	77.81
80+	101317	46259	55058	2.32	45.66	54.34	84.02

2-12 分民族、性别的人口数

单位：人

民族	合　计	男	女
合　计	4359446	2239998	2119448
汉　族	4131756	2124920	2006836
蒙古族	3543	1717	1826
回　族	132564	67413	65151
藏　族	24824	11503	13321
维吾尔族	2312	1011	1301
苗　族	1928	1075	853
彝　族	1375	784	591
壮　族	1781	794	987
布依族	583	300	283
朝鲜族	309	154	155
满　族	7867	4025	3842
侗　族	686	370	316
瑶　族	337	164	173
白　族	423	221	202
土家族	3294	1799	1495
哈尼族	110	52	58
哈萨克族	583	284	299
傣　族	60	22	38
黎　族	266	127	139
傈僳族	61	28	33
佤　族	29	12	17
畲　族	157	95	62
高山族	3	3	0
拉祜族	18	8	10
水　族	76	44	32
东乡族	38689	20204	18485
纳西族	60	29	31
景颇族	5	3	2
柯尔克孜族	103	41	62
土　族	3085	1536	1549
达斡尔族	81	40	41
仫佬族	47	20	27
羌　族	93	55	38
布朗族	9	7	2
撒拉族	566	290	276
毛南族	26	11	15
仡佬族	241	134	107
锡伯族	193	108	85
阿昌族	6	2	4
普米族	7	2	5
塔吉克族	15	7	8
怒　族	1	0	1
乌孜别克族	11	5	6
俄罗斯族	44	16	28
鄂温克族	7	3	4
德昂族	4	2	2
保安族	370	184	186
裕固族	595	260	335
京　族	3	1	2
塔塔尔族	1	0	1
独龙族	1	1	0
鄂伦春族	3	1	2
赫哲族	3	2	1
门巴族	9	2	7
珞巴族	5	1	4
基诺族			
未定族称人口	201	100	101
外国人加入中国籍	17	6	11

2-13　分地区按现住地、户口登记地分的户口登记地在外乡镇街道的人口

单位：人

现住地	户口登记地在外乡镇街道的人口	省内			省外
			市区内人户分离	省内流动人口	
兰州市	**2427019**	**2047695**	**686267**	**1361428**	**379324**
城关区	932951	770997	315932	455065	161954
七里河区	419408	367164	160957	206207	52244
西固区	224625	195846	108358	87488	28779
安宁区	274162	232830	81236	151594	41332
红古区	51417	43115	19784	23331	8302
永登县	75611	69656	0	69656	5955
皋兰县	49047	40454	0	40454	8593
榆中县	210971	164163	0	164163	46808
兰州新区	188827	163470	0	163470	25357

注：1.人户分离人口是指居住地和户口登记地所在乡镇街道不一致，且离开户口登记地半年以上的人口。

2.流动人口是指人户分离人口中扣除市辖区内人户分离的人口。市辖区内人户分离的人口是指一个直辖市或地级市所辖区内和区与区之间，居住地和户口登记地不在同一乡镇街道的人口。

2-14　分地区按性别、受教育程度分的3岁及以上人口（2020年）

单位：人

地区	3岁及以上人口合计	未上过学			学前		
		小计	男	女	小计	男	女
兰州市	**4232007**	**134647**	**36683**	**97964**	**129132**	**66761**	**62371**
城关区	1443425	26550	8265	18285	41865	21721	20144
七里河区	690340	23744	7470	16274	20062	10428	9634
西固区	396031	8997	2559	6438	11449	5837	5612
安宁区	426847	7884	2391	5493	12739	6617	6122
红古区	139449	9189	2251	6938	4469	2246	2223
永登县	277413	24624	5069	19555	9427	4778	4649
皋兰县	121164	4740	1260	3480	4057	2111	1946
榆中县	459178	20142	5153	14989	15002	7693	7309
兰州新区	278160	8777	2265	6512	10062	5330	4732

2-14 分地区按性别、受教育程度分的3岁及以上人口（2020年）（续一）

单位：人

地区	小学			初中			普通高中		
	小计	男	女	小计	男	女	小计	男	女
兰州市	**724170**	**343645**	**380525**	**1181965**	**655733**	**526232**	**815998**	**431255**	**384743**
城关区	184831	88027	96804	363420	195157	168263	319165	163347	155818
七里河区	115430	55901	59529	188260	102654	85606	142146	73746	68400
西固区	60408	27251	33157	123694	65054	58640	93392	48503	44889
安宁区	47183	22363	24820	78303	41482	36821	78845	38795	40050
红古区	31666	15331	16335	49058	26855	22203	24073	13625	10448
永登县	87075	40047	47028	98165	57843	40322	36181	21887	14294
皋兰县	31834	15359	16475	45228	26878	18350	17505	10684	6821
榆中县	111938	52718	59220	156168	90428	65740	60488	33696	26792
兰州新区	53805	26648	27157	79669	49382	30287	44203	26972	17231

2-14 分地区按性别、受教育程度分的3岁及以上人口（2020年）（续二）

单位：人

地区	大学专科			大学本科		
	小计	男	女	小计	男	女
兰州市	**555966**	**288351**	**267615**	**606777**	**310632**	**296145**
城关区	228712	116429	112283	237105	118761	118344
七里河区	91902	47939	43963	97226	54369	42857
西固区	56304	31198	25106	38899	20117	18782
安宁区	60985	32116	28869	116991	58510	58481
红古区	13649	7333	6316	7078	3784	3294
永登县	12410	6809	5601	9208	4724	4484
皋兰县	11672	6660	5012	5904	3014	2890
榆中县	27034	14227	12807	67358	31093	36265
兰州新区	53298	25640	27658	27008	16260	10748

2-14 分地区按性别、受教育程度分的3岁及以上人口（2020年）（续三）

单位：人

地区	硕士			博士		
	小计	男	女	小计	男	女
兰州市	**72490**	**34357**	**38133**	**10862**	**6828**	**4034**
城关区	35523	16906	18617	6254	3981	2273
七里河区	10317	5593	4724	1253	824	429
西固区	2646	1248	1398	242	134	108
安宁区	20995	9233	11762	2922	1779	1143
红古区	254	103	151	13	4	9
永登县	295	138	157	28	12	16
皋兰县	207	91	116	17	13	4
榆中县	971	414	557	77	39	38
兰州新区	1282	631	651	56	42	14

2-15 分地区按性别分的15岁及以上文盲人口（2020年）

单位：人

地区	15岁及以上人口（人）	男	女	文盲人口（人）	男	女	文盲人口占15岁及以上人口的比重（%）	男	女
兰州市	**3740727**	**1915848**	**1824879**	**100108**	**21598**	**78510**	**2.68**	**1.13**	**4.30**
城关区	1283781	648508	635273	15967	3396	12571	1.24	0.52	1.98
七里河区	611455	317505	293950	17147	4393	12754	2.80	1.38	4.34
西固区	350419	178068	172351	6030	1212	4818	1.72	0.68	2.80
安宁区	381902	189695	192207	5365	1038	4327	1.40	0.55	2.25
红古区	120314	61571	58743	7852	1707	6145	6.53	2.77	10.46
永登县	237515	120328	117187	20080	3789	16291	8.45	3.15	13.90
皋兰县	106336	58198	48138	3971	944	3027	3.73	1.62	6.29
榆中县	403186	205936	197250	16322	3528	12794	4.05	1.71	6.49
兰州新区	245819	136039	109780	7374	1591	5783	3.00	1.17	5.27

注：本表“文盲人口”指15岁及15岁以上不识字及识字很少人口。

2-16 分区县年末人口数

单位：万人

地区	2010	2011	2012	2013	2014	2015	2016	2017	2018	2019	2020
兰州市	**361.91**	**368.73**	**377.11**	**383.41**	**390.56**	**397.89**	**405.66**	**414.31**	**421.53**	**428.67**	**437.18**
城关区	128.00	130.29	132.47	133.93	135.92	137.81	139.97	142.42	144.35	146.34	148.74
七里河区	56.14	57.80	59.35	60.58	62.06	63.50	65.07	66.76	68.22	69.71	71.48
西固区	36.43	36.91	37.31	37.54	37.96	38.36	38.83	39.38	39.79	40.21	40.77
安宁区	28.86	29.65	31.16	32.59	34.19	35.77	37.41	39.14	40.72	42.32	44.21
红古区	13.62	13.66	13.75	13.78	13.86	13.93	14.02	14.15	14.22	14.30	14.39
永登县	41.94	42.40	36.63	35.53	34.52	33.49	32.52	31.61	30.59	29.58	28.33
皋兰县	13.20	14.01	12.22	12.22	12.26	12.29	12.34	12.42	12.45	12.49	12.50
榆中县	43.72	44.01	44.45	44.68	45.05	45.39	45.81	46.32	46.67	47.04	47.45
兰州新区		0.00	9.76	12.55	14.73	17.36	19.68	22.12	24.52	26.69	29.30

注：2010年数据为当年人口普查数据推算数；其余年份数据为年度人口抽样调查推算数据。各地区数据为常住人口口径。

2-17 分区县年末城镇人口比重

单位：%

地区	2010	2011	2012	2013	2014	2015	2016	2017	2018	2019	2020
兰州市	**76.28**	**76.80**	**77.45**	**78.56**	**79.48**	**80.58**	**81.47**	**82.68**	**83.03**	**83.08**	**83.10**
城关区	98.47	98.49	98.53	98.56	98.59	98.62	98.65	98.70	98.73	98.75	98.76
七里河区	83.86	84.50	85.12	85.62	85.82	86.16	86.60	87.48	87.64	87.65	87.66
西固区	87.99	88.05	89.12	90.10	90.54	90.90	91.01	91.60	91.70	91.80	91.81
安宁区	100.00	100.00	100.00	100.00	100.00	100.00	100.00	100.00	100.00	100.00	100.00
红古区	73.54	74.00	74.33	74.60	74.96	75.31	75.50	75.65	75.86	76.00	76.01
永登县	32.98	35.75	36.42	39.52	41.88	44.61	46.73	48.61	48.62	48.63	48.64
皋兰县	32.04	32.20	35.27	39.52	42.50	46.47	49.82	55.23	56.01	56.30	56.53
榆中县	31.94	33.15	36.09	39.23	41.50	45.20	46.95	48.56	49.11	49.15	49.23
兰州新区			27.97	33.00	38.90	43.86	48.90	53.93	55.77	56.90	57.96

注：2010年数据为当年人口普查数据推算数；其余年份数据为年度人口抽样调查推算数据。各地区数据为常住人口口径。

2-18 各区、县总户数及总人口（2020）

地区	年末总户数（户）	年末总人口（人）	#城镇
兰州市	1161994	3340033	2461292
城关区	362777	973454	964893
七里河区	176020	479619	405079
西固区	119808	323015	292956
安宁区	82553	225678	225678
红古区	55132	142616	111828
永登县	167436	538859	213720
皋兰县	63475	198082	116832
榆中县	134793	458710	130306

注：本表为市公安局户籍统计人口数据。

主要统计指标解释

人口数 指一定时点、一定地区范围内的有生命的个人的总和。

出生率 （又称粗出生率）指在一定时期内（通常为一年）一定地区的出生人数与同期内平均人数（或期中人数）之比。一般用于千分率表示。本资料中的出生率指年出生率，其计算公式为：

出生率=出生人数/年平均人数×1000‰

式中：出生人数指活产婴儿，即胎儿脱离母体时（不管怀孕月数），有过呼吸或其他生命现象。年平均人数指年初、年底人口数的平均数，也可用年中人口数代替。

死亡率（又称粗死亡率） 指在一定时期内（通常为一年）一定地区的死亡人数与同期内平均人数（或期中人数）之比，一般用千分率表示。本资料中的死亡率指年死亡率，其计算公式为：

死亡率=年死亡人数/年平均人数×1000‰

人口自然增长率 指在一定时期内（通常为一年）人口自然增加数（出生人数减死亡人数）与该时期内平均人数（或期中人数）之比，一般用于千分率表示。计算公式为：

人口自然增长率=（本年出生人数–本年死亡人数）/年平均人数×1000‰

社会劳动者人数 指在16岁以上，有劳动能力，参加或要求参加社会经济活动的人口；包括就业人员和失业人员。

就业人员 指在一定年龄以上，有劳动能力，为取得劳动报酬或经营收入而从事一定社会劳动的人员。具体指年满16周岁，为取得报酬或经营利润，在调查周内从事了1小时（含1小时）以上劳动的人员；或由于学习、休假等原因在调查周内暂时处于未工作状态，但有工作单位或场所的人员；或由于临时停工放假、单位不景气放假等原因在调查周内暂时处于未工作状态，但不满三个月的人员。

单位从业人员 指报告期末最后一日在本单位工作，并取得工资或其他形式劳动报酬的人员数。该指标为时点指标，不包括最后一日当天及以前已经与单位解除劳动合同关系的人员，是在岗职工、劳务派遣人员及其他就业人员之和。就业人员不包括：（1）离开本单位仍保留劳动关系，并定期领取生活费的人员；（2）在本单位实习的各类在校学生；（3）本单位以劳务外包形式使用的人员，如：建筑业整建制使用的人员。

城镇私营和个体就业人员 城镇私营就业人员指在工商管理部门注册登记，其经营地址设在县城关镇（含城关镇）以上的私营企业就业人员；包括私营企业投资者和雇工。城镇个体就业人员指在工商管理部门注册登记，并持有城镇户口或在城镇长期居住，经批准从事个体工商经营的就业人员；包括个体经营者和在个体工商户劳动的家庭帮工和雇工。

城镇登记失业人员 指有非农业户口，在一定的劳动年龄内，有劳动能力，无业而要求就业，并在当地就业服务机构进行求职登记的人员。

城镇登记失业率 城镇登记失业人员与城镇单位就业人员（扣除使用的农村劳动力、聘用的离退休人员、港澳台及外方人员）、城镇单位中的不在岗职工、城镇私营业主、个体户主、城镇私营企业和个体就业人员、城镇登记失业人员之和的比。计算公式为：

城镇登记失业率=城镇登记失业人数/（城镇单位就业人数+城镇私营企业及个体就业人数+城镇登记失业人数）*100%

职工 指在国有经济、城镇集体经济、联营经济、股份制经济、外商和港、澳、台投资经济、其他经济单位及其附属机构工作，并由其支付工资的各类人员，不包括返聘的离休人员、民办教师、在国有经济单位工作的外方人员和港、澳、台人员（1998年以后的数据无均为在岗职工数据，其他相关指标如职工工资总额，职工平均工资等指标也从1998年按此口径进行了相应调整）。

国有单位职工 指在国有经济单位及其附属机构工作，并由其支付工资的各类人员。

城镇集体单位职工 指在城镇集体经济单位及其管理部门工作，并由其支付工资的各类人员。

其他单位职工 指在联营经济、股份制经济、外商投资经济、港、澳、台投资经济单位工作，并由其支付工资的各类人员。

在岗职工 指在本单位工作并由单位支付工资的人员，并由单位支付各项工资和社会保险、住房公积金的人员，以及上述人员中由于学习、病伤产假等原因暂未工作，仍由单位支付工资的人员。

三、工业、能源

3-1 工业总产值

单位：万元

年份	工业总产值	规模以上工业总产值	轻工业	重工业	规模以下工业总产值
1979	387180	382146		313867	5034
1980	393214	388655		306011	4559
1981	393634	368655		284776	24979
1982	402933	397848		303337	5085
1983	452318	446016	100809	345207	6302
1984	506286	497314	119696	377618	8972
1985	650997	636937	170041	466896	14060
1986	736686	716432	183217	533215	20254
1987	814390	788055	199186	588869	26335
1988	974522	935277	255726	679551	39245
1989	1236599	1137169	296794	840375	99430
1990	1337530	1266043	310566	955477	71487
1991	1412200	1337000	320200	1016800	75200
1992	1624700	1526000	353200	1172800	98700
1993	2148400	1979800	362000	1617800	168600
1994	2813500	2536700	424500	2112200	276800
1995	3063300	2719400	487600	2231800	343900
1996	3337100	2880400	514600	2365800	456700
1997	3633400	3026500	612500	2414000	606900
1998	3458292	2874587	540416	2334171	583705
1999	3525637	2994886	510166	2484720	530751
2000	4151708	3822717	633789	3188928	328991
2001	4465245	4119243	717486	3401757	346002
2002	4855780	4501780	826553	3675227	354000
2003	5615352	5266652	924420	4342232	348700
2004	6963369	6553669	1017456	5536213	409700
2005	8324634	7883023	943905	6939118	441611
2006	10121752	9531331	1076998	8454333	590421
2007	12466174	11806174	1295577	10510597	660000
2008	14266389	13556379	1275307	12281072	710010
2009	14096146	13315146	1437491	11877655	781000
2010	16843587	15914704	1750149	14164555	928833
2011	19738858	18913058	2020394	16892664	825800
2012	21236242	20554242	2534796	18019446	682000
2013	25008485	24161985	2997312	21164673	846500
2014	26380000	25482000	3178000	22304000	898000
2015	22793000	22181000	3457000	18724000	612000
2016	21633300	20872000	3569000	17303000	761300
2017	22330111	21797211	3319572	18477639	532900
2018	20937531	20351231	2693489	17657742	586300
2019	20040300	19684000	2724000	16960000	356300
2020	19303000	18893000	2697000	16196000	409500

注：2000年以前工业总产值划分为乡及乡以上和乡以下。

3-2 工业总产值指数

（上年=100）

年份	工业总产值	规模以上工业总产值	轻工业	重工业	规模以下工业总产值
1979	105.46	105.33		109.91	124.23
1980	99.65	100.43		97.17	90.56
1981	94.05	94.01		103.24	99.30
1982	107.26	107.30		102.52	102.12
1983	111.47	111.38	160.03	102.43	123.92
1984	110.68	110.42	110.64	110.35	142.36
1985	117.13	116.89	145.79	108.55	140.03
1986	108.32	107.86	92.42	113.84	144.03
1987	109.35	109.06	114.74	107.28	125.90
1988	111.10	110.36	113.50	109.31	148.84
1989	106.90	105.75	105.27	105.91	150.30
1990	108.09	106.22	105.79	106.37	157.71
1991	103.27	103.16	101.95	103.58	105.14
1992	110.48	109.20	106.61	110.08	133.03
1993	109.55	106.77	101.37	108.39	149.61
1994	111.00	109.74	104.62	111.48	123.97
1995	109.10	105.10	108.10	101.78	148.58
1996	109.62	104.90	101.90	107.61	138.01
1997	116.40	110.90	126.73	103.74	141.96
1998	105.10	102.66	92.27	106.34	113.93
1999	106.00	106.20	105.30	106.70	105.21
2000	109.88	107.10	106.45	107.30	
2001	112.00	111.70	114.30	110.90	
2002	113.60	113.38	114.66	113.00	
2003	112.60	112.94	109.95	113.89	
2004	114.90	114.73	109.82	115.32	104.75
2005	114.65	114.82	108.43	115.98	112.17
2006	114.88	114.98	111.60	115.07	114.72
2007	121.43	122.02	113.59	123.09	110.91
2008	115.19	116.02	116.41	115.83	102.51
2009	110.10	110.50	119.60	108.50	108.74
2010	112.35	112.62	118.54	111.98	110.09
2011	116.31	116.18	110.64	116.73	118.40
2012	109.50	109.40	125.00	107.50	110.10
2013	115.20	116.80	117.80	116.60	112.40
2014	108.50	108.60	108.90	108.50	106.10
2015	100.2	100.90	116.10	101.30	88.9
2016	98.30	98.70	108.90	96.90	89.80
2017	108.3	108.30	91.30	107.40	100.1
2018	114.3	113.7	93.9	117.5	116.2
2019	96.8	96.40	102.40	95.50	101.8
2020	103.2	96.70	107.50	95.10	101.6

3-3 工业增加值

单位：万元、%

年份	工业增加值	比上年增长	按轻重工业分		规模以上工业增加值	比上年增长
			轻工业	重工业		
1979	177174	8.50		145469		
1980	176356	-0.50		138881		
1981	156142	-12.50		113887		
1982	166653	6.50		127143		
1983	192461	13.00	43430	149031		
1984	218007	11.00	52314	165693		
1985	254647	9.00	67614	187033		
1986	286571	8.00	72847	213724		
1987	296764	6.00	74503	222261		
1988	321494	8.00	86969	234525		
1989	385201	7.50	96481	288720		
1990	401259	7.00	97461	303798		
1991	401739	-2.00	95368	306371		
1992	461109	9.80	95378	365731		
1993	646352	15.30	119053	527299		
1994	876935	13.20	175387	701548		
1995	1030058	9.20	206012	824046		
1996	968213	8.40	193643	774570		
1997	940371	7.00	188074	752297		
1998	920899	5.00	184180	736719	828299	3.66
1999	944221	7.00	188844	755377	846121	5.80
2000	1070358	7.90	214072	856286	963358	7.70
2001	1163695	10.10	232739	930956	1049095	10.00
2002	1263817	10.90	252764	1011053	1137817	10.86
2003	1431915	11.90	286383	1145532	1295515	12.12
2004	1677000	13.57	335400	1341600	1517200	14.58
2005	1977008	16.46	359940	1617068	1813854	18.36
2006	2308800	16.60	445669	1816131	2123855	17.17
2007	2678794	17.12	485481	2193313	2479248	17.98
2008	3189304	13.16	581414	2607886	2965904	13.50
2009	3312200	9.42	665850	2646350	3081700	9.83
2010	3990648	11.82	841902	3148746	3726746	12.30
2011	4967190	15.15	1067720	3899470	4650000	15.00
2012	5624200	11.80	1208922	4415278	5381538	11.50
2013	6144500	14.10	1731500	4413000	5751291	14.20
2014	5942700	8.20	1643700	4299000	5650000	8.10
2015	5350400	6.1	1469875	3880525	5150000	5.5
2016	5268300	2.80	1621000	3647300	5020000	2.60
2017	6071300	4.6	1750282	4321018	5836900	4.8
2018	6464800	5.8	1552500	4912300	6149800	6.0
2019	7499800	2.0				2.0
2020	7275000	3.1				3.2

3-4 全市工业企业单位数及工业总产值、工业增加值增速

单位：个、万元、%

指标	全市		
	企业单位数	工业总产值	工业增加值增速
总计	4044	19303000	3.1
规模以上工业	346	18893000	3.2
# 国有企业	10	2303000	31.9
集体企业	2	7000	5.1
股份合作企业			
股份制	323	14818000	0.2
港澳台及外商投资企业	10	1760000	-3.9
其他经济类型	1	5000	
# 轻工业	73	2697000	5.0
重工业	273	16196000	2.7

3-5 规模以上工业企业单位数和工业总产值、销售产值

单位：个、万元

指标	企业单位数	工业总产值	工业销售产值
总计	**346**	**18893000**	**18838000**
国有控股企业	101	13160000	13085000
按登记注册类型分			
国有企业	10	2303000	2271000
集体企业	2	7000	7000
股份合作企业			
股份制企业	323	14818000	14803000
外商及港澳台商投资企业	10	1760000	1752000
其他企业	1	5000	5000
按轻重工业			
轻工业	73	2697000	2514000
重工业	273	16196000	16324000
按工业行业大类分			
采掘业			
煤炭开采和洗选业	6	320181	466557
非金属矿采选业	1	4095	2120
制造业			
农副食品加工业	10	248071	254927
食品制造业	7	192031	185113
酒、饮料和精制茶制造业	6	264530	245071
烟草制品业	2	1028008	995964
纺织业	2	42476	28612
纺织服装、服饰业	1	2990	5571
皮革、毛皮、羽毛及其制品和制鞋业	1	360	15973
木材加工和木、竹、藤、棕、草制品业			
家具制造业			
造纸和纸制品业	5	48617	48166
印刷和记录媒介复制业	4	24926	22804
石油加工、炼焦和核燃料加工业	8	3296402	4564526
化学原料和化学制品制造业	32	1787475	551080
医药制造业	18	701042	572380
化学纤维制造业			
橡胶和塑料制品业	17	99378	87495
非金属矿物制品业	87	1435048	1397947
黑色金属冶炼和压延加工业	9	1872680	1873429
有色金属冶炼和压延加工业	13	1427756	2877805
金属制品业	28	1784466	309336
通用设备制造业	10	222843	194183
专用设备制造业	17	462110	446070
汽车制造业	4	12932	38228
铁路、船舶、航空航天和其他运输设备制造业	1	4640	6866
电气机械和器材制造业	19	516683	617911
计算机、通信和其他电子设备制造业	4	151097	123426
仪器仪表制造业	2	5271	4845
其他制造业	1	31235	905
废弃资源综合利用业	4	5285	5616
金属制品、机械和设备修理业	3	77472	117367
电力、热力的生产和供应业	17	2419878	2383186
燃气生产和供应业	2	305119	327438
水的生产和供应业	5	72416	67521

3-6 规模以上工业增加值

单位：%

指标	比上年增长
总计	**3.2**
国有控股企业	4.2
按登记注册类型分	
国有企业	31.9
集体企业	5.1
股份合作企业	
股份制企业	0.2
外商及港澳台商投资企业	–3.9
其他企业	0.0
按隶属关系分	
中央企业	2.8
地方企业	4.0
按轻重工业分	
轻工业	5.0
重工业	2.7
按工业行业分	
煤炭开采和洗选业	–5.0
非金属矿采选业	15.8
开采辅助活动	–4.3
农副食品加工业	21.4
食品制造业	–14.5
酒、饮料和精制茶制造业	2.4
烟草制品业	–0.8
纺织业	35.2

3-6 规模以上工业增加值（续一）

单位：%

指标	比上年增长
纺织服装、服饰业	-10.1
皮革、毛皮、羽毛及其制品和制鞋业	-31.3
木材加工和木、竹、藤、棕、草制品业	
家具制造业	
造纸和纸制品业	14.4
印刷和记录媒介复制业	-0.7
石油加工、炼焦和核燃料加工业	0.1
化学原料和化学制品制造业	7.9
医药制造业	23.3
化学纤维制造业	
橡胶和塑料制品业	-4.9
非金属矿物制品业	-12.6
黑色金属冶炼和压延加工业	14.1
有色金属冶炼和压延加工业	2.1
金属制品业	19.5
通用设备制造业	6.7
专用设备制造业	-13.9
汽车制造业	-82.4
铁路、船舶、航空航天和其他运输设备制造业	-14.2
电气机械和器材制造业	-0.4
计算机、通信和其他电子设备制造业	73.5
仪器仪表制造业	-44.9
其他制造业	-43.8
废弃资源综合利用业	-79.4
金属制品、机械和设备修理业	-9.5
电力、热力的生产和供应业	13.1
燃气生产和供应业	2.9
水的生产和供应业	5.7

3-7 规模以上独立核

指标	资本保值率（%）	资产负债率（%）	工业成本费用利润率（%）	全员劳动生产率（元/人、年）	产品销售率（%）
总计	107.00	62.13	3.3	515862	99.71
国有控股企业	104.90	65.11	1.51	676119	99.43
按登记注册类型分					
国有企业	375.00	76.63	3.14	1270500	98.61
集体企业					
股份合作企业					
股份制企业	104.56	60.26	2.81	477408	99.90
外商和港澳台商投资企业	102.83	52.21	1.11	445500	99.55
其他企业	200.00	81.82	0.00	0	100.00
按工业行业分					
煤炭开采和洗选业	116.38	76.93	5.98	188558	145.72
非金属矿采选业	125.00	16.67	0.00		51.76
开采辅助活动					
农副食品加工业	135.00	53.18	7.04	345066	102.76
食品制造业	125.83	44.28	3.59	160989	96.40
酒、饮料和精制茶制造业	105.49	39.62	3.49	199347	92.64
烟草制品业	104.32	28.81	3.23	2761841	96.88
纺织业	101.52	16.25	5.13	115916	67.36
纺织服装、服饰业	100.00	33.33	0.00		186.30
皮革、毛皮、羽毛及其制品和制鞋业	110.53	42.86	23.81		4435.57
木材加工和木、竹、藤、棕、草制品业					
家具制造业					
造纸和纸制品业	100.00	64.86	0.00		99.07
印刷和记录媒介复制业	100.00	92.68	0.00	104293	91.49
石油加工、炼焦和核燃料加工业	93.02	71.14	0.78	949475	138.47
化学原料和化学制品制造业	101.96	52.08	0.69	439489	30.83

算工业企业效益指标

指标	资本保值率（%）	资产负债率（%）	工业成本费用利润率（%）	全员劳动生产率（元/人、年）	产品销售率（%）
医药制造业	109.28	15.34	43.38	619475	81.65
化学纤维制造业					
橡胶和塑料制品业	106.93	51.79	2.54	113352	88.04
非金属矿物制品业	105.25	47.87	8.02	414967	97.41
黑色金属冶炼和压延加工业	110.85	88.49	-0.49	723348	100.04
有色金属冶炼和压延加工业	101.38	63.92	0.63	177096	201.56
金属制品业	104.59	57.75	2.86	491871	17.33
通用设备制造业	114.75	82.39	1.56	275794	87.14
专用设备制造业	111.11	80.41	-1.52	126638	96.53
汽车制造业	89.04	84.26	-11.67	25921	295.61
铁路、船舶、航空航天和其他运输设备制造业	133.33	50.00	14.29		147.98
电气机械和器材制造业	66.30	60.50	1.73	111451	119.59
计算机、通信和其他电子设备制造业	314.29	66.77	-0.68	357433	81.69
仪器仪表制造业	104.71	33.83	-33.33		91.90
其他制造业	125.00	16.67	0.00		2.90
废弃资源综合利用业	63.64	70.00	-77.78		106.27
金属制品、机械和设备修理业	109.48	70.87	1.35	93339	151.50
电力、热力的生产和供应业	4316.67	87.78	-6.19	1030021	98.48
燃气生产和供应业	113.98	75.52	13.28	316866	107.32
水的生产和供应业	96.97	55.86	1.19	192206	93.24

注：1.由于2020年工业财务制度变化，导致年鉴中部分指标有变化，一是对指标含义接近的进行替换，二是取消了无法替换的指标。

2.本表取消2个指标，一是总资产贡献率，原因：无利息支出和平均资产总额两项指标。总资产贡献率=（利润总额+税金总额+利息支出）/平均资产总额。二是取消流动资产周转次数，原因：流动资产周转次数=主营业务收入/平均流动资产总额。

3-8 规模以上独立核

指标	企业单位数	亏损企业	平均用工人数
总计	**346**	**118**	**10.9**
国有控股企业	101	31	7.4
集体企业	2	1	0
股份合作企业	0	0	0
股份制企业	323	107	9.8
外商和港澳台商投资企业	10	4	0.4
其他控股类型企业	20	7	0.3
按轻重工业			
轻工业	81	21	2.0
重工业	265	97	8.9
按工业行业分			
煤炭开采和洗选业	6	1	1.1
黑色金属矿采选业	0	0	0
有色金属矿采选业	0	0	0
非金属矿采选业	1	1	0
农副食品加工业	10	2	0.1
食品制造业	7	4	0.2
酒、饮料和精制茶制造业	6	1	0.3
烟草制品业	2	0	0.3
纺织业	2	0	0.1
纺织服装、鞋、帽制造业	1	0	0
皮革、毛皮、羽毛（绒）及其制品业	1	0	0
木材加工及木、竹、藤、棕、草制品业	0	0	0
家具制造业	0	0	0
造纸及纸制品业	5	3	0
印刷业和记录媒介的复制	4	2	0.1
石油加工、炼焦及核燃料加工业	8	1	1.4
化学原料及化学制品制造业	32	15	0.7
医药制造业	18	3	0.6
化学纤维制造业	0	0	0
橡胶和塑料制品业	17	2	0.2
非金属矿物制品业	87	31	1.2
黑色金属冶炼及压延加工业	9	5	0.7
有色金属冶炼及压延加工业	13	5	0.7
金属制品业	28	8	0.3
通用设备制造业	10	4	0.3
专用设备制造业	17	7	0.7
汽车制造业	4	2	0.1
铁路、船舶、航空航天和其他运输设备制造业	1	0	0
电气机械及器材制造业	19	6	0.5
计算机、通信和其他电子设备制造业	4	3	0.1
仪器仪表及文化、办公用机械制造业	2	1	0
其他制造业	1	0	0
废弃资源综合利用业	4	2	0
金属制品、机械和设备修理业	3	1	0.2
电力、热力的生产和供应业	17	6	0.7
燃气生产和供应业	2	1	0.2
水的生产和供应业	5	1	0.2
燃气生产和供应业			
水的生产和供应业			

算工业企业经济指标

单位：个、亿元、万人

流动资产合计	负债合计	营业收入	税金及附加	营业成本	管理费用	利润总额（亏损为负）
1178.8	1466.4	1938.9	207.7	1534.0	66.0	55.1
653.5	1008.5	1318.1	204.8	975.5	47.7	39.4
0.9	0.8	0.7	0	0.7	0	0
0	0	0	0	0	0	0
1044.9	1286.8	1596.0	206.3	1219.9	58.5	48.1
94.4	75.5	198.7	1.0	187.1	3.2	2.3
99.9	85.1	181.9	0.5	176.8	1.7	1.1
298.0	139.5	314.8	92.1	148.0	12.9	39.7
880.8	1326.9	1624.0	115.6	1386.0	53.1	15.4
30.1	68.7	42.8	1.2	30.1	4.8	3.0
0	0	0	0	0	0	0
0	0	0	0	0	0	0
0.4	0.3	0.2	0	0.2	0.1	0
11.7	9.2	26.0	0	21.8	0.7	2.0
14.3	15.1	19.7	0.1	16.1	0.7	0.8
19.8	12.6	30.2	0.9	21.0	1.4	1.3
102.0	40.1	153.8	90.2	45.1	4.6	5.2
4.0	1.3	3.4	0	2.8	0.3	0.2
0.7	0.3	0.5	0	0.2	0.3	0
12.1	6.3	1.6	0	1.3	0.3	0.5
0	0	0	0	0	0	0
0	0	0	0	0	0	0
1.7	2.4	4.8	0.1	4.6	0.1	0
2.2	3.8	2.6	0	2.2	0.5	0
29.7	121.5	461.9	108.9	322.6	16.3	3.8
44.0	56.4	67.1	0.4	60.9	3.0	0.5
108.5	27.3	56.6	0.5	19.6	3.0	29.8
0	0	0	0	0	0	0
13.3	11.6	10.7	0.1	9.3	0.7	0.3
224.7	158.3	146.1	1.0	121.0	6.0	12.6
51.0	109.9	197.2	0.4	189.5	3.2	−1.0
113.6	156.6	309.9	1.1	298.3	2.9	2.0
43.2	43.6	32.1	0.2	28.2	1.4	1.0
51.5	65.5	21.7	0.2	17.2	1.9	0.4
129.8	156.0	59.4	0.5	53.1	2.5	−1.0
20.7	34.8	4.6	0.1	3.6	0.8	−0.7
0.8	0.4	0.6	0	0.3	0.1	0.1
42.6	46.1	58.9	0.3	53.2	2.2	1.1
15.6	22.1	13.8	0	12.9	0.4	−0.1
3.9	9.1	0.7	0	0.5	0.3	−0.5
0.4	0.1	0.2	0	0.1	0.1	0
4.2	4.9	0.6	0	0.5	0.2	−0.7
17.1	30.9	13.3	0.2	11.5	1.1	0.2
36.0	186.1	157.3	0.7	152.7	4.0	−10.3
22.7	32.7	33.2	0.1	28.1	1.3	4.7
6.6	32.4	7.2	0.2	5.8	1.1	0.1

3-9 规模以上工业企业

指标	工业总产值	工业增加值	工业销售产值
总计	100	100	100
煤炭开采和洗选业	1.69	3.69	2.48
黑色金属矿采选业			
非金属矿采选业	0.02	0.03	0.01
开采专业及辅助性活动	0.14	0.08	
农副食品加工业	1.31	0.61	1.35
食品制造业	1.02	0.57	0.98
酒、饮料和精制茶制造业	1.40	1.06	1.30
烟草制品业	5.44	14.74	5.29
纺织业	0.22	0.21	0.15
纺织服装、服饰业	0.02	0.03	0.03
皮革、毛皮、羽毛（绒）及其制品业	0.00	0.00	0.08
木材加工及木、竹、藤、棕、草制品业			
家具制造业			
造纸及纸制品业	0.26	0.10	0.26
印刷和记录媒介复制业	0.13	0.19	0.12
石油加工、炼焦及核燃料加工业	17.45	23.64	24.23
化学原料及化学制品制造业	9.46	5.47	2.93
医药制造业	3.71	6.61	3.04
化学纤维制造业			
橡胶和塑料制品业	0.53	0.40	0.46
非金属矿物制品业	7.60	8.86	7.42
黑色金属冶炼及压延加工业	9.91	9.00	9.94
有色金属冶炼及压延加工业	7.56	2.20	15.28
金属制品业	9.44	2.62	1.64
通用设备制造业	1.18	1.47	1.03
专用设备制造业	2.45	1.58	2.37
汽车制造业	0.07	0.05	0.20
铁路、船舶、航空航天和其他运输设备制造业	0.02	0.02	0.04
电气机械及器材制造业	2.73	0.99	3.28
计算机、通信和其他电子设备制造业	0.80	0.64	0.66
仪器仪表制造业	0.03	0.02	0.03
其他制造业	0.17	0.14	0.00
废弃资源综合利用业	0.03	0.01	0.03
金属制品、机械和设备修理业	0.41	0.33	0.62
电力、热力的生产和供应业	12.81	12.82	12.65
燃气生产和供应业	1.61	1.13	1.74
水的生产和供应业	0.38	0.68	0.36

分行业主要指标构成

单位：%

资产总计	负债合计	产品销售收入	应交增值税
100	100	100	100
3.70	4.70	1.30	5.06
		0.00	0.00
0.07	0.00	0.00	0.00
0.72	0.63	3.25	0.16
1.41	1.03	3.69	0.33
1.32	0.86	13.02	0.98
5.76	2.73	4.77	25.29
0.33	0.09	0.43	0.33
0.04	0.02	0.00	0.16
0.61	0.43	0.22	0.00
0.00	0.00	0.00	0.00
0.00	0.00	0.00	0.00
0.15	0.16	0.22	0.65
0.17	0.26	0.00	0.16
7.07	8.29	7.16	39.15
4.48	3.85	3.69	2.12
7.37	1.86	20.17	3.26
0.00		0.00	0.00
0.93	0.79	0.65	0.16
13.69	10.80	11.50	8.16
5.14	7.49	10.85	1.31
10.14	10.68	2.82	3.92
3.13	2.97	1.30	0.49
3.29	4.47	2.39	0.82
8.03	10.64	2.39	2.12
1.71	2.37	0.22	-0.16
0.03	0.03	0.00	0.16
3.15	3.14	4.77	1.63
1.37	1.51	0.43	0.00
1.11	0.62	0.22	0.00
0.02	0.01	0.00	0.00
0.29	0.33	0.22	0.00
1.80	2.11	0.65	0.00
8.78	12.69	0.00	2.61
1.79	2.23	3.25	0.82
2.40	2.21	0.00	0.33

3-10 各区县规模以上

指标	城关区	七里河区	西固区	安宁区
企业及单位数（个）	31	34	45	23
亏损企业	11	10	13	4
工业销售产值	1763247	1500016	5192742	1979800.0
出口交货值	4805	0	1.3	1000.0
全部从业人员年平均人数（人）	1	11980	23169	7758.0
资产总计	2606431	2593814	3134728.1	1701820.9
流动资产合计	1316684	1783981	951768.8	269525.6
固定资产原价	1052592	896638	4463045.3	1776045.4
负债合计	1266309	1261970	2195760.1	1211030.2
所有者权益合计	1340122	1471232	938968	491099.0
营业收入	1136573	2109030	5396948.4	1777200.0
营业成本	714206	935572	3911858.0	1659338.8
营业利润	282339	53090	56075.3	−20796.2
管理费用	70962	83634	199776.7	39442.6
利润总额	282212	54662	33989.1	−31337.2
资产负债率（%）	48.6	48.7	70.00	71.2
工业成本费用利润率（%）	29.9	5.1	0.64	−1.8
产品销售率（%）	93.1	97.9	101.89	100.4

工业企业主要经济指标

单位：万元

红古区	永登县	皋兰县	榆中县	兰州新区
18	32	26	47	90
7	13	8	18	34
1451000	924000	1137173	2058736	2830916
73000	0	7277	2405	35826
18000	7000	6239	8787	17597
3408000	1070000	933982	2857967	5851836
1648000	377000	494778	1126910	3479733
1851000	901000	412299	1569803	1873791
1643000	583000	626271	1907062	3969956
1765000	487000	307711	950906	1881880
1458000	978000	1147753	2146056	3239176
1190000	848000	1028244	2006684	3046427
122000	36000	40061	3833	-110214
70000	39000	22230	44706	90729
121000	40000	36085	4719	9954
48	54.5	67.05	66.7	67.84
9.2	4.4	3.29	0.2	0.31
93.6	102.0	100.8	104.4	97.1

3-11 规模以上工业企业

指标	2010	2011	2012	2013
原煤（万吨）	486.03	511.37	716.32	714.57
原油加工量（万吨）	1033.72	1053.36	1002.12	1050.02
汽油（万吨）	201.7	221.55	209.86	220.93
煤油（万吨）	29.48	28.75	34.27	68.06
柴油（万吨）	457.62	477.32	444.42	429.49
润滑油（万吨）	23.93	25.23	24.82	41.21
燃料油（万吨）	16.35	12.52	15.63	19.12
焦炭（万吨）	44.99	44.92	42.18	38.96
发电量总计（万千瓦时）	1692679	1821306		2103773
啤酒（千升）	470152	432683	447037	456851
合成洗涤剂（万吨）	1.74	1.39	0.05	0.05
卷烟（万支）	2395810	2602713	2771520	3197558
纱（万吨）	0.32	0.32	0.11	
绒线（毛线）（吨）				
毛机织物（呢绒）（万米）	490.4	491.6	459	386.2
合成橡胶（万吨）	18.64	18.35	17.79	16.54
合成纤维单体（万吨）	2.40	2.38	2.46	2.15
塑料制品（万吨）	5.25	4.53	7.91	10.97
塑料薄膜（万吨）	1.80	1.72	1.31	1.59
机制纸板（万吨）				
合成氨（万吨）	30.02	25.36	28.11	15.04
农用化肥（万吨）	21.61	16.35	18.12	9.51
氮肥（万吨）	21.61	16.35	18.12	9.51
磷肥（万吨）				
乙烯（万吨）	69.48	69.39	64.67	63.16
聚丙烯树脂（万吨）	38.93	40.06	40.07	39.62
水泥（万吨）	548.06	568.56	847.17	966.9
平板玻璃（万重量箱）	653.89	577.14	496.79	600.07
钢材（万吨）	138.62	163.17	212.98	380.42
铁合金（万吨）	45.54	44.93	38.5	49.84
原铝（电解铝）（万吨）	79.71	61.73	84.89	87.84
变压器（万千伏安）	227.76	224.99	294.02	261.29
家用洗衣机（万台）	8.34	6.47	5.97	4.08

主要工业产品产量

2014	2015	2016	2017	2018	2019	2020	比上年增长（%）
629.18	628.12	637.63	503.24	503.29	509.17	515.02	1.15
916	967.2	823.02	880.84	927.01	914.73	911.3	-0.38
201.98	246.51	203.71	223.6	235.71	228.06	229.89	0.80
46.49	58.6	63.03	81.85	86.25	82.11	68.65	-16.39
392.52	382.9	305.6	305.32	326.93	336.96	318.00	-5.63
36.45	28.23	16.72		15.356	12.43	11.18	-10.10
23.94	16.54	6.06		1.4258	1.2	1.27	5.83
44.63	42.77	2.42		38.38	38.1	40.75	6.93
1859200	1784700	1475300	1553200	1274500	1447548	1596600	8.4
408818	386000	380127	329367	316193	293909	294949	0.4
					0.01	0.003	-77.2
3344568	3462000	2938458	2824246	2783794	2849710	2812976	-1.3
405.8	340.1	414.3	435	430.2	430.3	400.1	-7.0
12.73	13.4	11.9	14.44	16.52	14.18	17.43	22.9
2.1	2.5	2.2	2.67	2.72	2.43	2.49	2.4
8.24	17.4	22.5	49.75	2.8	4.7	4.70	-0.6
2.1	2.5	3.2	2.99	2	2.3	2.14	-5.6
62.99	64.2	51.7	64	64.38	53.34	69.70	30.7
35.69	42	33.4	41.32	43.1	36.6	45.62	24.7
1104.3	1154.2	1130	905.91	774.63	1088.99	1112.17	-1.1
538.32	124.8	600.9	515.9	535.08	556.51	519.26	-6.7
432.08	246.8	135	121.54	340.11	419.43	496.74	18.4
41.56	29.3	25.3	26.63	30.66	30.31	30.89	-0.1
79.81	77.2	82.3	81.29	68.99	50.75	54.36	7.1
233.49	70.8	63.3	58.58	132.6	128.31	75.33	-41.3

3-12 规模以上工业企业

指标	煤炭（万吨）	焦炭（万吨）	天然气（亿立方米）	原油（万吨）
规模以上工业企业	**1052.87**	**196.59**	**5.05**	**914.00**
轻工业				
重工业				
采掘业	62.90	1.66	0.42	
煤炭开采和洗选业	62.90	1.66	0.42	
黑色金属矿采选业				
非金属矿采选业				
制造业	361.07	194.92	4.63	914.00
农副食品加工业			0.03	
食品制造业	0.58		0.05	
饮料制造业			0.13	
烟草制品业			0.03	
纺织业			0.03	
纺织服装、鞋、帽制造业				
皮革、毛皮、羽毛（绒）等				
木材加工及木、竹、藤等				
家具制造业				
造纸及纸制品业	3.92			
印刷业和记录媒介的复制				
文教体育用品制造业				
石油加工炼焦及核燃料	36.28		2.20	914.00
化学原料及化学制品制造	4.60	33.90	0.05	
医药制造业	0.65		0.22	
化学纤维制造业				
橡胶和塑料制品业	0.01		0.01	
非金属矿物制品业	125.02	3.99	1.03	
黑色金属冶炼及压延	117.93	157.04		
有色金属冶炼及压延	71.30		0.54	
金属制品业	0.07		0.02	
通用设备制造业				
专用设备制造业			0.17	
汽车制造业			0.01	
铁路、船舶、航空航天和其他运输设备制造业				
电气机械及器材制造业			0.06	
通信设备、计算机及其他			0.03	
仪器仪表及文化、办公用				
电力、热力的生产和供应	628.90			
燃气生产和供应业				
水的生产和供应业	0.01			

主要能源品种消费量

汽油 （万吨）	柴油 （万吨）	燃料油 （万吨）	炼厂干气 （万吨）	其他石油制品 （万吨）	热力 （万百万千焦）	电力 （亿千瓦时）
0.28	**3.31**	**0.68**	**65.45**	**30.18**	**2017.92**	**228.94**
0.03	0.18					4.23
0.03	0.18					4.12
						0.11
0.24	3.07	0.68	65.45	30.18	2013.29	205.14
						0.20
					0.25	0.30
						0.74
						0.28
	0.01				1.97	0.22
						0.02
						0.01
	0.01					0.63
						0.07
0.01	0.07	0.44	65.43	24.62	1881.99	21.70
0.01	0.10	0.02	0.02		58.36	24.64
0.01					3.38	1.26
0.01						0.56
0.12	2.55	0.22		0.01		19.25
	0.03					47.25
0.01	0.15			5.55	57.47	84.75
0.03					3.94	0.38
						0.23
0.01	0.01					0.63
					0.08	0.05
						0.01
0.02	0.01					0.80
					5.85	0.91
						0.01
	0.06					17.82
						0.58
0.01					4.63	1.18

3-13 各区县规模以上工业增加值

单位：%

地区	比上年增长
兰州市	3.2
城关区	17.1
七里河区	-0.9
西固区	-1.6
安宁区	12.5
红古区	-23
永登县	10.7
皋兰县	11.4
榆中县	13.4
兰州新区	21.7

3-14 规模以上工业主要能源消费与库存

指标	年初库存量	工业生产消费量	年末库存量
原煤（万吨）	65.93	980.43	49.35
焦炭（万吨）	7.45	196.59	13.71
原油（万吨）	8.10	914.00	9.21
汽油（万吨）	0.03	0.28	0.01
煤油（万吨）			
柴油（万吨）	0.16	3.31	0.10
燃料油（万吨）	0.02	0.68	
天然气（亿立方米）	0.02	5.05	0.01
热力（万百万千焦）		2017.92	
电力（亿千瓦小时）		228.94	

主要统计指标解释

工业 指从事自然资源的开采，对采掘品和农产品进行加工和再加工的物质部门。具体包括：（1）对自然资源的开采，如采矿、晒盐、森林采伐等（但不包括禽兽捕猎和水产捕捞）；（2）对农副产品的加工、再加工、如粮油加工、食品加工、轧花、缫丝、纺织、制革等；（3）对采掘品的加工、再加工、如炼铁、炼钢、化工生产、石油加工、机器制造、木材加工等，以及电力、自来水、煤气的生产和供应等；（4）对工业品的修理、翻新，如机器设备的修理、交通运输工具（包括小卧车）的修理等。

1984年以前农村的村及村以下办工业归属农业，1984年以后划归工业。

工业统计调查单位 工业统计调查单位分为两类：独立核算法人工业企业和工业活动单位。

（1）独立核算法人工业企业是指从事工业生产经营活动的单位。独立核算法人工业企业应同时具备以下条件：①依法成立，有自己的名称、组织机构和场所，能够承担民事责任；②独立拥有和使用资产、承担负债，有权与其他单位签订合同；③独立核算盈亏，并能够编制资产负债表。

（2）工业活动单位是指在一个场所从事一种或主要从事一种工业生产活动的经济单位。它包括独立核算工业企业按主营业务活动（即工业生产活动）划分的主营业务活动单位和非工业企业所属的工业生产活动单位（即原非独立核算工业生产单位）。工业活动单位，一般应同时具备以下三个条件：①具有一个场所，从事一种或主要从事一种工业活动；②单独组织工业生产、经营或业务活动；③单独核算收入和支出。

本年鉴中涉及的企业登记注册类型：

（1）国有及国有控股企业指国有企业加上国有控股企业。国有企业（即过去的全民所有制工业或国营工业）是指企业全部资产归国家所有，并按《中华人民共和国企业法人登记管理条例》规定登记注册的非公司制的经济组织。包括国有企业、国有独资公司和国有联营企业。1957年以前的公私合营和私营工业，后均改造为国营工业，1992年改为国有工业，这部分工业的资料不单独分列时，均包括在国有企业内。国有控股企业是对混合所有制经济的企业进行的"国有控股"分类。它是指这些企业的全部资产中国有资产（股份）相对其他所有者中的任何一个所有者占资（股）最多的企业。该分组反映了国有经济控股情况。

（2）集体企业指企业资产归集体所有，并按《中华人民共和国企业法人登记管理条例》规定登记注册的经济组织。是社会主义公有制经济的组成部分。包括城乡所有使用集体投资举办的企业，以及部分个人通过集资自愿放弃所有权并依法经工商行政管理机关认定为集体所有制的企业。

（3）股份合作企业指以合作制为基础，由企业职工共同出资入股，吸收一定比例的社会资产投资组建，实行自主经营，自负盈亏，共同劳动，民主管理，按劳分配与按股分红相结合的一种集体经济组织。

（4）联营企业指两个及两个以上相同或不同所有制性质的企业法人或事业单位法人，按自愿、平等、互利的原则，共同投资组成的经济组织。联营企业包括：

国有联营企业指国有企业与国有企业间的联营；

集体联营企业指集体企业与集体企业间的联营；

国有与集体联营企业指国有企业与集体企业间的联营。

（5）有限责任公司指根据《中华人民共和国公司登记管理条例》规定登记注册，由两个以上，五十个以下的股东共同出资，每个股东以其所认缴的出资额对公司承担有限责任，公司以其全部资产对其债务承担责任的经济组织。

有限责任公司包括国有独资公司以及其他有限责任公司。

（6）股份有限公司指根据《中华人民共和国企业法人登记管理条例》规定登记注册，其全部注册资本由等额股份构成并通过发行股票筹集体资本，股东以其认购的股份对公司承担的有限责任，公司以其全部资产对其债务承担责任的经济组织。

（7）私营企业指由自然人投资设立或由自然人控股，以雇佣劳动为基础的营利性经济组织。包括按照《公司法》《合伙企业法》《私营企业暂行条例》规定登记注册的私营有限责任公司、私营股份有限公司、私营合伙企业和私营独资企业。

（8）港、澳、台商投资企业　指企业注册登记类型中的港、澳、台资合资、合作、独资经营企业和股份有限公司之和。

（9）外商投资企业　指企业注册登记类型中的中外合资、合作经营企业、外资企业和外商投资股份有限公司之和。

“三资”企业　系指港、澳、台商投资企业和外资企业的简称。

规模以上工业企业　规模以上工业为年主营业务收入2000万元以上的企业。

轻工业　指主要提供生活消费品和制作手工工具的工业。按其所使用的原料不同，可分为两大类：（1）以农产品为原料的轻工业，是指直接或间接以农产品为基本原料的轻工业。主要包括食品制造、饮料制造、烟草加工、纺织、缝纫、皮革和毛皮制作、造纸以及印刷等工业；（2）以非农产品为原料的轻工业，是指以工业品为原料的轻工业。主要包括文教体育用品、化学药品制造、合成纤维制造、日用化学制品、日用玻璃制品、日用金属制品、手工工具制造、医疗器械制造、文化和办公用机械制造等工业。

重工业　是指为国民经济各部门提供物质技术基础的主要生产资料的工业。按其生产性质和产品用途，可以分为下列三类：（1）采掘（伐）工业，是指对自然资源的开采，包括石油开采、煤炭开采、金属矿开采、非金属矿开采和木材采伐等工业；（2）原材料工业，指向国民经济各部门提供基本材料、动力和燃料的工业。包括金属冶炼及加工、炼焦及焦炭、化学、化工原料、水泥、人造板以及电力、石油和煤炭加工等工业；（3）加工工业，是指对工业原材料进行再加工制造的工业。包括装备国民经济各部门的机械设备制造工业、金属结构、水泥制品等工业，以及为农业提供的生产资料如化肥、农药等工业。

根据上述划分原则，修理业中以重工业产品为修理作业对象的划为重工业，反之划为轻工业。

工业总产值 是以货币表现的工业企业在一定时期内生产的已出售或可供出售工业产品总量，它反映一定时间内工业生产的总规模和总水平。它包括：在本企业内不再进行加工，经检验，包装入库（规定不需包装的产品除外）的成品价值，对外加工费收入，自制半成品、在产品期末初差额价值。工业总产值采用“工厂法”计算，即以工业企业作为一个整体，按企业工业生产活动的最终成果来计算，企业内部不允许重复计算，不能把企业内部各个车间（分厂）生产的成果相加。但在企业之间、行业之间、地区之间存在着重复计算。

轻重工业总产值的划分是按“工厂法”计算的，即一个工业企业生产的主要产品性质属于轻工业，则该企业的全部总产值作为轻工业总产值；如它的主要产品性质属于重工业，则该企业的全部总产值作为重工业总产值。

工业增加值 是指工业行业在报告期内以货币表现的工业生产活动的最终成果。

实收资本 指企业实际收到的投资人投入的资本。按投资主体可分为国家资本、集体资本、法人资本、个人资本、港澳台资本和外商资本等。

资产合计 指企业拥有或控制的能以货币计量的经济资源。包括各种财产、债权和其他权利。资产按其流动性划分为流动资产、长期投资、固定资产、无形及递延资产和其他资产。

（1）流动资产指企业可以在一年内或者超过一年的一个生产周期内变现或耗用的资产合计。包括现金及各种存款、短期投资、应收及预付款项、存货等。

（2）固定资产指企业固定资产净值、固定资产清理、在建工程、待处理固定资产损失所占用的资金合计。

（3）无形资产指企业长期使用而没有实物形态的资产。包括专利权、非专利技术、商标权、著作权、土地使用权、商誉等。

负债合计 指企业承担能以货币计量，将以资产或劳务偿付的债务。负债一般按偿还期长短分为流动负债和长期负债、递延税项等。

（1）流动负债指企业在一年内或者超过一年的一个营周期内需要偿还的债务合计，其中包括短期借款、应付及预收款项、应付工资、应交税金和应交利润等。

（2）长期负债指企业在一年以上或者超过一年的一个营业周期以上需要偿还的债务合计，其中包括长期借款、应付债务、长期应付款项等。

所有者权益 指企业投资人对企业净资产的所有权。企业净资产等于企业全部资产减去全部负债后的余额，其中包括投资者对企业的最初投入，以及资本公积金、盈余公积金和未分配利润，对股份制企业即为股东权益。

固定资产原价 指企业在建造、购置、安装、改建、扩建、技术改造某项固定资产时所支出的全部货币总额。它一般包括买价、包装费、运杂费和安装费等。

固定资产净值 是指固定资产原价减去历年已提折旧额后的净额。

流动资产 是指可以在一年或者超过一年的一个营业周期内变现或者耗用的资产，包括现金及各种存款、短期投资、应收及预付货款、存货等。

产品销售收入 指企业销售产品和提供劳务等主要经营业务取得的收入总额。

产品销售成本 指企业销售品和提供劳务等主要经营业务的实际成本。

产品销售税金及附加 指企业销售产品和提供工业性劳务等主要经营业务应负担的城市维护建设税、消费税、资源税和教育费附加。

产品销售利润 指企业销售产品和提供工业性劳务等主要经营业务收入扣除其成本、费用、税金后的利润。

利润总额 指企业实现的利润。

应交增值税 指企业在报告期内应交纳的增值税额。

总资产贡献率 反映企业全部资产的获利能力，是企业经营业绩和管理水平的集中表现，是评价和考核企业盈利能力的核心指标。计算公式为：

总资产贡献率=（利润总额+税金总额+利息支出）/平均资产总额×100%

资产负债率 该指标既反映企业经营风险的大小，也反映企业利用债权人提供的资金从事经营活动的能力。计算公式为：

资产负债率=负债总额/资产总额×100%

工业成本费用利润率 指在一定时期内实现的利润与成本费用之比，是反映工业生产成本及费用投入的经济效益指标，同时也是反映降低成本的经济效益的指标。计算公式为：

工业成本费用利润率（%）=利润总额/成本及费用总额×100%

工业增加值率 指在一定时期内工业增加值占同期工业总产值的比重，反映降低中间消耗的经济效益。计算公式为：

工业增加值率（%）=工业增加值（现价）/工业总产值×100%

流动资产周转次数 指在一定时期内流动资产完成的周转次数，反映流动资产的周转速度。计算公式为：

流动资产周转次数=产品销售收入/全部流动资产平均余额

产品销售率 指报告期工业销售产值与同期全部工业总产值之比，是反映工业产品已实现销售的程度，分析工业产销衔接情况，研究工业产品满足社会需求程度的指标。计算公式为：

产品销售率（%）=工业销售产值/工业总产值（现价）×100%

全员劳动生产率 指根据产品的价值量指标计算的平均每一个从业人员在单位时间内的产品生产量。是考核企业经济活动的重要指标，是企业生产技术水平、经营管理水平、职工技术熟练程度和劳动积极性的综合表现。目前我国的全员劳动生产率是将工业企业的工业增加值除以同一时期全部从业人员的平均人数来计算的。计算公式为：

全员劳动生产率（%）=工业增加值/全部从业人员平均人数×100%

四、交通运输业

4-1 交通运输业基本情况

指标	2010	2011	2012	2013	2014	2015
客运量总计（万人）	3802.30	4388.82	4829.07	5326.85	5655.52	6153.3
铁路	975.81	1042.06	996.95	1042.03	1084.23	1277.3
公路		2965.86	3373.82	3719.86	3871.29	4067
民用航空		380.90	458.30	564.96	700.00	809.00
货运量总计（万吨）		8907.70	9671.89	10509.61	11139.69	11801.02
铁路		1214.52	1003.95	974.43	936.11	799.42
公路	6832.00	7663.50	8664.34	9531.00	10198.88	10996.60
民用航空	1.14	2.68	3.60	4.18	4.70	5.00
公路货运周转量（万吨公里）	348553	408905.5	575369.5	822779.6	1033571	1271118
公路旅客周转量（万人公里）	286738	331490.9	481164.5	544721.33	582882.14	626095

4-1 交通运输业基本情况（续一）

指标	2016	2017	2018	2019	2020	比上年增长（%）
客运量总计（万人）	6950.64	7684.69	8328.64	7980.41	5977.36	–25.10
铁路	1648.89	2039.42	2550.96	2837.25	1977.52	–30.78
公路	4212.75	4363.63	4391.86	3612.86	2887.14	–20.09
民用航空	1089.00	1281.64	1385.82	1530.30	1112.70	–27.29
货运量总计（万吨）	12208.84	12882.39	13518.82	14121.83	14861.55	5.24
铁路	741.9	837.12	869.96	834.09	907.10	7.43
公路	11461.00	12039.18	12642.41	13280.54	13947.45	5.02
民用航空	5.94	6.09	6.15	7.20	7.00	–2.79
公路货运周转量（万吨公里）	1484530	1739898	2018901	2182400	2261900	3.64
公路旅客周转量（万人公里）	660459	699477	704450	429249	366100	–14.71

4-2 客运量和货运量

年份	客运量合计（万人）	铁路	公路	民航	货运量合计（万吨）	铁路	公路	民航
1983	833	389	444		1616	1007	609	
1984	1165	452	709	5	1721	1040	681	0.11
1985	1000	466		7	1541	817	724	0.17
1986	1121	503		12	1723	942	781	0.17
1987	1167	517		12	1977	1073	904	0.20
1988								
1989	1273	510	753	10	2075	905	1170	0.23
1990	1037	405	620	12	2282	892	1390	0.18
1991	1163	409	736	18	2529	896	1633	0.25
1992	1250	434	790	26	3015	1191	1824	0.30
1993	1303	447	828	29	2701	703	1998	0.30
1994	1342	460	863	19	2849	599	2249	0.35
1995	1381	448	904	29	3245	724	2521	0.40
1996	1477	416	1003	59	3559	725	2833	0.32
1997	1569	431	1082	55	3932	742	3190	0.34
1998	1693	443	1224	26	4273	698	3574	0.35
1999	1832	459	1345	28	4749	764	3985	0.41
2000	2002	476	1483	43	5167	815	4351	0.53
2001	2141	499	1608	33	5401	758	4642	0.60
2002	2253	556	1662	35	5634	824	4809	0.99
2003	2209	474	1695	40	5581	653	4927	0.80
2004	2416	567	1798	51	5786	783	5002	0.88
2005	2546	587	1896	63	5972	821	5151	0.64
2006	2732	636	1996	100	6264	903	5360	0.75
2007	2926	673	2112	141	6839	1235	5604	0.95
2008	3150	777	2253	120	7207	1319	5887	1.01
2009	3373	847	2346	153	7358	1202	6155	1.04
2010	3802	976	2627	199	8054	1221	6832	1.14
2011	4389	1042	2966	381	8908	1215	7664	2.68
2012	4829	997	3374	458	9672	1004	8664	3.60
2013	5327	1042	3720	565	10510	974	9531	4.18
2014	5656	1084	3871	700	11140	936	10199	4.70
2015	6153.3	1277.3	4067	809.00	11801.02	799.42	10996.60	5.00
2016	6950.64	1648.89	4212.75	1089.00	12208.84	741.90	11461.00	5.94
2017	7684.69	2039.42	4363.63	1281.64	12882.39	837.12	12039.18	6.09
2018	8328.64	2550.96	4391.86	1385.82	13518.52	869.96	12642.41	6.15
2019	7980.41	2837.25	3612.86	1530.30	14121.83	834.09	13280.54	7.20
2020	5977.36	1977.52	2887.14	1112.70	14861.55	907.10	13947.45	7.00

4-3 邮电业务基本情况

指标	2010	2011	2012	2013	2014	2015
邮电业务总量（亿元）	36.05	44.27	48.90	53.38	69.34	92.39
电信业务总量（亿元）	34.35	42.43	47.14	51.40	64.50	86.44
邮政业务总量（亿元）		1.84	1.76	1.98	4.84	5.95
快递企业业务量（万件）		1098.07	1360.15	1110.80	1703.92	2130.06
函件（万件）		1129.56	1548.69	1573.58	1320.33	864.59
普通包件（万件）		8.94	9.99	9.41	7.70	16.17
代办特快专递（万件）	71.00	72.42	68.24	61.61	51.30	17.25
订销报刊累计数（万份）		5750.71	6458.60	6497.37	61.33	6447.77
固定长途电话（万分）		27084.31	23156.38	18791.68	15693.23	12339
本地电话年末用户（万户）	104.66	105.45	94.39	92.57	76.72	64.61
普通电话	88.29	89.15	51.85	53.16	59.44	60.27
公用电话	16.37	16.30	15.78	16.63	14.18	6.49
年末移动电话用户（万户）	349.25	390.04	418.93	469.36	527.37	461.32
国际互联网用户（户）	500400	468600	496900	540000	737200	795898
邮电局所（处）	165	145	147	146	150	160
集邮业务（万枚）	650.83	1159.35	921.52	862.54	726.00	731.00

4-3 邮电业务基本情况（续一）

指标	2016	2017	2018	2019	2020
邮电业务总量（亿元）	145.06				
电信业务总量（亿元）	136.57	133.81	346.28	526.81	632.35
邮政业务总量（亿元）	8.49	9.99	11.64	14.78	18.62
快递企业业务量（万件）	3333.97	3695.25	4610.25	5255.75	6390.73
函件（万件）	534.87	475.52	500.96	453.5	490.76
普通包件（万件）	8.96	8.54	8.92	5.52	5.68
代办特快专递（万件）		60.49	83.36	65.78	53.81
订销报刊累计数（万份）	6266.50	5902.54	5760.4	6017.15	5612.47
固定长途电话（万分）					
本地电话年末用户（万户）	74.81	61.86	60.27	71.37	57.42
普通电话					
公用电话					
年末移动电话用户（万户）	335.53	609.68	663.9	594.1	609.7
国际互联网用户（户）					
邮电局所（处）	159	159	156	156	166
集邮业务（万枚）	196.32	381.46	650	756.25	395.75

注：1.邮政报刊期发数调整为订销报刊累计数。

2.2014年邮政业务总量包括邮政企业业务总量和快递企业业务总量两部分。

3.2017年电信业务总量按照2015年不变价格计算。

4.本年本地电话年末用户数和年末移动电话用户数等指标较之前年份调整统计口径，以省通信管理局提供数据为准。

主要统计指标解释

货（客）运量 指在一定时期内，各种运输工具实际运送的货物（旅客）数量。它是反映运输业为国民经济和人民生活服务的数量指标，也是制定和检查运输生产计划、研究运输发展规模和速度的重要指标。货运按吨计算，客运按人计算。货物不论运输距离长短、货物类别，均按实际重量统计。旅客不论行程远近或票价多少，均按一人一次客运量统计；半价票、小孩票也按一人统计。

邮电业务总量 指以价值量形式表现的邮电通信企业为社会提供各类邮电通信服务的总数量。邮电业务量按专业分类包括函件、包件、汇票、报刊发行、邮政快件、特快专递、邮政储蓄、集邮、公众电报、用户电报、传真、长途电话、出租电路、移动电话、分组交换数据通信、出租代维等。计算方法为各类产品乘以相应的平均单价（不变价）之和，再加上出租电路和设备、代用户维护电话交换机和线路等的服务收入。它综合反映了一定时期邮电业务发展的总成果，是研究邮电业务量构成和发展趋势的重要指标。计算公式为：

邮电业务总量=Σ（各类邮电业务量×不变单价）+出租代维及其他业务收入

移动电话用户 是指通过移动电话交换机进入移动电话网、占用移动电话号码的电话用户。用户数量以报告期末在移动电话营业部门实际办理登记手续进入移动电话网的户数进行计算，一部移动电话统计为一户。

电话用户 指接入国家公众固定电话网，并按固定电话业务进行经营管理的电话用户。1997年以前，电话用户分为市内电话用户和农村电话用户。“市内电话用户”是指接入县城及县以上城市的电话网上的电话用户；“农村电话用户”是指接入县邮电局农话台及县以下农村电话交换点，以县城为中心（除市话用户外）联通县、乡（镇）、行政村、村民小组的用户。从1997年起，电话用户数分组调整为以用户所在区域划分为“城市电话用户”和“乡村电话用户”，与过去的按市内电话和农村电话划分方法不同。而电话用户总数、电话机总部数统计范围不变。

城市电话用户 指直辖市、省辖市、地级市、县级市的市区、市郊区及县城（包括县人民政府所在地的县城关区或行政建制相当于县人民政府所在地的镇）范围内接入局用交换机的电话用户数，包括分布在农村地区的独立工矿区、林区、驻军等接入局用交换机的电话用户数。

乡村电话用户 指县城关区以下的集镇和农村接入局用交换机的电话用户数。

住宅电话用户 是指安装在居民住宅或农民家里并按照住宅电话登记注册和收费的电话用户。包括私人付费、单位付费和按规定免费安装的住宅电话用户。

五、农 业

5-1　各区县农村基本情况

地区	乡镇数（个）	镇	村民委员会（个）	乡村户数（万户）	乡村人口（万人）
兰州市	**61**	**47**	**727**	**32.40**	**120.12**
城关区			16	0.36	1.57
七里河区	6	5	59	2.17	8.97
西固区	6	5	40	1.48	5.08
安宁区				0.00	0
红古区	4	4	33	1.23	4.55
永登县	16	13	200	9.34	34.63
皋兰县	6	6	57	3.66	11.91
榆中县	20	11	268	10.74	39.58
兰州新区	3	3	54	3.42	13.84

5-2　各区县农村劳动力情况

单位：万人

地区	乡村劳动力	乡村从业人员	农林牧渔业	工业	建筑业	交通运输仓储及邮政业	批发零售贸易业	住宿和餐饮业
兰州市	**75.57**	**65.42**	**33.72**	**5.50**	**5.87**	**3.72**	**2.40**	**2.15**
城关区	1.07	0.85	0.42	0.02	0.01	0.09	0.03	0.08
七里河区	5.63	5.06	3.05	0.52	0.20	0.22	0.20	0.14
西固区	3.17	2.90	1.25	0.45	0.25	0.23	0.11	0.09
安宁区	0.00	0.00	0.00	0.00	0.00	0.00	0.00	0.00
红古区	2.99	2.55	1.66	0.18	0.14	0.17	0.11	0.07
永登县	22.71	19.84	9.82	1.49	1.52	1.26	0.78	0.65
皋兰县	7.03	6.29	3.31	0.50	0.53	0.43	0.24	0.22
榆中县	25.12	20.88	11.61	1.34	2.48	0.90	0.62	0.62
兰州新区	7.87	7.06	2.60	0.99	0.71	0.40	0.29	0.27

5-3 农林牧渔业增加值

单位：万元

年份	农林牧渔业增加值					
		农业	林业	牧业	渔业	服务业
1979	7788.36	6638.07	110.88	1038.06	1.38	
1980	9392.15	8045.01		1213.24	1.04	
1981	7994.08	6504.60		1295.24	1.03	
1982	8420.08	6584.56		1378.05	2.00	
1983	11178.75	8947.76		1553.05	1.85	
1984	14017.15	11046.91	994.06	1974.45	1.73	
1985	18976.08	15294.47	1041.19	2635.64	4.78	
1986	22036.67	17611.67	911.00	3492.48	21.52	
1987	23296.91	18423.25	746.92	4077.74	49.00	
1988	30603.00	22452.91	741.23	7239.48	169.38	
1989	38054.41	27624.39	716.71	9578.27	135.05	
1990	42605.00	31278.31	1198.86	9800.29	327.54	
1991	50054.63	36455.46	1287.62	11901.63	409.92	
1992	55261.00	41527.47	968.69	12226.92	537.92	
1993	65390.76	49687.61	1320.88	13853.49	528.78	
1994	95391.00	67546.45	2431.70	24568.40	844.45	
1995	118296.96	89095.33	2856.17	25149.63	1195.83	
1996	137205.13	103602.91	3229..78	29073.27	1299.17	
1997	140826.62	101431.00	3262.37	34891.39	1240.97	
1998	152430.54	116295.29	3248.73	31399.17	1487.35	
1999	156129.94	119674.18	2851.99	31506.43	2097.34	
2000	158915.80	121106.04	3299.07	33007.61	1503.08	
2001	168914.30	129533.55	2800.48	34706.09	1874.18	
2002	176821.31	135578.93	2300.11	37217.84	1724.43	
2003	185709.77	140560.98	2754.87	38760.00	1700.40	
2004	206062.21	147959.34	2409.67	51800.50	1665.82	2226.83
2005	221299.01	162258.36	1174.17	53642.65	1880.66	2343.17
2006	227335.06	165709.78	1634.15	55151.49	2141.87	2697.77
2007	250558.67	192799.61	900.20	47718.80	1118.80	8021.25
2008	259685.09	205715.44	1128.28	39111.06	1259.37	12470.94
2009	272517.51	219099.41	1108.04	37334.10	1440.94	13535.02
2010	285232.40	226970.27	1515.00	43561.56	302.56	12883.01
2011	326505.32	254146.51	3104.99	50309.91	457.50	18486.40
2012	338327.93	260876.60	3602.24	53886.34	483.86	19478.88
2013	370041.40	284068.01	3394.22	59762.08	800.53	22016.56
2014	381593.58	293840.66	2881.75	60153.93	702.51	24014.74
2015	396686.05	305983.91	2977.55	61081.13	820.48	25822.97
2016	421023.67	314598.82	3880.40	83390.41	1252.64	17901.39
2017	447527.30	333634.08	3770.28	89332.75	1205.71	19584.50
2018	462764.50	332592.50	5508.20	103862.10	945.20	19856.50
2019	537672.07	377953.19	5797.49	131327.72	1504.83	21088.84
2020	585109.46	414820.63	7433.86	140073.86	566.47	22214.64

注：自2007年起农林牧渔业增加值数据为农普口径统计数据，增速为可比速度。

5-4 农林牧渔业增加值指数

（上年=100）

年份	农林牧渔业增加值	农业	林业	牧业	渔业	服务业
1979	91.22	90.94	97.74	91.9	120.64	
1980	116.38	116.52		117.47	76.63	
1981	80.78	77.28		92.49	84.28	
1982	110.09	105.85		108.59	193.66	
1983	124.86	128.12		106.71	93.45	
1984	117.78	114.97	140.86	121.65	92.58	
1985	128.48	131.52	85.46	135.44	358.13	
1986	109.9	108.54	87.89	122.57	198.01	
1987	97.5	97.07	81.89	101.32	394.66	
1988	100.6	101.82	85.77	98.42	113.07	
1989	109.64	107.26	79.81	129.21	119.04	
1990	110.88	110.45	115.3	106.56	129.05	
1991	112.49	116.61	74.64	102.9	98.43	
1992	107.23	108.74	96.52	102.31	106.62	
1993	102.74	92.72	169.67	137.29	159.33	
1994	101.18	101.96	104.93	98.72	101.45	
1995	101.2	102.73	97.83	96.67	120.55	
1996	105.83	107.53	102.31	101.04	106.33	
1997	103.6	100.78	97.72	113.47	95.79	
1998	107.1	112.87	101.33	90.94	114.79	
1999	120.42	119.27	121.58	127.15	107.02	
2000	107.6	107.09	116.48	107.45	90.42	
2001	105.5	105.6	98	106	105.8	
2002	104.8	105.4	70.7	105.7	107.8	
2003	104.9	104.84	130	104.87	100	
2004	103.27	100.94	96.61	111.9	96.76	115.17
2005	104.05	104.88	42.69	104.2	112.9	105.22
2006	103.11	101.97	135.51	104.92	113.92	115.13
2007	103.69	107.59	79.45	92.52	101.67	108.62
2008	105.71	103.96	123.9	115.74	103.87	103.32
2009	106.17	106.39	105	104.8	116.99	103.74
2010	105.01	104.89	138.64	109.08	34.11	99.46
2011	105.2	104.37	119.38	104.65	118.54	139.21
2012	106.7	107.26	95.3	104.56	100.37	106.29
2013	105.8	106.35	88.06	103.19	155.96	107.01
2014	106.28	106.81	97.46	103.31	89.6	111.23
2015	105.9	106.61	140.27	99.6	122.66	108.51
2016	106.03	106.96	123.11	99.22	101.8	105.76
2017	105.91	106.31	96.23	104.00	104.29	106.41
2018	105.76	105.82	88.78	107.35	102.21	101.91
2019	105.50	105.64	99.34	105.02	156.97	104.95
2020	104.95	107.27	116.27	98.72	40.41	104.09

5-5 农林牧渔业增加值及构成

指标	绝对量（万元）					构成（%）					比上年增长（%）
	2016	2017	2018	2019	2020	2016	2017	2018	2019	2020	
农林牧渔业增加值	421023.67	447527.30	462764.50	537672.07	585109.46	100.00	100.00	100.00	100.00	100.00	4.95
农业	314598.82	333634.08	332592.50	377953.19	414820.63	74.72	74.55	71.87	70.29	70.90	7.27
林业	3880.40	3770.28	5508.20	5797.49	7433.86	0.92	0.84	1.19	1.08	1.27	16.27
牧业	83390.41	89332.75	103862.10	131327.72	140073.86	19.81	19.96	22.44	24.43	23.94	-1.28
渔业	1252.64	1205.71	945.20	1504.83	566.47	0.30	0.27	0.20	0.28	0.10	-59.59
农林牧渔服务业	17901.39	19584.50	19856.50	21088.84	22214.64	4.25	4.38	4.29	3.92	3.80	4.09

注：自2007年起农业相关数据为农普口径统计数据。

5-6 各区县农林牧渔业增加值

单位：万元、%

地区	农林牧渔业增加值	农业	林业	牧业	渔业	服务业	比上年增长
兰州市	**585109.46**	**414820.63**	**7433.86**	**140073.86**	**566.47**	**22214.64**	**4.95**
城关区	6745.91	5300.09	630.82	450.78	0.00	364.22	1.61
七里河区	71267.97	41846.58	115.48	23105.73	0.00	6200.18	1.57
西固区	28812.38	21872.11	363.14	6149.10	-34.27	462.30	-6.55
安宁区	1188.03	725.10	356.22	75.91	0.00	30.80	-14.18
红古区	58044.38	46834.90	121.33	10177.82	40.93	869.40	4.27
永登县	144947.11	91685.81	4694.89	46186.74	470.15	1909.52	7.05
皋兰县	85919.79	70987.58	33.03	13010.48	5.00	1883.70	3.89
榆中县	165415.71	121191.63	537.90	34614.90	84.66	8986.62	6.70
兰州新区	22768.18	14376.83	581.05	6302.40	0.00	1507.90	18.86

5-7 农林牧渔业总产值

单位：万元

年份	农林牧渔业	农业	林业	牧业	渔业	服务业
2007	415625.46	311831.62	4313.40	87643.71	2506.08	9330.65
2008	426154.25	321942.58	4337.85	75347.66	2872.39	21653.77
2009	440276.77	333282.94	4624.28	76151.41	2695.01	23523.14
2010	468906.80	349843.72	5545.69	87918.40	749.68	24849.30
2011	518620.38	373496.30	6629.19	100777.06	851.34	36866.49
2012	554788.06	393770.31	7355.69	111070.89	856.39	41734.78
2013	596279.36	418889.69	7775.68	121022.15	1156.85	47435.00
2014	603157.49	416730.20	7301.43	123172.86	1003.35	54949.65
2015	623544.50	422756.66	10207.21	128008.91	1091.11	61480.61
2016	650833.69	437710.16	12447.71	132312.17	1042.20	67321.45
2017	674283.36	455808.79	13670.34	129831.64	918.46	74054.13
2018	786311.79	533895.58	14963.87	159837.03	1244.17	76371.14
2019	947563.24	658614.27	11889.24	193711.46	2237.36	81110.91
2020	1020339.21	715506.68	14495.96	204035.60	859.96	85441.01

注：自2007年起农业相关数据为农普口径统计数据。

5-8 农林牧渔业总产值构成

单位：%

年份	农林牧渔业	农业	林业	牧业	渔业	服务业
2007	100.00	75.03	1.04	21.09	0.60	2.24
2008	100.00	75.55	1.02	17.68	0.67	5.08
2009	100.00	75.70	1.05	17.30	0.61	5.34
2010	100.00	74.61	1.18	18.75	0.16	5.30
2011	100.00	72.02	1.28	19.43	0.16	7.11
2012	100.00	70.98	1.33	20.02	0.15	7.52
2013	100.00	70.25	1.30	20.30	0.19	7.96
2014	100.00	69.09	1.21	20.42	0.17	9.11
2015	100.00	67.80	1.64	20.53	0.17	9.86
2016	100.00	67.25	1.91	20.33	0.16	10.34
2017	100.00	67.60	2.03	19.25	0.14	10.98
2018	100.00	67.90	1.90	20.33	0.16	9.71
2019	100.00	69.51	1.25	20.44	0.24	8.56
2020	100.00	70.12	1.42	20.00	0.08	8.37

注：自2007年起农业相关数据为农普口径统计数据。

5-9 农作物

指标	2007	2008	2009	2010	2011
总播种面积（万亩）	**292.60**	**271.01**	**256.05**	**257.63**	**267.74**
谷物及其它作物播种面积	**239.05**	**214.84**	**197.67**	**197.82**	**201.85**
粮食作物	143.51	143.84	147.26	146.15	145.38
夏粮	79.66	69.45	72.90	67.52	65.03
秋粮	63.85	74.39	74.36	78.63	80.35
谷物	87.54	85.15	96.23	94.35	95.00
小麦	52.93	47.92	54.41	49.06	48.61
玉米	17.24	25.74	30.20	37.85	40.13
豆类	26.05	27.20	17.63	19.88	18.23
大豆	5.20	10.10	3.61	4.44	4.40
薯类	29.92	31.50	33.40	31.91	32.15
油料	27.08	24.44	25.70	23.35	22.16
甜菜	0.00	0.00	0.00	0.00	0.00
蔬菜园艺播种面积	**45.42**	**47.26**	**50.13**	**51.03**	**52.63**
蔬菜	45.01	46.82	49.24	50.39	51.96
花卉	0.41	0.44	0.88	0.63	0.67
瓜果播种面积	**4.79**	**5.17**	**5.13**	**5.91**	**5.82**
瓜类	4.43	4.94	4.95	5.78	5.69
草莓	0.36	0.23	0.18	0.13	0.12
药材播种面积	**3.33**	**3.74**	**3.12**	**2.87**	**7.45**
占总播种面积比重（%）					
谷物及其它作物播种面积	**81.70**	**79.27**	**77.20**	**76.79**	**75.39**
粮食作物	49.05	53.08	57.51	56.73	54.30
夏粮	27.23	25.63	28.47	26.21	24.29
秋粮	21.82	27.45	29.04	30.52	30.01
谷物	29.92	31.42	37.58	36.62	35.48
小麦	18.09	17.68	21.25	19.04	18.15
玉米	5.89	9.50	11.79	14.69	14.99
豆类	8.90	10.04	6.89	7.72	6.81
大豆	1.78	3.73	1.41	1.72	1.64
薯类	10.23	11.62	13.04	12.39	12.01
油料	9.26	9.02	10.04	9.06	8.28
甜菜	0.00	0.00	0.00	0.00	0.00
蔬菜园艺播种面积	**15.52**	**17.44**	**19.58**	**19.81**	**19.66**
蔬菜	15.38	17.28	19.23	19.56	19.41
花卉	0.14	0.16	0.35	0.25	0.25
瓜果播种面积	**1.64**	**1.91**	**2.00**	**2.29**	**2.17**
瓜类	1.51	1.82	1.93	2.24	2.13
草莓	0.12	0.09	0.07	0.05	0.05
药材播种面积	**1.14**	**1.38**	**1.22**	**1.12**	**2.78**

注：自2007年起农业相关数据为农普口径统计数据。

播种面积

2012	2013	2014	2015	2016	2017	2018	2019	2020
257.07	255.36	258.52	259.36	249.90	250.65	238.99	248.59	274.03
188.16	180.02	178.46	172.43	160.09	153.66	143.73	146.46	164.92
142.62	143.70	137.38	134.03	129.67	123.92	117.29	114.61	125.04
63.26	61.94	55.17	52.78	48.97	46.34	42.97	43.14	47.16
79.37	81.76	82.21	81.25	80.70	77.58	74.32	71.47	77.88
96.07	96.58	91.76	88.50	84.04	78.84	74.96	75.36	76.76
49.34	48.68	44.90	41.92	38.83	36.46	35.52	35.06	34.11
40.43	42.67	43.59	42.25	41.80	40.88	37.96	38.76	41.28
14.65	13.12	10.99	12.58	12.89	11.59	9.83	7.08	11.97
3.25	2.29	2.28	2.31	3.15	2.45	2.56	0.01	0.01
31.91	34.00	34.62	32.94	32.74	33.49	32.50	32.17	36.30
20.86	18.77	15.63	15.10	15.15	15.62	12.08	13.63	15.96
0.00	0.00	0.00	0.00	0.00	0.00	0.00	0.00	0.00
55.03	59.71	63.34	68.15	73.26	77.28	78.57	83.55	88.42
54.40	58.97	62.68	67.58	72.70	76.66	77.92	82.96	87.76
0.62	0.74	0.66	0.57	0.56	0.63	0.65	0.59	0.66
6.11	6.07	5.95	6.08	5.23	5.33	4.90	4.79	5.02
6.03	6.02	5.89	6.05	5.20	5.30	4.88	4.72	4.91
0.08	0.05	0.06	0.03	0.03	0.03	0.03	0.07	0.10
7.77	9.57	10.77	12.71	11.32	14.38	11.78	13.78	15.67
73.19	70.50	69.03	66.48	64.06	61.31	60.14	58.92	60.18
55.48	56.27	53.14	51.67	51.89	49.44	49.07	46.10	45.63
24.61	24.25	21.34	20.35	19.60	18.49	17.98	17.35	17.21
30.87	32.02	31.80	31.33	32.29	30.95	31.10	28.75	28.42
37.37	37.82	35.50	34.12	33.63	31.46	31.36	30.31	28.01
19.20	19.06	17.37	16.16	15.54	14.55	14.86	14.10	12.45
15.73	16.71	16.86	16.29	16.73	16.31	15.88	15.59	15.06
5.70	5.14	4.25	4.85	5.16	4.62	4.11	2.85	4.37
1.26	0.90	0.88	0.89	1.26	0.98	1.07	0.00	0.00
12.41	13.32	13.39	12.70	13.10	13.36	13.60	12.94	13.25
8.11	7.35	6.05	5.82	6.06	6.23	5.05	5.48	5.82
0.00	0.00	0.00	0.00	0.00	0.00	0.00	0.00	0.00
21.41	23.38	24.50	26.27	29.32	30.83	32.88	33.61	32.27
21.16	23.09	24.24	26.05	29.09	30.58	32.60	33.37	32.03
0.24	0.29	0.25	0.22	0.22	0.25	0.27	0.24	0.24
2.38	2.38	2.30	2.34	2.09	2.13	2.05	1.93	1.83
2.35	2.36	2.28	2.33	2.08	2.11	2.04	1.90	1.79
0.03	0.02	0.02	0.01	0.01	0.01	0.01	0.03	0.04
3.02	3.75	4.17	4.90	4.53	5.74	4.93	5.54	5.72

5-10 各区县农作物播种面积

单位：万亩

地区	农作物播种面积	粮食	小麦	玉米	油料	药材	蔬菜	果园面积
兰州市	**274.03**	**125.04**	**34.11**	**41.28**	**15.96**	**15.67**	**87.76**	**13.39**
城关区	0.80	0.09	0.00	0.06	0.24	0.00	0.42	0.50
七里河区	13.97	1.33	0.27	1.04	0.03	0.18	12.40	0.76
西固区	5.57	0.54	0.22	0.29	0.06	0.03	4.85	1.71
安宁区	0.06	0.00	0.00	0.00	0.00	0.00	0.05	0.19
红古区	11.88	1.65	0.34	1.31	0.10	0.00	9.79	1.21
永登县	102.36	61.21	22.74	15.59	6.07	3.94	15.93	2.38
皋兰县	25.20	9.46	1.89	3.16	1.46	0.00	9.58	4.66
榆中县	95.93	44.70	5.51	18.03	4.61	11.39	33.31	0.81
兰州新区	18.27	6.05	3.15	1.79	3.39	0.13	1.43	1.16

5-11 主要农产品产量

指标	2007	2008	2009	2010	2011	2012	2013
主要农产品产量(万吨)							
粮食	30.71	34.40	33.01	31.84	35.54	34.93	35.76
夏粮	16.00	17.40	16.40	12.80	13.81	13.52	13.21
秋粮	14.71	17.01	16.61	19.04	21.73	21.41	22.55
谷物	21.14	24.84	23.44	23.17	26.19	25.23	25.59
稻谷	0.07	0.07	0.07	0.11	0.11	0.11	0.11
小麦	12.49	13.89	12.89	9.99	11.00	10.69	10.54
玉米	6.15	8.15	8.15	11.15	13.15	13.15	13.80
豆类	2.73	2.73	2.73	2.53	2.54	2.39	2.26
薯类	6.84	6.84	6.84	6.14	6.81	7.31	7.91
油料	2.26	2.15	2.01	2.15	2.08	2.36	2.56
胡麻籽	1.60	1.55	1.43	1.58	1.42	1.73	1.54
油菜籽	0.46	0.36	0.31	0.43	0.50	0.46	0.50
甜菜	0.00	0.00	0.00	0.00	0.00	0.00	0.00
烟叶	0.16	0.17	0.13	0.11	0.10	0.06	0.06
药材	0.84	0.76	0.60	0.37	0.70	0.96	1.38
蔬菜	86.10	89.30	97.85	101.42	107.43	112.52	126.30
水果	11.25	11.43	11.54	11.61	11.42	12.73	13.42
农产品单位面积产量(公斤/亩)							
粮食	214.03	239.19	224.17	217.85	244.46	244.91	248.85
谷物	241.54	291.70	243.60	245.52	275.70	262.59	265.02
油菜籽	66.64	85.98	69.56	87.77	84.46	91.66	94.76
甜菜	0.00	0.00	0.00	0.00	0.00	0.00	0.00
烟叶	143.59	154.01	151.89	132.64	193.23	132.57	184.51

5-11 主要农产品产量（续一）

指标	2014	2015	2016	2017	2018	2019	2020
主要农产品产量（万吨）							
粮食	34.58	32.58	30.90	30.04	29.77	30.33	33.64
夏粮	12.72	12.11	10.82	10.56	9.64	9.71	11.06
秋粮	21.86	20.47	20.08	19.48	20.13	20.62	22.58
谷物	24.96	24.24	22.44	21.14	21.38	21.97	22.91
稻谷	0.13	0.03	0.04	0.04	0.02	0	
小麦	10.21	9.74	8.71	8.47	7.87	7.86	7.84
玉米	13.79	13.24	12.79	12.27	13.19	13.81	14.83
豆类	2.27	2.04	2.22	2.12	1.89	1.62	3.02
薯类	7.35	6.31	6.24	6.78	6.50	6.74	7.71
油料	1.84	1.76	1.76	1.67	1.63	1.81	2.32
胡麻籽	1.21	1.20	1.15	1.02	1.12	1.36	1.44
油菜籽	0.48	0.46	0.46	0.50	0.46	0.43	0.38
甜菜	0.00	0.00	0.00	0.00	0.00	0	0
烟叶	0.06	0.02	0.02	0.03	0.00	0	0
药材	1.97	2.17	2.07	2.67	3.17	3.26	3.69
蔬菜	136.45	146.53	146.80	159.11	166.91	180.49	191.8
水果	14.65	14.07	14.26	14.00	11.73	13.22	13.25
农产品单位面积产量（公斤/亩）							
粮食	251.68	243.11	238.31	242.41	253.83	264.64	269.06
谷物	271.95	273.83	267.04	268.08	285.27	292.3	298.48
油菜籽	96.73	91.98	96.05	95.82	112.51	109.63	88.34
甜菜	0.00	0.00	0.00	0.00	0.00	0	0
烟叶	209.90	339.26	372.22	353.05	264.85	150	142.86

5-12 分区县农产品产量

单位：吨

地区	粮食			蔬菜	油料
		小麦	玉米		
兰州市	336422.83	78363.21	148343.79	1918027.78	2.32
城关区	328.30	0.00	265.80	7381.80	453.50
七里河区	3587.50	446.80	3084.30	233574.61	33.50
西固区	1413.46	458.47	911.39	100221.33	82.64
安宁区	0.00	0.00	0.00	807.00	0.00
红古区	5001.40	693.80	4307.60	249456.50	212.60
永登县	151153.31	48185.59	51096.48	347759.73	7258.80
皋兰县	24622.00	4357.0	9969.00	253640.00	2690.00
榆中县	134935.36	16334.55	73102.22	695689.83	6967.83
兰州新区	15381.50	7887	5607.00	29496.98	5451.26

5-13 水果、水产品

指标	2007	2008	2009	2010	2011	2012
水果产量（吨）	112451.35	114293.12	115416.76	116128.29	114208.42	127333.66
苹果	37463.05	37914.02	38381.39	38934.72	40685.70	41945.52
梨	34299.13	33653.71	35126.27	31700.27	30437.56	31045.28
葡萄	2805.46	3047.17	2683.44	2934.15	3081.70	4087.81
红枣	9579.98	9228.68	10205.54	10838.45	8428.72	9183.98
杏子	5933.80	5636.48	5700.50	6302.51	3868.73	3851.23
桃子	15488.80	16369.89	15579.94	17781.40	19269.60	20579.00
草莓	2596.90	3416.48	2810.68	2009.97	1877.97	1421.25
果园面积（万亩）	14.05	14.68	13.94	13.94	14.65	14.23
苹果园	4.29	4.35	4.21	4.17	4.07	4.07
梨园	4.95	4.66	4.41	4.28	4.17	3.77
桃园	1.53	1.49	1.46	1.45	1.41	1.42
杏园	1.22	1.54	1.46	1.64	1.56	1.70
水产品产量（吨）	1218.58	1149.32	1298.81	773.50	841.02	836.36
水产品养殖面积（亩）	2862.23	2521.68	5167.42	2957.50	2966.83	2959.94

注：自2007年起农业相关数据为农普口径统计数据。

生产情况

2013	2014	2015	2016	2017	2018	2019	2020
134237.78	146450.76	140743.70	142567.88	139972.66	117279.07	132193.51	132532.40
44657.35	47102.36	49431.96	64272.03	61872.66	52937.91	57266.21	56784.31
32877.99	35581.02	36144.12	30612.52	31202.43	21657.44	27811.14	27384.70
4284.24	6077.14	7447.26	8252.93	8118.95	8539.45	8860.51	9123.60
10936.26	11051.39	11463.61	7305.39	7609.64	5584.77	6133.81	5955.00
4520.90	4596.93	4656.29	4610.77	5424.82	4046.09	7742.58	7878.24
22080.14	23019.89	23137.73	14475.30	14375.19	17969.71	18606.60	19040.85
885.50	957.25	550.86	469.99	420.58	516.53	951.11	1525.50
14.25	13.91	13.60	14.27	14.32	13.61	13.40	13.39
4.14	4.13	4.27	4.24	4.13	3.89	3.69	3.69
3.74	3.63	3.48	3.41	3.37	3.23	3.10	2.98
1.40	1.40	1.39	1.34	1.37	1.46	1.45	1.53
1.72	1.66	1.36	1.32	1.42	1.41	1.68	1.67
1125.02	1027.47	1195.67	1197.93	1158.94	1177.26	611.00	614.00
3026.02	2903.18	2984.67	2977.37	2979.40	3014.64	1504.00	855.00

5-14 分区县水果、水产品生产情况

地区	水果产量（吨）	苹果	桃子	水产品产量（吨）	水产品养殖面积（亩）
兰州市	132532.40	56784.31	19040.85	614.0	855.0
城关区	8723.90	7913.20	209.10	0.0	0.0
七里河区	12101.20	5654.00	2030.80	0.0	0.0
西固区	14092.80	4028.90	422.25	0.0	0.0
安宁区	2452.00	0.00	2309.00	0.0	0.0
红古区	19467.10	13626.50	2032.20	48.0	60.0
永登县	25842.10	9761.00	43.20	453.0	555.0
皋兰县	32801.00	11392.00	11869.00	8.0	15.0
榆中县	6082.55	3850.21	12.30	105.0	225.0
兰州新区	10969.75	558.50	113.00	0.0	0.0

5-15 林业生产

指标	2010	2011	2012	2013	2014	2015	2016	2017	2018	2019	2020
荒山荒(沙)地造林面积(万亩)	6.62	4.8	4.76	6.04	8.16	9.9	8.95	13.89	13.15	13.09	16.91
人工造林	6.62	4.80	4.76	5.04	5.01	4.35	5.92	13.36	11.15	6.55	8.81
飞机播种造林									1.00	0	
防护林	2.22	2.20	2.89	2.70	4.75	7.75	6.61	8.47	12.03		
用材林			0.01	0.01	0.08	0.00					
经济林	4.40	2.60	1.86	3.23	3.40	2.15	2.33	5.42	1.12		
幼林抚育作业面积（万亩）	37.05	18.04	16.86	10.90	11.33	11.66	11.72	11.19	7.38		
成林抚育作业面积（万亩）	17.54	33.41	34.93	36.75	39.25	38.95	38.95	38.4	19.18		
迹地更新（万亩）					0.10						
当年零星(四旁)植树(万株)	223.59	236.19	206.04	230.93	81.25	228.21	80.32	57.71	66.92	173.24	154.74
年末实有育苗面积（万亩）	0.69	1.27	2.01	1.84	2.28	2.62	2.73	2.17	1.19		
本年新育面积（万亩）	0.16	0.17	0.75	0.51	0.34	0.59	0.34	0.25	0.11		
林产品产量（吨）											
核桃	195.00	438.53	2000.59	1146.23	5221.34	8500.43	7243.75	7227.22	1208.72	2907.61	4089.4
花椒	82.54	66.72	55.45	60.30	54.08	54.75	54.20	30.1	0.00	27.9	28.3

5-16 牲畜存栏

指标	2007	2008	2009	2010	2011	2012
大牲畜年末头数（万头）	**14.45**	**10.44**	**10.51**	**10.66**	**10.28**	**9.82**
牛	5.72	4.44	4.69	4.86	4.91	4.79
良种乳牛	2.72	1.80	2.41	2.48	2.49	2.55
马	0.00	0.16	0.16	0.22	0.20	0.19
骡	0.00	3.34	3.25	3.09	2.94	2.74
驴	0.00	2.50	2.41	2.49	2.24	2.10
肉猪出栏头数（万头）	0.00	29.23	31.08	33.32	31.72	33.41
猪年末存栏头数（万头）	34.24	28.94	31.44	34.39	34.55	35.53
羊年末存栏只数（万只）	60.30	53.15	55.04	60.46	61.79	60.62
山羊	7.80	6.86	7.04	8.82	10.61	9.20
绵羊	52.50	46.29	48.00	51.64	51.18	51.42
肉类产品（万吨）	3.96	3.46	3.38	3.38	3.14	3.30
猪牛羊肉（吨）	34349.48	30498.03	29875.17	29749.38	27243.34	28588.11
猪肉（吨）	28786.96	25240.55	25325.14	25184.87	22849.61	24146.08
牛肉（吨）	831.91	807.95	767.90	802.51	912.74	851.54
羊肉（吨）	4730.61	4449.53	3782.13	3762.00	3480.99	3590.49
牛奶产量（吨）	5998.47	4625.34	5122.53	4922.18	4425.61	4486.84
羊奶产量（吨）	159.03	0.00	0.00	0.00	147.25	211.61
绵羊毛（吨）	965.36	213.41	334.36	444.25	954.16	971.49
山羊毛（吨）	53.31	9.60	7.53	9.22	68.97	61.91
羊绒（吨）	10.23	793.43	852.64	948.31	11.67	10.54
禽蛋产量（万吨）	0.55	0.00	0.00	0.00	1.03	1.11
蜂蜜产量（吨）	0.00	0.00	0.08	0.00	0.00	0.00

注：自2007年起肉产品产量数据为农普口径统计数据。

及畜产品产量

2013	2014	2015	2016	2017	2018	2019	2020
9.34	9.07	6.52	6.89	7.72	7.45	7.06	6.74
4.98	5.01	5.11	4.29	5.30	5.14	4.95	4.87
2.64	2.74	3.11	1.90	2.79	2.66	2.55	2.39
0.25	0.23	0.13	0.18	0.18	0.18	0.16	0.17
2.22	2.07	0.64	1.29	1.23	1.18	1.07	0.94
1.89	1.76	0.64	1.13	1.00	0.95	0.87	0.75
34.76	36.18	33.31	33.92	40.58	42.54	40.77	42.17
36.50	37.20	31.64	32.95	35.97	37.09	37.74	48.00
61.93	67.30	63.96	65.19	62.13	65.35	67.90	70.64
8.79	9.23	8.65	7.78	7.14	7.59	8.59	9.13
53.14	58.07	55.30	57.41	54.99	57.76	59.31	61.52
3.40	3.75	3.67	4.32	4.47	4.62	4.30	4.52
29588.75	32578.08	31695.69	31575.08	36507.37	38070.17	37423.56	39708.64
24886.92	27199.73	25852.96	24608.52	29215.15	30632.17	29353.24	30899.95
936.21	1043.21	1077.27	1176.44	1231.71	1223.61	1114.96	1178.31
3765.62	4335.14	4765.46	5790.12	6060.51	6214..39	6955.36	7630.38
4448.39	4731.53	4696.89	78483.13	82207.36	79036.27	84726.55	77943.85
208.31	231.80	250.07	178.95	152.25	164.81	174.85	161.49
981.42	1100.22	1047.91	1003.53	951.00	993.30	1014.59	1048.40
62.26	67.36	60.96	46.13	42.04	43.99	49.33	64.12
10.62	11.53	10.96	11.15	10.09	10.83	12.39	13.23
1.15	1.13	1.15	2.53	2.05	1.89	1.91	1.95
0.00	0.00	0.00	0.00	0.03	–	0.00	0.00

5-17 分区县畜牧业生产情况

地区	大牲畜存栏（万头）	羊存栏数（万只）	牛出栏数（万头）	猪出栏数（万头）	羊出栏数（万只）	绵羊毛产量（吨）	猪牛羊肉总产量（吨）
兰州市	**6.74**	**70.64**	**1.13**	**42.17**	**41.63**	**1048.40**	**39708.64**
城关区	0.02	0.15	0.00	0.06	0.09	0.81	64.16
七里河区	0.87	1.72	0.08	2.09	0.77	27.53	1717.81
西固区	0.18	1.79	0.03	1.78	1.25	26.03	1515.56
安宁区	0.02	0.13	0.00	0.01	0.06	2.51	16.57
红古区	0.65	4.60	0.10	2.01	1.97	66.70	1894.15
永登县	2.51	38.30	0.39	17.35	17.14	618.61	16016.11
皋兰县	0.24	7.01	0.01	3.79	6.08	116.51	3641.61
榆中县	2.17	12.73	0.48	12.05	11.96	127.06	10949.70
兰州新区	0.08	4.21	0.04	3.04	2.31	62.65	3892.97

5-18 受灾面积和成灾面积

单位：万亩

年份	受灾面积	成灾面积	成灾面积占受灾面积比重	水灾		旱灾	
				受灾面积	成灾面积	受灾面积	成灾面积
1992	124.90	92.62	74.16	5.59	3.22	81.62	64.32
1993	94.84	60.86		0.03	0.03	27.85	19.51
1994	88.65	71.92		2.34	2.24	64.04	51.61
1995	217.71	192.91		2.47	2.02	188.66	171.63
1996	39.66	26.00		0.79	0.73	6.03	5.14
1997	137.75	99.55	72.27	21.01	20.80	89.77	57.62
1998	52.03	37.75	72.55	12.10	7.75	21.49	18.10
1999	133.22	97.84	73.44	8.69	6.36	95.52	68.71
2000	191.45	153.75	80.31	1.96	1.93	172.37	138.94
2001	120.35	92.78	77.09	1.17	0.98	101.61	77.68
2002	54.96	39.53	71.93	3.50	2.26	17.99	14.62
2003	77.81	58.62	75.34	1.41	0.82	44.81	34.53
2004	148.35	123.37	83.16	3.78	3.77	116.67	104.04
2005	122.87	100.36	81.68	5.84	5.06	110.21	91.62
2006	153.78	118.81	77.26	2.23	2.08	137.08	104.79
2007	128.05	98.71	77.09	5.00	3.77	110.85	87.60
2008	100.76	67.50	67.00	0.68	0.54	80.82	53.58
2009	124.49	91.64	73.61	0.02	0.02	111.79	82.20
2010	159.92	106.48	66.58	5.05	3.93	107.57	69.24
2011	151.06	112.56	74.51	1.59	1.07	130.28	99.57
2012	122.51	84.82	69.24	18.14	16.41	86.44	53.72
2013	136.79	72.03	52.66	7.14	6.41	111.41	50.77
2014	46.42	29.06	62.60	1.65	1.19	1.17	2.29
2015	34.09	19.02	55.79	0.35	0.25	6.12	2.24
2016	25.33	10.00	39.48	2.39	2.17	20.94	6.54
2017	10.54	7.26	68.88	0.35		3.33	1.44
2018	25.23	18.17	72.03	11.50	9.25	2.08	1.17
2019	7.45	5.24	70.33	1.7	1.04	0.02	0
2020	5.06	2.74	0.54	0.04	0.02	0	0

5-19 农业现代化

指标	2010	2011	2012	2013	2014	2015	2016	2017	2018	2019	2020
农业机械化											
当年机耕地面积（万亩）	146.75	161.28	174.66	191.39	204.84	210.21	212.13	229.35	180	210.55	232.18
占总播种面积（%）	45.86	51.36		60.99	65.99	68.27	68.87	75.24	78	84.7	89
当年机播面积（万亩）	90.14	102.17	111.57	121.40	134.57	134.12	136.23	138.9	143	122.33	136.80
占总播种面积（%）	28.17	31.09		35.17	38.44	37.8	38.10	38.33	59.84	49.21	52
农业水利化											
有效灌溉面积（万亩）	119.08	114.61	122.13	121.72	120.11	121.62	122.40	119.64	105.49	101.32	108.16
占总播种面积（%）	37.21	34.88	36.64	35.26	34.31	34.28	35.10	33.01	44.14	40.76	45
水平梯田面积（万亩）	97.21	101.89	111.39	114.57	115.27	118.02	119.14	120.58	121.16	121.93	123.61
占总播种面积（%）	30.38	31.00	33.41	33.19	32.92	33.26	33.86	33.27	50.70	49.05	39
条田面积（万亩）	54.33	54.29	39.48	39.44	39.32	40.32	41.22	40.20	22.86	21.7	22.42
农业电气化											
农村用电量（万千瓦时）	41883	42921	42698	45038	37644	37779	39784	38356	40483	36676	36600
农村生产用电（万千瓦时）	30080	30367	29847	31047	23625	23317	24323	23302	23684	21788	21248
农民生活用电（万千瓦时）	11803	12554	12851	13991	14019	14461	15461	15054	16800	14889	15353
农村水电站（个）	14	14	14	15	18	18	18	18	18	18	18
已通电村（个）	785	786	779	764	756	754	756	753	740	725	727
占全市总数（%）	99.49	99.62	99.87	99.87	99.87	99.87	99.81	99.86	99.33	99.72	100
农业化学化											
农用化肥施用量(实物量)(吨)	137958	139493	142677	145841	146723	143432	122023	118669	111547	105612	111783
农用化肥施用量(折纯量)(吨)	42726	43932	45308	48191	47697	47326	37358	36328	34557	33614	34080
农用塑料薄膜使用量（吨）	8266	8726	9100	11190	9812	10473	10214	10163	8367	8441	6313

注：农业机械化相关数据由兰州市农业农村局提供，农用塑料薄膜使用量（吨）2019年指标不含兰州新区。

5-20 农用机械、用

指标	合计	城关区	七里河区	西固区
农业机械化程度		0.4974	0.1923	0.31
机耕面积（千公顷）	156.1715	0.47414	2.11765	2.52
占总播种面积比重（%）	89	0.002	0.012	0.0144
机播面积（千公顷）	87.25526	0.27938	0.91	0.624
机收面积（千公顷）	59.75862	0.19327	0.184	0.29
农业机械拥有量				
农业机械总动力（千瓦）	118.01	2.2	6.7	4.8
大中型拖拉机（混合台）	2896	6	12	13
大中型拖拉机（千瓦）	122509.13	474.19	370	455
小型拖拉机（混合台）	42314	220	1473	793
小型拖拉机（千瓦）	462025.27	2155.9	11047	10519
农用排灌动力机械（混合台）	4920	197	1589	394
农用排灌动力机械（千瓦）				
农用水泵（台）	4370	197	1390	215
收获机械（混合部）	385	1	10	0
畜牧机械（台（套））	6805	149	914	700
渔业机械（部）	34			
农产品初加工机械（混合部）	4456	0	22	164
农村电气化（万千瓦时）				
农村生产用量	21248	575	1105	2665
农民生活用电	15353	409	787	1264
农村化肥施用量				
按实物价值量计算（吨）	111783	795	5401	2190
按折纯法计算（吨）	34080	319	1863	824
农村水利情况				
年末有效灌溉面积（万亩）	108.16	0.20	5.41	3.34
机电灌溉面积（万亩）				
保证灌溉面积（万亩）	93.04	0.20	3.81	2.85
本年新增（万亩）	7.98	0.02	0.00	0.03
水平梯田（万亩）	123.61	0.64	7.18	1.81
本年新增（万亩）	1.82	0	0	0
条田（万亩）	22.42	0	0.15	0.78
本年新增（万亩）	1.30	0	0	0
机电井达到数（眼）	1248	7	52	
已配套机电井合计（眼）	1175	3	52	
水窖（眼）	221545	2593	9162	3268

注：农业机械化相关数据由兰州市农业农村局提供。

电、化肥、水利情况

安宁区	红古区	永登县	皋兰县	榆中县	兰州新区
	0.9	0.6285	0.52	0.64	
0	7.92	71.42346	14.9	56.79526	
0	0.045	0.409	0.085	0.33	
0	1.099	42.08524	8.79186	33.46578	
0	0.746	29.11304	6.08189	23.15042	
0.1	12.2	37.41	20	34.6	
1	377	969	619	899	
22.1	14984.65	39246	24760	42197.19	
1	5871	19176	2229	12551	
13.2	58399.84	226748	44580	108562.33	
32	145	441	1250	872	
21	115	360	1200	872	
0	29	115	7	223	
30	369	1779	930	1934	
		34			
0	302	999	780	2189	
550	2493	6661	1827	4005	1367
1301	1972	3364	910	3701	1645
10	8604	26891	9050	53498	5344
5	1975	9138	3093	15354	1509
0.03	5.91	32.90	15.50	26.70	18.16
0.03	5.52	29.00	13.11	20.97	17.55
0	0	0.10	0	0.02	7.81
0	0.73	42.12	1.52	66.32	3.28
0	0	0	0	1.02	0.8
0	0.35	10.10	0	8.53	2.53
0	0	0	0	1.30	0
		617	19	488	65
		580	17	458	65
	4299	40317	31351	114557	15998

5-21 农业机

指标	2010	2011	2012	2013
农业机械总动力合计（万千瓦）	140.54	145.12	153.42	159.53
柴油发动机动力（万千瓦）	99.16	103.95	110.00	114.04
汽油发动机动力（万千瓦）	6.16	6.08	6.09	6.05
电动机动力（万千瓦）	35.21	35.09	37.33	39.45
农业机械原值（亿元）	7.26	7.01	8.48	8.84
农业机械净值（亿元）	4.58	4.46	5.24	5.56
农用大中型拖拉机（台）	875	1764	2302	2769
大中型拖拉机（万千瓦）	2.24	3.83	5.35	5.90
小型拖拉机（台）	20944	25546	29439	33224
小型拖拉机（万千瓦）	20.92	25.04	28.05	31.63
大中型拖拉机配套农具（部）	1169	3119	3770	4683
小型拖拉机配套农具（部）	33359	56517	71900	81261
农用排灌动力机械动力（万千瓦）	29.02	28.54	28.28	28.33
联合收获机（台）	34	44	43	52
机动脱粒机（台）	732	717	1298	1452
机动喷雾机（部）	332	480	528	348
农用运输车（辆）	58490	58755	58911	59432

注：2017年起，农用运输车指标农口不再统计，2019年起农业机械原值、农业机械净值、农用排灌动力机械动力、机动喷雾机农口不再统计，本表数据由兰州市农业农村局提供。

械拥有量

2014	2015	2016	2017	2018	2019	2020
163.84	173.31	177.44	110.48	115	116.44	118.01
115.93	124.67	127.92	63.10	66.2	68.32	70.46
6.62	6.42	6.94	3.49	3.1	3.23	3.09
41.28	42.19	42.58	43.89	45.6	44.89	44.41
8.26	8.42	8.73	2.75	2.93		
5.06	5.16	5.42	1.61	1.72		
2999	3676	4088	4582	2072	2234	2896.00
6.63	9.88	9.43	11.58	7.7	8.39	12.25
33221	38878	41186	41500	44320	44113	42314.00
31.90	38.52	40.20	42.14	47	46.85	46.20
5500	9130	9411	9823	6216	8936	629.00
84525	85919	89910	92538	101905	176452	101643.00
28.41	28.72	28.89	28.99	29.3		
80	73	90	76	44	70	104
3031	3070	3186	3208	5355	5475	5452
2134	2302	2497	4928	5078		
58039	58067	60505				

5-22 水库、

指标	2010	2011	2012	2013
水库数（座）	11	14	14	24
大型水库				
中型水库	1	1	1	5
小型水库	10	13	13	19
水库库容量（万立方米）	1591	12951	12951	15105
大型水库				
中型水库	1034	7594	7594	12520
小型水库	557	5357	5357	2585
灌溉面积（万亩）	158.73	160.92	163.47	156.95
有效灌溉面积（万亩）	135.00	136.05	137.05	133.50
旱涝保收面积（万亩）	115.50	82.28	86.91	120.11
机电灌溉面积（万亩）	67.06	57.28	53.66	51.39
机电提灌面积（万亩）	61.22	92.58	70.18	77.08
水利工程年供水量（万立方米）	138770	138447	180898.01	117833.14
为水利发电年供水量（万立方米）			5567	
为农业年供水量（万立方米）	44841	44928	69188	62759
为工业年供水量（万立方米）	70909	71092	57559	28211
为城乡生活年供水量（万立方米）	19991	19617	25108	15113

注：此表数据由水利部门提供，自2018年起，机电类指标水利部门不再统计。

灌溉情况

2014	2015	2016	2017	2018	2019	2020
24	24		25	26	26	26
5	5	5	5	5	5	5
19	19	20	20	21	21	21
15105	15105.4	21470.47	21470.47	13955.73	13955.73	13955.73
12520	12520	18480	18480	11158	11158	11158
2585	2585.4	2990.47	2990.47	2797.73	2797.73	2797.73
157.41	105.16	157.725	105.22	157.51	156.84	156.82
134.19	121.62	134.73	134.84	133.87	132.37	132.36
120.53	86.86					
47.95	38.52	52.8792	52.88			
55.58		79.3188	79.32			
121089.47	114182.18	115362.07	110179.92	105623.22	101568.14	98872.3
53663	56072.21	58172.74	53463.46	50005.95	45651.47	41950.5
44861	37834.67	32166.67	32501.3	29406.01	28040.03	24998.9
18650	19244.09	20623.16	19059.5	18232.55	20409.3	18806.5

主要统计指标解释

农林牧渔业总产值 指以货币表现的农、林、牧、渔业全部产品的总量，它反映一定时期内农业生产总规模和总成果。农林牧渔业总产值的计算方法通常是按农、林、牧、渔业产品及其副产品的产量分别乘以各自单位产品价格求得分项产品产值，产量不易统计的，则采用间接方法匡算其产值；然后将四业产品产值相加即为农林牧渔业总产值。

粮食产量 指全社会的产量。包括国有经济经营的、集体统一的和农民家庭经营的粮食产量，还包括工矿企业办的农场和其他生产单位的产量。粮食除包括稻谷、小麦、玉米、高粱、谷子及其他杂粮外，还包括薯类和豆类。其产量计算方法，豆类按去豆荚后的干豆计算；薯类（包括甘薯和马铃薯，不包括芋头和木薯）1963年以前按每4公斤鲜薯折1公斤粮食计算，从1964年开始改为按5公斤鲜薯折1公斤粮食计算。大中城市（50万以上和省会城市）郊区作为蔬菜的薯类（如马铃薯等）按鲜品计算，并且不作粮食统计。其他粮食一律按脱粒后的原粮计算。

油料产量 指全部油料作物的生产量。包括花生、油菜籽、芝麻、向日葵籽、胡麻籽（亚麻籽）和其他油料。不包括大豆、木本油料和野生油料。花生以带壳干花生计算。

水产品产量 指人工养殖的水产品和天然生长的水产品的捕捞量。包括海水的鱼类、虾蟹类、贝类和藻类以及内陆水域的鱼类、虾蟹类和贝类，不包括淡水生植物。

猪、牛、羊肉产量 指当年出栏并已屠宰、除去头蹄下水后带骨肉（即胴体重）的重量。

期初（末）畜禽存栏头（只）数 指报告期初（末）农村各种合作经济组织和国营农场、农民个人、机关、团体、学校、工矿企业、部队等单位以及城镇居民饲养的大牲畜、猪、羊、家禽等畜禽的存栏数。

常用耕地 是指耕地总资源中专门种植农作物并经常进行耕种、能够正常收获的土地。包括当年实际耕种的熟地；弃耕、休闲不满三年，随时可以复耕的地；开荒利用三年以上的地。不包括临时种植农作物的坡度在25度以上的陡坡地；在河套、湖畔、库区临时开发的成片或零星土地；也不包括已列为国家和省（区、市）退耕计划但临时耕种的土地。

农作物播种面积 指实际播种或移植有农作物的面积。凡是实际种植有农作物的面积，不论种植在耕地上还是种植在非耕地上，均包括在农作物播种面积中。在播种季节基本结束后，因遭灾而重新改种和补种的农作物面积，也包括在内。

有效灌溉面积 指具有一定的水源，地块比较平整，灌溉工程或设备已经配套、在一般年景下当年能够进行正常灌溉的耕地面积。在一般情况下，有效灌溉面积应等于灌溉工程或设备已经配备，能够进行正常灌溉的水田和水浇地面积之和。

农用化肥施用量 指本年内实际用于农业生产的化肥数量，包括氮肥、磷肥、钾肥和复合肥。化肥施用量要求按实物量及折纯量两种方法统计。折纯量是指把氮肥、磷肥、钾肥分别按含氮、含五氧化二磷、含氧化钾的百分之一百成分进行折算后的数量。复合肥按其所含主要成分折算。实物量统计，就是按化肥实际施用的重量计算，即不论何种化肥，均按固有的实物形态计算，有一斤算一斤。

农业机械总动力　指主要用于农、林、牧、渔业的各种动力机械的动力总和。包括耕地机械、排灌机械、收获机械、农用运输机械、植物保护机械、牧业机械、林业机械、渔业机械和其他农业机械内燃机按引擎马力折成瓦特计算、电动机按功率折成瓦特计算。不包括专门用于乡、镇、村、组办工业、基本建设、非农业运输、科学试验和教学等非农业生产方面用的动力机械与作业机械。

农林牧渔业劳动力　指农村社会直接参加农林牧渔业生产活动的劳动力。

六、投资、建筑

6-1 固定资产投资

单位：万元

年份	固定资产投资总额	国有经济	集体经济	个体经济	其他经济	市属固定资产投资总额	固定资产投资总额增长速度
1979	0	30970				8875	
1980	45515	45189				8629	46.96
1981	49608	46869				14099	8.99
1982	65863	54724				17282	32.77
1983	68185	63869				18693	3.53
1984	80607	73520	7087			24117	18.22
1985	106617	92987	11230	2401		32386	32.27
1986	135289	120540	10166	4583		40495	26.89
1987	170828	155704	9647	5477		49620	26.27
1988	184714	161854	14337	8523		50458	8.13
1989	163592	142486	13312	7794		50598	-11.43
1990	203301	186193	8878	8230		60796	24.27
1991	205313	188241	8505	8567		57760	0.99
1992	255004	231065	15316	8623		79856	24.20
1993	362019	275363	42470	10629	33557	130755	41.97
1994	545365	405267	46822	18178	75098	174739	50.65
1995	660237	528561	40131	16630	74915	179779	21.06
1996	902797	732937	57879	16140	95841	186265	36.74
1997	1036486	841993	59069	18058	117366	209781	14.81
1998	1248269	993449	62958	21496	170366	322432	20.43
1999	1391029	1080780	60885	44423	204941	429830	11.44
2000	1537434	1188921	69891	33154	245468	596366	10.52
2001	1724216	1230185	46631	50677	396723	667010	12.15
2002	1945440	1389500	68088	48789	439063	807061	12.83
2003	2106367	1420813	41905	46482	597167	908420	8.27
2004	2319181	1469824	50025	42277	757055	1024253	10.10
2005	2595851	1520212	96180	48942	930517	1237937	11.93
2006	2982056	1572539	82446	40928	1286143	1607977	14.88
2007	3586085	1726413	98337	46380	1714955	2099459	20.26
2008	4319841	2084418	152440	81385	2001598	2626370	20.46
2009	5061847	2736103	151086	85631	2089027	2961185	17.18
2010	6606877	3432545	191678	64072	2918582	3683399	30.52
2011	8705683	3815066	249850	19436	4621331	5701293	43.98
2012	12391809	5089519	321357	259869	6721064	9525441	42.34
2013	13168629	5679060	241479		7248090	9708727	27.42
2014	16106818	5178419	198120	12240	10718039	12045301	22.31
2015	18037526	5079472	307645	82329	12568080	15059612	11.99
2016	19909541	4217895	100726	40963	15549957	16389407	10.38
2017	13153496	4921582	4461	4570	8222883	11050966	-33.93
2018							12.11
2019							-4.66
2020							3.36

注：1.2012年起国有经济投资专业发生变化；

2.2014年统计口径发生变化，房地产、国有也包括国有独资；

3.根据国家规定，2018年起投资数据不对外公布绝对量。

6-2 固定资产投资主要指标增长情况

单位：%

指标	合计增速	其中：5000万元以上增速	500-5000万元增速	房地产开发增速
固定资产投资	3.36	12.46	-29.61	0.07
其中：国有及国有控股	14.82	13.81	-26.25	44.26
民间投资（新口径）	-8.35	3.54	-35.57	-10.09
分项目隶属关系				
中央项目	60.62	81.13	17.88	-24.81
地方	0.21	6.53	-35.68	0.31
分产业				
第一产业	43.88	53.78	-1.03	-
第二产业	25.65	38.60	-13.50	-
其中：工业	25.95	38.60	-12.93	-
第三产业	-0.86	6.70	-41.43	0.07
按构成分				
建筑安装工程	9.89	10.32	-33.50	18.56
设备工具器具购置	-6.24	7.71	-22.99	-47.90
其他费用	-11.93	24.99	-20.65	-28.62
新增固定资产				
本年资金来源				
本年资金来源小计	0.63	-1.02	-	1.96
（1）国家预算资金	382.25	382.25	-	-
（2）国内贷款	-29.69	-36.83	-	-20.51
（3）债券	-100.00	-100.00	-	-
（4）利用外资	38.96	38.96	-	-
（5）自筹资金	-6.79	-18.68	-	11.45
（6）其他资金来源	17.07	142.91	-	5.71

6-3 固定资产投资分行业增长情况

单位：%

指标	合计增速	其中：5000万元以上增速	500-5000万元增速	房地产开发增速
固定资产投资	3.36	12.46	-29.61	0.07
按行业分组				
农、林、牧、渔业	43.88	53.78	-1.03	-
采矿业	-30.97	187.07	-81.43	-
制造业	24.37	29.32	4.51	-
电力、热力、燃气及水生产和供应业	52.25	53.49	46.30	-
建筑业	-46.77	-	-46.77	-
批发和零售业	-51.93	-57.14	135.74	-
交通运输、仓储和邮政业	38.52	42.00	-29.70	-
住宿和餐饮业	-65.24	-68.17	-60.61	-
信息传输、软件和信息技术服务业	6.34	34.06	-55.16	-
金融业	-21.07	-	-51.06	-
房地产业	-15.72	-17.72	467.12	-
租赁和商务服务业	45.50	50.50	-7.46	-
科学研究和技术服务业	-34.17	-43.05	-17.36	-
水利、环境和公共设施管理业	-27.61	-19.31	-54.92	-
居民服务、修理和其他服务业	-71.03	-	-71.03	-
教育	-51.84	-52.38	-49.25	-
卫生和社会工作	5.76	8.78	-0.71	-
文化、体育和娱乐业	69.02	95.96	-61.45	-
公共管理、社会保障和社会组织	-20.62	36.75	-54.39	-
国际组织	-	-	-	-

6-4 固定资产投资按经济类型增长情况

单位：%

指标	合计增速	其中：5000万元以上增速	500-5000万元增速	房地产开发增速
固定资产投资	3.36	12.46	-29.61	0.07
按经济类型分				
内资企业	1.99	8.17	-29.29	1.61
国有企业	-31.59	-27.46	-49.82	-6.99
集体企业	-57.55	-72.75	129.91	-42.86
股份合作企业	-99.62	-99.82	-	-
联营企业	-	-	-	-
国有联营企业	-	-	-	-
集体联营企业	-	-	-	-
国有与集体联营企业	-	-	-	-
其他联营企业	-	-	-	-
有限责任公司	33.93	41.48	103.40	23.09
国有独资公司	35.29	25.55	78.23	81.53
其他有限责任公司	33.08	66.44	127.46	14.60
股份有限公司	37.72	16.93	530.29	41.95
私营企业	-9.45	19.75	35.91	-20.93
私营独资企业	15.51	210.17	82.61	-100.00
私营合作企业	217.95	12.83	-	-
私营有限责任公司	-8.75	5.77	41.29	-15.28
私营股份有限公司	-55.99	51.75	-84.93	-67.97
其他企业	-77.35	-87.85	-75.27	-66.03
港、澳、台商投资企业	-39.87	62.33	-69.28	-76.87
外商投资企业	405.55	585.90	-	-76.86
个体经营	-100.00	-	-100.00	-

6-5 各区县固定资产投资增长情况

单位：%

地区	固定资产投资增速	其中：5000万元以上增速	500-5000万元增速	房地产投资增速
兰州市	3.36	12.46	-29.61	0.07
城关区	-18.57	-9.19	-26.54	-22.57
七里河区	20.10	98.51	-28.71	-11.12
西固区	-38.39	-49.08	-37.55	-6.55
安宁区	15.47	36.05	-49.71	0.69
红古区	9.10	60.99	-18.32	-29.18
永登县	12.60	103.27	-58.42	160.91
皋兰县	11.33	-0.36	7.31	34.96
榆中县	13.34	23.40	-30.44	11.76
兰州新区	18.73	12.69	21.11	31.03

6-6 各区县固定资产投资项目个数

单位：个

地区	固定资产投资个数	其中：5000万元以上个数	500-5000万元个数	房地产投资个数
兰州市	1772	659	736	377
市直项目	54	34	20	
城关区	376	98	169	109
七里河区	143	53	39	51
西固区	194	50	131	13
安宁区	73	33	19	21
红古区	94	21	48	25
永登县	114	26	77	11
皋兰县	90	30	38	22
榆中县	204	88	56	60
兰州新区	430	226	139	65

6-7 房地产开发企业投资、资金来源和土地开发情况汇总表

单位：万元、平方米

指标	总计	按经济类型分组			按隶属关系分组	
		国有	集体	其他	中央	地方
计划总投资	40715882	4142462	5980	36567440	479685	40236197
自开始建设累计完成投资	22658226	2333819	5080	20319327	253585	22404641
本年完成投资	5528114	752709	800	4774605	39024	5489090
按构成分						
建筑工程	3805013	522294	800	3281919	36701	3768312
安装工程	188631	17458	0	171173	0	188631
设备工器具购置	11225	422	0	10803	0	11225
其他费用	1523245	212535	0	1310710	2323	1520922
旧建筑物购置费	18146	0	0	18146	0	18146
土地购置费	1026978	173256	0	853722	0	1026978
按工程用途分						
商品住宅	3952445	547013	740	3404692	31162	3921283
90平方米以下	498763	40535	0	458228	23336	475427
144平方米以上	336994	23761	0	313233	1500	335494
办公楼	190001	29061	0	160940	20	189981
商业营业用房	584606	50446	60	534100	4580	580026
其他	801062	126189	0	674873	3262	797800
本年新增固定资产	842004	0	0	842004	0	842004
本年资金来源合计						
上年末结余资金	1771406	246371	0	1525035	34206	1737200
本年资金来源小计	5796137	441593	0	5354544	141014	5655123
国内贷款	927850	100500	0	827350	0	927850
银行贷款	885876	97500	0	788376	0	885876
非银行金融机构贷款	41974	3000	0	38974	0	41974
自筹资金	1799931	99839	0	1700092	39192	1760739
其他资金来源	3068356	241254	0	2827102	101822	2966534
定金及预收款	1888515	150633	0	1737882	93195	1795320
个人按揭贷款	1131912	82282	0	1049630	8201	1123711
本年各项应付款合计	**3370313**	**814336**	**800**	**2555177**	**54402**	**3315911**
工程款	2304810	646541	800	1657469	31101	2273709
待开发土地面积	1035942	273181	0	762761	0	1035942
本年购置土地面积	455198	56219	0	398979	0	455198
本年土地成交价款	92088	8063	0	84025	0	92088
其中：拆迁补偿费	0	0	0	0	0	0

6-7 房地产开发企业投资、资金来源和土地开发情况汇总（续一）

单位：万元、平方米

指标	总计	按资质等级分					
		一级	二级	三级	四级	暂定	其他
计划总投资	40715882	1231000	6999235	6834283	9932608	15297398	421358
自开始建设累计完成投资	22658226	598444	5061531	4927822	5063706	6705060	301663
本年完成投资	5528114	168701	1087558	655382	1207345	2378733	30395
按构成分							
建筑工程	3805013	63807	959993	480641	826773	1448830	24969
安装工程	188631	1864	42315	34020	46604	63544	284
设备工器具购置	11225	0	2688	775	2404	5358	0
其他费用	1523245	103030	82562	139946	331564	861001	5142
旧建筑物购置费	18146	0	18118	28	0	0	0
土地购置费	1026978	28503	44863	107666	150639	691677	3630
按工程用途分							
商品住宅	3952445	67273	677927	426358	894278	1864496	22113
90平方米以下	498763	14038	110928	40182	91224	233541	8850
144平方米以上	336994	8161	117806	56622	88812	65593	0
办公楼	190001	1877	61086	38123	55769	32646	500
商业营业用房	584606	47816	167291	68180	75534	224645	1140
其他	801062	51735	181254	122721	181764	256946	6642
本年新增固定资产	842004	150885	263834	149028	104257	174000	0
本年资金来源合计							
上年末结余资金	1771406	19989	117880	246643	512303	855603	18988
本年资金来源小计	5796137	157461	1092920	600652	1461414	2471653	12037
国内贷款	927850	21500	198914	68602	103160	534674	1000
银行贷款	885876	16000	198914	68602	82460	518900	1000
非银行金融机构贷款	41974	5500	0	0	20700	15774	0
自筹资金	1799931	79378	333410	170074	402486	813583	1000
其他资金来源	3068356	56583	560596	361976	955768	1123396	10037
定金及预收款	1888515	38757	248848	276570	596481	723229	4630
个人按揭贷款	1131912	8266	300857	82378	348763	391648	0
本年各项应付款合计	**3370313**	**66951**	**638399**	**376175**	**1165818**	**1116400**	**6570**
工程款	2304810	63613	550959	191018	837395	655755	6070
待开发土地面积	1035942	0	0	184180	620322	231440	0
本年购置土地面积	455198	0	0	0	4982	450216	0
本年土地成交价款	92088	0	0	0	837	91251	0
其中：拆迁补偿费	0	0	0	0	0	0	0

6-8 房地产开发企业（单位）财务状况汇总表

单位：万元

指标	总计	按经济类型分组			按隶属关系分组	
		国有	集体	其他	中央	地方
开发企业个数（个）	474	29	1	444	5	469
年初存货	20698745	1267521	2798	19428425	264072	20434673
期末资产负债						
流动资产	43268027	3222361	7609	40038057	454325	42813702
存货	24860313	1829078	2935	23028299	309897	24550416
固定资产原价	1086751	54857	633	1031261	3571	1083180
累计折旧	249516	11666	71	237779	812	248704
本年折旧	50512	5014	71	45427	91	50422
资产总计	51605843	7031745	8171	44565928	471367	51134476
负债合计	45332819	5384289	5877	39942654	389220	44943600
所有者权益	6273024	1647456	2294	4623274	82148	6190876
实收资本	3710279	820934	1084	2888261	54823	3655456
损益及分配						
主营业务收入	3152756	294001	0	2858756	90708	3062048
土地转让收入	5625	0	0	5625	0	5625
商品房屋销售收入	2996019	267780	0	2728240	48520	2947499
房屋出租收入	53567	15079	0	38488	0	53567
其他收入	93621	8680	0	84941	42188	51432
主营业务成本	2611064	225845	0	2385218	60656	2550408
主营业务税金及附加	120593	13330	0	107263	3956	116637
其他业务利润	9418	17	0	9401	56	9362
销售费用	224963	12330	0	212633	1127	223836
管理费用	213423	14516	0	198907	1090	212332
税金					0	0
财务费用	153885	3890	0	149995	-565	154451
利息收入	9573	538	0	9035	515	9058
利息支出	107610	7034	0	100576	0	107610
投资收益	42452	3255	0	39197	0	42452
营业利润	22697	19739	0	2958	24535	-1838
营业外收入	19662	2333	0	17328	276	19385
营业外支出	57253	849	0	56403	166	57087
利润总额	-24950	21222	0	-46172	24646	-49596
应交所得税	34441	4290	0	30151	6373	28069
人工成本						
应付职工薪酬	171421	11497	756	159169	3718	167704

6-8 房地产开发企业（单位）财务状况汇总表（续一）

单位：万元

指标	合计	按企业资质等级分组					
		一级	二级	三级	四级	暂定	其他
开发企业个数（个）	474	6	56	141	109	155	7
年初存货	20698745	426947	5715746	4385590	4742168	4975942	452351
期末资产负债							
流动资产合计	43268027	963505	12142393	8625705	10424726	10377796	733902
年初存货存货	24860313	530968	6272043	4579699	5943908	7088045	445651
固定资产原价	1086751	19065	564316	278850	45670	173929	4921
累计折旧	249516	2585	117686	89731	17279	20257	1978
本年折旧	50512	368	25430	14036	4146	6262	270
资产总计	51605843	1299945	13689608	10615471	12253384	12900975	846460
负债合计	45332819	1137654	11612110	8821234	11295733	12010695	455392
所有者权益合计	6273024	162291	2077497	1794237	957650	890280	391068
实收资本	3710279	50373	743004	1097252	845384	945430	28835
损益及分配							
主营业务收入	3152756	134583	764051	1148915	647820	432637	24752
土地转让收入	5625	0	0	5625	0	0	0
商品房屋销售收入	2996019	134577	681494	1094545	637198	423699	24507
房屋出租收入	53567	6	21259	28543	2059	1650	50
其他收入	93621	0	61297	17399	7451	7279	195
主营业务成本	2611064	114780	681963	896664	527855	374087	15715
主营业税金及附加	120593	1690	29784	39896	21361	26931	930
其他业务利润	9418	0	6928	789	1116	150	435
销售费用	224963	2470	29383	31219	83927	77732	233
管理费用	213423	5917	48204	52005	51020	55228	1048
税金		0	0	0	0	0	0
财务费用	153885	2462	79475	26261	18359	24856	2472
利息收入	9573	2607	4627	1030	-346	1720	-64
利息支出	107610	180	46637	18945	23958	16234	1657
投资收益	42452	30	3652	212	18706	19791	61
营业利润	22697	7294	-88549	126703	-35980	8553	4675
营业外收入	19662	29	2459	7129	2097	7914	34
营业外支出	57253	1139	10256	18558	6657	16665	3978
利润总额	-24950	6184	-96692	115800	-42058	-8916	731
应交所得税	34441	2602	-11699	16557	12286	14255	440
人工成本							
应付职工薪酬	171421	6201	35933	33534	38596	56119	1038

6-9 房地产开发企业施工、销售和待售情况汇总表

单位：万元、平方米

指标	总计	按经济类型分组			按隶属关系分组	
		国有	集体	其他	中央	地方
房屋施工面积合计	**51757263**	**5159539**	**17699**	**46580025**	**392722**	**51364541**
住宅	33960588	3447258	16823	30496507	257066	33703522
90平方米以下住宅	3466857	486104	0	2980753	156428	3310429
144平方米以上住宅	3225482	212832	0	3012650	5192	3220290
办公楼	2470668	78366	0	2392302	35778	2434890
商业营业用房	5479543	543421	876	4935246	27469	5452074
其他	9846464	1090494	0	8755970	72409	9774055
房屋竣工面积合计	**1983301**	**0**	**0**	**1983301**	**0**	**1983301**
住宅	1577539	0	0	1577539	0	1577539
90平方米以下住宅	102538	0	0	102538	0	102538
144平方米以上住宅	57222	0	0	57222	0	57222
办公楼	0	0	0	0	0	0
商业营业用房	148687	0	0	148687	0	148687
其他	257075	0	0	257075	0	257075
商品房销售面积	**8488172**	**917290**	**1771**	**7569111**	**49163**	**8439009**
住宅	7979294	895119	1771	7082404	41469	7937825
90平方米以下住宅	469871	70959	0	398912	9155	460716
144平方米以上住宅	573004	56997	0	516007	4574	568430
办公楼	67621	0	0	67621	7077	60544
商业营业用房	349535	22171	0	327364	0	349535
其他	91722	0	0	91722	617	91105
商品房销售额	**7111932**	**543283**	**760**	**6567889**	**89144**	**7022788**
住宅	6591400	522553	760	6068087	77392	6514008
90平方米以下住宅	355380	38771	0	316609	15695	339685
144平方米以上住宅	617995	28784	0	589211	9096	608899
办公楼	96827	0	0	96827	11246	85581
商业营业用房	374193	20730	0	353463	0	374193
其他	49512	0	0	49512	506	49006
待售面积	**916186**	**5225**	**0**	**910961**	**5156**	**911030**
住宅	372298	0	0	372298	0	372298
90平方米以下住宅	132018	0	0	132018	0	132018
144平方米以上住宅	37841	0	0	37841	0	37841
办公楼	23919	0	0	23919	0	23919
商业营业用房	446980	5225	0	441755	5156	441824
其他	72989	0	0	72989	0	72989

6-9 房地产开发企业施工、销售和待售情况汇总表（续一）

单位：万元、平方米

指标	总计	按资质等级分					
		一级	二级	三级	四级	暂定	其他
房屋施工面积合计	51757263	1217195	11461335	8764887	11339132	18777203	197511
商品住宅	33960588	656879	7564971	5670817	7427462	12470318	170141
90平方米以下住宅	3466857	183687	1025306	730301	681809	843007	2747
144平方米以上住宅	3225482	69914	1340489	566708	656960	575451	15960
办公楼	2470668	62394	555358	514938	515784	819194	3000
商业营业用房	5479543	147497	911735	846520	1098207	2455214	20370
其他	9846464	350425	2429271	1732612	2297679	3032477	4000
房屋竣工面积合计	1983301	381471	0	354846	636993	609991	0
商品住宅	1577539	242194	0	250897	501457	582991	0
90平方米以下住宅	102538	39094	0	28919	7525	27000	0
144平方米以上住宅	57222	38907	0	11945	6370	0	0
办公楼	0	0	0	0	0	0	0
商业营业用房	148687	52121	0	29343	40223	27000	0
其他	257075	87156	0	74606	95313	0	0
商品房销售面积	8488172	94369	1604812	1487877	1733899	3548173	19042
商品住宅	7979294	85120	1478174	1343296	1638874	3419219	14611
90平方米以下住宅	469871	10515	105176	110597	108964	134619	0
144平方米以上住宅	573004	2657	176073	231923	125162	36537	652
办公楼	67621	0	0	11395	21416	34810	0
商业营业用房	349535	9249	83282	111348	67720	73505	4431
其他	91722	0	43356	21838	5889	20639	0
商品房销售额	7111932	95104	1200141	1217089	1539243	3046222	14133
商品住宅	6591400	88979	1111138	1078739	1413838	2892427	6279
90平方米以下住宅	355380	8315	94292	69946	71967	110860	0
144平方米以上住宅	617995	3052	156619	273670	139036	45335	283
办公楼	96827	0	0	15983	32288	48556	0
商业营业用房	374193	6125	70848	104555	90878	93933	7854
其他	49512	0	18155	17812	2239	11306	0
待售面积	916186	0	45184	402541	126149	288034	54278
商品住宅	372298	0	4207	130943	101511	89978	45659
90平方米以下住宅	132018	0	659	71395	47667	12297	0
144平方米以上住宅	37841	0	3470	799	10134	20337	3101
办公楼	23919	0	0	2242	0	21677	0
商业营业用房	446980	0	26990	219879	21748	169744	8619
其他	72989	0	13987	49477	2890	6635	0

6-10 建筑业总承包和专业

指标	企业个数（个）		合同情况（万元）		
	全部企业个数	有工作量的企业个数	签订的合同额	其中：上年结转合同额	其中：本年新签合同额
总计	441	406	30820324	13757529	17062795
按经济行业分					
房屋建筑业	115	109	12956945	5942141	7014804
土木工程建筑业	133	126	14836241	6633331	8202910
建筑安装业	80	73	1795726	401645	1394081
建筑装饰、装修和其他建筑业	113	98	1231412	780412	451000
按登记注册类型分					
内资企业	439	405	30820230	13757529	17062701
国有企业	15	15	3883795	1258742	2625054
集体企业	12	12	70188	11777	58411
有限责任公司	191	173	20418906	8337351	12081555
股份有限公司	17	16	2762196	1843685	918511
私营企业	204	189	3685146	2305974	1379172
港、澳、台商投资企业	1				
外商投资企业	1	1	94		94
按控股情况分					
国有控股	81	77	24653039	10353846	14299193
集体控股	27	27	436776	141270	295505
私人控股	305	274	5183701	3070652	2113049
其他	28	28	546808	191761	355048
按资质等级分					
特级	3	3	6224892	2918144	3306748
一级	75	72	20230630	8851393	11379237
二级	216	198	2050063	780458	1269604
三级及以下	147	133	2314739	1207533	1107206
按隶属关系分					
中央	15	15	8658215	3761485	4896730
地方	74	68	13815170	6231591	7583579
其他	352	323	8346940	3764452	4582487
按区县分					
城关区	273	245	9593834	4591515	5002319
七里河区	56	55	6793460	2427349	4366110
西固区	35	31	3158537	1232942	1925595
安宁区	13	12	5720230	2065338	3654891
红古区	9	9	85226	53979	31246
永登县	8	8	39454	6965	32489
皋兰县	9	9	76028	450	75579
榆中县	7	7	2737888	1935841	802047
兰州新区	31	30	2615668	1443150	1172518

承包生产情况汇总表

承包工程完成情况（万元）				建筑业总产值（万元）			
直接从建设单位承揽工程完成的产值	其中：自行完成施工产值	其中：分包出去工程的产值	从建设单位以外承揽工程完成的产值	合计	其中：装配式建筑工程产值	其中：装饰装修产值	其中：在外省完成的产值
11357003	11056844	300159	94709	11151552	73413	160814	3016786
5096982	5071005	25977	26782	5097787	5731	12849	982138
4745782	4678522	67260	61449	4739971	63767.7	38248	1806171
1074423	956414	118010	2500	958913	2199	10473	206887
439816	350904	88912	3978	354882	1715	99244	21590
11356909	11056750	300159	94709	11151458	73413	160720	3016786
1871613	1851842	19771	23471	1875313		11520	607367
33747	33747			33747		9036	
7322216	7050464	271751	52754	7103219	67576	84708	1777853
1013733	1013733			1013733		1568	116872
1115600	1106964	8636	18484	1125447	5837	53889	514694
94	94			94		94	
9105741	8895626	210115	39829	8935455	59966	69580	2384577
234567	183403	51164	1709	185112	1540.7	19972	5707
1803302	1764422	38880	30804	1795226	11391	69780	624432
213393	213393		22367	235760	515	1481	2070
1243796	1243796			1243796		267	229751
8173288	7998409	174879	4899	8003308	60646	101684	2706887
1063656	1051073	12583	33235	1084308	7310	40742	31088
876263	763566	112697	56575	820141	5457	18121	49060
2121682	2078862	42819		2078862	59966	34698	1146420
5396916	5201316	195600	63601	5264917	1708	28253	970685
3838405	3776666	61739	31108	3807773	11739	97863	899681
4152859	4118359	34501	10413	4128772	3971	105008	557248
3148140	3096489	51652	16912	3113400	59825	44987	790138
1291485	1197051	94434	11268	1208319	2199	4955	601257
1291910	1291910			1291910	695	5346	464911
42564	42564			42564			
24612	24612			24612			
26395	25100	1294	6127	31227		108	1400
570313	570313			570313	1707.5		469523.8
808725	690446	118279	49989	740435	5016	410	132309

6-10 建筑业总承包和专业

指标	建筑业总产值按构成分（万元）			竣工产值（万元）
	建筑工程产值	安装工程产值	其他产值	
总计	9712276	1303505	135772	3077839
按经济行业分				
房屋建筑业	4943349	130230	24207	1929516
土木工程建筑业	4066131	605485	68355	775339
建筑安装业	423965	515093	19856	184436
建筑装饰、装修和其他建筑业	278831	52697	23354	188548
按登记注册类型分				
内资企业	9712206	1303481	135772	3077746
国有企业	1263127	585632	26554	546060
集体企业	33442	305		13013
有限责任公司	6392778	620940	89500	1649606
股份有限公司	1009913	3696	124	488258
私营企业	1012946	92907	19594	380810
港、澳、台商投资企业				
外商投资企业	70	24		94
按控股情况分				
国有控股	7766770	1077535	91150	2292212
集体控股	178780	5962	369	38025
私人控股	1572281	184960	37984	675568
其他	194445	35047	6268	72035
按资质等级分				
特级	1243796			198716
一级	6830694	1081600	91014	2115182
二级	943194	114605	26508	478751
三级及以下	694592	107299	18249	285191
按隶属关系分				
中央	1490073	527490	61300	365083
地方	4931844	293524	39550	1580998
其他	3290360	482491	34922	1131758
按区县分				
城关区	3896323	168656	63793	1332768
七里河区	2448391	632515	32494	662030
西固区	970624	208425	29271	392311
安宁区	1025429	264181	2300	466647
红古区	39933	2631		28529
永登县	19882	4731		16965
皋兰县	23348		7879	30637
榆中县	570280	33		63848
兰州新区	718068	22333	35	84105

承包生产情况汇总表（续一）

房屋建筑施工面积（平方米）		企业总产值（万元）	从业人员情况（人）	
施工面积	本年新开工面积		从事建筑业活动的平均人数	企业期末人数
62542803	**20717096**	**11621886**	**220155**	**199175**
56403174	17487800	5399608	114596	101393
5088080	2471926	4832488	69811	63866
524939	244630	1027525	24523	23261
526610	512740	362265	11225	10655
62542803	20717096	11621792	220148	199160
10807260	2868964	1896175	23667	24804
52463	1570	36122	1768	2251
34816937	13061743	7494604	150759	133181
15307684	3982395	1013733	25811	23095
1558459	802424	1181158	18143	15829
		93.9	7	15
54976367	18649308	9303676	176347	163083
450063	185870	190101	4681	5433
6489146	1616657	1891752	35459	27587
627227	265261	236356	3668	3072
13535506	3842760	1243796	32162	31323
44261457	14915025	8346917	143550	130144
2525822	1033798	1154407	26766	25055
2220018	925513	876766	17677	12653
4676358	2293001	2118901	38574	37817
47728765	15247434	5474496	108198	89132
10137680	3176661	4028489	73383	72226
25726326	7815318	4207787	75595	73526
19227184	5775758	3217310	46487	46602
5291120	2726761	1311164	40322	27548
8386460	2857003	1450137	34211	33467
271231	42714	42564	2175	1368
139342	86088	25168	1290	779
60826	53520	32368	1278	1305
1312785	464647	572688	3210	2788
2127529	895287	762700	15587	11792

6-10 建筑业总承包和专业

指标	房屋建筑竣			
	合计	住宅房屋	商业及服务用房屋	办公用房屋
总计	8807716	5714489	291021	151991
按经济行业分				
房屋建筑业	8492200	5480912	280238	132407
土木工程建筑业	246933	198212	2803	13333
建筑安装业	43826	35365		4961
建筑装饰、装修和其他建筑业	24757		7980	1290
按登记注册类型分				
内资企业	8807716	5714489	291021	151991
国有企业	1019101	512726	184251	43635
集体企业	4533		2008	1825
有限责任公司	4814477	3460749	62121	26676
股份有限公司	2339333	1338122	30828	75454
私营企业	630272	402892	11813	4401
港、澳、台商投资企业				
外商投资企业				
按控股情况分				
国有控股	6839574	4024362	273430	133139
集体控股	21413	16880	2008	1825
私人控股	1796794	1547256	13613	12783
其他	149935	125991	1970	4244
按资质等级分				
特级	1029151	605537	0	6294
一级	6717550	4257982	250034	126128
二级	794402	666371	29981	13716
三级及以下	266613	184599	11006	5853
按隶属关系分				
中央	32966		1970	13333
地方	6362070	4189349	250046	121631
其他	2412680	1525140	39005	17027
按区县分				
城关区	3587293	2020950	243052	145138
七里河区	1819906	1384465	9563	1200
西固区	1281273	881396	2008	1825
安宁区	1701915	1111340	28392	917
红古区	57047	24562		
永登县	79753	78220	833	
皋兰县	50762	14800		1711
榆中县	218194	198756		
兰州新区	11573		7173	1200

承包生产情况汇总表（续二）

工面积（平方米）				
科研、教育、医疗用房屋	文化、体育、娱乐用房屋	厂房及建筑物	仓库	其他未列明的房屋建筑物
1077860	**39995**	**783299**	**81959**	**667102**
1071207	35385	758932	81959	651160
6653	4610	12000		9322
		3500		
		8867		6620
1077860	39995	783299	81959	667102
238638	6678		20173	13000
				700
446390	4610	315281	61786	436864
389269	21185	296867		187608
3563	7522	171151		28930
1056891	32473	599848	81959	637472
				700
12039	7522	174651		28930
8930		8800		
157234	21185	51293	0	187608
880219	11288	660076	81959	449864
19840	0	50652	0	13842
20567	7522	21278	0	15788
4431	4610			8622
985037	27863	567363	20173	200608
88392	7522	215936	61786	457872
602231	32473	320426	20173	202850
150641		261037		13000
235018		161026		
69191		2047	61786	428242
		32485		
				700
1341	7522	3078		22310
19438				
		3200		

6-11 建筑业总承包和

指标	年初存货	年末资产负债（万元）		
		流动资产合计	应收工程款	存货
总计	**3232972**	**19020820**	**5102103**	**3107821**
按经济行业分				
房屋建筑业	2443228	10021844	2956111	2305455
土木工程建筑业	611354	7299868	1656517	571898
建筑安装业	66526	697642	231950	50592
建筑装饰、装修和其他建筑业	111864	1001466	257525	179877
按登记注册类型分				
内资企业	3232972	19019334	5101456	3107821
国有企业	676749	7285119	1152810	651023
集体企业	3161	44661	24883	5394
有限责任公司	1783475	7772552	2539884	1683776
股份有限公司	499838	1732645	703836	478160
私营企业	269748	2184357	680043	289469
港、澳、台商投资企业				
外商投资企业		1487	647	
按控股情况分				
国有控股	2845831	15388731	3719144	2706357
集体控股	11415	224769	110738	14154
私人控股	325636	3114386	1134835	355410
其他	50090	292935	137386	31901
按资质等级分				
特级	834727	6618622	1103012	754913
一级	1602588	8143041	2643945	1448977
二级	240390	1718607	633426	310184
三级及以下	555267	2540551	721720	593748
按隶属关系分				
中央	96154	4237090	651291	86304
地方	2447590	10116423	2879487	2244184
其他	689227	4667307	1571325	777333
按区县分				
城关区	1236518	6170094	2065771	1220459
七里河区	911648	5229782	1333637	803950
西固区	303192	1159848	407902	239672
安宁区	246292	3477969	442937	286848
红古区	3825	47301	24167	4034
永登县	2000	33853	16524	7369
皋兰县	2321	25439	12041	5945
榆中县	72136	656156	139947	21559
兰州新区	455039	2220379	659178	517986

专业承包财务情况汇总表

固定资产减值准备	固定资产原价			累计折旧		在建工程
		房屋和构筑物	机器设备		本年折旧	
1882	1660675	524770	346939	469825	66893	146022
823	931974	328275	92964	130014	22424	84652
44	514111	121967	198282	244228	37070	49125
471	164003	58304	34808	71869	3535	7127
545	50586	16223	20886	23714	3865	5118
1882	1660606	524770	346939	469825	66893	146022
471	381399	113009	59090	86580	9467	15814
	9258	25	1276	3504	452	593
58	838869	236639	205405	275471	41054	85816
822	262734	132825	19023	28001	5005	2463
531	168346	42271	62145	76270	10916	41336
	69			0	0	
1294	1351053	428399	246980	317619	48845	77161
	48120	28627	3520	27849	1486	1314
531	228058	55394	81799	104865	14329	67518
57	33444	12350	14640	19493	2234	29
822	481576	166113	28484	43721	11464	11218
471	849776	289408	213855	303358	32727	63096
546	191631	38215	57261	82961	12796	59416
44	137692	31034	47340	39785	9907	12292
497	225372	62055	110974	144495	14446	3090
823	954826	331161	106738	144477	28711	65763
563	480477	131553	129228	180853	23736	77169
1373	643977	258444	149600	204356	29618	85201
	486906	171591	68751	117422	15324	33756
497	259230	51402	68930	70841	5833	9911
	170140	27286	31240	42292	6365	6599
	6316	0	6316	3052	242	2691
12	4944	182	733	1226	169	29
	1764	172	943	538	152	
	11605	1086	3518	5195	716	959
0	75794	14607	16909	24903	8474	6876

6-11 建筑业总承包和

指标	年末资产负债（万元）				
	无形资产	土地使用权	资产总计	流动负债合计	应付账款
总计	**267979**	**240847**	**25647649**	**16883701**	**6977793**
按经济行业分					
房屋建筑业	57321	49275	14270109	8602542	3399485
土木工程建筑业	172049	155195	9373985	6744932	3057232
建筑安装业	13310	13131	888360	707484	254281
建筑装饰、装修和其他建筑业	25298	23247	1115195	828744	266795
按登记注册类型分					
内资企业	267979	240847	25644853	16883551	6977764
国有企业	35934	34595	11089252	6962452	2517778
集体企业			51350	41026	25055
有限责任公司	207546	188153	9514560	6641693	3028407
股份有限公司	7169	7135	2193253	1640534	801537
私营企业	17331	10965	2796438	1597847	604987
港、澳、台商投资企业					
外商投资企业			2795	150	29
按控股情况分					
国有控股	241626	221603	21236968	14091862	5834635
集体控股	161	136	280086	195564	105077
私人控股	24258	17231	3810408	2367144	912934
其他	1935	1877	320186	229131	125148
按资质等级分					
特级	6567	5678	10393555	6431147	2369554
一级	134774	118560	10324434	7372655	3373806
二级	31382	21729	2107908	1255885	539828
三级及以下	95257	94881	2821751	1824013	694605
按隶属关系分					
中央	24247	16776	5188695	4117407	2072608
地方	207139	198390	14562495	8980913	3444541
其他	36594	25681	5896459	3785381	1460645
按区县分					
城关区	81980	74400	7715615	5272108	2305950
七里河区	17022	3926	8440955	4643587	1712206
西固区	13558	12995	1445986	1187485	470906
安宁区	16741	11361	4458966	3509795	1491650
红古区			55344	39356	21716
永登县	44	38	47067	34815	28404
皋兰县			30889	13766	5285
榆中县	444		985597	558126	194763
兰州新区	138192	138129	2467230	1624663	746913

专业承包财务情况汇总表（续一）

年末资产负债（万元）				
非流动负债合计	负债合计	所有者权益合计	实收资本	个人资本
1961741	18916873	6730776	3016061	257807
1380913	10033601	4236508	1598869	95014
541890	7291768	2082217	1035784	84218
25798	734010	154349	185413	12917
13141	857493	257702	194995	65658
1961741	18916723	6728131	3015561	257807
1132638	8095090	2994162	1230050	
573	41659	9691	13785	1914
568967	7215096	2299463	974106	83513
132937	1773471	419782	119583	2416
126626	1791406	1005032	678037	169964
	150	2645	500	
1791264	15883547	5353421	2066335	60913
18974	214599	65487	45447	1914
143377	2581461	1228947	846746	190977
8127	237266	82921	57533	4003
1142140	7573287	2820268	1064800	0
586742	7970441	2353993	1055092	113748
61937	1374672	733236	602630	110976
170923	1998473	823279	293539	33082
188633	4306040	882655	563093	
1416100	10397435	4165060	1426184	15017
357008	4213398	1683061	1026785	242790
422824	5738456	1977159	1121849	205832
1008051	5675071	2765884	1131998	19157
27205	1217401	228585	171667	10026
234051	3743847	715119	310125	2914
	40336	15008	14063	6450
	34815	12253	11967	4043
36	14586	16304	13635	6800
107301	665427	320170	90052	
162272	1786936	680294	150705	2585

6-11 建筑业总承包和

指标	损益及分配 （万元）				
	营业收入	主营业务收入	营业成本	主营业务成本	营业税金及附加
总计	12693463	12544244	11985487	11749372	44908
按经济行业分					
房屋建筑业	5211674	5167617	4965056	4874728	20246
土木工程建筑业	5870415	5775038	5526875	5411630	15095
建筑安装业	1035682	1030074	964738	959989	6148
建筑装饰、装修和其他建筑业	575691	571516	528819	503025	3418
按登记注册类型分					
内资企业	12693374	12544154	11985427	11749312	44908
国有企业	3833471	3813791	3705654	3699689	8670
集体企业	34885	34777	32415	32111	275
有限责任公司	6352147	6246365	5999831	5805163	26659
股份有限公司	1001277	989147	926834	920993	3020
私营企业	1471594	1460074	1320695	1291357	6284
港、澳、台商投资企业					
外商投资企业	89	89	60	60	0
按控股情况分					
国有控股	10198220	10072453	9741120	9547542	32668
集体控股	214839	212243	187546	185957	1840
私人控股	2064549	2050182	1861602	1827263	8722
其他	215855	209366	195219	188610	1679
按资质等级分					
特级	3363207	3339652	3260880	3219932	6297
一级	7004562	6911926	6592465	6463994	25865
二级	1256201	1243119	1178315	1160138	7078
三级及以下	1069494	1049547	953826	905308	5668
按隶属关系分					
中央	3358098	3291703	3275043	3177554	6106
地方	5372569	5315625	5062942	4969567	21110
其他	3962796	3936916	3647503	3602251	17691
按区县分					
城关区	4083514	3990545	3781247	3651712	15915
七里河区	2889276	2858047	2728194	2708279	12364
西固区	1272632	1258812	1217937	1167366	6502
安宁区	2996403	2993892	2941451	2927304	5124
红古区	46862	46862	42974	42965	291
永登县	23620	23620	22994	22994	231
皋兰县	31494	30535	28040	27760	146
榆中县	506273	506267	446161	445447	842
兰州新区	843390	835663	776490	755546	3493

专业承包财务情况汇总表（续二）

损益及分配（万元）							
主营业务税金及附加	其他业务利润	销售费用	管理费用	研发费用	财务费用		
						利息收入	利息支出
38745	13473	22371	338427	67891	102219	138806	186195
15874	-585	4048	123120	20934	60546	86728	116409
14071	12524	13088	149500	43996	37661	49980	64983
5678	1333	2086	43328	1619	738	1909	2271
3121	200	3149	22479	1342	3273	189	2533
38744	13473	22371	338392	67891	102219	138806	186195
6066	1092	6975	66690	13680	-8244	106583	85388
248		274	1564		44	-3	
24221	11531	5745	157158	40294	67558	24619	69835
2660	39	113	47964	8114	16598	5585	8790
5549	812	9265	65015	5802	26263	2022	22182
0			35				
27601	11870	10182	224488	58454	64998	136725	157712
1804		374	19411	193	1232	276	1382
7883	1436	11311	81792	6222	32419	1549	24181
1456	167	505	12736	3021	3570	256	2920
3708	0	6551	71102	10064	-5615	111365	85474
23676	8633	6049	158010	52530	80063	24562	85122
6411	2133	3880	63976	1376	16643	-185	7251
4950	2707	5891	45339	3921	11128	3064	8348
5135	275	8997	57793	34960	-14291	43868	22514
16924	8058	705	148416	17768	64192	90896	119029
16685	5140	12669	132218	15162	52318	4042	44652
14324	7316	8833	149086	40761	61030	21676	52970
9475	4001	1063	77997	7525	19674	67783	75483
6114	2237	101	33107	3595	6187	2279	5788
4047		7038	46276	7120	-9265	41511	28043
291		3	2386	85	25	-1	5
227		396	869		73	0	70
134		921	1556		-1	8	3
789		2243	9860	2091	16171	1936	17004
3344	-82	1773	17291	6713	8325	3615	6830

6-11 建筑业总承包和

指标	损益及分配 （万元）				
	资产减值损失	公允价值变动收益	投资收益	其他收益	营业利润
总计	14546	2659	41018	3228	289458
按经济行业分					
房屋建筑业	4105	2659	9219	1445	59388
土木工程建筑业	8781		32139	769	193196
建筑安装业	321		–422	143	22037
建筑装饰、装修和其他建筑业	1339		83	871	14837
按登记注册类型分					
内资企业	14546	2659	41018	3228	289463
国有企业	5905	272	13517	725	55098
集体企业					624
有限责任公司	7554	2334	24530	2169	164605
股份有限公司	–760	54	242	244	17604
私营企业	1847		2729	89	51533
港、澳、台商投资企业					
外商投资企业					–5
按控股情况分					
国有控股	13557	2659	38196	2956	199917
集体控股	66		–522	122	5681
私人控股	1850		2771	99	78422
其他	–927		573	51	5437
按资质等级分					
特级	3248	340	11808	207	30611
一级	8340	2319	14844	2664	174720
二级	2709	0	13509	232	22161
三级及以下	249	0	857	125	61966
按隶属关系分					
中央	2722		16720	863	55288
地方	9183	455	12099	2046	111813
其他	2641	2204	12200	319	122356
按区县分					
城关区	6104	54	24164	1513	114442
七里河区	3351	272	9867	961	60410
西固区	363	130	–274	14	13964
安宁区	2961	2204	5041	116	21657
红古区	81				1193
永登县					–943
皋兰县					832
榆中县	1750		1639	22	34332
兰州新区	–64		582	601	43571

专业承包财务情况汇总表（续三）

损益及分配 （万元）				应付职工薪酬（本年贷方累计发生额）（万元）	应交增值税（万元）	建筑业企业在境外完成的营业收入
营业外收入	营业外支出	利润总额	应交所得税			
15863	**11910**	**293411**	**48615**	**984178**	**231605**	**123962**
3642	3715	59315	17083	416747	104804	111273
10509	6791	196914	24521	388243	76763	11928
1474	1082	22429	3890	130482	27387	704
239	323	14753	3121	48706	22652	58
15863	11910	293416	48615	984155	231597	123962
6171	2756	58513	8699	211890	50319	114618
1	29	595	47	6170	1410	58
7735	4406	167935	27463	486291	125607	8583
903	1302	17205	4285	166012	22493	
1053	3417	49169	8121	113792	31768	704
		-5		23	8	
13376	7128	206165	36525	742982	170383	119411
908	203	6386	452	45570	6313	58
1421	4204	75638	9767	164243	49240	4494
159	375	5221	1871	31383	5669	
3262	2408	31465	5523	178793	43252	0
9629	6995	177354	28479	609121	119431	123200
1759	1933	21987	5578	137661	37377	58
1214	574	62606	9034	58604	31545	704
8706	2375	61619	4654	212070	21957	8138
4440	3469	112784	27797	399253	120277	115062
2717	6066	119007	16164	372856	89371	762
7868	4651	117658	21106	489064	84088	58
1917	2217	60110	10653	241650	59193	116066
508	502	13970	2982	79488	37234	4494
4511	2049	24119	4440	99564	23531	3345
12	72	1134	88	6401	1784	
0	21	-964	164	5080	893	
0	46	786	60	4520	1067	
225	1989	32569	3939	25880	5640	
822	363	44030	5183	32531	18175	

主要统计指标解释

固定资产投资（不含农户） 指城镇和农村各种登记注册类型的企业、事业、行政单位及城镇个体户进行的计划总投资500万元及500万元以上的建设项目投资和房地产开发投资，包含原口径的城镇固定资产投资加上农村企事业组织项目投资，该口径自2011年起开始使用。

房地产开发投资 指各种登记注册类型的房地产开发法人单位统一开发的包括统代建、拆迁还建的住宅、厂房、仓库、饭店、宾馆、度假村、写字楼、办公楼等房屋建筑物，配套的服务设施，土地开发工程（如道路、给水、排水、供电、供热、通讯、平整场地等基础设施工程）和土地购置的投资；不包括单纯的土地开发和交易活动。

施工项目 指报告期内进行建筑或安装工程施工活动的建设项目，包括报告期内新开工项目、报告期以前开工跨入报告期继续施工的项目以及报告期施过工并在报告期内全部建成投产或停缓建的项目。

全部建成投产项目 工业项目是指设计文件规定形成生产能力的主体工程及其相应配套的辅助设施全部建成，经负荷试运转，证明具备生产设计规定合格产品的条件，并经过验收鉴定合格或达到竣工验收标准，与生产性工程配套的生活福利设施可以满足生产的需要，正式移交生产的建设项目。非工业项目是指设计文件规定的主体工程和相应的配套工程全部建成，能够发挥设计规定的全部效益，经验收鉴定合格或达到竣工验收标准，正式移交使用的建设项目。

房屋建筑面积 指从房屋外墙线算起的各层平面面积的总和，包括可供使用的有效面积和房屋结构（如柱、墙）占用的面积。多层建筑按各层（包括地下室）面积总和计算。

住宅建筑面积 指施工和竣工房屋建筑面积中供居住用的施工和竣工房屋建筑面积。

房屋施工面积 指报告期内施工的全部房屋建筑面积。包括本期新开工的面积、上期跨入本期继续施工的房屋面积、上期停缓建在本期恢复施工的房屋面积、本期竣工的房屋面积及本期施工后又停缓建的房屋面积。

房屋竣工面积 指在报告期内房屋建筑按照设计要求已全部完工，达到住人和使用条件，经验收鉴定合格，正式移交使用单位的建筑面积。

房屋建筑面积竣工率 指一定时期内房屋竣工面积占同期房屋施工面积的比率。它是从房屋建筑施工速度的角度反映投资效果和建筑业经济效益的指标。

新增固定资产 是指已经完成建造和购置过程，并已交付生产或使用单位的固定资产的价值，包括已经建成投入生产或交付使用的工程投资和达到固定资产标准的设备、工具、器具的投资及有关应摊入的费用。该指标是表示固定资产投资成果的价值指标，也是反映建设进度，计算固定资产投资效果的重要指标。

固定资产交付使用率 指一定时期新增固定资产与同期完成投资额的比率。它是反映各个时期固定资产动用速度，衡量建设过程中投资效果的一个综合性指标。

建筑业统计单位 指从事房屋、构筑物建造和设备安装活动的法人企业。建筑业法人企业应同时具备的条件是：①依法成立，有自己的名称、组织机构和场所，能够承担民事责任；②独立拥有和使用资产，承担负债，有权与其他单位签订合同；③独立核算盈亏，能够编制资产负债表；④具有建筑业资质。

建筑业总产值（即自行完成施工产值） 是以货币表现的建筑安装企业在一定时期内生产的建筑业产品和服务的总和。建筑业总产值包括：

（1）建筑工程产值：指列入建筑工程预算内的各种工程价值。

（2）设备安装工程产值：指设备安装工程价值，不包括被安装设备本身价值。

（3）房屋、构筑物修理产值：指房屋、构筑物修理所完成的价值，但不包括被修理房屋、构筑物本身的价值和生产设备的修理价值。

（4）非标准设备制造产值：指加工制造没有定型的、非标准的生产设备的加工费和原材料价值，以及附属加工厂为本企业承建工程制作的非标准设备的价值。

房屋建筑施工面积 指在报告期内施过工的全部房屋建筑面积，包括本期新开工的房屋面积、上期施工跨入本期继续施工的房屋面积、上期停缓建在本期恢复施工的房屋面积、本期竣工的房屋面积及本期施工后又停缓建的房屋面积。

房屋建筑竣工面积 指在报告期内房屋建筑按照设计要求已全部完工，达到了住人和使用条件，经验收鉴定合格，正式移交使用单位的房屋建筑面积。

自有机械设备年末总台数 指归本企业所有，属于本企业固定资产的生产性机械设备年末总台数。包括施工机械、生产设备、运输设备以及其他设备。

自有机械设备年末总功率 指年末企业自有的直接用于工程施工的各种机械设备的台数，包括施工机械、生产设备、运输设备以及其他设备等列入在册固定资产的生产性机械设备年末总功率，按设定能力或查定能力计算。包括施工机械本身的动力和为该机械服务的单独动力设备，如电动机等。计算单位用千瓦，动力换算可按1马力=0.735千瓦折合成千瓦数。电焊机、变压器、锅炉不计算动力。

营业收入 指企业经营主要业务和其他业务所确认的收入总额。营业收入包括“主营业务收入”和“其他业务收入”。

主营业务收入 指企业确认的销售商品、提供劳务等主营业务的收入。

营业成本 指企业经营主要业务和其他业务所发生的成本总额。包括企业（单位）在报告期内从事销售商品、提供劳务等日常活动发生的各种耗费。包括“主营业务成本”和“其他业务成本”。

主营业务成本 指企业经营主要业务所发生的成本总额。

税金及附加 指企业因从事生产经营活动按税法规定应缴纳的消费税、城市维护建设税、资源税、教育费附加及房产税、土地使用税、车船使用税、印花税等相关税费。

营业利润 指企业从事生产经营活动所取得的利润，如亏损以“-”号表示。

利润总额 指企业在一定会计期间的经营成果，是生产经营过程中各种收入扣除各种耗费后的盈余，反映企业在报告期内实现的盈亏总额。利润总额为营业利润加上营业外收入，减去营业外支出后的金额。

七、城市建设

7-1 城市主要经济指标

指标	单位	全市合计	市区合计	市区占全市比重（%）
人口、劳动力及土地面积				
年末户籍人口	万人	334.00	214.44	64.20
年平均人口	万人	332.96	198.84	59.72
常住人口	万人	437.18	319.59	73.10
年出生人口	人	34734	21778	62.70
年死亡人口	人	23207	11677	50.32
年末总户数	万户	116.19	79.63	68.53
年末单位就业人员数	万人	78.50		
第一产业（农、林、牧、渔业）	万人	0.27		
第二产业	万人	30.07		
采矿业	万人	0.98		
制造业	万人	8.66		
电力、燃气及水的生产和供应业	万人	5.59		
建筑业	万人	14.84		
第三产业	万人	48.16		
交通运输、仓储及邮政业	万人	3.40		
信息传输、计算机服务和软件业	万人	2.10		
批发和零售业	人	3.99		
住宿、餐饮业	人	1.30		
金融业	万人	5.15		
房地产业	万人	3.97		
租赁和商业服务业	万人	2.21		
科学研究、技术服务和地质勘查业	万人	4.04		
水利、环境和公共设施管理业	万人	1.14		
居民服务和其他服务业	万人	0.41		
教育	万人	7.21		
卫生和社会工作	人	4.23		
文化、体育和娱乐业	万人	1.03		
公共管理和社会组织	万人	7.97		
年末城镇登记失业人员数	人	28650	26518	92.56
行政区域土地面积	平方公里	13192.31	1574.10	11.93
建成区面积	平方公里	366.84	201.85	55.02
城市建设用地面积	平方公里	346.59	190.77	55.04
居住用地面积	平方公里	101.52	60.83	59.92
公共设施用地面积	平方公里	10.67	5.16	48.36
工业用地面积	平方公里	92.78	46.01	49.59

注：2020年，从业人员改为抽样调查，无区（县）数据。

7-1 城市主要经济指标（续一）

指标	单位	全市合计	市区合计	市区占全市比重（%）
综合经济				
地区生产总值（当年价格）	亿元	2886.74	2285.52	79.17
第一产业增加值	亿元	57.43	15.90	27.69
第二产业增加值	亿元	933.42	668.71	71.64
第三产业增加值	亿元	1895.90	1600.90	84.44
地区生产总值（2015年价格）	亿元	2775.73	2191.12	78.94
人均地区生产总值	元	66680	72272	-
地区生产总值增长率	%	2.4	0.4	-
财政、金融、保险				
公共财政预算收入	万元	2471310	2071531	83.82
税收收入	万元	1761515	1455387	82.62
企业所得税	万元	168209	141468	84.10
个人所得税	万元	56208	50795	90.37
公共财政预算支出	万元	4862409	3534312	72.69
一般性公共服务支出	万元	614002	446065	72.65
科学技术支出	万元	76095	32132	42.23
教育支出	万元	824400	570153	69.16
文化体育与传媒支出	万元	60974	48562	79.64
医疗卫生支出（卫生健康支出）	万元	417778	315437	75.50
节能保护支出	万元	65168	30195	46.33
城乡社区事务支出	万元	616927	533676	86.51
交通运输支出	万元	257090	219697	85.46
社会保障和就业支出	万元	598499	454690	75.97
住房保障支出	万元	149251	135420	90.73
年末金融机构各项存款余额	万元	90447697	76282944	84.34
其中：住户存款	万元	38596269	33848431	87.70
年末金融机构各项贷款余额	万元	129549786	81889337	63.21

7-1 城市主要经济指标（续二）

指标	单位	全市合计	市区合计	市区占全市比重（%）
工业				
工业企业数	个	371	163	43.94
内资企业	个	361	158	43.77
国有企业	个	17	11	64.71
私营企业	个	169	62	36.69
港、澳、台商投资企业	个	5	1	20.00
外商投资企业	个	5	4	80.00
工业总产值（当年价）	万元	19693300	12658200	64.28
内资企业	万元	17933500	12407900	69.19
国有企业	万元	2814300	2766800	98.31
私营企业	万元	2604100	890200	34.18
港、澳、台商投资企业	万元	1432100	47100	3.29
外商投资企业	万元	327600	203300	62.06
从业人员年平均人数	万人	11.31	7.35	64.99
流动资产合计	万元	11869000	6439200	54.25
固定资产合计	万元	6918500	3388200	48.97
主营业务收入	万元	19603500	11963600	61.03
主营业务成本	万元	15589600	8525100	54.68
主营业务税金及附加	万元	2935500	2046200	69.71
本年应交增值税	万元	761500	695200	91.29
利润总额	万元	530600	455000	85.75
年末邮政局（所）数	处	156	98	62.82
邮政业务收入	万元	38104	29792	78.19
电信业务收入	万元	534549	–	
固定电话年末用户数	万户	54.97	–	
移动电话年末用户数	万户	604.55	–	
3G以上移动电话用户	万户	559.32	–	
互联网宽带接入用户数	万户	209.54	–	
综合能源消费量	万吨/标准煤	2500.51	–	
全社会用电量	万千瓦时	2858468.63	–	
工业用电	万千瓦时	2036558.75	–	
城乡居民生活用电	万千瓦时	257389.08	–	

注：工业统计范围为规模以上工业企业。

7-1 城市主要经济指标（续三）

指标	单位	全市合计	市区合计	市区占全市比重（%）
内外贸易、外经				
限额以上批发零售贸易业商品销售总额	万元	51499030	32475639	63.06
社会消费品零售总额	万元	16412397	14727634	89.73
限额以上批发零售企业数（法人数）	个	673	542	80.53
零售业	个	279	235	84.23
货物进口额（海关数据）	亿元人民币	69.9	–	
货物出口额（海关数据）	亿元人民币	32.7	–	
外商直接投资				
外商直接投资合同项目	个	9	7	77.78
当年实际使用外资金额	万美元	6292.72	4048.65	64.34
固定资产投资				
固定资产投资额（不含农村）	万元	–	–	–
房地产开发投资额	万元	5528114	2902867	52.51
住宅	万元	3952445	1990208	50.35
全年新增固定资产	万元	1891467	1021149	53.99
商品房屋销售面积	万平方米	848.82	457.58	53.91
住宅	万平方米	797.93	423.05	53.02
商品房屋销售额	万元	7111932	4772930	67.11
住宅	万元	6591400	4408698	66.89
待售面积	万平方米	91.62	51.59	56.31
教育、科技、文化、卫生				
学校数				
普通高等学校	所	23	23	100.00
中等职业教育学校	所	44	39	88.64
普通中学	所	209	134	64.11
小学	所	478	235	49.16
专任教师数				
普通高等学校	人	19133	19133	100.00
中等职业教育学校	人	2099	1773	84.47
普通中学	人	17379	12458	71.68
小学	人	14723	10068	68.38
在校学生数				
普通高等学校	人	503155	503155	100.00

7-1 城市主要经济指标（续四）

指标	单位	全市合计	市区合计	市区占全市比重（%）
高中阶段在校学生数	人	97000	77392	79.79
中等职业教育学校学生数	人	34858	31676	90.87
普通中学学生数	万人	16.63	12.40	74.56
小学学生数	万人	24.51	19.06	77.76
初中毕业生升学率	%	99.80	99.80	100.00
成人高等学校在校学生数	人	7086	7086	100.00
体育场馆数	个	12	6	50.00
剧场、影剧院数	个	47	40	85.11
公共图书馆图书总藏量	千册	1500.00	1320.00	88.00
广播节目综合人口覆盖率	%	87.00	90.00	
电视节目综合人口覆盖率	%	99.70	99.70	
有线电视入户率	%	100.0	100.0	
医院、卫生院数	个	183	105	57.38
医院、卫生院床位数	张	29530	23957	81.13
医生数（执业医师+执业助理医师）	人	14883	12705	85.37
注册护士	人	20492	17529	85.54
社会保障				
居民消费价格指数（上年为100）	%	101.00	–	
城镇职工基本养老保险参保人数	人	2083616	1181038	56.68
城镇居民基本医疗保险参保人数	人	1267025	1080067	85.24
失业保险参保人数	人	674363	639878	94.89
社会福利院数	个	6	3	50.00
社会福利院床位数	张	1052	896	85.17
社区服务设施数	个	409	385	94.13
城市社区综合服务设施覆盖率	%	100	–	
城镇居民最低生活保障人数	人	30274	25233	83.35
社会治安				
交通事故死亡人数	人	61	32	52.46
交通事故损失额	万元	155.28	145	93.15
火灾事故死亡人数	人	2	1	50.00
火灾事故损失额	万元	1835.73	1552.46	84.57
刑事案件立案数	起	14077	9370	66.56
犯罪人数	人	4781	2319	48.50
青少年人数（年龄16–25周岁）	人	816	479	58.70

7-2 城市设

指标	2010	2011	2012	2013
建成区面积（平方公里）	196.26	196.97	198.67	207.00
城市人口密度（人/平方公里）	1614.00	1613.00	9561.00	8931.00
燃气普及率（%）	89.37	88.98	88.71	90.10
年末公用自来水生产能力（万立米/日）	156.51	157.97	150.78	144.60
地下水	12.60	12.60	12.00	10.00
全年供水总量（万立方米）	24275.92	29401.10	26827.67	21818.49
居民家庭用水	9804.14	10132.90	9644.75	9337.83
用水人口（万人）	188.54	187.10	186.46	174.27
道路长度（公里）	906.60	909.81	926.57	1093.22
道路面积（万平方米）	2161.50	2168.35	2218.89	2910.44
人均拥有道路面积（平方米）	10.89	10.97	11.18	14.79
排水管道长度（公里）	724.00	765.49	832.39	1360.50
桥梁数（个）	199	202	205	206
污水年排放量（万立方米）	22318	16097.3	19785	19285
污水年处理量（万立方米）	12845	10760	13401	14781
污水日处理能力（万立方米）	44.0	44.5	71.9	71.9
污水处理率（%）	60.00		67.73	82.03
防洪堤长度（公里）	180.00	180.00	180.00	235.20
绿化覆盖面积（公顷）	5495.00	4940.00	6548.00	7730.00
建成区绿化覆盖率（%）	25.02	25.08	30.01	34.52
园林绿地面积（公顷）	4441.00	4471.00	5494.00	6584.00
公共绿地面积（公顷）	1714.00	1720.00	1762.00	2058.00
人均公共绿地面积（平方米）	8.63	8.70	8.88	10.46
公园个数（个）	14	14	14	16
公共汽（电）车营运车辆（辆）	2149	2163	2270	2745
标准运营台数（标台）	2666	2682	2924	3326
公共汽（电）车客运总量（万人次）	61554	62050	3373	76428
出租汽车（辆）	6738	6738	6738	7913

注：2007年道路长度、道路面积等市政设施数据为市政管理系统内数据，与往年数据不可比。

施水平

2014	2015	2016	2017	2018	2019	2020
282.20	310.86	310.85	356.79	366.84	366.84	366.84
5878.00	7274	7253	7211	7054.5	7734	7734
86.93	87.3	87.64	87.65	92.93	91.3	93.37
148.85	165.27	161.27	175.17	175.67	178.07	188
10.70	12.3	13.81	13.86	13.86	13.84	10
23902.57	27491.6	26441.37	27178.06	28463.3	28800.71	24747
10230.56	11082.04	10327.2	10405.87	11556	11770.77	11775.97
205.31	257.49	264.46	269.49	257.01	270.58	270.58
1513.50	1678.95	1834.33	1963.26	2213.37	2355.22	2355.22
3545.53	4294.88	4536.73	4805.11	5611.84	5872.34	5982.48
16.56	16	16.57	17.43	20.75	20.77	22.77
2311.01	2783.7	3028.7	3241.22	3219.11	3193	3193
254	337	375	419	423	435	435
19018	19971	18686	19986		19684	20511
15881	17766	17743	19081		19207	19993
75.1	77.6	70.7	74		60	60
83.51	88.96	94.95	95.47		97	97.47
260.12					327.77	328.92
7919.36	8369.36	9311	10733.87	11285.42	11451.07	11451.07
26.46	25.2	26.69	29.98	31.07	33.14	33.14
7201.62	7742.59	7852.3	9592.07	10076.76	10003.6	10003.6
2333.13	2526.9	2586.3	3454.5	3660.24	3693.27	3731.09
10.90	9.41	9.52	12.53	13.54	13.06	13.19
25	29	29	35	36	37	37
2769	2739	2800	2801	3319	3109	3189
3115	3094	3162	3165	4191.7	3928	3816
77676	75004	80186	81756	79733.9	78335	59695
7591	8221	9583	9648	10309	10566	10766

7-3 工业废水排

指标	2005	2006	2007	2008	2009
工业废水					
工业废水排放量（万吨）	4352.00	4029.00	3725.00	3737.12	2945.18
化学需氧量（吨）	3583.00	3095.00	2112.00	2199.38	1834.62
氨氮（吨）	267.11	281.95		205.34	134.89
石油类（吨）	207.16	140.60		79.68	40.19
挥发酚（吨）	0.94	0.61		0.15	0.21
氰化物（吨）	0.59	0.11		0.13	0.10
砷（吨）	0.17	0.15	0.18	0.21	0.20
铅（吨）	1.04	1.23	1.20	0.28	0.14
镉（吨）	0.25	0.19	0.25	0.20	0.09
六价铬化合物（吨）	0.10	0.88	0.64	0.29	0.11
工业废气					
工业废气排放量（亿标立方米）	1338	1342	1766	1870	2070
二氧化硫排放量（吨）	60924	69947	64044	71865	70687
氮氧化物排放量（吨）		34349	37431	36644	43738
工业烟尘排放量（吨）		36457	27237	24084	19424
工业固体废物					
工业固体废物产生量（万吨）	160.54	258.39	412.41	372.41	485.82
工业固体废物处置量（万吨）	0.48	34.94	21.67	22.26	30.35
工业固体废物综合利用量（万吨）	152.31	181.66	344.60	290.75	364.88
工业固体废物贮存量（万吨）	4.64	41.78	54.39	59.42	102.00
生活污水					
城镇生活污水排放量（万立方米）	12375	12625	12740	13859	13923
城镇生活污水处理量（万立方米）	4839	5200	5002	5564	8555
城镇生活污水处理率（%）	39.10	41.19	39.26	40.15	61.45

注：2011年环境统计国家启动“十二五”环境统计系统，与“十一五”环境统计在统计口径、方法、范围等方面有所调整变动，故部分统计指标数据与往年不可比。

放处理情况

2010	2011	2012	2013	2014	2015
2529.10	4097.28	4624.55	4909.07	4563.49	4138.48
3103.38	4658.62	4348.47	4445.77	4005.99	3307.95
209.84	2431.58	2642.68	2723.12	2648.30	2656.1
28.42	86.57	68.79	87.85	93.53	541.15
0.17	8.40	0.39	0.79	3.14	1.75
0.12	0.02	0.03	0.02	0.02	0.02
0.12				0.00	0.001
0.05	0.09			0.01	0.009
0.04	0.02			0.01	0.004
0.12	0.15	0.00	0.01	0.01	0.006
1805	3183	3954	4068	3768	3576.57
69800	92722	68654	72148	67616	61240
45243	79722	83804	79915	66026	54079
21269	39710	33598	40109	64214	45209
507.31	604.55	627.88	624.58	638.62	607.75
29.17	43.39	23.19	14.75	7.22	7.4
413.23	561.15	603.04	608.17	628.73	598.4
82.19	0.04	1.65	1.66	2.67	2.07
15147	12000	13687		19018	19971
10636	9502	9670		15881	17766
70.22	79.19	70.65		83.51	88.96

7-3 工业废水排放处理情况（续一）

指标	2016	2017	2018	2019	2020
工业废水					
工业废水排放量（万吨）	3341.89	3527.75	3780.53	3260.03	3006.08
化学需氧量（吨）	899.96	2168.76	1093.25	1043.78	813.54
氨氮（吨）	66.54	68.43	43.62	32.77	35.66
石油类（吨）	17.13	45.43	38.47	43.17	11.88
挥发酚（千克）	0.80	24530.59	331.84	159.28	71.66
氰化物（千克）	0.04	83.74	34.7	0.30	0.31
砷（千克）	1.06	6.56	5.3	5.75	0.74
铅（千克）	1.37	13.15	2.75	2.69	0.12
镉（千克）	4.15	6.22	1.80	1.16	0.18
六价铬化合物（千克）	2.77	7.68	4.00	2.67	0.74
工业废气					
工业废气排放量（亿标立方米）	2566.45	2146.49	2731.78	2467.52	2844.93
二氧化硫排放量（吨）	19192.01	20095.17	21376.50	17442.80	12713.86
氮氧化物排放量（吨）	28557.87	27618.2	29608.39	30149.17	15919.03
工业烟尘排放量（吨）	15891.59	15786.31	19986.35	24878.54	6731.92
工业固体废物					
工业固体废物产生量（万吨）	291.05	307.8	402.02	413.47	522.65
工业固体废物处置量（万吨）	10.07	28.74	12.32	15.29	5.84
工业固体废物综合利用量（万吨）	280.72	279.22	389.51	398.39	510.59
工业固体废物贮存量（万吨）	0.55	0.48	1.93	1.16	6.31
生活污水					
城镇生活污水排放量（万立方米）	17530.51	17773.26	21468.35	19684	20511
城镇生活污水处理量（万立方米）	17342.91	17364.35	19665.14	19207	19993
城镇生活污水处理率（%）	98.93	97.7	91.6	97.58	97.47

注：2011年环境统计国家启动“十二五”环境统计系统，与“十一五”环境统计在统计口径、方法、范围等方面有所调整变动，故部分统计指标数据与往年不可比。

7-4 环境保护

指标	2016	2017	2018	2019	2020
工业废水排放量（万吨）	3341.87	3527.75	3780.53	3260.03	3006.08
工业废气排放量（亿立方米）	2566.45	2146.49	2731.78	2467.52	2844.93
工业二氧化硫产生量（吨）	108371.78	94777.47	121178.64	105708.15	115384.26
工业二氧化硫排放量（吨）	19192.01	20095.17	21376.50	17442.80	12713.86
工业氮氧化物产生量（吨）	54119.06	54896.46	54518.43	61612.82	47534.22
工业氮氧化物排放量（吨）	28557.87	27618.2	29608.39	30149.17	15919.03
工业烟（粉）尘产生量（吨）	3199993.62	2738546.55	3123671.39	3576534.80	3269841.92
工业烟（粉）尘排放量（吨）	15891.59	15786.31	19986.35	24878.54	6731.92
一般工业固体废物综合利用率（%）	96.45	90.52	96.48	96.04	97.69
城镇污水处理率（%）	95.72	95.49	96.00	97	97.47
污水处理厂集中处理率（%）	95.72	95.49	96.00	97	97.47
生活垃圾无害化处理率（%）	40.40	100.0	99.39	100.0	100.0
空气质量达到及好于二级的天数（天）	243		213	296	312
空气质量达到及好于二级的比例（%）		68.9	67	81.1	85.2

注：2014年环境统计在统计口径、方法、范围等方面有所调整变动。

主要统计指标解释

年末自来水生产能力 指年底城建部门管理的自来水厂和自备水源的社会单位取水、净化、送水、出厂输水干管等环节的实际生产能力。

年末供水管道长度 指从送水泵到用户水表之间所有管道的长度。

全年供水总量 指公用自来水厂和自备水源的社会单位全年的供水总量，包括有效供水量及损失水量。

生活用水量 指居民日常生活与公共福利设施的用水量，包括居民、饮食店、旅馆、医院、理发店、浴池、洗衣店、游泳池、商店、学校、机关、部队等单位的用水量。

城市人口用水普及率 指城市用水人口数与城市人口总数之比。计算公式为：

用水普及率=城市用水人口数/城市人口总数×100%

全年供气总量 指全年售给各类用户的全部煤气量，包括工业用量、家庭用量和其他用量。

城市用气普及率 指使用煤气（包括人工煤气、液化石油气、天然气）的城市人口数与人口总数之比。计算公式为：

城市用气普及率=城市用气人口数/城市人口总数×100%

年底实有铺装道路长度 指除土路外，路面经过铺装宽度在3.5米以上的道路，包括高级、次高级道路和普通道路。

城市桥梁 指城市范围内，修建在河道上的桥梁和道路与道路立交、道路跨越铁路的立交桥及人行天桥。包括永久性桥和半永久性桥、不包括临时性桥、铁路桥、涵洞。

城市下水道总长度 指所有排水总管、干管、支管及暗渠、检查井、连接井进出水口等长度之和。

城市污水日处理能力 指污水处理厂每昼夜处理污水量的设计能力。

年末实有公共汽（电）车 指年底可参加营运的全部车辆数，包括营运车辆数和库存查封未参加营运的车辆。不包括非营运车辆，如架线车、油罐车、工程车、货车及其他专用车辆和借入的客运车辆。

城市园林绿地面积 指城市公共绿地、专用绿地、生产绿地、防护绿地、郊区风景名胜区的全部面积。

公共绿地 指供游览休息的各种公园、动物园、植物园、陵园以及花园、游园和供游览休息用的林荫道绿地、广场绿地，不包括一般栽植的行道树及林荫道的面积。

工业废水排放量 指经过企业厂区所有排放口排到企业外部的工业废水量。包括生产废水、外排的直接冷却水、超标排放的矿井地下水和与工业废水混排的厂区生活污水，不包括外排的间接冷却水（清污不分流的间接冷却水应计算在内）。

工业废水排放达标量 指各项指标都达到国家或地方排放标准的外排工业废水量，包括未经处理外排达标和经过处理后外排达标两部分。

工业废气排放量 指企业厂区内燃料燃烧和生产工艺过程中产生的各种排入空气的含有污染物的气体总量，按标准状态（273K，101325Pa）计算。

工业二氧化硫排放量 指企业在燃料燃烧和生产工艺过程中排入大气的二氧化硫数量。

烟尘排放量 指企业厂区内燃料燃烧产生的烟气中夹带的颗粒物数量。

工业粉尘排放量 指企业在生产工艺过程中排放的颗粒物重量，如钢铁企业的耐火材料粉尘、焦化企业的筛焦系统粉尘、烧结机的粉尘、石灰窑的粉尘、建材企业的水泥粉尘等。不包括电厂排入大气的烟尘。

工业固体废物产生量 指企业在生产过程中产生的固体状、半固体状和高浓度液体状废弃物的总量，包括危险废物、冶炼废渣、粉煤灰、炉渣、煤矸石、尾矿、放射性废物和其他废物等；不包括矿山开采的剥离废石和掘进废石（煤矸石和呈酸性或碱性的废石除外）。酸性或碱性废石指采掘的废石其流经水、雨淋水的PH值小于4或PH值大于10.5者。

工业固体废物处置量 指将固体废物焚烧或者最终置于符合环境保护规定要求的场所，并不再回取的工业固体废物量（包括当年处置往年的工业固体废物累计贮存量）。处置方法有填埋（其中危险废物应安全填埋）、焚烧、专业贮存场（库）封场处理、深层灌注、回填矿井等。

八、商业、物价

8-1 社会消费品零售总额

年份	社会消费品零售总额（万元）				构成（%）总额=100		
		市	县	县以下	市	县	县以下
1979	64608	53500	3259	4849	82.8	5.04	7.51
1980	79602	72573	2237	4792	91.2	2.81	6.02
1981	92916	84135		5501	90.5	3.53	5.92
1982	98106	87569		6446	89.3	4.17	6.57
1983	109073	99474		6032	91.2	3.27	5.53
1984	166936	151828			90.9	9.05	
1985	203181	177743	25438		87.5	12.52	
1986	238390	216103	22287		90.7	9.35	
1987	267759	237787	29972		88.8	11.19	
1988	366358	326329	40029		89.1	10.93	
1989	408412	365089	43323		89.4	10.61	
1990	354709	311443	43266		87.8	12.20	
1991	394014	354217	39797		89.9	10.10	
1992	493967	448676	45291		90.8	9.17	
1993	605588	564094	41494		93.1	6.85	
1994	770741	708005	31824	30912	91.9	4.13	4.01
1995	966709	888130	40517	38062	91.9	4.19	3.94
1996	1104678	1015253	49537	39888	91.9	4.48	3.61
1997	1218665	1129795	47545	41325	92.7	3.90	3.39
1998	1354030	1260477	47222	46331	93.1	3.49	3.42
1999	1474674	1373534	48077	53063	93.1	3.26	3.60
2000	1600561	1509263	39784	51514	94.3	2.49	3.22
2001	1738827	1639730	46915	52182	94.3	2.70	3.00
2002	1905594	1794946	57227	53421	94.2	3.00	2.80
2003	2065349	1926373	54154	54822	93.3	2.62	2.65
2004	2280165	2159442	59866	60857	94.7	2.63	2.67
2005	2566724	2427080	67019	72625	94.6	2.61	2.83
2006	2897169	2745380	73430	78359	94.8	2.53	2.70
2007	3375659	3203985	83606	88068	94.9	2.47	2.63
2008	3950438	3757344	94160	98934	95.1	2.38	2.50
2009	4697711	4476705	107783	113223	95.3	2.30	2.40
2010	5451055	4744277	706778		87.0	13.0	
2011	6397231	5603581	793649		87.6	12.4	
2012	7491157	6560692	930465		87.6	12.4	
2013	8438727	7391130	1047597		87.6	12.4	
2014	10568321	9300122	1268198		88.0	12.0	
2015	11521498	10138918	1382580		88	12.00	
2016	12633456	10653889	1979567		84.3	15.7	
2017	13587245	11558602	2028643		85.1	14.9	
2018	13520905	12632395	888510		90.0	10.0	
2019	16720018	14705755	2014263		88.0	12.0	
2020	16412397	14389435	2022962		87.7	12.3	

8-1 社会消费品零售总额（续一）

年份	分行业社会消费品零售总额（万元）			构成（%）总额=100		
	批零贸易业	住宿和餐饮业	其他行业	批零贸易业	住宿和餐饮业	其他行业
1979	55977	2386	3245	86.64	3.69	5.02
1980	67896	3290	8416	85.29	4.13	10.57
1981	77210	4031		83.10	4.34	12.57
1982	81043	3874		82.61	3.95	13.44
1983	87159	4648		79.91	4.26	15.83
1984	101189	5664		60.62	3.39	35.99
1985	137567	17350	48264	67.71	8.54	23.75
1986	165123	21034	52233	69.27	8.82	21.91
1987	192654	23405	51700	71.95	8.74	19.31
1988	263426	32784	70148	71.90	8.95	19.15
1989	301917	33918	72577	73.92	8.30	17.77
1990	251581	34456	68672	70.93	9.71	19.36
1991	293871	33568	66575	74.58	8.52	16.90
1992	370852	49427	73688	75.08	10.01	14.92
1993	461105	58999	85484	76.14	9.74	14.12
1994	540727	111711	118303	70.16	14.49	15.35
1995	653752	127310	185647	67.63	13.17	19.20
1996	754505	140560	209613	68.30	12.72	18.98
1997	788732	186582	243351	64.72	15.31	19.97
1998	880561	180563	292906	65.03	13.34	21.63
1999	914579	201725	358370	62.02	13.68	24.30
2000	1084917	221303	294341	67.78	13.83	18.39
2001	1138362	232434	368031	65.47	13.37	21.17
2002	1244846	257582	403196	65.33	13.52	21.16
2003	1654686	273156	107507	80.12	13.23	5.21
2004	1845340	334777	100048	80.93	14.68	4.39
2005	2057580	413882	95262	80.16	16.12	3.71
2006	2307010	484796	105363	79.63	16.73	3.64
2007	2700054	555978	119627	79.99	16.47	3.54
2008	3208468	652704	89266	81.22	16.52	2.26
2009	3842104	764723	90884	81.79	16.28	1.93
2010	4568077	882978		83.00	17.00	
2011	5288752	1108479		83.00	17.00	
2012	6195624	1295533		83.00	17.00	
2013	7033071	1405656		83.00	17.00	
2014	10568321	8877389	1690931	84.00	16.00	
2015	9678058	1843440		84.0	16.0	
2016	10560442	2047318		83.80	16.20	
2017	11398918	2188327		83.89	16.11	
2018	12030848	1490057		88.98	11.02	
2019	14903676	1816342		89.14	10.86	
2020	14659484	1752913		89.32	10.68	

8-2 区县主要经济指标完成情况

地区	社会消费品零售总额（万元）	
	2020	比上年增长（%）
兰州市	16412396.8	-1.8
城关区	8841084.6	-4.1
七里河区	2502885.9	0.1
西固区	1433582.0	1.3
安宁区	1682878.7	1.9
红古区	267202.6	1.2
永登县	308688.5	0.2
皋兰县	470604.7	1.2
榆中县	306760.1	1.3
兰州新区	598709.7	1.1

8-3 星级住宿业和限额以上餐饮业经营情况

指标	法人企业数（个）	从业人员期末人数（人）	营业额（万元）	客房数（间）	床位数（个）	餐位数（位）	年末餐饮营业面积（平方米）
总计	**287**	**12968**	**358419.7**	**25018**	**39133**	**129362**	**912502**
住宿业	**138**	**6283**	**173448.0**	**23184**	**36133**	**59573**	**564770**
按住宿业行业小类分							
旅游饭店	66	4451	122328.1	13386	21309	53884	418720
一般旅馆	66	1719	47471.5	9248	13889	4692	134007
其他住宿业	6	113	3648.4	550	935	997	12043
按登记注册类型分							
内资企业	137	6109	170531.9	22888	35630	59157	562748
国有企业	16	948	34443.8	2781	4565	7695	74753
集体企业	2	97	437.7	318	581	80	5100
有限责任公司	37	2575	61477.9	8561	13608	42337	217108
国有独资公司	8	874	23227.9	2884	4298	5918	69787
其他有限责任公司	29	1701	38250.0	5677	9310	36419	147321
私营企业	80	2453	73337.6	11016	16554	8645	264987
私营独资企业	4	45	1730.5	445	712	180	18677
私营有限责任公司	76	2408	71607.1	10571	15842	8465	246310
私营股份有限公司							
外商投资企业	1	174	2916.1	296	503	416	2022
中外合资经营企业	1	174	2916.1	296	503	416	2022
按控股情况分							
国有控股	38	2706	78307.2	8538	13404	16391	231011
集体控股	2	97	437.7	318	581	80	5100
私人控股	91	2794	81128.4	12263	18524	11110	287452
外商控股	1	174	2916.1	296	503	416	2022
其他	6	512	10658.6	1769	3121	31576	39185
按经营形式分							
独立门店	118	5662	155361.9	19478	30658	58249	540923
连锁总店（总部）							
其他	8	369	10959.0	2321	3676	916	4683
按星级分							
大型	1	384	12446.7	1252	2075	4247	17939
中型	20	2628	73401.5	6996	10820	41301	175163
小型	108	3252	75467.1	14317	22371	13481	358400
微型	9	19	12132.7	619	867	544	13268
五星	4	615	21280.9	1131	1720	4497	51806
四星	17	1327	31742.2	3323	5439	5798	112312
三星	18	845	17602.1	3031	4879	33887	115211
二星	1	57	1080.6	84	143	483	3000
其他	98	3439	101742.2	15615	23952	14908	282441

8-3 星级住宿业和限额以上餐饮业经营情况（续一）

指标	法人企业数（个）	从业人员期末人数（人）	营业额（万元）	客房数（间）	床位数（个）	餐位数（位）	年末餐饮营业面积（平方米）
餐饮业	149	6685	184971.7	1834	3000	69789	347732
按餐饮业行业小类分							
正餐服务	133	4151	131766.9	1834	3000	62103	317709
快餐服务	9	2147	44254.9			7416	25740
饮料及冷饮服务	2	75	4182.4			76	798
咖啡馆服务	1	21	1313.7			6	172
其他餐饮业	2	61	1335.4			194	985
其他未列明餐饮业	1	15	382.9			128	960
按登记注册类型分							
内资企业	148	5123	153312.2	1834	3000	64889	330582
国有企业							
有限责任公司	23	896	31557.7	975	1598	8115	55431
国有独资公司							
其他有限责任公司	23	896	31557.7	975	1598	8115	55431
股份有限公司	3	124	3420.9			912	3284
私营企业	120	4075	117836.2	767	1218	55546	266936
私营独资企业	11	209	10344.4			2682	20650
私营有限责任公司	106	3830	105963.3	733	1157	52126	242604
私营股份有限公司	3	36	1528.5	34	61	738	3682
其他企业							
港、澳、台商投资企业							
港、澳、台商独资企业							
外商投资企业	1	1562	31659.5			4900	17150
外资企业	1	1562	31659.5			4900	17150
按控股情况分							
国有控股	3	66	5288.9	639	1003	1272	17509
集体控股	2	109	2694.4	92	184	814	7168
私人控股	137	4799	139104.2	1103	1813	61271	297515
港、澳、台商控股							
外商控股	1	1562	31659.5			4900	17150
其他	6	149	6224.7			1532	8390
按经营形式分							
独立门店	126	3274	96660.1	1112	1835	48197	244104
连锁总店	4	1734	39365.1	135	232	5940	29528
其他	17	1602	44764.1	587	933	15576	73302

8-4 限额以上批发零售贸易业商品分类销售额

单位：万元

指标	销售合计		批发		零售	
	2019	2020	2019	2020	2019	2020
总计	45603643.8	51484725.4	40807350.0	46218125.9	4796293.8	5266599.5
通过互联网实现的商品销售	135258.8	204662.3	99017.9	147926.8	36240.9	56735.5
粮油、食品、饮料、烟酒类						
粮油、食品类	462500.1	655042.7	239033.0	361786.5	223467.1	293256.2
粮油类	100118.9	217250.3	55859.8	156965.3	44259.1	60285.0
肉禽蛋类	72572.2	107601.9	33595.4	53145.7	38976.8	54456.2
水产品类	10283.0	11293.6	489.8	4.4	9793.2	11289.2
蔬菜类	38544.7	44898.7	20119.7	22748.8	18425.0	22149.9
干鲜果品类	40394.6	47644.6	20221.1	24388.9	20173.5	23255.7
饮料类	47776.5	143688.2	25478.9	118504.2	22297.6	25184.0
烟酒类	742609.6	794484.1	688801.1	720789.8	53808.5	73694.3
服装、鞋帽、针纺织品类	529477.7	485072.6	125690.6	81752.6	403787.1	403320.0
服装类	418449.0	361358.2	75101.5	49090.1	343347.5	312268.1
鞋帽类	98192.0	78133.8	50589.1	32614.2	47602.9	45519.6
针、纺织品类	12836.7	10206.1		45.3	12836.7	10160.8
化妆品类	133025.1	109907.6	16396.6	4455.7	116628.5	105451.9
金银珠宝类	356585.7	325372.9	211855.0	236568.3	144730.7	88804.6
日用品类	97317.0	107509.9	19303.8	32958.1	78013.2	74551.8
洗涤用品类						
儿童玩具类	0.0					
五金、电料类	19351.8	14566.9	18851.1	14005.4	500.7	561.5
体育、娱乐用品类	13696.5	10666.2	13.8	422.2	13682.7	10244.0
书报杂志类	194729.1	234480.7	183946.8	46356.9	10782.3	188123.8
电子出版物及音像制品类	156.2	241.9			156.2	241.9
家用电器和音像器材类	182762.1	170801.4	29625.6	15544.2	153136.5	155257.2
中西药品类	1924215.9	2191422.1	1575108.2	1848937.6	349107.7	342484.5
西药类	1442189.0	1557729.5	1222277.6	1358382.5	219911.4	199347.0
中草药及中成药类	167174.5	273259.3	150392.3	236285.4	16782.2	36973.9
文化办公用品类	125241.4	174039.2	59341.4	97180.1	65900.0	76859.1
家具类	110324.7	65638.8	1443.4	1355.9	108881.3	64282.9
通讯器材类	541127.8	630384.8	463487.4	563747.7	77640.4	66637.1
煤炭及制品类	450185.1	643356.2	447623.7	643356.2	2561.4	
木材及制品类	18266.9	48253.9	18266.9	45280.5		2973.4
石油及制品类	18623705.2	15563400.7	17391215.6	14438980.7	1232489.6	1124420.0
化工材料及制品类	1355353.2	1613504.5	1355353.2	1613504.5		
化肥类	107774.6	91374.6	107774.6	91374.6		
金属材料类	15525535.8	22810411.3	15525535.8	22810411.3		
建筑及装潢材料类	959800.2	1038394.7	951566.6	1037499.0	8233.6	895.7
机电产品及设备类	617860.3	599836.4	596759.8	573462.7	21100.5	26373.7
农机类	1636.6	11646.0	1636.6	11646.0		
汽车类	2014699.0	2235608.8	345101.7	167605.7	1669597.3	2068003.1
种子饲料类	130981.7	177291.5	130981.7	177291.5		
棉麻类	0.0					
其他类	426359.2	641347.4	386568.3	566368.6	39790.9	74978.8

8-5 限额以上批发零售贸易业商品销售数量

指标	计量单位	购进量		销售量		期末库存量	
		2019年	2020年	2019年	2020年	2019年	2020年
大米（稻米）	千克	7719053	7750498	7639096	8040556	466602	1181935
白面（小麦面）	千克	7076390	7969706	7045008	7445569	294501	1820738
杂粮	千克	82184955		84740609		2690338	
食用植物油	千克	10940457	29100665	11496358	28943428	1907783	1941820
猪肉	千克	2983960	8989610	3027342	7816179	107955	1671546
牛肉	千克	495181	372013	501482	398616	7057	9671
羊肉	千克	308261	165147	310997	167235	797	1074
禽肉	千克	1195256	1885334	1193968	1808678	45228	85326
鲜蛋	千克	2283860	2945065	2149393	2867144	210513	96541
彩色电视机	台	70682	33738	112081	32057	3935	2513
家用电冰箱	台	35055	35926	59242	33108	1616	6787
房间空调器	台	4148	39911	8256	41888	191	1176
电脑（微型计算机）	台	184397	128253	181234	138631	13007	10259
汽车	辆	360570	621033	360408	609714	47360	114852
轿车	辆	45729	143957	45393	147313	5097	26426
钢材	吨	9493417	6966104	7615721	7134027	2103745	219362
铜	吨	1227188	1453254	1227188	1453176		152
铝	吨	2460783	5217932	2466410	5156983	15108	72712
水泥	吨	12348051	6303220	10177158	6288540	377057	34240
化学肥料	吨	441834	482399	448925	496542	76603	128806

8-6 限额以上批发和零售业

指标	法人企业数（个）	从业人员期末人数（人）	商品购进额	进口
总计	727	31039	50772001.9	422635.7
批发业	435	10203	46342575.8	230007.1
按批发行业小类分				
农、林、牧产品批发	9	62	224188.4	2336.6
谷物、豆及薯类批发	2	8	46772.2	
畜牧渔业饲料批发	3	23	144593.3	
棉、麻批发				
其他农牧产品批发	3	13	9196.4	2160.6
食品、饮料及烟草制品批发	48	2296	987926.5	2855.5
米、面制品及食用油批发	11	201	157304.9	345.8
糕点、糖果及糖批发				
果品、蔬菜批发	4	126	70015.5	
肉、禽、蛋、奶及水产品批发	8	184	49657.0	
盐及调味品批发	1	245	4057.4	
营养和保健品批发	1	17	4811.7	
酒、饮料及茶叶批发	14	742	263617.5	
烟草制品批发	1	168	347342.4	
其他食品批发	8	613	91120.1	2509.7
纺织、服装及家庭用品批发	19	794	117707.9	
纺织品、针织品及原料批发				
服装批发	7	324	57124.4	
鞋帽批发	2	47	15137.9	
化妆品及卫生用品批发	3	59	14264.7	
日用电器批发	4	72	11775.3	
其他家庭用品批发	2	287	16602.9	
文化、体育用品及器材批发	13	781	289371.5	
文具用品批发	2	12	13315.3	
图书批发	2	22	45478.2	
首饰、工艺品及收藏品批发	8	605	211012.9	
医药及医疗器材批发	83	3187	1813116.1	2200
西药批发	42	2456	1505001.2	2200
中药批发	13	385	167406.3	
医疗用品及器材批发	28	346	140708.6	
矿产品、建材及化工产品批发	182	1597	40620905.7	185491.2
煤炭及制品批发	23	333	546078.9	
石油及制品批发	22	342	13756358.2	149264.3
非金属矿及制品批发	5	40	33337.7	
金属及金属矿批发	64	440	21824579.2	36226.9
建材批发	41	243	2922221.1	
化肥批发	4	42	139986.1	
其他化工产品批发	23	157	1398344.5	
机械设备、五金产品及电子产品批发	79	1467	2199564.4	5428.4
农业机械批发				
汽车及零配件批发	21	319	722690.6	4715.4
摩托车及零配件批发	1	5	5591.1	
五金产品批发	7	54	255726.8	
电气设备批发	4	22	24127.0	
计算机、软件及辅助设备批发	6	73	41120.6	
通讯设备批发	21	670	558310.7	
广播影视设备批发	1	30	7278.3	
其他机械设备及电子产品批发	18	294	584719.3	713
其他批发业	1	6	58099.9	
再生物资回收与批发	1	6	58099.9	
其他未列明批发业				

商品购进、销售、库存总额

单位：万元

商品销售额	批发额	出口	零售额	期末商品库存额	年末零售营业面积（平方米）
53659343.6	48421350.3	19381.7	5205577.5	1779916.8	2403915
48452412.6	48058969.8	19381.7	361139.1	1272016.2	322686
426447.2	425551.4	4634.2	895.8	35792.1	33805
27481.2	27481.2			25987.0	17
160977.4	160977.4			4370.3	24000
212167.2	211271.4	3748.7	895.8	1249.1	9620
1224967.6	1178569.4		38163.0	107414.9	14979
154207.4	149958.9		4248.5	29211.0	2593
80539.0	79712.9		826.1	6997.7	1523
53602.0	51120.5		2481.5	1808.2	8003
16608.0	16608.0			1488.0	
5332.4	5332.4			124.2	
305289.6	277082.7		28206.9	20951.1	2260
510724.3	510724.3			34396.5	
98664.9	88029.7		2400.0	12438.2	600
161102.1	150450.1		10652.0	33505.5	5284
87035.5	85902.1		1133.4	19075.4	883
20161.3	20161.3			2960.8	
15129.5	15129.5			2667.7	
13551.3	12939.2		612.1	1795.3	440
23161.9	14255.4		8906.5	5918.1	3961
314938.4	314826.0		112.4	50162.1	2248
14739.5	14721.5		18.0	59.2	1850
46356.9	46356.9			361.0	318
235026.9	234932.5		94.4	40102.4	80
2029792.8	1883861.3	2743.8	138109.1	221133.5	64514
1648364.8	1510255.7		138109.1	191323.1	59999
187333.0	187333.0	2743.8		18424.2	2144
194095.0	186272.6			11386.2	2371
41871269.5	41822693.8	9732.9	32329.6	687330.5	57983
633606.9	632703.8	1162.3		10876.1	7210
14675745.8	14672721.9	610.6	30.0	448785.8	14975
37061.9	37061.9			980.8	261
21999115.1	21971154.0	2808.0	27961.1	125160.3	20019
2938795.4	2937769.9			79492.4	14048
140042.4	140042.4			16650.6	200
1446902.0	1431239.9	5152.0	4338.5	5384.5	1270
2327149.9	2186272.7	2270.8	140877.2	135954.8	143573
724363.1	590189.6		134173.5	70003.6	136816
5543.3	5543.3			77.8	
256425.6	256172.7		252.9	11308.0	2701
25147.2	25147.2			1631.6	200
47667.4	47156.8		510.6	1453.5	256
579250.3	579237.3		13.0	26222.6	411
8055.6	7387.1		668.5	2360.0	100
680697.4	675438.7	2270.8	5258.7	22897.7	3089
62766.9	62766.9				300
62766.9	62766.9				300

8-6 限额以上批发和零售业

指标	法人企业数（个）	从业人员期末人数（人）	商品购进额	进口
按登记注册类型分				
内资企业	432	9867	46229208.9	230007.1
国有企业	19	545	1529475.0	
集体企业	2	6	19298.2	
有限责任公司	113	3663	24939366.6	38243.3
国有独资公司	20	384	17082789.9	29941.6
其他有限责任公司	93	3279	7856576.7	8301.7
股份有限公司	6	280	13941815.7	
私营企业	291	5357	5797793.0	191763.8
私营独资企业	8	57	69647.3	
私营合伙企业	1	7	4832.2	
私营有限责任公司	276	5200	5638461.1	191763.8
私营股份有限公司	6	93	84852.4	
其他企业	1	16	1460.4	
港、澳、台商投资企业	1	70	17170.8	
港、澳、台商独资企业	1	70	17170.8	
外商投资企业	2	266	96196.1	
外资企业	2	266	96196.1	
按控股情况分				
国有控股	79	2267	38031884.4	35733.6
集体控股	4	32	99943.5	
私人控股	323	6066	6555043.8	194273.5
港、澳、台商控股	1	70	17170.8	
外商控股	2	266	96196.1	
其他	26	1502	1542337.2	
按经营形式分				
独立门店	240	5841	12386175.8	15962.1
连锁总店				
其他	195	4362	33956400.0	214045

商品购进、销售、库存总额（续一）

商品销售额				期末商品库存额	年末零售营业面积（平方米）
	批发额		零售额		
		出口			
48327575.7	47934132.9	19381.7	361139.1	1264607.6	322223
1901072.3	1891161.4		9910.9	138901.8	12717
21043.9	21043.9			6837.6	
25217151.6	25068902.0	5964.3	147224.1	365008.8	65008
17196683.0	17194175.7	5078.8	2507.3	95438.3	16140
8020468.6	7874726.3	885.5	144716.8	269570.5	48868
14772657.0	14772657.0			415930.9	96829
6413801.8	6178519.5	13417.4	204004.1	337928.5	147669
76249.2	68469.1		4338.5	5592.7	4263
6932.7	6932.7			1.0	
6233726.1	6014821.5	8287.5	199303.2	322574.0	119406
96893.8	88296.2	5129.9	362.4	9760.8	24000
1849.1	1849.1				
20472.9	20472.9			1.1	463
20472.9	20472.9			1.1	463
104364.0	104364.0			7407.5	
104364.0	104364.0			7407.5	
39378264.8	39363193.6	5964.3	15071.2	764087.1	63578
103784.0	102758.5			18362.0	
7239348.9	7109376.1	13417.4	98694.6	388061.7	131854
20472.9	20472.9			1.1	463
104364.0	104364.0			7407.5	
1606178.0	1358804.7		247373.3	94096.8	126791
13122766.1	12901573.1	12530	204321.7	489109.0	259177
35329646.5	35157396.7	6851.7	156817.4	782907.2	63509

8-6 限额以上批发和零售业

指标	法人企业数（个）	从业人员期末人数（人）	商品购进额	
				进口
零售业	292	20836	4429426.1	192628.6
按零售行业小类分				
综合零售	49	6008	467285.1	
百货零售	28	2508	235243.0	
超级市场零售	16	3050	211819.6	
其他综合零售	1	6	2911.7	
食品、饮料及烟草制品专门零售	23	503	72241.7	
粮油零售	4	83	14842.5	
糕点、面包零售	2	110	2373.6	
果品、蔬菜零售	4	15	2424.1	
肉、禽、蛋、奶及水产品零售	3	18	5304.7	
营养和保健品零售	2	98	3660.0	
酒、饮料及茶叶零售	4	7	31741.2	
烟草制品零售	2	132	10999.7	
其他食品零售	2	40	895.9	
纺织、服装及日用品专门零售	18	1187	123065.6	
纺织品及针织品零售				
服装零售	11	541	62347.3	
鞋帽零售	2	104	2721.1	
化妆品及卫生用品零售	2	258	19462.4	
钟表、眼镜零售	1	103	3405.1	
文化、体育用品及器材专门零售	14	1199	205580.3	
文具用品零售				
体育用品及器材零售				
图书、报刊零售	4	1070	189970.1	
珠宝首饰零售	5	97	5815.0	
工艺美术品及收藏品零售	1	3	497.1	
医药及医疗器材专门零售	15	8089	250140.5	
药品零售				
医疗用品及器材零售				
汽车、摩托车、燃料及零配件专门零售	125	3203	2991705.2	162873.6
汽车新车零售	101	2144	1970518.3	162873.6
汽车零配件零售	6	27	19962.8	
机动车燃油零售	15	1002	992774.1	
机动车燃气零售	2	25	7239.3	
家用电器及电子产品专门零售	33	515	252043.6	29755
家用视听设备零售				
日用家电零售	6	286	138728.9	
计算机、软件及辅助设备零售	14	93	39325.6	
通信设备零售	10	111	67808.4	29755
其他电子产品零售	3	25	6180.7	
五金、家具及室内装饰材料专门零售	9	60	11879.4	
五金零售	2	3	1489.4	
灯具零售				
家具零售	5	47	4134.4	
木质装饰材料零售	1	2	3824.8	
陶瓷、石材装饰材料零售				
其他室内装饰材料零售				
货摊、无店铺及其他零售业	6	72	55484.7	
货摊纺织、服装及鞋零售				
旧货零售				
生活用燃料零售				

商品购进、销售、库存总额（续二）

商品销售总额	批发额	出口	零售额	期末商品库存额	年末零售营业面积（平方米）
5206931.0	362380.5		4844438.4	507900.6	2081229
896444.5			896444.5	88306.9	876018
601051.1			601051.1	61914.4	584227
253034.0			253034.0	24342.5	253768
3279.5			3279.5	11.2	21028
85148.4	14298.9		70737.4	5514.9	9903
15862.7	2324.8		13537.9	711.0	3202
2962.4			2962.4	22.5	580
2816.9			2816.9	48.8	980
5848.4	2022.3		3826.1	254.1	649
3571.6			3571.6	1017.9	1802
37350.5	8455.6		28782.8	1034.2	680
12118.0	686.1		11431.9	2286.1	630
4617.9	810.1		3807.8	140.3	1380
130898.4	8351.9		122546.5	18156.3	134322
70853.1	6790.3		64062.8	10375.0	119066
4179.6	846.2		3333.4	849.7	2802
29918.5			29918.5	2072.7	4460
5494.2	715.4		4778.8	2366.0	2641
200933.6	61704.4		139229.2	19543.2	66446
182576.2	53700.1		128876.1	10558.8	63040
6214.3			6214.3	6358.8	1833
498.5			498.5	852.6	200
351687.5	4434.4		347253.1	54374.5	267158
3207746.2	239057.4		2968688.8	300456.8	579504
2034981.9	75836.6		1959145.3	259747.0	411088
21112.6	250.1		20862.5	2203.6	2126
1140937.2	162970.7		977966.5	37359.4	158970
9311.8			9311.8	1010.3	6900
300670.1	30557.6		270112.5	18296.4	107702
161126.3	3956.3		157170.0	7139.2	94219
47041.8	13267.1		33774.7	4723.9	2059
80994.0	13334.2		67659.8	6305.2	9715
11508.0			11508.0	128.1	1709
13827.0	3975.9		9851.1	2263.7	39100
1573.2			1573.2	29.2	200
5450.1			5450.1	1619.1	38160
3975.9	3975.9			9.3	140
19575.3			19575.3	987.9	1076

8-6 限额以上批发和零售业

指标	法人企业数（个）	从业人员期末人数（人）	商品购进额	进口
按登记注册类型分				
内资企业	286	19790	4297369.1	192628.6
国有企业	12	1234	84784.7	
集体企业	3	16	6180.8	
有限责任公司	59	10019	1364106.1	72420.7
国有独资公司	4	118	32189.4	
其他有限责任公司	55	9901	1331916.7	72420.7
股份有限公司	9	2011	957517.2	
私营企业	202	6497	1882168.4	120207.9
私营有限责任公司	197	6404	1833529.5	120207.9
私营股份有限公司				
其他企业	1	13	2611.9	
港、澳、台商投资企业	5	646	131670.0	
港、澳、台商独资企业	5	646	131670.0	
外商投资企业	1	400	387.0	
外资企业	1	400	387.0	
按控股情况分				
国有控股	30	3440	1389731.5	17673.8
集体控股	4	45	27373.5	
私人控股	228	8997	2254618.0	174954.8
港、澳、台商控股	5	646	131670.0	
外商控股	1	400	387.0	
其他	24	7308	625646.1	
按经营形式分				
独立门店	230	8185	2737628.4	192628.6
连锁总店（总部）	15	9498	454844.3	
连锁直营店	7	1197	180804.8	
其他	40	1956	1056148.6	
按零售业态分				
有店铺零售	280	20701	4405525.2	192628.6
食杂店	3	9	3093.9	
便利店	12	616	222429.6	
超市	17	805	35552.3	
大型超市	11	2920	213595.3	
百货店	18	1838	198244.1	
专业店	88	10538	1875053.8	35542.1
专卖店	116	3579	1797514.4	157086.5
家居建材商店	2	17	275.0	
购物中心	7	288	45551.8	
厂家直销中心	6	91	14215.0	
无店铺零售	12	135	23900.9	
网上零售	1	4	1468.5	

商品购进、销售、库存总额（续三）

商品销售额	批发额	出口	零售额	期末商品库存额	年末零售营业面积（平方米）
5023009.5	362380.5		4660516.9	494492.7	1970405.0
92544.7	2324.8		90219.9	9156.9	48355.0
6452.7			6452.7	964.5	23328.0
1606761.9	42158.3		1564603.6	147922.4	819321.0
34241.1			34241.1	1046.8	41220.0
1572520.8	42158.3		1530362.5	146875.6	778101.0
1046908.4	210549.9		836358.5	43344.7	314480.0
2267323.4	107347.5		2159863.8	293012.6	764421.0
2185601.3	107347.5		2078141.7	289198.4	696454.0
3018.4			3018.4	91.6	500.0
179614.4			179614.4	13191.5	91568.0
179614.4			179614.4	13191.5	91568.0
4307.1			4307.1	216.4	19256.0
4307.1			4307.1	216.4	19256.0
1512922.6	212874.7		1300047.9	67812.9	291449.0
23460.7			23460.7	2723.5	29254.0
2764705.3	112032.0		2652561.2	337581.0	1034457.0
179614.4			179614.4	13191.5	91568.0
4307.1			4307.1	216.4	19256.0
721920.9	37473.8		684447.1	86375.3	615245.0
3297130.4	141757.8		3155260.5	377866.8	1224672.0
560987.8	47579.2		513408.6	68085.4	333890.0
197405.5			197405.5	10615.6	257617.0
1151407.3	173043.5		978363.8	51332.8	265050.0
5177339.5	353914.5		4823312.9	506596.9	2080848.0
6640.1	2832.4		3807.7	297.5	1159.0
287870.6	66280.9		221589.7	26757.5	109247.0
40971.7			40971.7	7012.5	57078.0
257795.8			257795.8	23533.1	276528.0
454539.7			454539.7	55605.8	438330.0
2098498.4	201164.6		1897333.8	130352.3	513447.0
1863821.7	81456.2		1782253.4	254562.3	466719.0
1080.0			1080.0	392.2	37053.0
150889.9			150889.9	4786.0	178474.0
15231.6	2180.4		13051.2	3297.7	2813.0
29591.5	8466.0		21125.5	1303.7	381.0
3397.6			3397.6	24.9	120.0

8-7 限额以上批发和

指标	法人企业数（个）	执行《2006年企业会计准则》企业数（个）	年初存货	流动资产合计
总计	727	474	2593607.9	10088209.9
批发业	435	292	2156640.8	7916025.5
按批发行业小类分				
农、林、牧产品批发	9	5	15211.1	65829.3
谷物、豆及薯类批发	2	1	6110.0	29647.9
畜牧渔业饲料批发	3	2	1775.4	10363.6
棉、麻批发				
其他农牧产品批发	3	1	2389.4	6518.8
食品、饮料及烟草制品批发	48	35	124166.7	498644.2
米、面制品及食用油批发	11	6	23002.0	69447.0
糕点、糖果及糖批发				
果品、蔬菜批发	4	4	11071.7	61491.1
肉、禽、蛋、奶及水产品批发	8	5	2134.2	16387.3
盐及调味品批发	1	1	2480.5	51265.8
营养和保健品批发	1	1	51.6	1538.2
酒、饮料及茶叶批发	14	11	27566.2	100845.0
烟草制品批发	1	1	47884.2	126377.9
其他食品批发	8	6	9976.3	71291.9
纺织、服装及家庭用品批发	19	9	45736.8	77455.2
纺织品、针织品及原料批发				
服装批发	7	2	29118.1	28119.2
鞋帽批发	2		5325.7	4850.6
化妆品及卫生用品批发	3	3	2405.8	9617.6
厨房、卫生间用具及日用杂货批发				
日用家电批发	4	2	1880.2	11293.1
其他家庭用品批发	2	2	6928.6	22066.1
文化、体育用品及器材批发	13	6	52504.4	141250.3
文具用品批发	2	1	227.4	3407.1
图书批发	2	1	785.2	39869.0
首饰、工艺品及收藏品批发	8	4	44713.7	87034.5
医药及医疗器材批发	83	50	207089.2	1319688.9
西药批发	42	25	178901.9	1063681.9
中药批发	13	9	14568.0	131079.6
医疗用品及器材批发	28	16	13619.3	124927.4
矿产品、建材及化工产品批发	182	136	1574654.2	4911182.7
煤炭及制品批发	23	18	18522.4	447463.9
石油及制品批发	22	18	1237724.3	876182.9
非金属矿及制品批发	5	3	416.1	47383.3
金属及金属矿批发	64	51	93696.4	1923716.1
建材批发	41	28	202032.1	1401960.6
化肥批发	4	2	11088.0	53740.1
其他化工产品批发	23	16	11174.9	160735.8
机械设备、五金产品及电子产品批发	79	51	136206.9	895029.8
农业机械批发				
汽车及零配件批发	21	11	90804.0	440834.4
摩托车及零配件批发	1			814.0
五金产品批发	7	7	4866.4	157603.7
电气设备批发	4	3	4509.0	16060.4
计算机、软件及辅助设备批发	6	4	977.8	16322.0
通讯设备批发	21	14	12488.5	57596.1
广播影视设备批发	1		2141.8	9013.9
其他机械设备及电子产品批发	18	12	20419.4	196785.3
其他批发业	1		1071.5	4853.1
再生物资回收与批发	1		1071.5	4853.1
其他未列明批发业				

零售业企业财务状况

单位：万元

应收帐款	存货	固定资产原价	累计折旧	本年折旧	在建工程	资产总计
2330471.0	2002683.4	1817300.4	771920.2	103663.3	335023.5	14445251.9
2136906.8	1503665.1	1173083.5	484182.3	24632.2	187530.1	11094127.9
5618.4	33676.2	1492.2	674.8	119.9		69515.1
474.8	25998.2	587.7	270.9	29.3		30491.3
−1765.7	2243.2	388.4	75.8	46.5		12463.0
2506.7	1249.1	273.7	130.8	9.3		6983.8
102981.6	109008.4	81017.9	41455.3	3151.4	6056.6	622943.9
8792.0	29221.7	10822.1	3086.7	424.3		87108.9
46713.7	6244.1	3787.9	335.8	165.1	2761.4	67931.0
5952.9	1577.0	1623.3	356.3	187.8	3280.9	21098.3
527.2	2028.4	33039.3	20640.9	478.4		75800.4
1301.8	109.9	38.9	12.6	7.2		1564.5
12709.4	22036.2	8235.1	4706.6	755.4		106093.7
	34396.9	22535.7	11765.0	1059.4	14.3	191592.4
26984.6	13394.2	935.6	551.4	73.8		71754.7
11793.2	32967.9	8772.1	3223.2	597.5	2124.2	90774.2
1527.0	17878.4	583.2	322.6	127.9	2124.2	31830.9
244.0	2854.8	277.8	173.5	1.1		6580.0
1910.7	2534.9	328.9	61.5	50.9		12220.1
5063.9	1343.7	52.4	43.2	14.9		11576.2
3033.0	8328.0	7431.0	2572.0	393.7		27010.0
17889.6	48763.7	3653.8	2200.4	951.8	212.2	146065.0
3077.2	256.4	162.9	87.8	13.5		3456.4
10848.7	361.0	742.4	716.0	61.5	212.2	40107.6
3951.5	39615.8	2671.2	1366.3	846.5		91486.4
742241.6	219321.0	90315.6	26809.9	6818.5	23267.9	1671074.9
595958.0	188193.0	75382.8	19233.6	4894.6	16904.7	1391923.4
68209.1	17991.4	7859.9	4608.7	848.8	6363.2	147605.3
78074.5	13136.6	7072.9	2967.6	1075.1		131546.2
994892.1	926193.6	927642.8	393458.1	7979.8	146961.0	7513341.8
95695.3	21295.3	18604.9	6438.6	1848.3	1281.1	1548470.1
57062.3	512031.8	792371.6	361483.9	929.4	59816.4	1566574.4
9429.1	940.3	22019.9	3401.9	1132.1	21358.4	114681.1
410093.9	117562.8	53181.9	8059.1	1427.5	62592.2	2183163.1
396943.4	254328.1	28025.8	9758.6	1754.0	607.6	1864055.4
3331.9	14180.9	8441.2	1961.3	191.3	1305.3	64659.5
22336.2	5854.4	4997.5	2354.7	697.2		171738.2
261490.3	130628.4	58836.8	16043.1	4866.5	8908.2	971379.0
128457.0	79799.7	33887.7	8894.4	2825.0	8	481449.1
515.5	42.3	92.3	87.1	9.2		819.2
17276.3	5256.7	5358.9	891.2	371.6	7700.1	171262.6
6781.6	1588.8	325.6	158.5	41.9		16217.4
9254.4	1342.3	823.7	596.5	93.5		18291.5
−1156.1	18121.2	1276.6	467.3	96.7		59179.5
3483.2	2088.5	1477.8	347.7	68.3		10144.0
96878.4	22388.9	15594.2	4600.4	1360.3	1200.1	214015.7
	2377.5	742.3	116.2	116.2		6533.3
	2377.5	742.3	116.2	116.2		6533.3

8-7 限额以上批发和零售

指标	法人企业数（个）	执行《2006年企业会计准则》企业数（个）	年初存货	流动资产合计	应收帐款
按登记注册类型分					
内资企业	432	289	2149764.7	7868452.6	2135188.4
国有企业	19	17	88619.0	708543.1	317769.6
集体企业	2	2	5690.3	16707.2	1996.3
有限责任公司	113	95	628467.2	4005106.4	1042559.6
国有独资公司	20	19	175306.5	1655371.7	436951.4
其他有限责任公司	93	76	453160.7	2349734.7	605608.2
股份有限公司	6	6	1089341.3	594900.0	2704.8
私营企业	291	168	337646.9	2542339.2	769459.4
私营独资企业	8	8	4108.5	32836.9	20059.8
私营合伙企业	1		1.0	4309.1	3100.5
私营有限责任公司	276	155	325214.4	2423881.5	690740.6
私营股份有限公司	6	5	8323.0	81311.7	55558.5
其他企业	1	1		856.7	698.7
港、澳、台商投资企业	1	1	10.5	7373.3	
港、澳、台商独资企业	1	1	10.5	7373.3	
外商投资企业	2	2	6865.6	40199.6	1718.4
外资企业	2	2	6865.6	40199.6	1718.4
按控股情况分					
国有控股	79	73	1664014.5	4256182.6	1109661.1
集体控股	4	4	15045.6	48003.0	-6755.2
私人控股	323	194	384301.5	2832146.2	848485.0
港、澳、台商控股	1	1	10.5	7373.3	
外商控股	2	2	6865.6	40199.6	1718.4
其他	26	18	86403.1	732120.8	183797.5
按经营形式分					
独立门店	240	153	516589.8	3294216.4	812795.5
连锁总店					
其他					

业企业财务状况（续一）

单位：万元

存货	固定资产原价	累计折旧	本年折旧	在建工程	资产总计
1497072.0	1166425.5	482102.6	24036.4	187511.6	11040766.8
137488.2	59961.6	13722.2	1413.1	106.4	852449.3
6487.5	296.0	211.5	11.5		17363.0
618897.3	694965.4	251161.7	21978.7	132154.7	5965649.6
191246.6	565484.8	201502.2	15545.5	116336.5	3386904.3
427650.7	129480.6	49659.5	6433.2	15818.2	2578745.3
379463.9	263315.5	167065.1	−13268.2	25932.6	1207389.0
354735.1	147505.5	49858.9	13892.8	29317.9	2996760.9
5280.4	3889.5	741.2	269.3		35986.8
1.0	208.8	54.1	28.1		4463.9
340553.7	141238.0	47671.9	13435.7	24694.0	2862489.6
8900.0	2169.2	1391.7	159.7	4623.9	93820.6
	381.5	83.2	8.5		1155.0
37.9	182.7	76.4	22.7		7479.7
37.9	182.7	76.4	22.7		7479.7
6555.2	6475.3	2003.3	573.1	18.5	45881.4
6555.2	6475.3	2003.3	573.1	18.5	45881.4
983834.6	963498.4	415029.1	7093.1	151622.3	6857267.6
15846.3	7635.3	1858.1	162.5	1305.3	58731.5
399618.9	174968.3	56337.1	15431.7	21334.5	3322935.4
37.9	182.7	76.4	22.7		7479.7
6555.2	6475.3	2003.3	573.1	18.5	45881.4
97772.2	20323.5	8878.3	1349.1	13249.5	801832.3
581642.4	719608.9	260293.5	27682.4	115362.1	4642067.6

8-7 限额以上批发和零售

指标	法人企业数（个）	执行《2006年企业会计准则》企业数（个）	年初存货	流动资产合计	应收帐款
零售业	292	182	436967.1	2172184.4	193564.2
按零售行业小类分					
综合零售	49	35	122002.3	496290.4	17190.8
百货零售	28	22	98078.4	380244.9	3642.6
超级市场零售	16	10	22005.9	108692.5	12273.2
其他综合零售	1		11.6	52.9	7.6
食品、饮料及烟草制品专门零售	23	11	6818.3	52317.4	5821.3
粮油零售	4	2	1107.5	10210.0	392.6
糕点、面包零售	2		113.3	1181.0	222.9
果品、蔬菜零售	4	3	85.2	3518.5	562.2
肉、禽、蛋、奶及水产品零售	3	1	294.2	4411.8	2497.4
营养和保健品零售	2	1	1434.6	12441.5	1348.4
酒、饮料及茶叶零售	4	2	1501.6	13518.4	235.5
烟草制品零售	2	2	2027.8	5854.2	57.1
其他食品零售	2		254.1	1182.0	505.2
纺织、服装及日用品专门零售	18	7	16593.4	44535.4	11558.3
纺织品及针织品零售					
服装零售	11	5	9556.8	27592.1	7392.1
鞋帽零售	2		1678.3	3956.5	1962.4
化妆品及卫生用品零售	2	1	1692.7	4061.0	550.6
钟表、眼镜零售	1	1	1478.1	3239.3	402.4
文化、体育用品及器材专门零售	14	11	25576.2	244572.4	33124.1
文具用品零售					
体育用品及器材零售					
图书、报刊零售	4	3	13716.5	223798.3	27169.7
珠宝首饰零售	5	3	5459.0	9880.9	1916.7
工艺美术品及收藏品零售	1	1	785.0	2063.1	790.0
医药及医疗器材专门零售	15	9	39742.4	307057.8	38436.1
西药零售	14	9	39660.2	306629.5	38392.4
医疗用品及器材零售					
汽车、摩托车、燃料及零配件专门零售	125	83	206790.7	805192.4	59609.6
汽车新车零售	101	67	175909.3	749199.0	46225.2
汽车零配件零售	6	4	1944.4	10890.4	7188.7
机动车燃油零售	15	11	27804.0	38460.2	5550.1
机动车燃气零售	2	1	977.0	6508.2	763.2
家用电器及电子产品专门零售	33	20	16260.4	183537.0	23225.1
家用视听设备零售					
日用家电设备零售	6	5	5014.7	136705.0	6790.1
计算机、软件及辅助设备零售	14	8	3985.6	21505.1	8827.9
通信设备零售	10	6	7099.4	20034.0	4706.9
其他电子产品零售	3	1	160.7	5292.9	2900.2
五金、家具及室内装饰材料专门零售	9	2	2419.6	12016.1	3763.0
五金零售	2	1	4.3	1759.8	1545.6
灯具零售					
家具零售	5	1	1931.9	7594.7	1138.8
木质装饰材料零售	1		1.7	651.6	365.7
陶瓷、石材装饰材料零售					
其他室内装饰材料零售					
货摊、无店铺及其他零售业	6	4	763.8	26665.5	835.9
货摊纺织、服装及鞋零售					
旧货零售					
生活用燃料零售					

业企业财务状况（续二）

单位：万元

存货	固定资产原价	累计折旧	本年折旧	在建工程	资产总计
499018.3	644216.9	287737.9	79031.1	147493.4	3351124.0
131166.2	213001.6	103078.3	38166.6	32129.4	924781.2
99353.9	180722.7	82765.3	36855.3	30901.3	769696.6
29747.9	30459.0	19738.6	1069.0	1190.6	145521.2
25.7	731.1	80.7	0.5	37.5	1217.1
8730.2	15002.9	5333.7	491.7	5996.2	70639.6
2657.4	5802.5	1703.6	85.4	2442.4	16742.0
55.5	489.1	317.8	57.0		1698.0
50.6	2120.7	446.8	23.7		5282.9
248.8	36.9	12.0	2.8		4460.5
1180.4	3788.7	1757.6	182.4	3553.8	20183.3
1849.1	2500.7	923.4	114.1		15116.7
2286.1	148.6	105.4	10.7		5955.2
402.3	115.7	67.1	15.6		1201.0
18765.1	8342.4	3591.7	1074.6	4.4	53355.8
10382.7	4797.2	1798.7	267.8		32060.5
1735.4	42.2	17	4		4231.1
2056.7	1938.0	955.2	582.7	4.4	6354.1
2097.4	1068.3	597.2	−3.5		4335.7
46099.8	87120.8	51999.7	8288.5	36552.8	329241.8
33889.9	80356.6	51316.0	8253.6	32752.2	295328.4
6458.0	384.5	250.5	10.8		10057.1
852.6					2063.1
54820.1	18574.1	8628.2	2539.6	1271.8	356526.0
54728.9	18430.1	8585.8	2517.9	1271.8	355663.1
215304.1	293857.4	109189.7	27023.8	71538.8	1380866.6
187592.9	137513.7	58421.2	16811.0	9466.4	1043764.0
2529.3	345.2	261.4	45.1		14138.5
24002.8	151006.7	49080.3	10018.3	61367.0	309830.1
981.7	4924.2	1391.1	113.8	705.4	12902.0
20431.7	3976.2	3068.3	1197.9		194643.7
7140.6	1254.5	1000.2	454.4		141486.6
4595.9	1695.1	1397.7	553.7		23253.8
8567.3	715.1	489.9	24.8		24321.6
127.9	311.5	180.5	165.0		5581.7
2493.0	572.7	326.7	51.5		12943.2
19.5	61.9	6.1	5.6		1815.7
1859.1	447.7	289.9	30.8		7755.3
8.3	43.6	19.7	4.1		1353.7
1208.1	3768.8	2521.6	196.9		28126.1

8-7 限额以上批发和零售

指标	法人企业数（个）	执行《2006年企业会计准则》企业数（个）	年初存货	流动资产合计	应收帐款
按登记注册类型分					
内资企业	286	176	422728.8	2129082.3	191819.8
国有企业	12	10	3575.5	42172.7	4143.2
集体企业	3	1	832.6	2185.9	797.6
有限责任公司	59	41	210409.4	738946.4	55950.9
国有独资公司	4	4	849.9	24378.9	275.7
其他有限责任公司	55	37	209559.5	714567.5	55675.2
股份有限公司	9	9	35786.5	315319.9	28741.2
私营企业	202	115	172062.0	1028222.9	101103.0
私营独资企业	4	1	1793.6	23943.7	1159.8
私营有限责任公司	197	113	170268.4	1000317.5	99408.1
私营股份有限公司					
其他企业	1		62.8	2234.5	1083.9
港、澳、台商投资企业	5	5	14052.6	42076.0	1551.6
港、澳、台商独资企业	5	5	14052.6	42076.0	1551.6
港、澳、台商投资股份有限公司					
外商投资企业	1	1	185.7	1026.1	192.8
外资企业	1	1	185.7	1026.1	192.8
按控股情况分					
国有控股	30	25	59382.0	342068.4	33855.0
集体控股	4	2	2533.1	10344.4	908.6
私人控股	228	132	292884.0	1273296.8	120030.6
港、澳、台商控股	5	5	14052.6	42076.0	1551.6
外商控股	1	1	185.7	1026.1	192.8
其他	24	17	67929.7	503372.7	37025.6
按经营形式分					
独立门店	230	144	324673.4	1320740.3	101216.3
连锁总店	15	10	57773.5	528179.3	63361.5
连锁直营店	7	4	15717.5	142183.6	11726.5
其他	40	24	38802.7	181081.2	17259.9
大型	12	9	94230.4	702104.0	68136.0
中型	115	86	276253.7	1094756.5	65839.6
小型	124	65	57387.5	334491.0	47665.7
微型	41	22	9095.5	40832.9	11922.9
按零售业态分					
有店铺零售	280	174	435730.4	2153973.1	187051.3
食杂店	3	1	453.1	3198.4	1918.5
便利店	12	5	6095.5	29588.7	4057.2
超市	17	10	2696.6	12715.6	960.4
大型超市	11	9	21389.3	111469.9	13622.0
百货店	18	14	19051.0	269900.7	2390.3
专业店	88	53	133495.9	806054.2	103923.1
专卖店	116	73	168606.0	787702.8	52491.7
家居建材商店	2	1	696.0	3487.8	597.9
购物中心	7	4	80913.0	113457.4	1111.1
厂家直销中心	6	4	2334.0	16397.6	5979.1
无店铺零售	12	8	1236.7	18211.3	6512.9
网上商店	1	1	12.6	6422.9	683.4

业企业财务状况（续三）

单位：万元

存货	固定资产原价	累计折旧	本年折旧	在建工程	资产总计
485584.9	617782.8	274636.6	77300.9	146821.9	3289997.9
10128.3	13354.9	2384.2	916.2	1887.6	62818.9
914.3	839.1	98.0	2.7	37.5	3378.2
220918.7	112830.0	42622.5	8416.4	7656.4	1091204.3
839.5	3082.4	1699.1	191.1	5541.8	38897.1
220079.2	109747.6	40923.4	8225.3	2114.6	1052307.2
61259.3	264462.0	131287.2	19565.6	119842.7	720543.4
192272.7	226289.1	98237.4	48400.0	17397.7	1409818.2
2221.8	1070.2	373.8	140.2	-67.8	24588.2
190044.8	192121.9	97191.0	47587.2	17465.5	1325527.3
91.6	7.7	7.3			2234.9
13265.4	25676.3	12514.7	1727.6	671.5	59928.8
13265.4	25676.3	12514.7	1727.6	671.5	59928.8
168.0	757.8	586.6	2.6		1197.3
168.0	757.8	586.6	2.6		1197.3
79918.4	252715.2	108703.3	19598.8	96505.0	708865.1
3688.3	1906.2	950.6	855.3	37.5	11751.8
316156.0	273039.7	108472.6	51665.6	17768.2	1853069.1
13265.4	25676.3	12514.7	1727.6	671.5	59928.8
168.0	757.8	586.6	2.6		1197.3
85822.2	90121.7	56510.1	5181.2	32511.2	716311.9
345343.2	329281.0	130950.0	53289.5	24843.4	2001165.7
92904.5	102830.3	62023.1	11542.9	31780.5	649472.2
13149.7	14836.5	8653.5	1419.7	539.6	159993.9
47620.9	197269.1	86111.3	12779.0	90329.9	540492.2
112201.6	269662.1	162885.4	47466.6	79309.4	1037272.8
306010.6	316804.5	102675.6	27503.3	60502.3	1869806.0
71465.8	53489.8	20514.4	3786.5	7681.7	394476.8
9340.3	4260.5	1662.5	274.7		49568.4
497759.3	642841.2	286710.1	78329.9	147493.4	3331174.0
536.7	101.6	46.0	7.5		3246.7
18771.6	87270.3	25040.5	6113.1	42998.9	191112.4
6347.4	3940.1	1366.4	508.9	2372.4	20271.5
27929.4	31583.7	20393.7	1749.6	3438.5	153302.8
20116.1	118621.8	80467.5	34332.6	30800.1	443378.2
157957.2	212981.1	105780.7	20356.0	61062.9	1167096.5
182939.8	122531.9	50198.9	13558.6	6719.4	1004913.5
773.4	86.0	44.7	10.7		3531.8
78862.6	63372.8	2759.9	1649.3	101.2	326005.1
3525.1	2351.9	611.8	43.6		18315.5
1259.0	1375.7	1027.8	701.2		19950.0
408.4	34.0	10.8	8.7		6447.0

8-7 限额以上批发和零售

指标	流动负债合计	应付帐款
总计	8268769.9	1666738.1
批发业	5981136.6	1153252.6
按批发行业小类分		
农、林、牧产品批发	57433.2	81.3
谷物、豆及薯类批发	28997.8	856.7
畜牧渔业饲料批发	5231.4	-3462.0
棉、麻批发		
其他农牧产品批发	4398.0	906.2
食品、饮料及烟草制品批发	267524.5	46793.1
米、面制品及食用油批发	74300.4	10200.8
糕点、糖果及糖批发		
果品、蔬菜批发	55929.8	4541.3
肉、禽、蛋、奶及水产品批发	16794.4	6838.2
盐及调味品批发	9577.3	1861.3
营养和保健品批发	1088.5	-869.4
酒、饮料及茶叶批发	65826.3	17922.0
烟草制品批发	3356.3	
其他食品批发	40651.5	6298.9
纺织、服装及家庭用品批发	59700.2	19326.4
纺织品、针织品及原料批发		
服装批发	25912.7	5929.4
鞋帽批发	5085.9	4650.5
化妆品及卫生用品批发	7131.8	14.4
厨房、卫生间用具及日用杂货批发		
日用家电批发	10288.6	1436.0
其他家庭用品批发	11281.2	7296.1
文化、体育用品及器材批发	85726.2	48312.6
文具用品批发	-160.7	-199.4
图书批发	38362.0	30660.8
首饰、工艺品及收藏品批发	38623.6	16829.4
医药及医疗器材批发	1115698.5	369767.3
西药批发	944877.4	306667.3
中药批发	93448.1	31699.9
医疗用品及器材批发	77373.0	31400.1
矿产品、建材及化工产品批发	3677904.2	555052.3
煤炭及制品批发	412978.6	23238.0
石油及制品批发	630249.8	108076.6
非金属矿及制品批发	44886.9	6426.8
金属及金属矿批发	1550911.1	251703.6
建材批发	864579.9	151219.7
化肥批发	45176.7	633.2
其他化工产品批发	129121.2	13754.4
机械设备、五金产品及电子产品批发	710442.2	113488.9
农业机械批发		
汽车及零配件批发	394443.5	56979.7
摩托车及零配件批发	652.3	41.2
五金产品批发	111904.3	4151.1
电气设备批发	7146.7	1964.6
计算机、软件及辅助设备批发	4773.8	3050.7
通讯设备批发	40102.3	-5556.3
广播影视设备批发	9299.9	29.7
其他机械设备及电子产品批发	142119.4	52828.2
其他批发业	5313.3	141.1
再生物资回收与批发	5313.3	141.1
其他未列明批发业		

业企业财务状况（续四）

单位：万元

负债合计	所有者权益合计		
		实收资本	
			个人资本
8915659.9	5455338.9	3310230.8	308551.0
6535105.9	4548187.7	2725183.6	226604.0
57994.1	11521.0	17716.0	3257.0
29058.7	1432.6	1214.0	
5731.4	6731.6	6334.0	2689.0
4398.0	2585.8	2168.0	568.0
311828.2	321182.6	53528.1	8380.0
75166.9	20180.2	11055.8	200.0
55929.9	12001.1	5510.0	1250.0
16885.0	4213.3	3197.2	330.0
16466.5	59333.9	8737.4	
1088.5	476.0	300	
73374.7	32719.0	13137.7	3200.0
3610.9	187981.5	5820.0	
69305.8	4277.6	5770.0	3400.0
60989.7	29784.5	20977.3	2201.5
25912.7	5918.2	7250.0	2000.0
5085.9	1494.1	800.0	
7226.4	4993.7	1850.0	171.5
10288.6	1287.6	1252.0	30.0
11430.7	15579.3	9825.3	
132577.9	13487.1	20942.3	13800.0
-160.7	3617.1	3200.0	
38362.0	1745.6	1200.0	1200.0
82975.3	8511.1	16042.3	12600.0
1216887.9	449527.7	288019.0	69397.8
1028975.3	362948.1	222980.3	58504.8
100003.9	47601.4	39122.7	2750.0
87908.7	38978.2	25916.0	8143.0
3924478.0	3573239.2	2197141.0	99675.8
436805.2	1108792.3	575282.2	8573.6
537841.1	1023538.7	941661.6	13059.7
87250.7	27430.4	3300.0	1800.0
1621161.8	562001.3	426291.3	35536.5
1061246.2	797880.4	196801.4	7057.3
48402.7	16256.8	8100.0	
131770.3	37339.3	45704.5	33648.7
823642.5	147119.2	125439.9	29891.9
413447.0	68002.1	67557.1	4237.0
652.3	166.9	100.0	100.0
152416.1	18846.5	9758.0	4008.0
14027.6	2189.8	1228.9	628.9
4968.0	13323.5	10134.0	8010.0
40404.7	18774.8	10966.0	6090.0
9299.9	844.1	1000.0	1000.0
188426.9	24971.5	24695.9	5818.0
5313.3	1220.0	1220.0	
5313.3	1220.0	1220.0	

8-7 限额以上批发和零售

指标	流动负债合计	应付帐款
按登记注册类型分		
内资企业	5938108.2	1141924.8
国有企业	441817.7	80952.9
集体企业	143595.4	2220.5
有限责任公司	3173264.9	595765.4
国有独资公司	1603715.0	228997.6
其他有限责任公司	1569549.9	366767.8
股份有限公司	129827.0	13873.1
私营企业	2048708.2	449112.9
私营独资企业	28419.6	6122.7
私营合伙企业	3702.4	1448.3
私营有限责任公司	1979672.6	426156.0
私营股份有限公司	36913.6	15385.9
其他企业	895.0	
港、澳、台商投资企业	4710.8	288.5
港、澳、台商独资企业	4710.8	288.5
外商投资企业	38317.6	11039.3
外资企业	38317.6	11039.3
按控股情况分		
国有控股	2883222.8	462683.5
集体控股	167509.8	2220.5
私人控股	2283848.9	522038.0
港、澳、台商控股	4710.8	288.5
外商控股	38317.6	11039.3
其他	603526.7	154982.8
按经营形式分		
独立门店	2675391.9	433656.0
连锁门店		
其他	3305744.7	719596.6
大型	527052.0	158190.8
中型	3843566.7	669983.1
小型	1285436.2	232723.6
微型	325081.7	92355.1

业企业财务状况（续五）

单位：万元

负债合计	所有者权益合计	实收资本	个人资本
6491193.1	4538739.4	2723768.8	226604.0
466290.5	386747.7	172485.1	
18245.3	-882.3	500.0	
3494152.9	2474806.1	1052908.1	25356.5
1693624.6	1693279.7	619522.8	
1800528.3	781526.4	433385.3	25356.5
150441.6	1056947.4	1006299.5	2998.7
2361167.8	620860.5	491316.1	198248.8
28914.2	6561.6	5001.0	1801.0
3702.4	761.5	500.0	500.0
2260097.4	586341.9	464223.6	188507.8
68453.8	27195.5	21591.5	7440.0
895.0	260.0	260.0	
4710.8	2768.9	50.0	
4710.8	2768.9	50.0	
39202.0	6679.4	1364.8	
39202.0	6679.4	1364.8	
3228612.4	3629244.1	2024411.8	800.2
45740.3	8062.4	1100.0	
2593447.6	714755.2	558312.0	225773.8
4710.8	2768.9	50.0	
39202.0	6679.4	1364.8	
623392.8	186677.7	139945.0	30.0
2855857.7	1791863.0	631489.1	135130.9
3679248.2	2756324.7	2093694.5	91473.1
597054.2	865598.8	984108.4	
4190863.7	3117649.3	1360256.4	115727.7
1351336.1	544317.2	339354.0	98669.5
395851.9	20622.4	41464.8	12206.8

8-7 限额以上批发和零售

指标	流动负债合计	应付帐款
零售业	**2287633.3**	**513485.5**
按零售行业小类分		
综合零售	679226.4	154085.8
百货零售	572679.3	105180.7
超级市场零售	91160.4	38677.4
其他综合零售	838.6	
食品、饮料及烟草制品专门零售	49081.2	11491.4
粮油零售	11225.4	2252.5
糕点、面包零售	1002.3	809.2
果品、蔬菜零售	609.7	52.8
肉、禽、蛋、奶及水产品零售	3947.1	1124.0
营养和保健品零售	25049.0	6080.5
酒、饮料及茶叶零售	5000.2	87.9
烟草制品零售	933.3	396.4
其他食品零售	1314.2	688.1
纺织、服装及日用品专门零售	50820.1	21703.5
纺织品及针织品零售		
服装零售	38931.3	17450.1
鞋帽零售	1487.5	243.3
化妆用品及卫生用品零售	2613.6	1038.7
钟表、眼镜零售	2947.1	1686.3
文化、体育用品及器材专门零售	164264.4	86940.9
文具用品零售		
体育用品及器材零售		
图书、报刊零售	149348.9	81992.7
珠宝首饰零售	9937.3	3282.3
工艺美术品及收藏品零售	1312.3	0.3
医药及医疗器材专门零售	264719.6	66064.4
西药零售	264617.4	65955.3
医疗用品及器材零售		
汽车、摩托车、燃料及零配件专门零售	948908.3	108764.0
汽车新车零售	777156.9	80507.1
汽车零配件零售	6184.0	4156.9
机动车燃油零售	161307.6	23206.0
机动车燃气零售	4084.4	894.0
家用电器及电子产品专门零售	112056.9	58568.4
家用视听设备零售		
日用家电设备零售	88322.7	49337.7
计算机、软件及辅助设备零售	8750.6	3363.3
通信设备零售	11183.2	3287.0
其他电子产品零售	3800.4	2580.4
五金、家具及室内装饰材料专门零售	7077.3	1555.5
五金零售	1512.6	1248.8
灯具零售		
家具零售	3583.2	96.8
木质装饰材料零售	274.2	
陶瓷石材装饰材料零售		
其他室内装饰材料零售		
货摊、无店铺及其他零售业	11479.1	4311.6
货摊纺织、服装及鞋零售		
旧货零售		
生活用燃料零售		

业企业财务状况（续六）

单位：万元

负债合计	所有者权益合计	实收资本	
			个人资本
2380554.0	907151.2	585047.2	81947.0
691987.3	232793.9	111258.7	7230.9
585015.3	184681.3	97839.5	6703.0
91575.6	53945.6	12414.6	514.8
848.3	368.8	351.6	13.1
54851.6	15309.6	9049.9	2844.9
16246.9	495.1	636.9	11.9
1002.3	695.7	620.0	320.0
609.8	4518.2	1250.0	780.0
4192.8	267.7	310.0	
25045.0	-4861.7	2000.0	1000.0
5507.3	9285.9	2191.5	191.5
933.3	5021.9	1700.0	500
1314.2	-113.2	341.5	41.5
50971.5	2215.3	12869.7	2500.0
39082.6	-7191.1	6650.0	1500.0
1487.6	2743.5	2719.7	
2613.6	3740.5	1500.0	
2947.1	1388.6	1000.0	1000.0
191657.2	137584.6	25569.0	10300.0
176741.7	118586.7	14369.0	
9937.3	119.8	1900.0	1000.0
1312.3	750.8	1000.0	1000.0
271479.2	85046.8	41628.6	13388.8
271377.0	84286.1	40063.6	13388.8
977486.0	340417.4	306722.6	27993.4
790298.9	253419.6	162416.4	21713.4
6959.1	7179.4	6619.0	6200
169632.2	77280.2	134687.2	80
10420.4	2481.6	3000.0	
123564.0	69031.3	66235.1	10430.4
88322.7	53163.9	48386.7	1600.0
8837.4	14416.4	13155.8	5822.8
22603.5	-330.3	3500.0	2000.0
3800.4	1781.3	1192.6	1007.6
7077.3	5865.9	4308.6	2258.6
1512.6	303.1	40.6	40.6
3583.2	4172.1	2818.0	2218.0
274.2	1079.5	950.0	
11479.9	18886.4	7405.0	5000.0

8-7 限额以上批发和零售

指标	流动负债合计	应付帐款
按登记注册类型分		
内资企业	2258504.2	502891.4
国有企业	34183.1	4394.1
集体企业	2150.9	0.3
有限责任公司	779439.6	114218.2
国有独资公司	10814.4	3743.3
其他有限责任公司	768625.2	110474.9
股份有限公司	452150.9	141139.4
私营企业	988266.2	243139.4
私营独资企业	19876.2	-8249.3
私营有限责任公司	937651.5	240774.7
私营股份有限公司		
其他企业	2313.5	
港、澳、台商投资企业	27174.5	10386.3
港、澳、台商独资企业	27174.5	10386.3
港、澳、台商投资股份有限公司		
外商投资企业	1954.6	207.8
外资企业	1954.6	207.8
按控股情况分		
国有控股	373508.0	115025.2
集体控股	6779.8	58.6
私人控股	1362130.4	282770.6
港、澳、台商控股	27174.5	10386.3
外商控股	1954.6	207.8
其他	516086.0	105037.0
按经营形式分		
独立门店	1414531.4	237235.7
连锁总店	409731.4	140752.9
连锁直营店	107516.3	58214.5
其他	355854.2	77282.4
大型	656517.5	220770.5
中型	1329249.4	227639.7
小型	281828.5	57948.9
微型	20037.9	7126.4
按零售业态分		
有店铺零售	2280583.2	509589.8
食杂店	2349.5	1629.0
便利店	144320.7	20542.2
超市	9487.4	5271.4
大型超市	101417.4	48163.1
百货店	303345.1	84379.8
专业店	674090.1	195772.2
专卖店	751261.1	130553.7
家居建材商店	2300.8	74.6
购物中心	275685.5	15663.3
厂家直销中心	16325.6	7540.5
无店铺零售	7050.1	3895.7
网上商店	1404.5	1186.5

业企业财务状况（续七）

单位：万元

负债合计	所有者权益合计	实收资本	
			个人资本
2351402.3	875176.8	565826.2	81947.0
40602.1	22263.1	11969.1	735.0
2168.6	1209.6	1351.6	1013.1
809571.3	281478.1	121533.1	13565.8
13868.9	25028.2	4613.4	
795702.4	256449.9	116919.7	13565.8
487051.1	172768.5	140171.2	3178.9
1009695.7	397536.1	290791.2	63454.2
19876.2	4712.0	2110.0	80.0
959026.6	363914.3	258681.2	63374.2
2313.5	–78.6	10.0	
27197.1	32731.7	17221.0	
27197.1	32731.7	17221.0	
1954.6	–757.3	2000.0	
1954.6	–757.3	2000.0	
418188.9	229998.7	165938.2	1512.0
6843.9	4907.9	2351.6	1013.1
1405711.3	444616.5	310158.9	67354.2
27197.1	32731.7	17221.0	
1954.6	–757.3	2000.0	
520658.2	195653.7	87377.5	12067.7
1463187.6	535607.0	323155.4	56814.1
443884.8	205587.4	52354.3	13181.8
107562.0	52431.9	47701.5	41.5
365919.6	113524.9	161836.0	11909.6
695144.8	279164.0	85934.6	12067.7
1365557.1	506489.1	397847.4	24415.0
296704.0	97772.8	85032.3	35405.6
23148.1	23725.3	16232.9	10058.7
2373420.8	894334.4	574010.4	74610.2
2595.2	651.5	600.0	
147287.6	43824.8	125457.9	713.1
12418.4	7853.1	6952.9	948.1
102736.8	50566.0	17028.6	160
303919.6	139458.6	59698.0	6109.7
732470.5	373701.8	163492.8	38717.8
766382.7	236205.2	163670.2	25331.5
2300.8	1231.0	1200.0	1100.0
286907.4	38928.7	33350.0	1500
16401.8	1913.7	2560.0	30.0
7133.2	12816.8	11036.8	7336.8
1404.5	5042.5	5000.0	5000.0

8-7 限额以上批发和零售

指标	营业收入	主营业务收入	营业成本
总计	50581357.6	50280653.3	49241746.4
批发业	45739494.7	45529007.5	44955065.2
按批发行业小类分			
农、林、牧产品批发	389862.2	389542.2	382639.3
谷物、豆及薯类批发	27481.2	27232.1	26895.3
畜牧渔业饲料批发	148602.9	148602.9	143510.6
棉、麻批发			
其他农牧产品批发	189401.0	189330.1	188099.0
食品、饮料及烟草制品批发	1111934.6	1098608.8	881572.7
米、面制品及食用油批发	147581.5	146703.0	140691.6
糕点、糖果及糖批发			
果品、蔬菜批发	80109.5	77372.1	71689.4
肉、禽、蛋、奶及水产品批发	51200.4	50999.9	46844.4
盐及调味品批发	16116.0	13608.0	6204.1
营养和保健品批发	4810.7	4726.3	4209.1
酒、饮料及茶叶批发	270568.9	270537.3	211105.6
烟草制品批发	455710.2	453599.7	320869.1
其他食品批发	85837.4	81062.5	79959.4
纺织、服装及家庭用品批发	144348.4	144315.9	126502.4
纺织品、针织品及原料批发			
服装批发	78447.3	78447.3	70778.0
鞋帽批发	17874.3	17841.8	16318.3
化妆品及卫生用品批发	13511.3	13511.3	12142.4
厨房、卫生间用具及日用杂货批发			
日用家用批发	11970.1	11970.1	10697.8
其他家庭用品批发	20572.4	20572.4	14744.4
文化、体育用品及器材批发	286049.7	286049.7	272333.7
文具用品批发	13043.8	13043.8	11950.8
图书批发	46355.5	46355.5	45375.2
首饰、工艺品及收藏品批发	209999.9	209999.9	199445.9
医药及医疗器材批发	1832961.0	1816537.1	1651959.2
西药批发	1479260.8	1471060.3	1357452.7
中药批发	179082.3	176850.6	156121.3
医疗用品及器材批发	174617.9	168626.2	138385.2
矿产品、建材及化工产品批发	39755211.8	39577451.4	39516935.8
煤炭及制品批发	573273.6	560167.3	544967.5
石油及制品批发	15558049.1	15429122.4	15523613.8
非金属矿及制品批发	39009.7	32848.0	34077.4
金属及金属矿批发	19508969.4	19499707.3	19444034.7
建材批发	2662629.0	2652421.7	2587842.7
化肥批发	128770.1	128770.1	125874.4
其他化工产品批发	1284510.9	1274414.6	1256525.3
机械设备、五金产品及电子产品批发	2129838.8	2127214.2	2035031.8
农业机械批发			
汽车及零配件批发	698132.3	697582.0	675729.2
摩托车及零配件批发	4905.6	4905.6	4597.5
五金产品批发	227982.3	227975.7	220891.1
电气设备批发	22258.9	22066.3	20568.6
计算机、软件及辅助设备批发	42960.5	42884.6	38812.4
通讯设备批发	512956.8	512862.2	490875.0
广播影视设备批发	7128.8	7107.1	6463.6
其他机械设备及电子产品批发	613513.6	611830.7	577094.4
其他批发业	56267.0	56267.0	57203.7
再生物资回收与批发	56267.0	56267.0	57203.7
其他未列明批发业			

业企业财务状况（续八）

单位：万元

税金及附加	其他业务利润	销售费用	管理费用
116741.2	75152.8	851434.0	352464.0
99421.3	36656.0	495662.4	224272.1
208.5	249.1	6778.7	1787.8
1.7	249.1	72.9	540.4
69.6		4616.1	253.9
121.5		705.6	464.6
64756.7	1838.0	69627.6	26093.3
182.4	661.8	3713.1	2395.6
86.4		611.3	763.3
37.7	196.6	3338.9	1055.5
624.3		7345.3	2230.6
7.7	84.4	260.7	246.6
862.1	61.1	38081.6	6114.9
62878.4	580.6	11321.0	11908.6
77.7	253.5	4955.7	1378.2
346.1		12222.6	4601.6
100.4		8262.7	645.8
44.3		1812.8	
22.8		617.7	546.5
18.8		667.5	306.2
156.8		706.5	3103.0
301.4	561.3	9472.5	3871.6
29.4	3	717.1	78.1
0.2		485.5	221.0
263.6	558.3	7562.1	3056.2
3915.7	2299.9	70523.0	57863.0
2786.6	1972.4	46661.2	37936.4
330.1	204.3	9058.6	6856.6
799.0	123.2	14803.2	13070.0
26992.6	28460.4	265077.7	108140.8
907.4	49.3	14053.4	8529.0
9149.0	17619.0	184138.4	58815.8
193.8		1888.6	1929.7
13001.6	4178.9	27252.5	14832.0
2546.5	6604.3	11728.2	21326.6
74.7	8.9	2143.2	780.7
1119.6		23873.4	1927.0
2138.2	3247.3	60269.0	21379.1
551.9	2262.3	8904.4	7710.6
3.0		195.8	59.1
196.1	214.3	3064.1	1070.7
36.5	39.6	1462.9	129.7
69.9	75.9	951.7	1773.1
456.1	48.4	19308.2	4183.9
19.8		149.8	617.8
804.9	606.8	26232.1	5834.2
728.1		113.4	209.9
728.1		113.4	209.9

8-7 限额以上批发和零售

指标	营业收入	主营业务收入	营业成本
按登记注册类型分			
内资企业	45629046.9	45418591.3	44881716.5
国有企业	1708881.1	1703730.4	1532429.5
集体企业	18623.0	18623.0	18590.8
有限责任公司	25049814.3	24897874.4	24536916.6
国有独资公司	17835964.0	17701020.1	17499765.4
其他有限责任公司	7213850.3	7196854.3	7037151.2
股份有限公司	13104301.6	13088844.2	13342136.0
私营企业	5745600.0	5707719.3	5450304.1
私营独资企业	69226.8	66117.6	61337.4
私营合伙企业	6136.6	6136.6	4273.1
私营有限责任公司	5578148.8	5547852.6	5305155.2
私营股份有限公司	92087.8	87612.5	79538.4
其他企业	1826.9	1800.0	1339.5
港、澳、台商投资企业	18117.6	18117.6	14432.6
港、澳、台商独资企业	18117.6	18117.6	14432.6
外商投资企业	92330.2	92298.6	58916.1
外资企业	92330.2	92298.6	58916.1
按控股情况分			
国有控股	37611859.5	37444446.6	37269486.7
集体控股	94542.9	93590.6	92307.1
私人控股	6481384.5	6440118.4	6144148.3
港、澳、台商控股	18117.6	18117.6	14432.6
外商控股	92330.2	92298.6	58916.1
其他	1441260.0	1440435.7	1375774.4
按经营形式分			
独立门店	14288870.7	14136823.6	13554668.6
连锁总店			
其他	31450624.0	31392183.9	31400396.6
大型	13619203.4	13606935.6	13616027.4
中型	19809736.5	19645077.2	19163708.0
小型	10794520.5	10786098.8	10663260.3
微型	1516034.3	1490895.9	1512069.5

业企业财务状况（续九）

单位：万元

税金及附加	其他业务利润	销售费用	管理费用
98981.9	36647.8	470218.0	221493.1
64463.0	990.4	17926.1	20907.2
30.7		111.9	125.0
23791.0	13213.9	250858.6	82513.8
16499.2	9628.6	163440.4	34913.1
7291.8	3585.3	87418.2	47600.7
3379.5	15598.8	29507.4	47895.9
7316.9	6844.7	171778.0	69953.6
126.3	61.5	4609.2	2258.6
13.5		1770.8	3.2
7014.0	6783.2	159837.2	65636.5
163.1		5560.8	2055.3
0.8		36.0	97.6
65.6		3028.7	
65.6		3028.7	
373.8	8.2	22415.7	2779.0
373.8	8.2	22415.7	2779.0
88794.3	25980.5	232901.0	122959.2
81.0	8.9	1815.9	652.9
8711.2	8317.5	199138.4	78916.4
65.6		3028.7	
373.8	8.2	22415.7	2779.0
1395.4	2340.9	36362.7	18964.6
78889.1	24389.0	340184.0	107089.6
20532.2	12267.0	155478.4	117182.5
68213.4	12683.4	95370.9	74743.8
21433.5	21335.5	322916.7	112938.9
8887.8	2224.8	70985.7	34298.5
886.6	412.3	6389.1	2290.9

8-7 限额以上批发和零售

指标	营业收入	主营业务收入	营业成本
零售业	**4841862.9**	**4751645.8**	**4286681.2**
按零售行业小类分			
综合零售	849637.2	817840.5	697965.1
百货零售	509939.5	493493.0	408014.3
超级市场零售	294210.8	279641.7	250376.7
其他综合零售	3279.5	3279.5	3227.5
食品、饮料及烟草制品专门零售	79418.4	78714.6	67735.9
粮油零售	16270.3	15862.7	15304.3
糕点、面包零售	2634.8	2634.8	1878.3
果品、蔬菜零售	2681.7	2629.7	2394.9
肉、禽、蛋、奶及水产品零售	5847.4	5847.4	5470.3
营养和保健品零售	3334.6	3334.6	2427.1
酒、饮料及茶叶零售	33382.8	33138.6	27838.3
烟草制品零售	11172.3	11172.3	9139.0
其他食品零售	4094.5	4094.5	3283.7
纺织、服装及日用品专门零售	121674.7	117853.3	91719.2
纺织品及针织品零售			
服装零售	67685.7	65278.7	52853.7
鞋帽零售	3932.0	3006.7	2996.3
化妆品及卫生用品零售	26664.9	26476.6	18839.5
钟表、眼镜零售	4880.5	4862.1	1729.2
文化、体育用品及器材专门零售	205195.2	204933.3	196123.6
文具用品零售			
体育用品及器材零售			
图书、报刊零售	188679.2	188417.3	182036.8
珠宝首饰零售	5499.4	5499.4	4609.2
工艺美术品及收藏品零售	494.7	494.7	450.3
医药及医疗器材专门零售	334848.8	328856.1	228415.2
西药零售	333440.6	327447.9	227717.8
医疗用品及器材零售			
汽车、摩托车、燃料及零配件专门零售	2952539.3	2905736.9	2736274.2
汽车新车零售	1904313.3	1883596.0	1770517.4
汽车零配件零售	21771.8	19177.6	20455.8
机动车燃油零售	1016762.8	993271.9	937597.1
机动车燃气零售	8450.0	8450.0	6749.6
家用电器及电子产品专门零售	267532.1	266710.0	243090.8
家用视听设备零售			
日用家电设备零售	141722.5	140981.9	127512.2
计算机、软件及辅助设备零售	42156.1	42155.8	37861.3
通信设备零售	73406.0	73324.8	68630.1
其他电子产品零售	10247.5	10247.5	9087.2
五金、家具及室内装饰材料专门零售	13570.6	13554.5	10883.3
五金零售	1425.0	1425.0	1293.2
灯具零售			
家具零售	6118.3	6108.3	4045.3
木质装饰材料零售	3518.5	3518.5	3378.2
陶瓷、石材装饰材料零售			
其他室内装饰材料零售			
货摊、无店铺及其他零售业	17446.6	17446.6	14473.9
货摊纺织、服装及鞋零售			
旧货零售			
生活用燃料零售			

业企业财务状况（续十）

单位：万元

税金及附加	其他业务利润	销售费用	管理费用
17319.9	38496.8	355771.6	128191.9
7917.3	17190.5	98449.8	26450.6
7215.2	7041.7	57769.2	18446.1
663.9	10142.8	35716.4	5590.9
0.5		3.7	40.7
288.0	9336.4	4576.6	3330.5
47.4	9325	1065.5	710.2
19.3		353.6	330.5
1.4		136.4	117.2
0.8		110.1	254.0
75.4		729.5	900.3
107.6		416.0	273.8
31.8	11.4	1276.4	647.1
4.3		489.1	97.4
418.2	1619.7	18958.6	12608.6
230.3	1386.5	9275.5	9618.4
19.8		577.8	356.7
102.1	215.2	4803.1	1096.8
41.9	18	2425.9	664.1
779.1	261.9	21810.9	28284.4
630.2	261.9	20891.6	27319.7
125.0		569.7	352.3
0.5		18.8	73.3
1069.8	308.6	81965.9	13918.7
1063.6	308.6	81688.8	13033.9
6359.2	9779.8	108674.2	33382.7
4510.4	9696.8	61989.0	28685.2
44.0		909.6	198.7
1790.5	80.5	45325.1	3380.4
10.0		370.5	1013.0
340.6	−0.1	18204.9	7970.1
184.7		12589.4	4256.8
66.2	−0.1	1162.9	2353.1
71.7		4428.5	862.5
18.0		24.1	497.7
35.2		1135.9	1373.3
11.5			70.4
18.6		1000.4	1010.2
3.4		63.8	44.4
112.5		1994.8	873.0

8-7 限额以上批发和零售

指标	营业收入	主营业务收入	营业成本
按登记注册类型分			
内资企业	4652162.6	4568962.2	4124388.9
国有企业	87246.2	83034.3	78501.9
集体企业	6445.6	6445.6	5897.5
有限责任公司	1508051.8	1478171.2	1287147.5
国有独资公司	31060.9	30420.8	26647.3
其他有限责任公司	1476990.9	1447750.4	1260500.2
股份有限公司	946895.5	930470.4	862264.2
私营企业	2100506.1	2067823.3	1887816.6
私营独资企业	47291.3	47291.3	43622.0
私营有限责任公司	2026674.8	1996035.3	1817042.0
私营股份有限公司			
其他企业	3017.4	3017.4	2761.2
港、澳、台商投资企业	185527.4	179483.7	159389.9
港、澳、台商独资企业	185527.4	179483.7	159389.9
港、澳、台商投资股份有限公司			
外商投资企业	4172.9	3199.9	2902.4
外资企业	4172.9	3199.9	2902.4
按控股情况分			
国有控股	1381253.2	1351570.1	1274939.8
集体控股	22493.2	22484.7	20403.0
私人控股	2525986.1	2487953.3	2233006.7
港、澳、台商控股	185527.4	179483.7	159389.9
外商控股	4172.9	3199.9	2902.4
其他	722430.1	706954.1	596039.4
按经营形式分			
独立门店	3063129.9	3000574.3	2760332.0
连锁总店	547641.9	541481.8	425642.8
连锁直营店	194621.8	192143.3	165280.0
其他	1036469.3	1017446.4	935426.4
大型	1577011.1	1538377.9	1368063.8
中型	2635702.4	2597353.9	2350536.6
小型	557281.5	551643.6	504398.0
微型	71867.9	64270.4	63682.8
按零售业态分			
有店铺零售	4815296.1	4725339.9	4262780.6
食杂店	6201.7	6201.7	5560.2
便利店	266344.6	265141.4	236948.4
超市	36675.3	35497.0	29629.4
大型超市	304815.6	288278.2	259611.6
百货店	414992.4	402715.5	337995.1
专业店	1923607.9	1885181.6	1699582.1
专卖店	1748354.5	1731928.9	1610689.0
家居建材商店	2267.2	2257.2	650.0
购物中心	97894.5	93996.0	69652.4
厂家直销中心	14142.4	14142.4	12462.4
无店铺零售	26566.8	26305.9	23900.6
网上商店	3010.4	3010.4	2667.6

业企业财务状况（续十一）

单位：万元

税金及附加	其他业务利润	销售费用	管理费用
16375.1	35284.4	336265.5	124364.8
153.1	200.0	6705.1	3515.9
4.3		171.7	115.9
6714.7	23158.3	139516.2	42116.2
122.9	9437.2	2061.3	1197.7
6591.8	13721.1	137454.9	40918.5
2989.2	1569.3	68953.6	31196.2
6513.4	10356.8	120874.6	47236.4
42.2		1916.6	311.5
6196.4	10356.8	116340.9	46200.1
0.4		44.3	184.2
944.3	2239.4	18074.0	3271.7
944.3	2239.4	18074.0	3271.7
0.5	973.0	1432.1	555.4
0.5	973.0	1432.1	555.4
3121.6	11894.7	79267.0	37218.6
37.3	100.1	502.9	477.2
10648.8	12447.6	165493.7	65777.1
944.3	2239.4	18074.0	3271.7
0.5	973.0	1432.1	555.4
2567.4	10842.0	91001.9	20891.9
12240.1	28988.0	158146.2	63151.8
1750.3	663.1	109831.8	37890.6
573.4	8639.1	26008.6	12872.0
2756.1	206.6	61785.0	14277.5
5163.3	10444.6	163107.8	39058.2
10722.9	17493.6	162072.4	69071.7
1223.4	10549.4	28505.0	18723.9
210.3	9.2	2086.4	1338.1
17272.2	38496.8	354771.2	126948.7
1.4		272.6	99.9
438.8	6.0	21053.8	9890.6
83.5	9200.7	4025.6	1616.9
661.0	10379.3	38699.6	6137.9
3906.2	7041.7	43006.3	14407.6
4475.6	1636.9	162194.4	50334.2
4230.4	8845.7	69442.1	31814.6
4.8		805.7	799.3
3451.3	1386.5	13183.5	11429.5
19.2		2087.6	418.2
47.7		1000.4	1243.2
6.2		221.9	48.4

8-7 限额以上批发和零售

指标	财务费用	利息收入
总计	152154.4	23636.2
批发业	124319.5	21763.1
按批发行业小类分		
农、林、牧产品批发	1022.1	10.8
谷物、豆及薯类批发	271.5	-4.1
畜牧渔业饲料批发	175.3	0.8
棉、麻批发		
其他农牧产品批发	84.5	14.1
食品、饮料及烟草制品批发	2125.4	2373.3
米、面制品及食用油批发	1626.4	19.0
糕点、糖果及糖批发		
果品、蔬菜批发	1943.2	-3.1
肉、禽、蛋、奶及水产品批发	191.0	3.5
盐及调味品批发	-570.7	585.3
营养和保健品批发	24.8	0.3
酒、饮料及茶叶批发	275.9	19.7
烟草制品批发	-1745.8	1748.3
其他食品批发	380.6	0.3
纺织、服装及家庭用品批发	745.4	79.8
纺织品、针织品及原料批发		
服装批发	96.2	34.2
鞋帽批发	-6.3	10.2
化妆品及卫生用品批发	216.2	10
厨房、卫生间用具及日用杂货批发		
日用家电批发	292.8	0.4
其他家庭用品批发	151.6	31.3
文化、体育用品及器材批发	2644.9	13.1
文具用品批发	0.1	
图书批发	78.1	13.3
首饰、工艺品及收藏品批发	2486.5	-0.2
医药及医疗器材批发	22366.8	772.1
西药批发	20184.4	431.0
中药批发	1525.2	302.4
医疗用品及器材批发	657.2	38.7
矿产品、建材及化工产品批发	83687.8	18084.3
煤炭及制品批发	6376.7	2272.4
石油及制品批发	48599.7	7556.7
非金属矿及制品批发	124.5	18.4
金属及金属矿批发	13818.0	7137.3
建材批发	12690.8	818.6
化肥批发	637.9	229.0
其他化工产品批发	1440.2	51.9
机械设备、五金产品及电子产品批发	11612.5	427.5
农业机械批发		
汽车及零配件批发	6590.5	667.8
摩托车及零配件批发		
五金产品批发	3271.7	-505.3
电气设备批发	-9.2	14.1
计算机、软件及辅助设备批发	-27.9	-67.9
通讯设备批发	245.0	3.8
广播影视设备批发	792.4	3.0
其他机械设备及电子产品批发	750.0	312.0
其他批发业	26.4	
再生物资回收与批发	26.4	
其他未列明批发业		

业企业财务状况（续十二）

单位：万元

利息费用	投资收益	营业利润	营业外收入
135881.2	11410.1	6062.3	21067.5
119655.4	37424.6	-95915.5	12979.5
941.3	13.6	-2436.2	512.0
275.6		-79.1	85.7
174.9	13.6	-106.2	60.1
		-74.1	197.8
1599.2	5185.0	67740.8	1679.5
1384.7	3.0	-1227.4	437.7
36.0		4654.6	49.5
146.8		-259.1	282.1
		796.1	636.8
24.7		61.8	
32.4	396.6	10655.0	86.5
	4785.4	53712.5	151.9
-25.4		-652.7	35.0
380.1		479.9	92.1
		-1153.6	6.2
		35.6	18.1
216.7		-31.7	
33.2		-8.9	8.9
130.2		1640.4	58.9
2283.9	100	-2471.5	63.9
		271.3	
85.9		195.6	35.3
2198.0	100	-2714.6	24.9
16389.3	19599.4	51796.0	2097.8
15301.7	19693.5	40262.1	1725.4
556.0		5620.1	226.2
531.6	-94.1	5913.8	146.2
87374.3	12876.5	-211480.9	7112.5
8061.1	119.7	373.3	1140.1
55332.4	1279.4	-262972.3	2946.3
121.0		1016.1	25.7
13417.8	6052.2	19142.9	1467.1
8245.4	5635.0	31572.6	353.4
767.5	5.0	-734.2	799.6
1429.1	-214.8	120.7	380.3
10639.3	-349.9	2361.4	942.9
5953.9	310.1	1224.4	120.1
		50.1	0.3
3422.1		-298.7	34.2
4.9		299.4	4.9
35.7	56.4	1437.4	7.4
162.0		-2062.8	406.3
789.4		-914.8	2.4
271.3	-716.4	2626.4	367.3
		-2014.5	217.9
		-2014.5	217.9

8-7 限额以上批发和零售

指标	财务费用	利息收入
按登记注册类型分		
内资企业	124239.9	21763.6
国有企业	5845.5	2490.3
集体企业	53.9	0.1
有限责任公司	34342.8	13854.4
国有独资公司	8764.3	11857.0
其他有限责任公司	25578.5	1997.4
股份有限公司	46339.6	1793.4
私营企业	37657.9	3625.4
私营独资企业	59.0	-1.5
私营合伙企业	19.4	
私营有限责任公司	36831.4	3507.7
私营股份有限公司	748.1	119.2
其它企业	0.2	
港、澳、台商投资企业	-0.4	1.1
港、澳、台商独资企业	-0.4	1.1
外商投资企业	80.0	-1.6
外资企业	80.0	-1.6
按控股情况分		
国有控股	77414.0	17691.4
集体控股	739.9	106.2
私人控股	41904.6	3124.6
港、澳、台商控股	-0.4	1.1
外商控股	80.0	-1.6
其他	4181.4	841.4
按经营形式分		
独立门店	38816.4	10185.3
连锁总店		
其他	85503.1	11577.8
大型	53960.4	2403.2
中型	46029.5	15426.0
小型	16448.9	4462.3
微型	7880.7	-528.4

业企业财务状况（续十三）

单位：万元

利息费用	投资收益	营业利润	营业外收入
119642.8	37020.6	-104670.4	12896.2
3895.8	4211.9	72128.5	367.4
52.9		-169.6	1.4
41899.2	6717.3	141456.8	7568.3
20418.7	1342.1	123916.8	3089.7
21480.5	5375.2	17540.0	4478.6
47465.4	6210.2	-358005.9	616.5
26329.5	19881.2	39658.8	4340.8
-1.0		807.3	0.5
19.4		56.6	0.1
25649.9	19881.2	35059.7	4217.0
661.2		3735.2	123.2
		261.0	1.8
0.7		591.1	23.0
0.7		591.1	23.0
11.9	404	8163.8	60.3
11.9	404	8163.8	60.3
86237.0	15878.4	-147344.2	6062.9
819.5	5.0	-920.2	795.3
30383.4	20719.5	39915.6	5681.7
0.7		591.1	23.0
11.9	404	8163.8	60.3
2202.9	417.7	3678.4	356.3
34302.0	13973.2	189562.9	8216.7
85353.4	23451.4	-285478.4	4762.8
52754.0	4534.7	-282934.0	958.3
46022.3	28358.8	190250.2	9224.5
14400.3	4531.1	9175.6	2430.4
6478.8		-12407.3	366.3

8-7 限额以上批发和零售

指标	财务费用	利息收入
零售业	**27834.9**	**1873.1**
按零售行业小类分		
综合零售	5232.5	305.1
百货零售	4148.4	286.4
超级市场零售	979.7	13.0
其他综合零售	7.1	
食品、饮料及烟草制品专门零售	272.8	281.3
粮油零售	-4.1	4.4
糕点、面包零售	2.2	-0.3
果品、蔬菜零售	17.0	
肉、禽、蛋、奶及水产品零售	22.0	
营养和保健品零售	238.6	193.5
酒、饮料及茶叶零售	20.7	12.0
烟草制品零售	-40.3	71.7
其他食品零售	16.7	
纺织、服装及日用品专门零售	432.7	1.5
纺织品及针织品零售		
服装零售	258.0	-0.1
鞋帽零售	26.9	
化妆品及卫生用品零售	66.6	
钟表、眼镜零售	-0.9	1.4
文化、体育用品及器材专门零售	-521.4	807.2
文具用品零售		
体育用品及器材零售		
图书、报刊零售	-778.0	807.0
珠宝首饰零售	211.8	
工艺美术品及收藏品零售	0.7	
医药及医疗器材专门零售	1992.0	11.3
西药零售	1992.2	10.6
医疗用品及器材零售		
汽车、摩托车、燃料及零配件专门零售	18459.6	554.1
汽车零售	15698.2	566.0
汽车零配件零售	153.3	0.3
机动车燃油零售	2372.2	4.1
机动车燃气零售	235.2	-16.3
家用电器及电子产品专门零售	1769.6	-83.2
家用视听设备零售		
日用家电设备零售	486.8	-81.5
计算机、软件及辅助设备零售	133.0	4.2
通信设备零售	1138.1	-6
其他电子产品零售	11.7	0.1
五金、家具及室内装饰材料专门零售	90.4	-4.2
五金零售	8.6	
灯具零售		
家具零售	28.1	-8.0
木质装饰材料零售	4.2	3.8
陶瓷、石材装饰材料零售		
其他室内装饰材料零售		
货摊、无店铺及其他零售业	106.7	
货摊纺织、服装及鞋零售		
旧货零售		
生活用燃料零售		

业企业财务状况（续十四）

单位：万元

利息费用	投资收益	营业利润	营业外收入
16225.8	-26014.5	101977.8	8088.0
2781.5	762.5	31625.2	1524.8
2735.1	763.8	25076.3	907.8
46.4		8158.1	340.8
74.1		3111.1	885.9
-0.8		-682.9	757.2
2.5		50.8	99.2
11.0		14.8	
0.2		-9.8	
48.1		-1037.9	14.8
2.7		4727.4	6
10.4		129.1	1.2
		-80.4	7.5
168.0		-2346.8	255.8
117.6		-4577.5	137.6
		-116.5	0.1
50.4		1971.4	106.5
		20.3	8
213.3		4902.6	321.9
-24.8		4763.3	306.3
195.3		-368.6	4.8
0.7		-48.9	
287.4	3.8	9944.2	1058.7
286.9	3.8	10377.2	1055.5
12388.2	-26794.3	57974.9	3673.8
10389.5	-26812.2	30049.0	2633.7
145.3		10.4	
1602.2	17.9	27722.8	1033.7
251.2		71.6	6.4
250.5	13.2	-3152.6	347.9
132.1		-3261.6	202.9
52.2	13.2	361.5	86.7
55.1		-575.0	49.0
11.1		322.5	9.3
12.8		46.3	18.1
8.6		41.6	
3.9		15.5	2.0
0.3		24.5	10
50.0	0.3	-127.1	1.1

8-7 限额以上批发和零售

指标	财务费用	利息收入
按登记注册类型分		
内资企业	27494.1	1754.4
国有企业	360.7	86.4
集体企业	8.9	
有限责任公司	7461.0	375.3
国有独资公司	43.9	-10.2
其他有限责任公司	7417.1	385.5
股份有限公司	3115.6	832.4
私营企业	16526.1	460.3
私营独资企业	945.4	189.2
私营有限责任公司	15333.9	179.8
私营股份有限公司		
其他企业	21.8	
港、澳、台商投资企业	343.5	114.4
港、澳、台商独资企业	343.5	114.4
港、澳、台商投资股份有限公司		
外商投资企业	-2.7	4.3
外资企业	-2.7	4.3
按控股情况分		
国有控股	2176.5	1120.1
集体控股	11.1	4.9
私人控股	18871.6	516.4
港、澳、台商控股	343.5	114.4
外商控股	-2.7	4.3
其他	6434.9	113.0
按经营形式分		
独立门店	21108.0	1016.4
连锁总店	1790.2	828.0
连锁直营店	419.6	-66.9
其他	4517.1	95.6
大型	5222.3	977.7
中型	17847.7	884.5
小型	4507.8	0.6
微型	257.1	10.3
按零售业态分		
有店铺零售	27700.1	1873.9
食杂店	0.2	
便利店	921.3	6.6
超市	255.3	5.1
大型超市	949.0	1.7
百货店	3404.5	262.1
专业店	9165.6	1180.1
专卖店	12232.8	404.3
家居建材商店	-1.7	-8.1
购物中心	720.2	20.2
厂家直销中心	52.9	1.9
无店铺零售	134.8	-0.8
网上商店	47.3	

业企业财务状况（续十五）

单位：万元

	投资收益	营业利润	营业外收入
利息费用			
15880.3	-26014.5	98820.1	7801.9
229.6	2042.1	1847.0	986.7
0.7		-104.6	
3510.5	1129.2	48071.4	1619.1
7.7	18.2	1261.4	115.6
3502.8	1111.0	46810.0	1503.5
3406.5	12.0	24751.3	1892.6
8733.0	-29197.8	24249.6	3303.5
567.9		453.1	4.1
7827.0	-29197.8	24408.3	3294.7
		5.4	
343.9		3872.5	259.3
343.9		3872.5	259.3
1.6		-714.8	26.8
1.6		-714.8	26.8
2332.2	2060.3	34775.1	2421.4
4.2		726.2	0.1
9127.8	-28586.3	45016.4	4245.5
343.9		3872.5	259.3
1.6		-714.8	26.8
4416.1	511.5	18302.4	1134.9
12232.6	-26075.4	68719.9	4761.5
580.7	1.7	17410.8	988.2
106.7		-1736.4	299.6
3305.8	59.2	17583.5	2038.7
3236.7	6.1	51846.6	1403.4
10342.2	-26050.2	48516.1	5064.6
2487.2	29.6	-2716.6	1581.3
159.7		4331.7	38.7
16157.3	-26026.9	101729.8	8038.3
0.2		-16.1	
576.3	6.4	-3109.7	1310.2
181.9		-2461.4	247.9
		7725.2	367.5
2348.5	756.1	13664.5	692.1
5010.2	1122.8	50216.0	2400.2
7663.4	-27912.2	25668.1	2823.5
		9.1	2.0
357.6		10932.0	192.1
19.2		-897.9	2.8
68.5	12.4	248.0	49.7
47.3		18.8	

8-7 限额以上批发和零售业企业财务状况（续十六）

单位：万元

指标	利润总额	所得税费用	应付职工薪酬（本年贷方累计发生额）	应交增值税
总计	2633.6	72097.5	498346.6	186305.1
批发业	-100995.6	45729.6	293850.2	133792.0
按批发行业小类分				
农、林、牧产品批发	-2224.0	95.4	1371.3	113.2
谷物、豆及薯类批发	6.6	5.9	252.9	0.9
畜牧渔业饲料批发	-92.3	82.6	647.6	54.9
棉、麻批发				
其他农牧产品批发	107.8	6.9	294.0	57.4
食品、饮料及烟草制品批发	69030.2	17337.9	46851.6	28512.7
米、面制品及食用油批发	-796.1	49.2	2336.9	334.4
糕点、糖果及糖批发				
果品、蔬菜批发	4610.8	299.3	1242.0	3973.2
肉、禽、蛋、奶及水产品批发	-93.0	-0.3	2042.4	-0.9
盐及调味品批发	1410.9	295.0	3863.2	188.9
营养和保健品批发	61.2	5.3	289.2	60.9
酒、饮料及茶叶批发	10616.7	3948.0	17826.3	4692.8
烟草制品批发	53852.5	12473.6	1796.2	18634.2
其他食品批发	-632.8	267.8	17455.4	629.2
纺织、服装及家庭用品批发	512.6	201.4	6801.4	1994.0
纺织品、针织品及原料批发				
服装批发	-1168.5	-1.7	2844.5	740.3
鞋帽批发	53.0	0.1	632.3	254.9
化妆品及卫生用品批发	-31.7	2.5	515.7	87.2
厨房、卫生间用具及日用杂货批发				
家用电器批发	-5.0	4.0	519.1	103.6
其他家庭用品批发	1666.7	196.5	2251.0	786.9
文化、体育用品及器材批发	-2457.5	43.8	6389.7	395.7
文具用品批发	271.1	22.4	388.0	54.5
图书批发	230.9	19.9	347.6	
首饰、工艺品及收藏品批发	-2739.4	1.5	5215.9	272.9
医药及医疗器材批发	51952.1	7913.4	42309.3	20619.3
西药批发	41034.5	5829.4	31687.6	13901.4
中药批发	5567.6	1385.7	4948.1	2142.4
医疗用品及器材批发	5350.0	698.3	5673.6	4575.5
矿产品、建材及化工产品批发	-219380.2	17504.0	162601.8	78281.5
煤炭及制品批发	882.0	292.4	6618.3	23402.7
石油及制品批发	-273079.9	2129.3	129047.2	39998.2
非金属矿及制品批发	1038.8	25.8	732.5	305.9
金属及金属矿批发	19896.3	8906.5	12507.3	3443.7
建材批发	31313.5	5965.3	10476.9	9576.5
化肥批发	65.4	54.1	1042.5	3.8
其他化工产品批发	503.7	130.6	2177.1	1550.7
机械设备、五金产品及电子产品批发	3001.0	2633.7	27128.3	3097.2
农业机械批发				
汽车及零配件批发	1283.3	1127.7	4574.7	-4840.3
摩托车及零配件批发	50.4		79.2	31.5
五金产品批发	-301.6	458.1	788.3	349.4
电气设备批发	299.6	7.2	677.9	465.7
计算机、软件及辅助设备批发	1443.6	160.1	1078.9	557.7
通讯设备批发	-1673.3	337.6	6717.5	1659.4
广播影视设备批发	-912.4		383.0	55.4
其他机械设备及电子产品批发	2811.4	543.0	12828.8	4818.4
其他批发业	-1796.6		209.0	681.4
再生物资回收与批发	-1796.6		209.0	681.4
其他未列明批发业				

8-7 限额以上批发和零售业企业财务状况（续十七）

单位：万元

指标	利润总额	所得税费用	应付职工薪酬（本年贷方累计发生额）	应交增值税
按登记注册类型分				
内资企业	-109668.8	43749.4	281611.5	130596.7
国有企业	72444.6	16242.4	10017.2	47409.0
集体企业	-169.5		76.8	128.3
有限责任公司	131001.2	17367.4	171172.0	33457.8
国有独资公司	110011.2	8286.8	123561.5	22066.8
其他有限责任公司	20990.0	9080.6	47610.5	11391.0
股份有限公司	-354408.4	-76.2	20363.3	23758.2
私营企业	41200.5	10215.7	79854.2	25843.3
私营独资企业	732.2	128	1286.2	754.8
私营合伙企业	56.7	2.8	46.6	124.3
私营有限责任公司	36715.7	8955.8	77516.0	24128.6
私营股份有限公司	3695.9	1129.1	1005.4	835.6
其他企业	262.8	0.1	128.0	0.1
港、澳、台商投资企业	610.6	155.5	1087.6	455.4
港、澳、台商投资企业	610.6	155.5	1087.6	455.4
外商投资企业	8062.6	1824.7	11151.1	2739.9
外资企业	8062.6	1824.7	11151.1	2739.9
按控股情况分				
国有控股	-156205.5	30573.1	172076.2	94174.1
集体控股	-126.7	10.1	664.5	202.7
私人控股	42729.6	10503.0	88528.7	31432.7
港、澳、台商控股	610.6	155.5	1087.6	455.4
外商控股	8062.6	1824.7	11151.1	2739.9
其他	3933.8	2663.2	20342.1	4787.2
按经营形式分				
独立门店	178518.0	24353.1	210349.9	65619.2
连锁总店				
其他	-279513.6	21376.5	83500.3	68172.8
大型	-278751.9	18314.2	49199.8	53156.3
中型	179447.0	22157.4	219440.9	65157.1
小型	10705.3	5171.9	24200.6	15293.3
微型	-12396.0	86.1	1008.9	185.3

8-7 限额以上批发和零售业企业财务状况（续十八）

单位：万元

指标	利润总额	所得税费用	应付职工薪酬（本年贷方累计发生额）	应交增值税
零售业	103629.2	26367.9	204496.4	52513.1
按零售行业小类分				
综合零售	31854.1	10433.4	42678.9	7913.3
百货零售	24583.1	7935.0	20023.8	4128.6
超级市场零售	8608.3	2424.2	19263.5	3108.2
其他综合零售			17.4	0.5
食品、饮料及烟草制品专门零售	3967.3	1223.2	4055.5	1147.9
粮油零售	72.0	1.1	802.0	13.8
糕点、面包零售	149.3	0.8	618.6	163.5
果品、蔬菜零售	14.8	0.5	323.6	6.2
肉、禽、蛋、奶及水产品零售	-9.8	1.4	240.7	0.4
营养和保健品零售	-1044.9		566.4	47.1
酒、饮料及茶叶零售	4730.4	1179.3	140.7	668.1
烟草制品零售	128.4	40.1	1215.4	217.4
其他食品零售	-72.9		148.1	31.4
纺织、服装及日用品专门零售	-2190.8	413.4	4542.3	2323.7
纺织品及针织品零售				
服装零售	-4456.4	58.2	2672.8	1077.0
鞋帽零售	-116.4	-50.3	274.0	105.1
化妆品及卫生用品零售	2023.7	317.8	406.3	770.2
钟表、眼镜零售	4.2	0.2	904.0	6.4
文化、体育用品及器材专门零售	5008.7	66.7	24249.7	410.8
文具用品零售				
体育用品及器材零售				
图书、报刊零售	4853.8	6.5	23578.0	261.4
珠宝首饰零售	-363.8		443.8	63.2
工艺美术品及收藏品零售	-48.9		30.3	4.1
医药及医疗器材专门零售	10263.9	2436.4	40851.6	9285.1
西药零售	10694.4	2436.4	40437.1	9238.3
医疗用品及器材零售				
汽车、摩托车、燃料及零配件专门零售	57709.5	11443.0	76152.8	27723.3
汽车零售	32229.4	9086.8	44833.8	20103.6
汽车零配件零售	8.4	8.1	300.6	252.9
机动车燃油零售	25295.2	2345.1	30695.6	7266.0
机动车燃气零售	56.0	0.6	254.5	59.3
家用电器及电子产品专门零售	-2904.3	44.0	8955.2	3058.3
家用视听设备零售				
日用家电设备零售	-3143.7	4.1	5856.9	1173.4
计算机、软件及辅助设备零售	445.5	23.5	1735.5	412.9
通信设备零售	-537.9	8.9	1037.2	1043.7
其他电子产品零售	331.8	7.5	325.6	428.3
五金、家具及室内装饰材料专门零售	62.9	6.9	666.6	254.0
五金零售	41.6	2.1	40.8	88.0
灯具零售				
家具零售	17.5	3.1	550.2	141.7
木质装饰材料零售	33.5	1.7	31.8	10.8
陶瓷、石材装饰材料零售				
其他室内装饰材料零售				
货摊、无店铺及其他零售业	-142.1	300.9	2343.8	396.7
货摊纺织、服装及鞋零售				
旧货零售				
生活用燃料零售				

8-7 限额以上批发和零售业企业财务状况（续十九）

单位：万元

指标	利润总额	所得税费用	应付职工薪酬（本年贷方累计发生额）	应交增值税
按登记注册类型分				
内资企业	100333.4	25084.4	199324.3	49792.1
国有企业	2815.4	284.8	5266.1	3641.8
集体企业	-104.6		107.8	9.4
有限责任公司	48513.7	11270.0	80291.5	19750.9
国有独资公司	1375.5	385.1	2316.0	289.7
其他有限责任公司	47138.2	10884.9	77975.5	19461.2
股份有限公司	23081.2	1228.8	48914.0	2959.5
私营企业	26022.3	12300.7	64566.1	23430.1
私营独资企业	446.1	54.3	862.8	174.5
私营有限责任公司	26183.3	12396.0	62927.7	23255.3
私营股份有限公司				
其他企业	5.4	0.1	178.8	0.4
港、澳、台商投资企业	3983.8	1283.5	4801.9	2681.7
港、澳、台商独资企业	3983.8	1283.5	4801.9	2681.7
港、澳、台商投资股份有限公司				
外商投资企业	-688.0		370.2	39.3
外资企业	-688.0		370.2	39.3
按控股情况分				
国有控股	33492.6	3253.0	63994.8	9674.9
集体控股	726.3	141.0	744.8	27.6
私人控股	46943.3	17500.9	85855.8	29380.4
港、澳、台商控股	3983.8	1283.5	4801.9	2681.7
外商控股	-688.0		370.2	39.3
其他	19171.2	4189.5	48728.9	10709.2
按经营形式分				
独立门店	71385.9	21196.5	92488.6	34200.5
连锁总店	17402.7	2825.3	64410.1	10966.6
连锁直营店	-1334.0	1327.0	12016.2	2508.4
其他	16174.6	1019.1	35581.5	4837.6
大型	50126.4	6071.2	99551.8	15036.5
中型	50401.6	15429.9	85931.7	29316.6
小型	-1258.1	3782.6	18184.2	6561.4
微型	4359.3	1084.2	828.7	1598.6
按零售业态分				
有店铺零售	103339.0	26347.8	203576.7	52206.6
食杂店	-16.1	1.3	103.9	
便利店	-2944.3	660.6	11200.4	2591.9
超市	-2233.7	16.7	2792.9	118.4
大型超市	8181.8	2411.1	20380.6	3131.3
百货店	13231.4	4318.8	14931.5	2842.5
专业店	49110.0	5664.5	103968.9	20628.5
专卖店	28023.9	9639.8	44858.0	20880.1
家居建材商店	11.1	0.6	344.4	32.9
购物中心	10876.3	3628.8	4106.0	1850.1
厂家直销中心	-901.4	5.6	890.1	130.9
无店铺零售	290.2	20.1	919.7	306.5
网上商店	11.3	7.9	158.2	53.4

8-8 星级住宿业和限额以

指标	法人企业数（个）	执行《2006企业会计准则》企业数（个）	年初存货	流动资产合计	应收帐款
总计	287	158	13452.7	307023.9	42149.4
住宿业	138	83	6721.3	244325.6	32630.5
按住宿业行业小类分					
旅游饭店	66	49	4807.3	166729.8	27091.5
一般旅馆	66	28	1801.7	74762.2	4176.3
其他住宿业	6	6	112.3	2833.6	1362.7
按登记注册类型分					
内资企业	137	82	6642.6	242003.6	32555.6
国有企业	16	15	978.9	29605.0	2163.2
集体企业	2	2	21.2	2482.5	25.9
有限责任公司	37	31	3885.0	99721.8	12808.0
国有独资公司	8	8	1752.9	34125.4	6345.1
其他有限责任公司	29	23	2132.1	65596.4	6462.9
私营企业	80	34	1722.0	106534.4	17439.2
私营独资企业	4	2	15.7	1207.7	426.5
私营有限责任公司	76	32	1706.3	105326.7	17012.7
私营股份有限公司					
外商投资企业	1	1	78.7	2322.0	74.9
中外合资经营企业	1	1	78.7	2322.0	74.9
按控股情况分					
国有控股	38	35	3527.7	89761.4	13239.1
集体控股	2	2	21.2	2482.5	25.9
私人控股	91	41	2120.3	135220.7	18476.0
外商控股	1	1	78.7	2322.0	74.9
其他	6	4	973.4	14539.0	814.6
按经营形式分					
独立门店	118	74	6494.3	207161.5	31454.6
连锁直营店	1	1	53.2	4542.8	629.7
连锁加盟店	11	3	31.9	5629.6	387.7
其他	8	5	141.9	26991.7	158.5
按星级分					
五星	4	4	462.6	17279.5	1590.5
四星	17	12	775.4	57062.2	10326.4
三星	18	15	1040.8	31412.2	5363.8
二星	1	1	45.4	684.3	20.0
其他	98	51	4397.1	137887.4	15329.8

上餐饮业企业财务状况

单位：万元

存货	固定资产原价	累计折旧	本年折旧	在建工程	资产总计
13802.5	476694.5	208020.2	24707.0	22491.8	801071.5
8218.6	389927.6	182801.1	19211.4	19014.2	643841.6
6610.5	327391.1	160219.7	13446.2	5106.1	483482.3
1474.4	58398.6	21307.1	5446.3	10999.1	151266.7
133.7	4137.9	1274.3	318.9	2909.0	9092.6
8145.7	358971.8	161789.6	18676.0	19014.2	631417.3
885.7	137310.7	65191.4	5522.8	53.1	119299.6
19.3	8598.4	6215.9	193.7		4865.0
4796.7	154144.6	67425.4	7026.8	15202.4	341225.0
2803.6	65205.4	25534.0	3591.1	2238.2	98373.3
1993.1	88939.2	41891.4	3435.7	12964.2	242851.7
2404.5	58567.0	22679.6	5932.1	3758.7	162144.3
27.7	561.1	150.1	83.2	151.9	1879.6
2376.8	58005.9	22529.5	5848.9	3606.8	160264.7
72.9	30955.8	21011.5	535.4		12424.3
72.9	30955.8	21011.5	535.4		12424.3
4466.4	249860.6	112260.4	10495.2	2291.6	358144.1
19.3	8598.4	6215.9	193.7		4865.0
2755.0	69921.0	28968.8	6543.1	16649.5	229127.6
72.9	30955.8	21011.5	535.4		12424.3
905.0	30591.8	14344.5	1444.0	73.1	39280.6
7949.2	377473.6	177740.1	17774.7	18621.9	578202.3
109.5	1067.5	124.5	116.6		19175.3
33.4	2971.6	1181.0	332.2		10407.5
126.5	8414.9	3755.5	987.9	392.3	36056.5
408.3	59887.5	41754.9	2108.3	8	41143.1
753.0	91215.6	47259.2	2762.0	2433.7	112029.3
985.9	51013.2	25105.2	3202.9	818.7	158581.7
35.7	2481.8	730.2	730.2		3113.1
6035.7	185329.5	67951.6	10408.0	15753.8	328974.4

8-8 星级住宿业和限额以

指标	法人企业数（个）	执行《2006企业会计准则》企业数（个）	年初存货	流动资产合计	应收帐款
餐饮业	**149**	**75**	**6731.4**	**62698.3**	**9518.9**
按餐饮业行业小类分					
正餐服务	133	68	5231.5	51266.8	7880.6
快餐服务	9	4	1450.1	5580.8	334.2
饮料及冷饮服务	2	2	24.2	463.6	0.1
咖啡馆服务	1	1		341.6	
其他餐饮业	2		2.0	518.6	61.8
其他未列明餐饮业	1		2.0	135.2	25.8
按登记注册类型分					
内资企业	148	74	6408.5	59245.8	9509.6
国有企业					
有限责任公司	23	13	566.7	13526.7	2989.6
国有独资公司					
其他有限责任公司	23	13	566.7	13526.7	2989.6
股份有限公司	3	2	121.3	1237.9	22.7
私营企业	120	58	5715.0	44472.1	6497.3
私营独资企业	11	7	270.0	2852.5	637.9
私营有限责任公司	106	49	5429.5	40318.2	5494.5
私营股份有限公司	3	2	15.5	1301.4	364.9
其他企业					
港、澳、台商投资企业					
港、澳、台商独资企业					
外商投资企业	1	1	322.9	3452.5	9.3
外资企业	1	1	322.9	3452.5	9.3
按控股情况分					
国有控股	3	3	165.4	2287.2	1389.8
集体控股	2	2	114.8	1087.7	20.2
私人控股	137	66	5989.5	54751.4	8070.0
港、澳、台商控股					
外商控股	1	1	322.9	3452.5	9.3
其他	6	3	138.8	1119.5	29.6
按经营形式分					
独立门店	126	61	5349.2	43574.4	6712.2
连锁总店（总部）	4	3	423.6	5050.5	424.7
其他	17	9	934.4	13609.8	2381.9
大型	2	2	902.7	9165.7	220.6
中型	10	8	1452.3	8373.0	702.8
小型	111	58	4145.5	39415.8	7624.7
微型	26	7	230.9	5743.8	970.8

上餐饮业企业财务状况（续一）

单位：万元

存货	固定资产原价	累计折旧	本年折旧	在建工程	资产总计
5583.9	86766.9	25219.1	5495.6	3477.6	157229.9
4988.9	76009.1	20802.6	4866.5	987.4	128908.6
519.7	8376.4	3597.5	514.5	1875.5	19705.3
26.1	179.5	28.3	26.9	24.7	1233.1
	4.8	1.0	0.9		535.0
	986.7	15.9	6.7		1476.8
	34.1	0.6	0.3		149.0
5223.2	81984.8	22714.2	5346.7	1602.1	145926.9
779.5	42497.6	8216.0	1558.6	681.6	51967.5
779.5	42497.6	8216.0	1558.6	681.6	51967.5
123.6	1181.6	899.2	48.4		3103.4
4319.1	36424.7	12972.4	3244.4	911.9	89559.5
237.2	3612.5	1494.0	118.6		5355.5
3976.8	32131.1	11378.5	3114.3	911.9	81192.2
105.1	681.1	99.9	11.5		3011.8
360.7	4782.1	2504.9	148.9	1875.5	11303.0
360.7	4782.1	2504.9	148.9	1875.5	11303.0
169.3	37451.3	5433.0	1229.9	91.6	36480.1
118.4	2941.1	1428.9	543.3	8.6	2653.6
4833.3	40940.2	15604.8	3488.9	1501.9	104812.9
360.7	4782.1	2504.9	148.9	1875.5	11303.0
102.2	652.2	247.5	84.6		1980.3
4526.1	37126.6	13725.6	3492.7	987.4	86428.5
478.4	8241.4	4275.3	284.5	1875.5	14942.2
553.3	41219.4	7189.9	1691.5	590	54626.1
615.4	4977.1	2580.0	174.2	1875.5	17243.0
1258.2	10819.8	4001.5	1131.5		22109.1
3465.0	68883.7	15730.0	3218.3	1421.4	109434.6
245.3	2086.3	2907.6	971.6	180.7	8443.2

8-8 星级住宿业和限额以

指标	流动负债合计	应付帐款
总计	373054.3	56533.5
住宿业	302392.5	38192.2
按住宿业行业小类分		
旅游饭店	204969.8	30389.7
一般旅馆	90583.8	6232.9
其他住宿业	6838.9	1569.6
按登记注册类型分		
内资企业	295208.3	37927.9
国有企业	38941.7	5347.7
集体企业	5269.5	116.3
有限责任公司	148030.0	20256.9
国有独资公司	53969.2	10064.5
其他有限责任公司	94060.8	10192.4
私营企业	99265.7	12199.2
私营独资企业	795.8	481.3
私营有限责任公司	98469.9	11717.9
私营股份有限公司		
外商投资企业	7184.2	264.3
中外合资经营企业	7184.2	264.3
按控股情况分		
国有控股	146965.9	18728.5
集体控股	5269.5	116.3
私人控股	135428.4	15806.2
外商控股	7184.2	264.3
其他	7544.5	3276.9
按经营形式分		
独立门店	260020.3	35895.5
连锁直营店	19760.2	108.1
连锁加盟店	4193.6	590.0
其他	18418.4	1598.6
按星级分		
五星	21548.4	3184.4
四星	65022.2	7696.3
三星	32664.7	4094.9
二星	860.4	713.1
其他	182296.8	22503.5

上餐饮业企业财务状况（续二）

单位：万元

负债合计	所有者权益合计	实收资本	个人资本
545093.9	254938.9	744326.3	24350.7
462224.0	181463.0	170346.1	14676.9
347138.8	136462.5	146690.6	4996.1
108229.2	43037.4	19792.9	8318.2
6856.0	1963.1	3862.6	1362.6
449273.2	181989.5	157816.4	14676.9
118882.4	417.2	40301.4	
5269.5	-404.5	5097.6	
194794.1	146157.4	74324.4	2707.6
76551.3	21822.0	18878.6	247
118242.8	124335.4	55445.8	2460.6
125380.8	36882.4	36893.3	11969.3
686.4	1193.2	1113.0	1113.0
124694.4	35689.2	35780.3	10856.3
12950.8	-526.5	12529.7	
12950.8	-526.5	12529.7	
258786.1	99358.0	88862.9	247.0
5269.5	-404.5	5097.6	
173155.9	55817.1	61226.8	13406.8
12950.8	-526.5	12529.7	
12061.7	27218.9	2629.1	1023.1
416099.3	161948.4	163530.8	10621.6
19760.2	-584.9	800.0	
7481.0	2926.5	932.1	432.1
18883.5	17173.0	5083.2	3623.2
36497.6	4645.5	13408.7	
81246.9	30901.4	50810.0	1023.1
44384.0	114197.7	38736.7	967.0
860.4	2252.7	2520.0	
299235.1	29465.7	64870.7	12686.8

8-8 星级住宿业和限额以

指标	流动负债合计	应付帐款
餐饮业	**70661.8**	**18341.3**
按餐饮业行业小类分		
正餐服务	55448.9	15045.6
快餐服务	8833.7	1315.3
饮料及冷饮服务	1384.9	983.6
咖啡馆服务	1277.3	878.5
其他餐饮业	353.2	80.9
其他未列明餐饮业		
按登记注册类型分		
内资企业	66204.5	17507.0
国有企业		
有限责任公司	18383.6	4440.8
国有独资公司		
其他有限责任公司	18383.6	4440.8
股份有限公司	436.7	245.7
私营企业	45674.0	12575.8
私营独资企业	1171.2	351.7
私营有限责任公司	43476.6	12110.1
私营股份有限公司	1026.2	114.0
其他企业		
港、澳、台商投资企业		
港、澳、台商独资企业		
外商投资企业	4457.3	834.3
外资企业	4457.3	834.3
按控股情况分		
国有控股	7365.9	734.2
集体控股	2047.9	434.3
私人控股	53042.7	14607.6
港、澳、台商控股		
外商控股	4457.3	834.3
其他	3748.0	1730.9
按经营形式分		
独立门店	47950.6	14750.4
连锁总店（总部）	5248.9	931.7
其他	16077.4	1675.6
大型	9730.9	834.3
中型	12681.9	3330.3
小型	44398.1	12264.1
微型	3850.9	1912.6

上餐饮业企业财务状况（续三）

单位：万元

负债合计	所有者权益合计	实收资本	个人资本
82869.9	**73475.9**	**573980.2**	**9673.8**
66614.2	61410.3	567076.1	9673.8
9788.3	9917.0	4504.1	
1422.6	-189.5	100.0	
1277.3	-742.3		
403.7	1073.1	1000.0	
50.5	98.5		
77636.5	67406.3	572570.6	9673.8
20688.4	31695.8	40586.7	1650.0
20688.4	31695.8	40586.7	1650.0
731.4	2372.0	1799.0	249.0
54496.5	33762.2	530100.8	7774.8
1858.9	3496.6	822.0	700.0
51351.3	28540.1	528122.2	7074.8
1286.3	1725.5	1156.6	
5233.4	6069.6	1409.6	
5233.4	6069.6	1409.6	
7365.9	29114.2	36200.0	
2332.9	320.7	289.0	249
64179.7	39749.1	535437.5	9424.8
5233.4	6069.6	1409.6	
3758.0	-1777.7	644.1	
58146.3	27398.1	530600.6	9503.8
6025.0	8917.2	1479.6	20
17276.0	37350.1	41800.0	150.0
10507.0	6736.0	1909.6	
17609.4	4499.7	4094.5	499.0
48109.1	61325.5	567349.1	9169.8
6644.4	914.7	627.0	5

8-8 星级住宿业和限额以

指标	营业收入	主营业务收入	营业成本
总计	353927.5	344599.4	189112.3
住宿业	172676.0	167629.2	88285.1
按住宿业行业小类分			
旅游饭店	120607.3	116322.9	63271.9
一般旅馆	48448.7	47757.2	22332.1
其他住宿业	3620.0	3549.1	2681.1
按登记注册类型分			
内资企业	169321.8	164713.1	87486.2
国有企业	32971.6	31559.2	18655.3
集体企业	862.0	862.0	273.0
有限责任公司	62627.2	60435.7	34246.7
国有独资公司	23773.9	22655.2	15082.1
其他有限责任公司	38853.3	37780.5	19164.6
私营企业	72020.0	71135.8	34012.9
私营独资企业	1719.3	1719.3	597.0
私营有限责任公司	70300.7	69416.5	33415.9
私营股份有限公司			
外商投资企业	3354.2	2916.1	798.9
中外合资经营企业	3354.2	2916.1	798.9
按控股情况分			
国有控股	76689.8	73573.7	45356.7
集体控股	862.0	862.0	273.0
私人控股	80810.0	79615.3	37621.7
外商控股	3354.2	2916.1	798.9
其他	10960.0	10662.1	4234.8
按经营形式分			
独立门店	154442.5	149798.6	79013.6
连锁直营店	1839.3	1502.6	773.7
连锁加盟店	5490.6	5424.4	2380.2
其他	10903.6	10903.6	6117.6
按星级分			
五星	20229.6	20173.1	9378.5
四星	31630.2	29114.2	12692.0
三星	18644.2	17737.4	10394.8
二星	1080.6	1080.6	940.6
其他	101091.4	99523.9	54879.2

上餐饮业企业财务状况（续四）

单位：万元

税金及附加	其他业务利润	销售费用	管理费用
3582.5	2391.7	110169.0	69765.0
2971.6	542.9	47341.0	50138.3
2642.2	515.6	30098.4	38831.2
302.0	27.3	17052.3	10167.2
27.4		190.3	1139.9
2765.2	542.9	45955.1	48597.5
1317.0	15.9	5813.8	14991.9
86.4		245.0	540.7
1115.9	390.9	16999.7	14937.9
514.4	25.1	6958.3	3119.1
601.5	365.8	10041.4	11818.8
245.5	136.1	22656.5	17996.9
5.6		257.0	918.7
239.9	136.1	22399.5	17078.2
206.4		1385.9	1540.8
206.4		1385.9	1540.8
2244.9	134.8	17579.2	23656.2
86.4		245.0	540.7
369.7	136.1	26315.6	19880.3
206.4		1385.9	1540.8
64.2	272	1815.3	4520.3
2942.9	520.3	39200.8	45706.1
		1367.8	79.0
11.5	21.9	1567.4	1901.4
17.2	0.7	5205.0	2451.8
542.1		1844.0	10971.8
687.0	132.3	10126.8	12700.8
423.8	93.8	3346.7	5451.7
1.4		63.4	70.2
1317.3	316.8	31960.1	20943.8

8-8 星级住宿业和限额以

指标	营业收入		营业成本
		主营业务收入	
餐饮业	**181251.5**	**176970.2**	**100827.2**
按餐饮业行业小类分			
正餐服务	128992.8	124711.6	74272.9
快餐服务	43542.7	43542.7	20655.0
饮料及冷饮服务	3977.8	3977.7	2641.5
咖啡馆服务	1236.2	1236.2	1720.6
其他餐饮业	1335.4	1335.4	566.9
其他未列明餐饮业	382.9	382.9	213.2
按登记注册类型分			
内资企业	149726.7	145445.4	84692.5
国有企业			
有限责任公司	31257.2	31040.0	16270.4
国有独资公司			
其他有限责任公司	31257.2	31040.0	16270.4
股份有限公司	3402.8	3402.8	1836.7
私营企业	114569.2	110505.2	66326.0
私营独资企业	10452.5	10452.5	7584.9
私营有限责任公司	102615.0	98620.4	57823.0
私营股份有限公司	1501.7	1432.3	918.1
其他企业			
港、澳、台商投资企业			
港、澳、台商独资企业			
外商投资企业	31524.8	31524.8	16134.7
外资企业	31524.8	31524.8	16134.7
按控股情况分			
国有控股	4965.0	4956.7	1336.2
集体控股	2684.4	2684.3	1507.1
私人控股	135930.0	131657.1	77269.2
港、澳、台商控股			
外商控股	31524.8	31524.8	16134.7
其他	6147.3	6147.3	4580.0
按经营形式分			
独立门店	96177.2	91904.3	54438.8
连锁总店（总部）	39106.2	39106.2	22012.1
其他	41990.3	41982.0	21734.8
大型	45368.3	45368.3	24494.8
中型	44667.3	42047.0	22458.2
小型	85744.4	85364.9	49576.6
微型	5471.5	4190.0	4297.6

上餐饮业企业财务状况（续五）

单位：万元

税金及附加	其他业务利润	销售费用	管理费用
610.9	**1848.8**	**62828.0**	**19626.7**
597.3	1848.8	46277.8	15939.5
9.0		14246.6	3008.2
0.9		1064.1	283.6
0.5		1.8	143.9
1.4		823.7	51.0
1.4		221.7	33.8
603.6	1848.8	55313.2	17144.1
287.3	0.2	15311.6	2668.5
287.3	0.2	15311.6	2668.5
1.7		1308.1	205.1
313.1	1848.6	38468.8	13958.7
32.0		1551.7	1099.1
265.5	1732.9	36352.2	12684.7
15.6	115.7	564.9	174.9
7.3		7514.8	2482.6
7.3		7514.8	2482.6
252.5		3770.9	623.5
1.7		1079.9	361.8
327.1	1848.8	47902.3	15685.7
7.3		7514.8	2482.6
22.3		2560.1	473.1
355.9	993.4	33924.7	12787.7
28.6		8329.0	3162.7
225.5	855.4	19510.2	3392.7
7.8		12505.2	4324.1
27.6	0.2	18792.3	4759.5
564.0	1848.6	30467.3	10138.3
11.5		1063.2	404.8

8-8 星级住宿业和限额以上餐饮业企业财务状况（续六）

单位：万元

指标	财务费用	利息收入	利息费用	资产减值损失	公允价值变动收益	投资收益	营业利润	营业外收入
总计	10476.2	569.2	8376.4			42.2	-28315.8	5653.0
住宿业	9130.8	467.5	7157.1			48.5	-25399.9	4605.8
按住宿业行业小类分								
旅游饭店	6716.9	442.7	5365.5			16.3	-19607.1	4018.8
一般旅馆	2397.4	24.6	1780.8			22.8	-5327.8	510.8
其他住宿业	16.5	0.2	10.8			9.4	-465.0	76.2
按登记注册类型分								
内资企业	9133.4	467.5	7157.1			48.5	-24824.7	4561.6
国有企业	3972.4	185.0	4150.2				-13312.5	2851.9
集体企业	0.3	-0.2	0.9				-283.4	189.9
有限责任公司	1103.9	258.2	317.4			27.8	-6275.9	497.3
国有独资公司	205.8	102.4	265.4			2.1	-2968.9	236.2
其他有限责任公司	898.1	155.8	52.0			25.7	-3307.0	261.1
私营企业	4049.8	24.5	2688.6			20.7	-4923.5	1021.0
私营独资企业	12.1	1	12.4				-170.8	13.3
私营有限责任公司	4037.7	23.5	2676.2			20.7	-4752.7	1007.7
私营股份有限公司								
外商投资企业	-2.6						-575.2	44.2
中外合资经营企业	-2.6						-575.2	44.2
按控股情况分								
国有控股	4990.6	375.5	4368.6			11.5	-19173.6	3190.8
集体控股	0.3	-0.2	0.9				-283.4	189.9
私人控股	4172.9	34.3	2779.6			20.7	-5711.9	1136.3
外商控股	-2.6						-575.2	44.2
其他	-30.4	57.9	8.0			16.3	344.2	44.6
按经营形式分								
独立门店	6371.1	440.7	5404.0			32.2	-21607.0	4526.5
连锁直营店	947.1						-1328.4	
连锁加盟店	152.1	0.2	148.8			16.3	-400.5	40.4
其他	1660.5	26.6	1604.3				-2064.0	38.9
大型	142.0	4.4	113.4				430.8	18.6
中型	1360.3	233.6	1012.8			2.1	-11570.1	3130.7
小型	1873.3	200.8	288.0			46.4	-7092.8	1436.9
微型	5755.2	28.7	5742.9				-7167.8	19.6
按星级分								
五星	-36.7	63.9	13.0				-4161.7	744.4
四星	1031.4	119.5	48.3				-5504.3	2273.3
三星	-68.2	213.9	121.9				-629.8	440.4
二星	1.6						3.4	46.4
其他	8202.7	70.2	6973.9			48.5	-15107.5	1101.3

8-8 星级住宿业和限额以上餐饮业企业财务状况（续七）

单位：万元

指标	财务费用	利息收入	利息费用	资产减值损失	公允价值变动收益	投资收益	营业利润	营业外收入
餐饮业	1345.4	101.7	1219.3			-6.3	-2915.9	1047.2
按餐饮业行业小类分								
正餐服务	1018.5	68.5	882.8			-6.3	-7832.8	745.7
快餐服务	248.9	26.9	273.6				5183.2	272.6
饮料及冷饮服务	5.1	0.1					-17.4	0.1
咖啡馆服务	0.3						-630.9	0.1
其他餐饮业	4.5	0.7					-113.2	
其他未列明餐饮业	-0.6	0.6					-87.8	
按登记注册类型分								
内资企业	1364.2	82.9	1219.3			-6.3	-8388.7	1036.8
国有企业								
有限责任公司	796.2	18.4	749.3				-3967.9	101.4
国有独资公司								
其他有限责任公司	796.2	18.4	749.3				-3967.9	101.4
股份有限公司	-0.1	2.1	0.1				61.2	17.5
私营企业	538.9	61.9	440.4			-6.3	-4152.7	915.4
私营独资企业	20.0	0.3	11.1				29.7	9.5
私营有限责任公司	518.4	61.6	429.3			-6.3	-4126.1	882.2
私营股份有限公司	0.5						-56.3	23.7
其他企业								
港、澳、台商投资企业								
港、澳、台商独资企业								
外商投资企业	-18.8	18.8					5472.8	10.4
外资企业	-18.8	18.8					5472.8	10.4
按控股情况分								
国有控股	1.5	10.6	-5.0				-914.2	4.1
集体控股	27.7	2.0	29.5				-283.9	20.0
私人控股	1311.7	70.0	1188.9			-6.3	-5679.1	1003.2
港、澳、台商控股								
外商控股	-18.8	18.8					5472.8	10.4
其他	23.3	0.3	5.9				-1511.5	9.5
按经营形式分								
独立门店	975.5	56.9	862.2			-6.3	-6399.9	623.5
连锁总店（总部）	-14.5	19.1	3.8				5670.8	99.0
其他	379.3	25.6	353.3				-2169.4	324.6
大型	2.9	18.8	21.7				5102.6	18.4
中型	973.0	13.4	928.5				-2327.4	490.2
小型	364.3	69.2	266.3			-6.3	-5198.0	508.1
微型	5.2	0.3	2.8				-493.1	30.5

8-8 星级住宿业和限额以上餐饮业企业财务状况（续八）

单位：万元

指标	利润总额	所得税费用	应付职工薪酬（本年贷方累计发生额）
总计	**-23730.4**	**2352.3**	**88988.4**
住宿业	**-21296.7**	**275.7**	**50299.4**
按住宿业行业小类分			
旅游饭店	-15999.6	108.0	38099.2
一般旅馆	-4900.7	147.3	11114.5
其他住宿业	-396.4	20.4	1085.7
按登记注册类型分			
内资企业	-20761.4	275.7	48516.6
国有企业	-10809.8	23.7	10535.3
集体企业	-97.7		517.7
有限责任公司	-5826.7	82.6	20247.3
国有独资公司	-2740.9	-3.9	7342.0
其他有限责任公司	-3085.8	86.5	12905.3
私营企业	-3999.3	169.4	17016.3
私营独资企业	-157.5	3.8	355.2
私营有限责任公司	-3841.8	165.6	16661.1
私营股份有限公司			
外商投资企业	-535.3		1782.8
中外合资经营企业	-535.3		1782.8
按控股情况分			
国有控股	-16348.0	102.1	25413.5
集体控股	-97.7		517.7
私人控股	-4680.6	189.4	18832.5
外商控股	-535.3		1782.8
其他	364.9	-15.8	3752.9
按经营形式分			
独立门店	-17569.5	143.6	46356.3
连锁直营店	-1328.4		280.0
连锁加盟店	-363.1	6	970.0
其他	-2035.7	126.1	2693.1
大型	447.4	-25.4	2806.2
中型	-8633.0	135.7	25373.8
小型	-5939.5	134.7	21982.3
微型	-7171.6	30.7	137.1
按星级分			
五星	-3551.5	4.3	8039.0
四星	-3336.3	27.3	12046.0
三星	-207.0	88.5	6522.3
二星	43.9		351.6
其他	-14245.8	155.6	23340.5

8-8 星级住宿业和限额以上餐饮业企业财务状况（续九）

单位：万元

指标	利润总额	所得税费用	应付职工薪酬（本年贷方累计发生额）
餐饮业	**-2433.7**	**2076.6**	**38689.0**
按餐饮业行业小类分			
正餐服务	-7353.9	596.6	29260.1
快餐服务	5164.0	1337.2	6479.2
饮料及冷饮服务	-18.8	140.1	864.8
咖啡馆服务	-630.8		230.5
其他餐饮业	-113.2		467.9
其他未列明餐饮业	-87.8		109.7
按登记注册类型分			
内资企业	-7736.0	739.8	34398.2
国有企业			
有限责任公司	-3912.4	37.9	8035.7
国有独资公司			
其他有限责任公司	-3912.4	37.9	8035.7
股份有限公司	71.0	2.8	840.9
私营企业	-3567.7	699.1	25255.9
私营独资企业	37.1	13.5	1328.6
私营有限责任公司	-3563.9	685.6	23573.2
私营股份有限公司	-40.9		354.1
其他企业			
港、澳、台商投资企业			
港、澳、台商独资企业			
外商投资企业	5302.3	1336.8	4290.8
外资企业	5302.3	1336.8	4290.8
按控股情况分			
国有控股	-928.3		1193.5
集体控股	-271.7	2.8	751.9
私人控股	-5033.5	736.8	31178.8
港、澳、台商控股			
外商控股	5302.3	1336.8	4290.8
其他	-1502.5	0.2	1274.0
按经营形式分			
独立门店	-5996.1	491.5	22425.8
连锁总店（总部）	5577.2	1347.4	5183.4
其他	-1996.0	97.6	10215.0
大型	4923.9	1414.8	7693.3
中型	-1975.2	125.1	9651.2
小型	-4839.3	533.7	20977.0
微型	-543.1	3	367.5

8-9 各种物价总指数

（上年=100）

年份	居民消费价格总指数	商品零售价格指数	农产品收购价格指数
1979	100.8	100.9	
1980	105.1	105.3	
1981	101.8	101.7	
1982	101.0	101.1	
1983	100.4	100.0	
1984	102.7	101.5	
1985	112.7	113.0	
1986	105.7	106.0	
1987	109.8	109.8	
1988	124.5	125.1	
1989	116.1	116.3	
1990	101.3	99.5	
1991	106.3	105.6	
1992	107.2	106.0	
1993	115.7	113.2	112.0
1994	123.1	121.9	124.0
1995	119.0	115.5	124.1
1996	110.2	105.7	95.4
1997	103.5	101.5	104.4
1998	99.6	98.5	87.8
1999	96.9	97.5	97.3
2000	99.3	99.0	108.5
2001	102.1	99.1	102.4
2002	99.3	98.8	89.9
2003	100.9	99.2	107.5
2004	101.1	101.0	
2005	100.6	98.8	
2006	101.7	100.3	
2007	105.3	103.1	
2008	107.2	107.2	
2009	99.6	100.5	
2010	103.8	103.9	
2011	105.4	105.4	
2012	102.4	102.4	
2013	103.5	102.7	
2014	102.2	101.8	
2015	101.3	100.6	
2016	100.8	100.7	
2017	101.5	101.8	
2018	101.7	101.7	
2019	102.2	102.0	
2020	102.0	101.4	

8-10 居民消费价格分类指数

（上年=100）

指标	2016	2017	2018	2019	2020
居民消费价格总指数	100.8	101.5	101.7	102.2	102.0
一、食品烟酒	101.8	100.1	101.3	105.6	105.8
食品	102.4	99.7	101.2	108.0	107.6
粮食	100.6	100.7	100.0	100.8	102.8
鲜菜	106.5	95.7	102.0	105.8	113.3
畜肉类	104.5	96.7	98.5	120.3	125.2
其中：猪肉	109.2	92.7	93.6	130.6	135.2
牛肉	100.7	101.5	101.1	110.2	112.1
羊肉	93.2	95.8	111.5	114.5	110.8
水产品	101.6	102.0	103.1	100.8	101.3
蛋类	97.3	95.7	112.9	106.3	91.4
奶类	100.3	101.1	102.2	101.6	99.8
鲜瓜果	95.2	107.0	103.4	118.1	83.0
烟草	100.5	100.0	100.0	100.0	100.0
酒类	99.9	101.9	104.6	102.1	101.0
二、衣着	101.6	101.2	101.2	101.3	99.7
三、居住	100.5	102.2	102.8	99.9	99.9
四、生活用品及服务	100.2	100.9	100.7	101.2	100.8
五、交通和通信	99.2	100.9	100.5	99.6	97.7
1.交通	98.8	101.6	101.2	100.4	96.7
2.通信	99.7	99.6	99.3	98.4	99.6
六、教育文化和娱乐	99.9	102.2	100.0	100.8	102.2
1.教育	100.0	102.1	100.0	101.4	103.6
2.文化娱乐	99.7	102.3	100.0	99.9	99.9
七、医疗保健	101.2	107.2	108.0	102.5	100.3
八、其他用品和服务	101.1	99.8	100.0	102.5	104.6

注：自2016年起，居民消费价格指标体系发生变化。

8-11 居民消费价格指数

（上年=100）

指标	2016	2017	2018	2019	2020
居民消费价格总指数	100.8	101.5	101.7	102.2	102.0
一、食品烟酒	101.8	100.1	101.3	105.6	105.8
1.食品	102.4	99.7	101.2	108.0	107.6
粮食	100.6	100.7	100.0	100.8	102.8
薯类	117.6	107.6	99.9	100.6	107.0
豆类	102.9	99.9	99.6	101.1	103.5
食用油	101.2	103.4	101.7	102.5	105.4
菜	106.2	96.5	102.0	105.3	112.2
鲜菜	106.5	95.7	102.0	105.8	113.3
畜肉类	104.5	96.7	98.5	120.3	125.2
猪肉	109.2	92.7	93.6	130.6	135.2
牛肉	100.7	101.5	101.0	110.2	112.1
禽肉类	102.9	97.6	105.0	115.9	111.8
水产品	101.6	102.0	103.1	100.8	101.3
蛋类	97.3	95.7	112.9	106.3	91.4
鸡蛋	96.9	95.2	113.3	105.9	90.0
奶类	100.3	101.1	102.2	101.6	99.8
干鲜瓜果类	97.7	105.2	102.0	113.4	90.9
糖果糕点类	100.6	100.5	101.4	100.7	101.9
调味品	100.9	104.1	101.0	99.4	101.5
其他食品类	104.5	98.8	100.2	102.8	103.1
2.茶及饮料	99.7	102.0	103.4	101.0	100.7
茶叶	100.0	100.0	100.0	100.0	101.5
3.烟酒	100.2	100.8	101.9	100.9	100.4
烟草	100.5	100.0	100.0	100.0	100.0
酒类	99.9	101.9	104.6	102.1	101.0
4.在外餐饮	101.1	100.8	100.9	101.4	103.1
二、衣着	101.6	101.2	101.2	101.3	99.7
1.服装	103.0	100.5	100.6	101.5	99.4
2.服装材料	100.2	97.4	97.9	102.7	96.4
3.其他衣着及配件	101.8	105.4	98.8	99.5	100.4
4.衣着加工服务费	102.1	108.8	108.6	107.2	102.5
5.鞋类	97.2	102.3	103.0	100.1	100.4
三、居住	100.5	102.2	102.8	99.9	99.9
1.租赁房房租	100.7	103.0	102.2	98.3	99.3
2.住房保养维修及管理	100.0	102.8	103.2	100.5	98.7
3.水电燃料	100.0	101.4	103.8	100.3	100.0
4.自有住房	100.9	102.3	102.1	100.0	100.5

8-11 居民消费价格指数（续一）

（上年=100）

指标	2016	2017	2018	2019	2020
四、生活用品及服务	100.2	100.9	100.7	101.2	100.8
1.家具及室内装饰品	100.8	100.9	101.1	100.6	100.2
家具	100.7	101.0	101.1	100.4	100.3
室内装饰品	101.4	99.4	101.0	102.8	99.8
2.家用器具	99.7	100.8	100.6	99.5	99.9
3.家用纺织品	100.2	98.1	99.6	102.2	99.9
床上用品	100.0	97.3	98.9	102.3	99.7
4.家庭日用杂品	100.1	101.4	101.0	102.3	101.1
5.个人护理用品	100.6	100.9	100.3	100.9	101.2
6.家庭服务	100.0	102.6	101.4	101.9	102.3
五、交通和通信	99.2	100.9	100.5	99.6	97.7
1.交通	98.8	101.6	101.2	100.4	96.7
交通工具	100.0	100.4	100.8	99.6	99.1
2.通信	99.7	99.6	99.3	98.4	99.6
通信工具	99.0	98.5	97.3	94.0	98.3
通信服务	100.0	100.0	100.0	100.0	100.0
六、教育文化和娱乐	99.9	102.2	100.0	100.8	102.2
1.教育	100.0	102.1	100.0	101.4	103.6
教育用品	100.1	100.5	99.7	99.6	99.6
教育服务	100.0	102.3	100.0	101.7	104.1
2.文化娱乐	99.7	102.3	100.0	99.9	99.9
文娱耐用消费品	97.9	101.2	99.7	99.7	99.3
其他文娱用品	102.2	102.1	100.4	100.2	100.8
书报杂志	101.5	100.1	100.0	100.0	100.0
文化娱乐服务	100.1	103.0	100.4	100.0	97.5
旅游	99.1	102.8	99.7	99.7	101.7
七、医疗保健	101.2	107.2	108.0	102.5	100.3
1.药品及医疗器具	102.8	110.0	107.1	105.5	100.7
中药	102.4	119.5	111.9	103.3	100.7
西药	102.2	104.0	103.7	107.2	101.2
滋补保健品	108.3	117.6	108.9	104.7	98.9
医疗卫生器具	102.6	106.5	105.1	102.0	99.4
保健器具	101.0	99.4	104.3	107.2	100.7
2.医疗服务	100.0	104.9	108.8	100.0	100.0
八、其他用品和服务	101.1	99.8	100.0	102.5	104.6

8-12 商品零售价格指数

（上年=100）

指标	2016	2017	2018	2019	2020
商品零售价格指数	100.7	101.8	101.7	102.0	101.4
一、食品	102.1	100.0	101.3	106.6	106.6
1.粮食	100.5	100.7	99.9	100.8	102.9
2.薯类	117.6	107.6	99.9	100.6	107.0
3.豆类	102.9	99.9	99.6	101.1	103.5
4.食用油	101.2	103.4	101.7	102.5	105.4
5.菜	106.2	96.5	102.0	105.3	112.2
6.畜肉类	104.5	96.7	98.6	120.3	125.1
7.禽肉类	102.9	97.6	105.0	115.9	111.8
8.水产品	101.8	101.9	103.2	100.8	101.5
9.蛋类	97.3	95.7	112.9	106.3	91.4
10.奶类	100.3	101.3	102.2	101.8	99.8
11.干鲜瓜果类	97.7	105.2	102.0	113.4	90.9
12.糖果糕点类	100.6	100.5	101.5	100.7	101.8
13.调味品	100.7	104.5	101.2	99.4	101.5
14.其他食品类	103.6	98.6	100.4	103.4	103.4
15.在外餐饮	101.1	100.8	100.9	101.4	103.1
二、饮料、烟酒	100.1	100.9	102.0	101.0	100.5
1.茶及饮料	99.7	101.3	102.4	101.3	100.7
2.烟草	100.5	100.0	100.0	100.0	100.0
3.酒类	99.9	101.9	104.6	102.1	101.0
三、服装、鞋帽	101.4	101.2	100.8	101.1	99.8
1.服装	103.1	100.6	100.6	101.6	99.4
2.鞋帽袜	97.9	102.5	101.5	100.0	100.5
3.其他衣着配件	100.3	101.5	100.2	100.0	100.0
四、纺织品	100.1	97.3	98.5	102.3	99.0
1.服装材料	100.2	97.4	97.9	102.7	96.4
2.床上用品	100.0	97.3	98.7	102.2	99.7

8-12 商品零售价格指数（续一）

（上年=100）

指标	2016	2017	2018	2019	2020
五、家用电器及音像器材	98.6	101.1	100.2	99.4	99.5
1.家庭设备	99.6	100.8	100.6	99.5	99.9
2.文娱用耐用消费品	96.2	102.0	99.5	98.8	98.5
3.专业音像器材	99.5	100.0	100.0	100.0	100.0
六、文化办公用品	100.4	102.7	101.1	99.8	100.3
七、日用品	100.1	101.5	100.8	101.5	100.5
1.日用百货	100.3	102.4	101.5	99.7	98.8
2.厨具餐具茶具	100.4	100.9	99.8	99.8	100.0
3.清洗用品	100.0	105.0	99.3	107.3	104.3
4.其他日用品	99.8	99.2	101.5	101.8	100.8
八、体育娱乐用品	103.4	101.0	99.5	101.2	101.1
九、交通、通信用品	99.7	99.3	99.6	98.1	99.3
1.交通运输机械	100.0	99.8	100.9	99.8	99.8
2.通信器材	99.4	98.7	97.6	95.2	98.5
十、家具	100.7	101.0	101.1	100.4	100.3
十一、化妆品	100.6	101.0	100.4	101.1	101.4
十二、金银饰品	103.3	99.2	95.2	108.6	117.5
十三、中西药品及医疗保健用品	102.6	109.6	106.8	105.2	100.6
1.医疗卫生器具	102.6	106.5	105.1	102.0	99.4
2.中药	102.4	119.5	111.9	103.3	100.7
3.西药	102.2	104.0	103.6	107.0	101.1
4.保健器具及用品	106.3	113.0	107.9	105.3	99.3
十四、书报杂志及电子出版物	100.7	100.2	99.9	99.9	99.8
1.教材及参考书	100.1	100.4	99.7	99.7	99.6
2.书报杂志	101.5	100.1	100.0	100.0	100.0
十五、燃料	97.3	106.3	106.5	98.8	92.9
十六、建筑材料及五金电料	100.1	105.8	104.9	100.6	99.5

主要统计指标解释

社会消费品零售总额 指企业（单位、个体户）通过交易直接售给个人、社会集团非生产、非经营用的实物商品金额，以及提供餐饮服务所取得的收入金额。个人包括城乡居民和入境人员，社会集团包括机关、社会团体、部队、学校、企事业单位、居委会或村委会等。

批发业 指向其他批发或零售单位（含个体经营者）及其他企事业单位、机关团体等批量销售生活用品、生产资料的活动，以及从事进出口贸易和贸易经纪与代理的活动，包括拥有货物所有权，并以本单位（公司）的名义进行交易活动，也包括不拥有货物的所有权，收取佣金的商品代理、商品代售活动；本类还包括各类商品批发市场中固定摊位的批发活动，以及以销售为目的的收购活动。

零售业 指百货商店、超级市场、专门零售商店、品牌专卖店、售货摊等主要面向最终消费者（如居民等）的销售活动，以互联网、邮政、电话、售货机等方式的销售活动，还包括在同一地点，后面加工生产，前面销售的店铺（如面包房）；谷物、种子、饲料、牲畜、矿产品、生产用原料、化工原料、农用化工产品、机械设备（乘用车、计算机及通信设备除外）等生产资料的销售不作为零售活动；多数零售商对其销售的货物拥有所有权，但有些则是充当委托人的代理人，进行委托销售或以收取佣金的方式进行销售；零售业按销售渠道分为有店铺零售和无店铺零售，其中有店铺零售分为综合零售和专门零售。

住宿业 指为旅行者提供短期留宿场所的活动，有些单位只提供住宿，也有些单位提供住宿、饮食、商务、娱乐一体的服务，不包括主要按月或按年长期出租房屋住所的活动。

餐饮业 指通过即时制作加工、商业销售和服务性劳动等，向消费者提供食品和消费场所及设施的服务。

批发和零售业商品购进、销售、库存额 指各种登记注册类型的批发和零售业企业（单位）以本企业（单位）为总体的，从国内、国外市场购进的商品总量，销售和出口的商品总量，库存的商品总量等情况。该指标可以反映商品流转过程中商品的购进、销售、库存之间的比例关系和存在的问题。

商品购进额 指从本企业以外的单位和个人购进（包括从国外直接进口）作为转卖或加工后转卖的商品金额（含增值税），本指标反映批发和零售业从国内外市场上购进商品的总价。商品购进包括：（1）从工农业生产者、批发和零售业、住宿和餐饮业、出版社或报社的出版发行部门和其他服务业等企事业单位和个体经营户购进的商品；（2）从机关、社会团体购进的商品；（3）从海关、市场管理部门购进的缉私和没收的商品；（4）从居民收购的废旧商品等。不包括：（1）企业为本单位自身经营用，不是作为转卖而购进的商品，如材料物资、包装物、低值易耗品、办公用品等；（2）未通过买卖行为而收入的商品，如接受其他部门移交的商品、借入的商品、收入代其他单位保管的商品、其他单位赠送的样品、加工回收的成品等；（3）经本单位介绍，由买卖双方直接结算，本单位只收取手续费的业务；（4）销售退回和买方拒付货款的商品；（5）商品溢余；（6）期货交易商品。

商品销售额 指对本单位以外的单位和个人出售的商品金额（包括售给本单位消费用的商品，含增值税），在批发和零售业中，本指标反映在国内市场上销售商品以及出口商品的总价。商品销售包括：（1）售给个人和社会集团消费用的商品；（2）售给农业、工业、建筑业、服务业等国民经济各行业用于生产、经营用的商品，包括售予批发和零售业作为转卖或加工后转卖的商品；（3）对国（境）外直接出口的商品。商品销售不包括：（1）未通过买卖行为付出的商品，如因机构变动移交给其他企业单位的商品、借出的商品、归还受其他单位委托代保管的商品、付出的加工原料和赠送给其他单位的样品等；（2）促销返券所销售的，不计入营业收入的商品；（3）经本单位介绍，由买卖双方直接结算，本单位只收取手续费的业务；（4）未发生所有权转移的商品预付卡销售，如加油卡；（5）汽车维修、电话卡销售等服务性经济活动；（6）购货退回的商品；（7）商品损耗和损失；（8）出售本单位自用的废旧物资；（9）期货交易商品；（10）自来水供应企业、电力企业、天然气供应企业提供的水、电、气。

商品库存额 对于批发和零售业法人单位和个体经营户，是指报告期末取得所有权的全部商品金额（含增值税）；对于批发和零售业产业活动单位，是指报告期末实际在库且归属法人具有所有权的全部商品金额（含增值税）。这个指标反映批发和零售业的商品库存情况，以及对市场商品供应的保证程度。库存商品包括：（1）存放在本单位（如门市部、批发站、采购站、经营处）的仓库、货场、货柜和货架中的商品；（2）挑选、整理、包装中的商品；（3）已记入购进而尚未运到本单位的商品，即发货单或银行承兑凭证已到而货未到的商品；（4）寄放他处的商品，如因购货方拒绝付款而暂时存在购货方的商品；（5）委托其他单位代销（未作销售或调出）尚未售出的商品；（6）代其他单位购进尚未交付的商品。库存商品不包括：（1）所有权不属于本单位的商品，如商品已作销售但买方尚未取走的商品，代替他人保管、运输、加工的商品，代其他单位销售（未做购进或调入）而未售出的商品；（2）委托外单位加工的商品，包括本单位所属加工厂和其他生产单位加工生产尚未收回成品的商品；（3）外贸企业代理其他单位从国外进口，尚未付给订货单位的商品；（4）代国家储备部门保管的商品。

亿元以上商品交易市场 指年成交额在亿元及以上的商品交易市场。商品交易市场是指经有关部门和组织批准设立，有固定场所、设施，有经营管理部门和监管人员，若干市场经营者入内，常年或实际开业三个月以上，集中、公开、独立地进行生活消费品、生产资料等现货商品交易以及提供相关服务的交易场所，包括各类消费品市场、生产资料市场等。

营业额 指住宿和餐饮业单位在经营活动中，因提供服务或销售商品等取得的全部收入（含增值税），收入主要来源于提供客房、餐费服务、商品销售和其他服务，如商务服务。不包括多产业法人企业附营的其他行业产业活动单位的餐费收入、商品销售收入等各项收入。

客房收入 指住宿和餐饮业单位在经营活动中因提供住宿服务取得的收入（含增值税）。不包括多产业法人企业附营的其他行业产业活动单位的客房收入。

餐费收入 指本单位为顾客提供就餐服务取得的收入（含增值税）。包括：经烹饪、调制加工后出售的各种食品，如主食、炒菜、凉拌菜等的收入。不包括多产业法人企业附营的其他行业产业活动单位的餐费收入。

住宿和餐饮业年末餐饮营业面积 指住宿和餐饮业企业对外提供餐饮服务的就餐面积和从事食品加工、烹饪、调制的厨房面积，不包括办公用房和仓库等面积。按年末实有建筑面积统计。

客房数 指本单位提供住宿服务的房间数，该指标按报告期内正常情况下的实有数统计。

床位数 指本单位供应旅客使用的床位数，不包括临时加床和门店内部工作人员使用的床位。该指标按报告期内正常情况下的实有数统计。

餐位数 指本单位为顾客提供就餐服务时，正常可同时容纳就餐人员的餐位数量，不包括临时加的餐位。该指标按报告期内正常情况下的实有数统计。

九、财政、金融

9-1 财政收入

单位：万元

年份	财政收入	公共财政预算收入	增值税	营业税	企业所得税	上划中央增值税、消费税收入
1994	158204	88841		29482	6132	69363
1995	186819	100866		36131	7963	85953
1996	208080	119915		45585	7081	88165
1997	231957	134178	26525	52192	8389	97779
1998	254583	150415	28794	56681	9406	104168
1999	267742	169540	27113	60673	16055	98202
2000	273425	166061	28781	66193	14353	107364
2001	347000	196111	33546	71218	18566	150889
2002	388905	210615	37123	90082	7358	178290
2003	729368	205660	21219	75850	7971	349323
2004	845186	249521	24031	84757	10948	421051
2005	961312	289256	23790	103951	14596	416381
2006	1061856	331417	25586	123385	18088	534057
2007	1340643	466256	33588	139944	23123	531790
2008	1524443	508618	35550	173450	33069	599240
2009	2548033	570385	87798	153147	36392	
2010	3041332	727579	101434	192306	43517	
2011	3506307	864897	96466	225601	63866	
2012	4060754	1037303	103850	272035	77186	
2013	3948217	1244956	125849	342964	79587	
2014	4674809	1523299	200393	381938	99058	
2015	5938067	1851917	239829	431860	140048	2504777
2016	6067450	2154794	452089	239810	138455	1434457
2017	6716478	2342001	703505	4162	197526	1679349
2018	7215296	2533169	764199	2362	212223	1790347
2019	6795136	2332261	649765		177667	2689425
2020	7041458	2471310	606191		168209	2821580

注：自2003年后财政体制调整，收入范围重新划分，与往年不可比；财政收入为地区财政收入。

9-2 一般公共

指标	2007	2008	2009	2010	2011
收入总计	466256	508618	570385	727579	864897
税收收入	344345	431291		581002	699729
增值税	33588	35550		101434	96466
营业税	139944	173450		192306	225601
企业所得税	23123	33069		43517	63866
个人所得税	9917	13817	16422	21579	25422
资源税	1806	2364	1053	1533	1427
城市维护建设税	56368	65902	80260	94490	100901
房产税	29883	36997	37709	38995	43107
印花税	11408	15852	21364	24716	22570
城镇土地使用税	12566	13039	14126	12521	43680
土地增值税	3401	19508	248	10357	20962
车船使用税	1101	2633	5464	7339	8958
耕地占用税	2041	1338	7070	3148	4775
契税	19297	17874	22781	29084	42034
烟叶税				3	2
环境保护税					
非税收入	121911	77327	86558	146577	165168
专项收入	30380	33658	37283	46780	50081
行政性收费收入	17012	17638	19585	29053	44300
罚没收入	10821	9580	11121	11779	15872
国有资本经营收入			3765	50905	19055

预算收入

单位：万元

2012	2013	2014	2015	2016	2017	2018	2019
1037303	1244956	1523299	1851917	2154794	2342001	2533169	2332261
846790	983678	1210190	1446701	1584154	1746866	1926234	1773252
103850	125849	200393	239829	452089	703505	764199	649765
272035	342964	381938	431860	239810	4162	2362	
77186	79587	99058	140048	138455	197526	212223	177667
27876	30181	38340	50858	56634	71168	84864	61328
1364	1659	1817	2796	1617	3590	4444	5730
119971	134495	159318	222497	201214	215927	236273	229773
53326	56210	64241	83397	97333	105818	124139	122251
29060	39021	35137	39151	46717	47221	60610	57928
49831	49563	53680	61279	63187	62414	75156	72308
22447	35180	54162	68733	120055	162681	174620	150517
13249	18603	24295	29010	32198	34935	38287	39800
4432	12069	18452	10477	14300	27424	22895	18915
42163	58294	79356	66766	120540	110488	124079	182964
	3	3		5	7	4	7
						2079	2638
220513	261278	313109	405216	570640	595135	606935	559009
56129	68089	74015	162745	202464	254401	271622	255930
51418	53114	61366	58165	73141	75514	44583	46108
22063	27556	36493	43549	62575	75284	67267	57923
37074	31157	11911	832	20			18875

9-2 一般公共预算收入（续一）

单位：万元

指标	2020
收入总计	**2471310**
税收收入	1761515
增值税	606191
企业所得税	168209
个人所得税	56208
资源税	4952
城市维护建设税	217847
房产税	135504
印花税	72354
城镇土地使用税	72773
土地增值税	183656
车船使用税	41569
耕地占用税	15992
契税	183456
烟叶税	3
环境保护税	2782
非税收入	709795
专项收入	296487
行政性收费收入	64784
罚没收入	79963
国有资本经营收入	7374
国有资源（资产）有偿使用收入	172811

9-3 一般公共预算支出

单位：万元

指标	2003	2004	2005	2006
支出总计	**365731**	**409025**	**502206**	**631321**
基本建设支出	28185	35602		54676
企业挖潜改造资金	22076	5095		9867
地质勘探费				
科技三项费用	2345	3569		7009
流动资金				
农业支出	6827	8593	10004	19276
林业支出	7223	7868	9047	11776
水利气象支出	7635	6599	10661	14447
工业交通等部门事业费	1059	1576	1645	1747
流通部门事业费	254	292	430	536
文体、广播事业费	10139	10624	13419	16962
教育支出	61438	71816	91528	111219
科学支出	1571	1762	2161	2543
医疗卫生支出	20613	22426	26373	35598
其他部门的事业费	12769	18702	17016	20766
抚恤和社会福利救济费	19023	19815	24735	30485
行政事业单位离退休支出	549	481	542	570
社会保障补助支出	28630	27884	47617	49560
国防支出	18	38	17	57
行政管理费	38870	45737	52876	67078
外交外事支出	78	113	110	192
公检法司支出	25536	29579	36585	46360
城市维护费	30541	45287	50979	65896
政策性补贴支出	4562	805	834	3156
支援不发达地区支出	4790	4997	4132	4184
海域开发建设和场地使用费支出		60	15	10
车辆税费支出		6		147
债务利息支出		15	84	36
专项支出	11121	14339	18112	23498
其他支出	19879	25345	28897	33657

9-3 一般公共预算支出（续一）

单位：万元

指标	2007
支出总计	**832982**
一般公共服务	144351
教育	181881
普通教育	138147
职业教育	14482
教育费附加及基金支出	21397
文化体育与传媒	17512
文化	7271
体育	4900
广播影视	3808
社会保障和就业	90416
财政对社会保险基金的补助	22275
就业补助	15879
城市居民最低生活保障	15392
农村最低生活保障	659
医疗卫生	60501
医疗保障	26362
疾病预防控制	3212
环境保护	16457
污染防治	12762
城乡社区事务	76188
城乡社区公共设施	26034
城乡社区环境卫生	21733
农林水事务	58211
交通运输	13790
工业商业金融等事务	55395
金融业	30005
其他支出	36549

9-3 一般公共预算支出（续二）

单位：万元

指标	2008	2009	2010	2011	2012	2013	2014	2015
支出总计	995551	1198342	1469264	1751935	2025976	2423426	2801041	3440019
一般公共服务	147991	150832	164577	191937	270651	391780	542923	470881
国防					224	1467	389	124
公共安全					163637	172709	184720	223819
教育	230436	269714		339636	403815	429490	514802	671067
普通教育	179405	209232		259615	309585	237675	388165	483052
职业教育	19529	21123	21652	29066	30761	3792	40803	47911
教育费附加安排的支出	22239	29024	37458	38875	50002	34784	67352	86367
科学技术					27991	30475	31618	41362
文化体育与传媒	21662	24567	31667	40698	43910	51481	56385	59315
文化	9282	12155	17073	14860	18695	6194	22234	26399
体育	3832	4108	3608	7510	9947	1581	8801	7741
广播影视	4086	4276	4268	4366	6623	1568	10123	12015
社会保障和就业	123990	202626	148461	221973	205137	276882	274106	326832
财政对社会保险基金的补助	38549	26446	31650	77279	52607	25956	82083	104935
就业补助	15210	18755	22705	22837	25873	26146	44653	47637
城市居民最低生活保障	26272	29981	33206	42639	36952	44006	37615	30488
农村最低生活保障	3595	6171	7488	13329	11647	16088	15361	16740
医疗卫生	76675	108026	125120	172782	171908	211656	257520	317352
医疗保障	38726	54377	63315	84615	85246	47678	130094	148846
疾病预防控制	4477	4762	3792	5971				42343
节能环保	17834	32468	75531	63347	78637	82492	96708	173156
污染防治	8997	13461	46206	35749	33777	25512	48082	39360
城乡社区事务	112333	101510	149730	179934	220596	202564	228069	380286
城乡社区公共设施	36637	21125	47479	34864	65622	19546	30080	92414
城乡社区环境卫生	30141	33108	37404	45381	54246	43273	70685	96757
农林水事务	65634	93703	139150	135491	166182	171220	175391	279445
交通运输	15788	20897	24051	46537	54236	61352	66171	79279
资源勘探电力信息等事务					59422	96197	78248	54318
商业服务业等事务					21766	13914	24638	20933
金融监管等事务支出					1106	245	11666	30
国土资源气象等事务					25248	33488	39417	31028
住房保障支出					48690	56855	65684	100205
粮油物资储备事务					3111	2382	1888	3281
国债还本付息支出					4942	1712	2569	1609
其他支出	55562	32662	32912	46350	54767	135065	148129	205697

9-3 一般公共预算支出（续三）

单位：万元

指标	2016	2017	2018	2019
支出总计	**4241597**	**4293614**	**4656417**	**4566617**
一般公共服务	501813	571899	631158	714154
国防	1024	252	4110	310
公共安全	308008	358153	322399	312430
教育	740910	803250	799798	882874
普通教育	538385	593941	562557	598262
职业教育	51238	89540	74861	122229
教育费附加安排的支出	86033	94517	90116	82962
科学技术	45156	67851	60572	78947
文化体育与传媒	69795	74210	69148	71996
文化和旅游	36286	35788	28266	35354
体育	7781	7532	9231	7235
广播影视	10288	13563	13770	9459
社会保障和就业	390553	382079	457801	499315
财政对社会保险基金的补助	165891	10929	19248	12909
就业补助	39336	30442	31734	31009
城市居民最低生活保障	31194	15083	19087	16787
农村最低生活保障	19351	17359	22283	20981
卫生健康支出	371618	396693	400375	381588
医疗保障	158627	116538	111005	110122
疾病预防控制	12122	15138	15260	18085
节能环保	104739	83264	134739	62390
污染防治	32179	27981	30839	21907
城乡社区事务	675652	588078	657737	710404
城乡社区公共设施	136535	212605	152996	224230
城乡社区环境卫生	108568	118927	133551	111334
农林水事务	347807	367586	478290	405006
交通运输	151360	131061	135357	142323
资源勘探电力信息等事务	76718	34554	70963	43643
商业服务业等事务	50652	30903	30912	21679
金融监管等事务支出			0	551
国土资源气象等事务	49135	60004	71463	31470
住房保障支出	134776	160328	140441	93423
粮油物资储备事务	7782	6589	22471	9074
债务付息支出	15793	20196	31054	35963
其他支出	198060	156580	137514	44585

注：2018年部分指标名称及范围有调整。

9-3 一般公共预算支出（续四）

单位：万元

指标	2020
支出总计	**4862409**
一般公共服务	614002
国防	2745
公共安全	323907
教育	824400
普通教育	650569
职业教育	63125
教育费附加安排的支出	61496
科学技术	76095
文化体育与传媒	60974
文化和旅游	32058
体育	7494
广播电视	8774
社会保障和就业	598499
财政对基本养老保险基金的补助	42153
就业补助	37252
城市最低生活保障	22271
农村最低生活保障	17188
卫生健康	417778
财政对基本医疗保险基金的补助	115340
疾病预防控制	20346
节能环保	65168
污染防治	25119
城乡社区事务	616927
城乡社区公共设施	255553
城乡社区环境卫生	102663
农林水事务	367807
交通运输	257090
资源勘探电力信息等事务	45149
商业服务业等事务	32510
金融支出	3241
自然资源海洋气象等	40540
住房保障支出	149251
粮油物资储备事务	25681
灾害防治及应急管理	33672
国债还本付息支出	41277
债务发行费用支出	356
其他支出	265340

注：2020年部分指标名称及范围有调整。

9-4 财政收入占地区生产总值比重

年份	财政收入（万元）	一般公共预算收入（万元）	地区生产总值（万元）	财政收入占地区生产总值比重（%）	一般公共预算收入占地区生产总值比重（%）
1978	43324	43324	218046	19.87	19.87
1979	41304	41304	245354	16.83	16.83
1980	40941	40941	256769	15.94	15.94
1981	38085	38085	240100	15.86	15.86
1982	39192	39192	258200	15.18	15.18
1983	43014	43014	294900	14.58	14.58
1984	46913	46913	354000	13.25	13.25
1985	48931	48931	435029	11.25	11.25
1986	55930	55930	507941	11.01	11.01
1987	61396	61396	561061	10.94	10.94
1988	72020	72020	643008	11.2	11.2
1989	84728	84728	736867	11.5	11.5
1990	92072	92072	778938	11.82	11.82
1991	100512	100512	852297	11.79	11.79
1992	111908	111908	1005752	11.13	11.13
1993	147391	147391	1267176	11.63	11.63
1994	158204	88841	1724940	9.17	5.15
1995	186819	100866	2104288	8.88	4.79
1996	208080	119915	2250126	9.25	5.33
1997	231957	134178	2374204	9.77	5.65
1998	254583	150415	2525504	10.08	5.96
1999	267742	169540	2674592	10.01	6.34
2000	273425	166061	3003209	9.1	5.53
2001	347000	196111	3416836	10.16	5.74
2002	388905	210615	3864069	10.06	5.45
2003	729368	205660	4408531	16.54	4.67
2004	845186	249521	5081461	16.63	4.91
2005	961312	289256	5766454	16.67	5.02
2006	1061856	331417	6494190	16.35	5.10
2007	1340643	466256	7463258	17.96	6.25
2008	1524443	508618	8681365	17.56	5.86
2009	2548033	570385	9388509	27.14	6.08
2010	3041332	727579	11295852	26.92	6.44
2011	3506307	864352	13916631	25.20	6.21
2012	4060754	1037303	16131559	25.17	6.43
2013	3948217	1244956	18102413	21.81	6.88
2014	4674809	1523299	19777719	23.64	7.70
2015	5938067	1851917	21022500	28.25	8.81
2016	6067450	2154794	22074224	27.49	9.76
2017	6716478	2342001	24450830	27.47	9.58
2018	7215296	2533169	26601946	27.12	9.52
2019	6795136	2332261	28525100	23.82	8.18
2020	7041458	2471310	28867418	24.39	8.56

9-5 区县级财政收支

单位：万元

地区	财政收入	财政支出
城关区	373293	552214
七里河区	159502	336649
西固区	98442	241784
安宁区	104974	181025
红古区	54570	174090
永登县	46741	293687
皋兰县	75165	203195
榆中县	80374	346399
兰州新区	197499	484816

9-6 金融机构人民币信贷收支表

单位：万元

指标	2020
一、各项存款	90447697
（一）境内存款	90318475
1.住户存款	38596270
（1）活期存款	11752452
（2）定期及其他存款	26843818
2.非金融企业存款	31259847
（1）活期存款	19493992
（2）定期及其他存款	11765855
3.机关团体存款	15327496
4.财政性存款	2279619
5.非银行业金融机构存款	2855244
（二）境外存款	129222
二、金融债券	998927
其中：境外发行	
三、卖出回购资产	103224
四、借款及非银行业金融机构拆入	176058
五、联行往来（净）	50259926
六、应付及暂收款	3037792
七、各项准备	3769297
八、所有者权益	10197310
其中：实收资本	4927526
九、其他	3982632

9–6 金融机构人民币信贷收支表（续一）

单位：万元

指标	2020
一、各项贷款	129549786
（一）境内贷款	129417975
1.住户贷款	20972134
（1）短期贷款	4548650
消费贷款	2923108
经营贷款	1625541
（2）中长期贷款	16423484
消费贷款	14566989
经营贷款	1856495
2.企（事）业单位贷款	108335841
（1）短期贷款	19289648
（2）中长期贷款	74697493
（3）票据融资	8456875
（4）融资租赁	5551026
（5）各项垫款	340799
3.非银行业金融机构贷款	110000
（二）境外贷款	131811
二、债券投资	17999174
其中：境外债券	
三、股权及其他投资	10605158
四、买入返售资产	1936969
五、存放非银行业金融机构款项	10
六、联行往来（净）	
其中：境内存放二级准备金	245099
七、金银占款	
八、中央银行外汇占款	
九、应收及预付款	1775792
十、投资性房地产	572
十一、固定资产	1105404

9-7 金融机构本外币信贷收支表

单位：万元

指标	2020
一、各项存款	90838825
（一）境内存款	90697774
1.住户存款	38847072
（1）活期存款	11895245
（2）定期及其他存款	26951826
2.非金融企业存款	31339231
（1）活期存款	19566902
（2）定期及其他存款	11772329
3.机关团体存款	15374927
4.财政性存款	2279619
5.非银行业金融机构存款	2856926
（二）境外存款	141050
二、金融债券	998927
其中：境外发行	
三、卖出回购资产	103224
四、借款及非银行业金融机构拆入	257380
五、联行往来（净）	51750032
六、应付及暂收款	3052097
七、各项准备	3933833
八、所有者权益	10258956
其中：实收资本	4927526
九、其他	4485434

注：本表统计机构包括人民银行、国家开发银行、进出口银行、农业发展银行、工商银行、农业银行、中国银行、建设银行、交通银行、中信银行、光大银行、华夏银行、平安银行、招商银行、浦发银行、兴业银行、民生银行、浙商银行、邮储银行、甘肃银行、兰州银行、农村商业银行、农村合作银行、农村信用社、村镇银行、财务公司、信托投资公司、金融租赁公司等。

9-7 金融机构本外币信贷收支表（续一）

单位：万元

指标	2020
一、各项贷款	131675974
（一）境内贷款	130523717
1.住户贷款	20973228
（1）短期贷款	4549271
消费贷款	2923729
经营贷款	1625541
（2）中长期贷款	16423957
消费贷款	14567196
经营贷款	1856761
2.企（事）业单位贷款	109440489
（1）短期贷款	19890897
（2）中长期贷款	75200892
（3）票据融资	8456875
（4）融资租赁	5551026
（5）各项垫款	340799
3.非银行业金融机构贷款	110000
（二）境外贷款	1152257
二、债券投资	18377624
其中：境外债券	
三、股权及其他投资	10605158
四、买入返售资产	1936969
五、存放非银行业金融机构款项	191229
六、联行往来（净）	
其中：境内存放二级准备金	245099
七、金银占款	
八、中央银行外汇占款	
九、应收及预付款	1785776
十、投资性房地产	572
十一、固定资产	1105404

注：本表统计机构包括人民银行、国家开发银行、进出口银行、农业发展银行、工商银行、农业银行、中国银行、建设银行、交通银行、中信银行、光大银行、华夏银行、平安银行、招商银行、浦发银行、兴业银行、民生银行、浙商银行、邮储银行、甘肃银行、兰州银行、农村商业银行、农村合作银行、农村信用社、村镇银行、财务公司、信托投资公司、金融租赁公司等。

9-8　分区县金融机构人民币信贷统计表

单位：万元

地区	各项存款余额	各项贷款余额
全市合计	90447697	129549786
城关区	54819999	65005892
七里河区	9401310	8658952
西固区	5374298	2995741
安宁区	5331693	4190729
红古区	1355644	1038022
永登县	1596490	1828740
皋兰县	1460195	1811434
榆中县	3097861	3359897
兰州新区	2192440	5697461
省本部	5817768	34962917

9-9 分区县金融机构本外币信贷统计表

单位：万元

地区	各项存款余额	各项贷款余额
全市合计	90838825	131675974
城关区	55037177	65210488
七里河区	9439955	8665529
西固区	5405173	2995752
安宁区	5355015	4190772
红古区	1357807	1038023
永登县	1596516	1828741
皋兰县	1460230	1811434
榆中县	3097989	3359897
兰州新区	2194115	5697462
省本部	5894847	36877877

主要统计指标解释

财政收入 指国家财政参与社会产品分配所取得的收入，是实现国家职能的财力保证。财政收入所包括的内容几经变化，目前主要包括：

（1）各项税收：包括增值税、营业税、消费税、土地增值税、城市维护建设税、资源税、城市土地使用税、印花税、个人所得税、企业所得税、关税、农牧业税和耕地占用税等。

（2）专项收入：包括征收排污费收入、征收城市水资源费收入、教育费附加收入等。

（3）其他收入：包括基本建设贷款归还收入、基本建设收入、捐增收入等。

（4）国有企业亏损补贴：这项为负收入，冲减财政收入。

财政支出 国家财政将筹集起来的资金进行分配使用，以满足经济建设和各项事业的需要，主要包括：

（1）一般公共服务支出：反映政府提供一般公共服务的支出。

（2）外交支出：反映政府外交事务支出。包括外交行政管理，驻外机构、对外援助、国际组织、对外合作与交流、外界勘界联检等方面的支出。人大、政协、政府及所属各总部门（除国家领导人、外交部门）的出国费、招待费列相关功能科目。不在本科目反映。

（3）国防支出：反映政府用于现役部队、国防后备力量、国防动员等方面的支出。

（4）公共安全支出：反映政府维护社会公共安全方面的支出。有关事务包括武装警察、公安、国家安全、检察、法院、司法行政、监狱、劳教、国家保密。

（5）教育支出：反映政府教育事务支出。有关具体事务包括教育行政管理、学前教育、小学教育、初中教育、普通高中教育、普通高等教育、初等职业教育、中专教育、技校教育、职业高中教育、高等职业教育、广播电视教育、留学生教育、特殊教育、干部继续教育、教育机关服务等。

（6）科学技术支出：反映用于科学技术方面的支出。

（7）文化体育与传媒支出：反映政府在文化、文物、体育、广播影视、新闻出版等方面的支出。

（8）社会保障和就业支出：反映政府在社会保障与就业方面的支出。有关事项包括社会保障和就业管理事务、民政管理事务、财政对社会保险基金的补助、补充全国社会保障基金、行政事业单位离退休、企业关闭破产补助、就业补助、城市居民最低生活保障、其他城镇社会救济、自然灾害生活救助、红十字事务等。

（9）社会保险基金支出：反映政府由社会保险基金列支的各项支出，包括基本养老保险基金支出、失业保险基金支出、基本医疗保险基金支出、工伤保险基金支出等。特别说明：在将社会保险基金包括在内的统计政府支出时，应将财政对社会保险基金的补助以及由财政承担的社会保险缴款予以扣除，以免重复计算。

（10）医疗卫生支出：反映政府医疗卫生方面的支出。具体包括医疗卫生管理事务支出、医疗服务支出、医疗保障支出、疾病预防控制支出、卫生监督支出、妇幼保健支出、农村卫生支出等。

（11）环境保护支出：反映政府环境保护支出。具体包括：环境保护管理事务支出、环境监测与监察支出、污染治理支出、自然生态保护支出、天然林保护工程支出、退牧还草支出、已垦草原退耕还草支出等。

（12）城乡社区事务支出：反映政府城乡社区事务支出。具体包括：城乡社区事务管理支出、城乡社区规划与管理支出、城乡社区公共设施支出、城乡社区住宅支出、城区社区环境卫生支出、建设市场管理与监督支出等。

（13）农林水事务：反映政府农林水事务支出。具体包括：农林支出、林业支出、水利支出、扶贫支出、农业综合开发支出等。

（14）交通运输：反映政府交通运输方面的支出。包括公路运输支出、水路运输支出、铁路运输支出、民用航空运输支出等。

（15）工业商业金融等事务支出：反映政府工业、商业、金融等事务支出。具体包括：采掘业支出、制造业支出、建筑业支出、电力支出、邮政电信支出、旅游业支出、涉外发展支出、粮油事务支出、商业流通事务支出、安全生产支出、国有资产监管支出、中小企业发展支出、清洁生产支出等。

（16）其他支出：反映不能划分到上述功能科目的其他政府支出。

（17）转移性支出：反映政府的转移支付以及不同性质资金之间的调拨支出。

信贷资金　指金融机构以信用方式积聚和分配的货币资金。金融机构信贷资金的来源有各项存款、对国际金融机构负债、流通中货币、银行自有资金及当年结益等；信贷资金的运用有各项贷款、黄金占款、外汇占款、财政借款及在国际金融机构中的资产等。

存款　指企业、机关、团体或居民根据资金必须收回的原则，把货币资金存入银行或其他信用机构保管并取得一定利息的一种信用活动形式。根据存款对象的不同可划分为企业存款、财政存款、机关团体存款、基本建设存款、城镇储蓄存款、农村存款等科目。它是银行信贷资金的主要来源。

贷款　指银行或其他信用机构根据资金必须归还的原则，按一定利率，为企业、个人等提供资金的一种信用活动形式。我国银行贷款分为流动资金贷款、固定资产贷款、城乡个体工商户贷款以及农业贷款等科目。

十、劳动、工资

10-1 城镇非私营单位从业人员劳动报酬和在岗职工工资

单位：万元

指标	单位从业人员工资总额	在岗职工工资总额
工资总额	7038913	6244888
按国民经济行业分		
农、林、牧、渔业	20825	19173
采矿业	85256	83024
制造业	788296	755637
电力、热力、燃气及水生产和供应业	529978	504289
建筑业	914178	587227
批发和零售业	253978	240098
交通运输、仓储和邮政业	246443	204350
住宿和餐饮业	54920	47330
信息传输、软件和信息技术服务业	170782	165724
金融业	526800	438762
房地产业	211797	165908
租赁和商务服务业	134661	111112
科学研究、技术服务业	498706	458628
水利、环境和公共设施管理业	84680	75518
居民服务、修理和其他服务业	20338	18972
教育	866202	838854
卫生和社会工作	473222	441762
文化、体育和娱乐业	86292	77667
公共管理、社会保障和社会组织	1071559	1010853

注：自2019年起，本表不包含铁路民航数据。（按照国家统一方案执行，铁路局数据国家不返到市州一级）

10-2 城镇非私营单位从业人员平均劳动报酬和在岗职工平均工资

单位：元

指标	单位从业人员平均劳动报酬	在岗职工平均工资
职工平均工资	**89294**	**93847**
按国民经济行业分组		
农、林、牧、渔业	78848	80837
采 矿 业	86299	93824
制 造 业	89935	90893
电力、热力、燃气及水生产和供应业	95527	95852
建筑业	63374	65900
批发和零售业	65550	66846
交通运输、仓储和邮政业	73752	73710
住宿和餐饮业	42412	45803
信息传输、软件和信息技术服务业	81245	81329
金融业	98829	123218
房地产业	55635	58006
租赁和商务服务业	61231	62068
科学研究、技术服务业	123403	126124
水利、环境和公共设施管理业	61552	62684
居民服务、修理和其他服务业	49125	49291
教育	113638	117409
卫生和社会工作	113281	115528
文化、体育和娱乐业	82982	85313
公共管理、社会保障和社会组织	130391	137260

10-3 城镇非私营在岗职工平均工资及指数

年份	平均货币工资（元）				指数（上年=100）			
	合计	国有单位	城镇集体单位	其他单位	合计	国有单位	城镇集体单位	其他单位
1979	834	839	632		110.32	107.56	109.34	
1980	872	912	674		104.56	108.7	106.65	
1981	908	935			104.13	102.52	99.7	
1982	939	972			103.41	103.96	101.64	
1983	987	1025		562	105.11	105.45	103.51	
1984	1226	1256		665	124.21	122.54	140.59	118.33
1985	1388	1433	1088	829	113.21	114.09	109.46	124.66
1986	1562	1634	1105	1827	112.54	114.03	101.56	220.39
1987	1700	1773	1222	1831	108.83	108.51	110.59	100.22
1988	2010	2081	1531	2331	118.24	117.31	125.29	127.31
1989	2248	2332	1706	2472	111.84	112.06	111.43	106.05
1990	2507	2618	1866	2928	111.52	112.26	109.38	118.45
1991	2664	2799	2058	2746	106.26	106.91	110.29	93.78
1992	3031	3216	2289	3078	113.78	114.9	111.22	112.09
1993	3241	3434	2462	3109	106.93	106.78	107.56	101.01
1994	4618	4849	3588	5039	142.49	141.21	145.74	162.08
1995	5564	5776	4336	7785	120.49	119.12	120.85	154.49
1996	6188	6402	4981	8176	111.21	110.84	114.88	105.02
1997	6578	6820	5085	8712	106.3	105.53	102.09	106.56
1998	6828	6971	5785	7454	103.8	102.21	113.77	85.56
1999	7836	8071	6466	8031	114.76	115.78	111.77	107.74
2000	9147	9239	8622	9257	116.73	114.47	133.34	115.27
2001	10452	10608	8124	11266	114.27	114.82	94.22	121.7
2002	11861	12412	7558	11610	113.48	117.01	93.03	103.05
2003	13489	13860	9056	13664	113.73	111.67	119.82	117.69
2004	14854	15363	9289	13713	110.12	110.84	102.57	100.36
2005	16960	17839	11386	15209	114.18	116.12	122.58	110.91
2006	19090	21276	13598	16244	112.56	119.27	119.43	106.81
2007	22569	25081	13570	19666	118.22	117.88	99.79	121.07
2008	26118	28506	17547	22914	115.73	113.66	129.31	116.52
2009	28995	32260	20504	23393	111.02	113.17	116.85	102.09
2010	33966	36978	25891	28947	117.14	114.62	126.27	123.74
2011	38965	41816	31636	33858	114.72	113.08	122.19	116.97
2012	44492	48081	33889	38538	114.18	114.98	107.12	113.82
2013	48017	52375	34370	44514	107.92	108.93	101.42	115.51
2014	54005	60571	37996	48810	112.47	115.65	110.55	109.65
2015	60330	70847	42259	53178	111.71	116.97	111.22	108.95
2016	67011	77889	42327	56189	111.07	109.94	100.16	105.66
2017	72286	85128	52332	60394	107.87	109.29	123.64	107.48
2018	85575	95484	62247	75527	118.38	112.17	118.95	125.06
2019	88393	101541	64758	77677	103.29	106.34	104.03	102.85
2020	93847				106.17			

主要统计指标解释

职工工资总额 指各单位在一定时期内直接支付给本单位全部职工的劳动报酬总额。工资总额的计算原则应以直接支付给职工的全部劳动报酬为根据。各单位支付给职工的劳动报酬以及其他根据有关规定支付的工资，不论是计入成本的还是不计入成本的，不论是按国家规定列入计征奖金税项目的，还是未列入计征奖金税项目的，不论是以货币形式支付的还是以实物形式支付的，均包括在工资总额内。

职工平均工资 指企业、事业、机关单位的职工在一定时期内平均每人所得的货币工资额。它表明一定时期职工工资收入的高低程度，是反映职工工资水平的主要指标。计算公式为：

职工平均工资=报告期实际支付的全部职工工资总额/报告期全部职工平均人数

城镇单位从业人员劳动报酬 指各单位在一定时期内直接支付给本单位全部从业人员的劳动报酬总额。包括在岗职工工资总额和其他从业人员的劳动报酬总额。

十一、教育、科技文化

11-1 平均每万人在校学生数

单位：人

年份	平均每万人口中在校学生数		
	大学生	中学生	小学生
1957	63	196	1184
1962	82	189	
1965	63	258	
1970	65	617	
1975	40	747	
1978	53	853	1819
1979	58	790	1778
1980	71	749	1724
1981	82	643	1577
1982	67	662	1458
1983	70	699	1297
1984	83	705	1252
1985	100	720	1197
1986	117	728	1123
1987	117	692	1057
1988	121	636	1002
1989	118	560	981
1990	112	533	952
1991	108	525	925
1992	113	518	933
1993	132	484	900
1994	130	472	1004
1995	144	484	1029
1996	148	500	1058
1997	153	507	1083
1998	160	519	1078
1999	186	544	1042
2000	249	586	1002
2001	308	634	961
2002	688	655	917
2003	660	682	877
2004	526	726	842
2005	580	688	810
2006	537	709	803
2007	546	687	794
2008	622	645	728
2009	1049	628	684
2010	1103	615	673
2011	1158	580	646
2012	1210	573	633
2013	1468	562	631
2014	1497	554	633
2015	1494	528	646
2016	1501	516	656
2017	1558	509	670
2018	1627	503	688
2019	1644	497	705
2020	1301	381	562

11-2 各类学校基本情况

单位：人

指标	学校（所）	毕业生数	招生数	在校学生数	教职工数	专任教师数
总计	1635	310180	362826	1139336	82781	65678
普通高等学校	23	143921	169760	503115	25948	19133
普通中等专业学校	27	8398	11134	27682	2032	1617
中等技术学校	–	–	–	–	–	–
中等师范学校	–	–	–	–	–	–
普通中学	209	55512	56999	166268	18670	17379
高中	61	22432	21516	62142	8617	7805
初中	148	33080	35483	104126	10053	9574
中等职业学校	11	969	1931	5040	545	426
技工学校	–	–	–	–	–	–
小学	478	35498	46759	245078	14975	14723
特殊教育学校	6	97	46	543	305	191
幼儿园	864	46576	52412	125395	15870	8790
成人中等专业学校	6	1662	962	2136	92	56
成人高等学院	4	3516	3104	7086	478	355
民办高等院校	7	14031	19719	56993	3866	3008

11-3 各类学校女生和女教师数

单位：人

指标	2010	2011	2012	2013	2014	2015	2016	2017	2018	2019	2020
女生数											
普通中学	96392	91122	89978	88235	86390	82547	81601	80808	80546	80230	80215
职业中学	7530	8002	7346	1655	776	1364	1432	1701	2033	2164	2271
小学	101854	97821	95288	94906	95080	97198	98990	101703	105868	109517	115463
女学生占学生总数（%）											
普通中学	48.46	48.62	48.83	48.86	48.47	48.53	48.88	48.89	48.8	48.61	48.24
职业中学	56.43	56.6	56.89	53.96	51.56	47.63	46.74	51	46.44	45.37	45.06
小学	46.8	46.84	46.77	46.81	46.73	46.73	46.69	46.7	46.84	46.83	47.11
女教师											
普通中学	6990	7069	7650	7273	7539	7566	7722	7761	9727	10289	10471
职业中学	528	525	473	172	174	211	194	198	317	283	205
小学	8812	9022	8915	8890	9092	9134	9569	10036	9468	10396	10709
女教师占教师数（%）											
普通中学	50.61	51.51	50.5	52.24	53.17	54.18	55.18	55.89	56.67	57.70	60.25
职业中学	58.8	54.92	53.57	47.12	47.54	54.81	55.91	55.62	49.07	47.25	48.12
小学	61.41	61.65	61.99	62.5	63.76	64.85	66.61	68.4	69.01	70.80	72.74

11-4 分区县学校基本情况

指标	兰州市	城关区	七里河区	西固区	安宁区	红古区	永登县	皋兰县	榆中县	兰州新区
小学										
学校个数（个）	478	80	54	32	20	24	117	24	102	25
在校学生数（个）	245078	80610	38454	23078	22568	9936	20025	6901	27554	15952
招生数（人）	46759	15495	7133	4363	4594	1753	3274	1321	5323	3503
毕业生数（人）	35498	11855	5682	3507	2974	1470	3035	1081	4187	1707
专任教师数（人）	14723	3928	2357	1246	1062	557	1931	659	2065	918
小学学龄人口入学率（%）	100	100	100	100	100	100	100	100	100	100
普通中学										
学校个数（个）	209	51	22	27	13	9	32	13	30	12
初中在校学生数（人）	104126	34517	14476	10277	9136	4452	9160	3429	13233	5446
招生数（人）	35483	11888	4769	3384	3263	1434	2885	1098	4717	2045
毕业生数（人）	33080	11007	4611	3405	2721	1512	3271	1234	3930	1389
初中学龄人口入学率（%）	100	100	100	100	100	100	100	100	100	100
高中在校学生数（人）	62142	17992	5725	9019	5267	2371	5741	2281	8404	5342
招生数（人）	21516	6286	1917	3158	1774	852	1873	698	2983	1975
毕业生数（人）	22432	5856	2051	3138	1840	1036	2643	996	3393	1479
普通中学专任教师数（人）	17379	5081	2034	2219	1236	873	1738	806	2377	1015
特殊教育学校										
学校个数（个）	6	2	1	0	0	0	1	0	1	1
在校学生数（人）	1945	616	331	105	92	101	260	60	287	93
毕业生数（人）	97	41	19	14	0	3	17	1	2	0
幼儿园										
园数（所）	864	280	156	84	71	21	82	29	89	52
班数（个）	4925	1562	831	447	435	143	439	189	526	353
幼儿数（人）	125395	41086	21017	11163	12080	4610	8495	3826	13534	9584
教职员工数（人）	15870	6002	2769	1629	1636	467	734	365	1283	985

11-5 科技成果情况

指标	2000	2010	2011	2012	2013	2014	2015	2016	2017	2018	2019	2020
基本情况（项）	106	714	674	809		334	538	864	782	781	1026	1555
鉴定项目数	41	704	674	709	501	34	78	81	24	26	15	18
登记项目数	41	714	659	809	479	334	538	864	782	781	1026	1555
奖励项目数	24		156	136	59			198				
成果水平（项）	41	714	662	721		222	379	495	380	467	521	932
国际领先	2	9	11	11	2	4	5	2	1	11	9	5
国际先进	3	111	121	132	34	12	18	2	1	28	15	18
国内领先	11	501	459	490	261	16	48	10	26	39	14	68
国内先进	16	91	71	77	68	3	7	5	10	32	28	40
其他	9	7	0	11	114	187	301	476	342	357	415	801
应用领域（项）	21	273	181	190		121	194	240	157	215	220	932
工业（交通、邮电、建筑、地质）	15	74	58	49	101	33	56	54	35	37	59	92
农业（林、牧、渔）	6	199	123	141	75	88	138	186	122	178	161	222

注：表中“应用领域（项）”2020年数据为全行业科技成果应用数，以前年度为工业和农业的合计数。

11-6 专利申请情况

单位：项

指标	申请量						
	2014	2015	2016	2017	2018	2019	2020
总计	**4288**	**5703**	**7488**	**7793**	**10708**	**13728**	**14050**
按种类分							
发明专利	2071	2416	3083	2560	3242	4287	3843
实用新型	2059	3019	4002	4783	7034	8844	9459
外观设计	158	268	403	450	432	597	748
按对象分							
大专院校	1045	1314	2559	2886	3533	4162	4445
科研单位	766	1180	1281	1202	1280	1317	1324
工矿企业	870	1156	1498	1797	2472	4547	3983
机关团体	85	106	160	236	555	5750	473
个人	1522	1947	1982	1672	2868	2952	3825

11-7 专利授权情况

单位：项

指标	授权量						
	2014	2015	2016	2017	2018	2019	2020
总计	2139	2914	3505	4244	5206	6358	9289
按种类分							
发明专利	589	848	867	907	893	840	1165
实用新型	1392	1930	2334	2988	4001	5099	7538
外观设计	158	136	304	349	312	419	586
按对象分							
大专院校	554	814	1153	1550	1938	2119	3008
科研单位	354	653	679	658	592	672	744
工矿企业	679	764	826	1065	1481	1992	3125
机关团体	78	77	94	123	208	437	434
个人	474	606	753	848	987	1138	1978

11-8 文化事业基本情况

指标	2000	2010	2011	2012	2013	2014	2015	2016	2017	2018	2019	2020
文化事业机构数（个）	28	16	16	31	31	32	32	32	55	48	47	50
文化部门	28	16	16	31	31	32	32	32	55	48	47	50
文化事业人员数（人）	1159	1187	1187	1113	1113	1167	1167	1277	1340	1167	1218	1179
文化部门	1159	1187	1187	1113	1113	1167	1167	1277	1340	1167	1218	1179
各类文化艺术事业单位数（个）	28	16	16	31	31	32	32	32	43	32	32	41
文化馆、艺术馆	1	9	9	9	9	9	9	9	9	9	9	9
公共图书馆	1	8	8	8	8	8	8	8	8	8	8	8
博物馆	2	4	6	9	9	10	11	11	11	12	12	29
电影院	20	7	8	12	18	0	0	31	34	36	43	45
艺术表演场所	2	2	1	1	1	1	1	2	2	2	2	2
艺术表演团体	4	4	4	4	4	4	4	1	1	1	1	2

11-9 广播电视

指标	2010	2011	2012	2013	2014
广播电台（座）	1	1	1	1	1
中短波广播发射和转播台（座）	1	1	1	1	1
中短波广播发射功率（千瓦）	10	10	10	10	10
发射台及转播台（座）	15	8	9	9	9
发射机功率（千瓦）	26.31	25	28	28	28
节目（套）	6	3	3	3	3
广播电台平均每日播出时间(时、分)		19:25:00			19:10:00
制作广播节目（小时）					
新闻节目	2:00	2:50	2:20:00	2:40:00	2:30:00
专题节目	3:00:00	2:30:00	2:30:00	3:30:00	3:50:00
教育节目	5:00:00	1:00:00	1:00:00	1:00:00	1:00:00
文艺节目	4:00:00	8:00:00	8:00:00	8:00:00	8:00:00
服务节目	11:00:00	8:00:00	11:00:00	10:00:00	11:00:00
县广播电视台（座）	3	7			
广播人口覆盖率（%）	98.27	98.56	98.58	98.6	98.6
电视台（座）		1	1	1	1
发射台及转播台（座）	8	1	1	9	9
发射机功率（千瓦）	26.5	20	20	20	20
节目（套）	8	4	4	4	4
电视台平均每日播出时间（时、分）	11:00	24:00:00	24:00:00	19:00:00	19:00:00
制作电视节目（小时）					
新闻节目	2:00:00	2:45:00	3:12:00	3:30:00	3:10:00
专题节目	3:00:00	1:05:00	1:07:00	1:05:00	1:00:00
文艺节目	4:00:00	0:50:00		1:20:00	0:30:00
服务节目	11:00:00	2:35:00	3:00:00	2:50:00	2:50:00
电视人口覆盖率（%）	98.55	98.55	98.55	98.55	98.55

事业基本情况

2015	2016	2017	2018	2019	2020
1	1	1	1	1	1
1	1	1	1	1	1
10	10	10	10	10	10
9	9	9	9	9	9
28	28	28	28	33	33
3	3	3	3	3	3
19:10:00	19:10:00	19:10:00	19:10:00	19:10:00	19:10:00
2:40:00	2:40:00	2:40:00	2:20:00	5:30:00	7:10:00
3:50:00	3:50:00	3:50:00	3:20:00	4:50:00	10:10:00
1:00:00	1:00:00	1:00:00	0:50:00	0:20:00	2:40:00
8:00:00	8:00:00	8:00:00	8:50:00	23:50:00	23:50:00
11:00:00	11:00:00	11:00:00	11:00:00	13:30:00	6:30:00
98.6	99.64	99.64	99.64	90	90
1	1	1	1	1	1
9	9	9	9	9	9
20	20	20	20	20	20
4	4	4	4	4	4
19:00:00	19:00:00	19:00:00	19:00:00	19:00:00	19:00:00
3:10:00	3:10:00	3:10:00	3:00:00	3:20:00	2:10:00
1:00:00	1:00:00	1:00:00	1:00:00	2:40:00	1:10:00
0:30:00	0:30:00	0:30:00	0:28:00	0:20:00	1:30:00
2:50:00	2:50:00	2:50:00	2:20:00	0:30:00	0:30:00
98.55	99.7	99.7	99.7	99.75	99.7

11-10 文化产业基本情况

单位：亿元、人、%

指标	2010	2011	2012	2013	2014	2015	2016	2017	2018	2019	比上年增长
文化产业增加值	19.70	24.89	32.85	40.79	50.22	48.17	56.71	63.76	70.76	75.36	6.50
文化产业增加值占GDP比重	1.79	1.83	2.10	2.23	2.51	2.30	2.50	2.53	2.59	2.66	0.07
文化产业法人单位机构数	871	918		2584	3283	3171	3194	3223	5014	5585	11.38
从业人员	22856	30526		46491	49709	48513	54301		42010		
资产总计	152.98	122.08		198.53	230.69	213.53	236.48		546.07		

主要统计指标解释

普通高等学校 指按照国家规定的设置标准和审批程序批准举办，通过国家统一招生考试，招收高中毕业生为主要培养对象，实施高等教育的全日制大学、独立设置的学院和高等专科学校、短期职业大学。

成人高等学校 指按照国家有关规定审批，招收通过全国成人高教统一招生考试的具有高中毕业或同等学历的在职从业人员，利用脱产、半脱产、业余或函授等多种形式对其实施高等学历教育，培养高等教育专科或本科毕业水平的专门人才，修业年限、课程设置和总学时数均按高等学历教育要求付诸实施的学校。包括广播电视大学、职工高等学校、农民高等学校、管理干部学院、教育学院、独立设置的函授学院等。

小学学龄儿童入学率 指调查范围内已入学学习的学龄儿童占校内外学龄儿童总数（包括弱智儿童，不包括盲聋哑儿童）的比重。计算公式为：

小学学龄儿童入学率=已入学的小学学龄儿童数／校内外小学学龄儿童总数×100%

科技活动 指在自然科学、农业科学、医药科学、工程与技术科学、人文与社会科学领域（简称科学技术领域）中，与科技知识的产生、发展、传播和应用密切相关的有组织的活动。可分为研究与试验发展（R&D）、研究与试验发展成果应用及相关的科技服务三类活动。

科技活动人员 指直接从事科技活动以及专门从事科技活动管理和为科技活动提供直接服务的人员。累计从事科技活动的实际工作时间占全年制度工作时间10%及以上的人员。（1）直接从事科技活动的人员包括：在独立核算的科学研究与技术开发机构、高等学校、各类企业及其他事业单位内设的研究室、实验室、技术开发中心及中试车间（基地）等机构中从事科技活动的研究人员、工程技术人员、技术工人及其他人员；虽不在上述机构工作，但编入科技活动项目（课题）组的人员；科技信息与文献机构中的专业技术人员；从事论文设计的研究生等。（2）专门从事科技活动管理和为科技活动提供直接服务的人员包括：独立核算的科学研究与技术开发机构、科技信息与文献机构、高等学校、各类企业及其他事业单位主管科技工作的负责人，专门从事科技活动的计划、行政、人事、财务、物资供应、设备维护、图书资料管理等工作的各类人员，但不包括保卫、医疗保健人员、司机、食堂人员、茶炉工、水暖工、清洁工等为科技活动提供间接服务的人员。

科学家与工程师 指科技活动人员中具有高、中级技术职称（职务）的人员和不具有高、中级的技术职称（职务）的大学本科及以上学历人员。

专业技术人员 指从事专业技术工作和专业技术管理工作的人员，即企事业单位中已经聘任专业技术职务从事专业技术工作和专业技术管理工作的人员，以及未聘任专业技术职务，现在专业技术岗位上工作的人员。包括工程技术人员，农业技术人员，科学研究人员，卫生技术人员，教学人员，经济人员，会计人员，统计人员，翻译人员，图书资料、档案、文博人员，新闻出版人员，律师、公证人员，广播电视播音人员，工艺美术人员，体育人员，艺术人员及企业政治思想工作人员，共十七个专业技术职务类别。

科技活动经费筹集 指从各种渠道筹集到的计划用于科技活动的经费，包括政府资金、企业资金、事业单位资金、金融机构贷款、国外资金和其他资金等。

政府资金 指从各级政府部门获得的计划用于科技活动的经费，包括科学事业费、科技三项费、科研基建费、科学基金、教育等部门事业费中计划用于科技活动的经费以及政府部门预算外资金中计划用于科技活动的经费等。

企业资金 指从自有资金中提取或接受其他企业委托的，科研院所和高校等事业单位接受企业委托获得的，计划用于科研和技术开发的经费。不包括来自政府、金融机构及国外的计划用于科技活动的资金。

金融机构贷款 指从各类金融机构获得的用于科技活动的贷款。

科技活动经费内部支出 指报告年内用于科技活动的实际支出包括劳务费、科研业务费、科研管理费，非基建投资购建的固定资产、科研基建支出以及其他用于科技活动的支出。不包括生产性活动支出、归还贷款支出及转拨外单位支出。

劳务费 指以货币或实物形式直接或间接支付给从事科技活动人员的劳动报酬及各种费用。包括各种形式的工资、津贴、奖金、福利、离退休人员费用、人民助学金等。

固定资产购建费 指报告年内使用非基建投资购建的固定资产和用于科研基建投资的实际支出额，即固定资产实际支出和科研基建投资实际完成额之和。固定资产是指长期使用而不改变原有实物形态的主要物资设备、图书资料、实验材料和标本以及其他设备和家具、房屋、建筑物。

新产品 指采用新技术原理、新设计构思研制、生产的全新产品，或在结构、材质、工艺等某一方面比原有产品有明显改进，从而显著提高了产品性能或扩大了使用功能的产品。既包括政府有关部门认定并在有效期内的新产品，也包括企业自行研制开发，未经政府有关部门认定，从投产之日起一年之内的新产品。

文化事业机构 指从事专业文化工作和为专业文化工作服务的独立建制的单位。不包括这些单位另外举办独立核算的其他机构和各部门的业余文化组织。

艺术表演团体 指从事戏曲、音乐、舞蹈、杂技等专业艺术表演，有独立帐户的单位，不包括半工半艺、半农半艺和民间职业剧团。

电影放映单位 指具有放映机器设备、固定或不固定的放映场所与专职或兼职的放映技术人员，经有关部门登记批准，经常为一定的观众对象放映电影的机构。包括经批准对外开放进行营业、并与电影发行放映管理机构分帐的专用放映单位和军委系统租片单位。

艺术表演观众人数（人次） 指售票、包场演出或民族地区免费演出的艺术表演观众人次数，不包括彩排审查和内部观摩演出的观看人次数。

十二、卫生、司法

12-1 卫生机构数

单位：个

年份	总计	医院	卫生院	门诊部、所	专科防治所、站	卫生防疫机构	妇幼保健所、站	医学科学研究机构
1979	758	141	85	590	3	11	9	1
1980	787	141		620	2	11	9	1
1981	827	145		653	4	11	9	1
1982	842	145		666	4	11	9	1
1983	870	145		696	4	11	9	1
1984	881	146		705	5	12	9	1
1985	839	116		685	5	9	7	1
1986	874	119	86	713	7	10	7	1
1987	903	128	87	731	8	10	7	1
1988	848	121	86	682	8	10	7	1
1989	895	125	87	723	8	10	7	1
1990	874	130	86	697	8	11	8	1
1991	882	129	86	706	7	11	8	1
1992	875	133	70	695	7	11	8	1
1993	956	151	70	755	8	13	8	2
1994	955	164	86	741	8	14	8	2
1995	957	165	85	740	8	14	8	2
1996	233	177		6	7	13	8	2
1997	243	179		153	7	13	8	2
1998	242	174		107	7	13	8	2
1999	241	170		201	7	13	8	2
2000	241	170		231	7	13	8	2
2001	238	171		194	7	13	8	2
2002	286	94	84	57	4	11	10	2
2003	295	101	84	59	3	11	10	2
2004	295	100	80	62	3	11	10	2
2005	285	99	71	86	2	11	10	2
2006	290	97	71	58	2	12	10	2
2007	1646	91	69	51	2	12	10	2
2008	1456	91	69	46	2	11	10	2
2009	1534	90	69	39	2	11	10	2
2010	2257	94	69	34	2	11	10	2
2011	2362	96	71	30	2	11	10	2
2012	2359	98	68	31	2	11	10	2
2013	2288	98	67	30	2	11	10	2
2014	2393	98	69	899	2	11	10	2
2015	2385	95	69	898	2	11	10	2
2016	2408	105	67	890	2	11	10	
2017	2464	127	67	945	2	10	10	1
2018	2211	125	67	808	2	10	10	0
2019	2277	129	67	850	2	10	10	0
2020	2245	116	67	849	2	10	10	0

注：卫生机构包括村卫生室。

12-2 卫生机构人数

单位：人

年份	总计	卫生技术人员	医生	中医师	西医师	中、西医师	护师、护士	每千人口医生数
1979	18993	13754		759	2448	2214	2657	2.58
1980	19769	14438		820	3559	1704	2930	2.84
1981	20898	15727		435	3887	2132	2696	2.99
1982	21657	16195		437	3807	2337	2829	2.97
1983	22582	16810	6994	500	4108	2386	2924	3.14
1984	23170	17329	7106	480	4000	2493	3584	3.15
1985	21468	16009	6784	522	4005	2182	3398	2.97
1986	22244	16594	6916	486	4071	2261	3519	2.96
1987	23090	17547	7403	691	4361	2255	3745	3.12
1988	23448	17949	7405	850	5444	1111	4624	3.06
1989	23680	17832	7699	988	5646	941	4942	3.12
1990	24295	18655	8326	1240	5978	969	5162	3.31
1991	24911	18964	8403	1196	5980	1080	5214	3.3
1992	25476	19467	8790	1239	6257	1151	5586	3.4
1993	27343	20906	9432	1299	6731	1105	5995	3.61
1994	27615	20923	9351	1416	6635	1137	6123	3.52
1995	28085	21344	9585	1410	6753	1240	6321	3.54
1996	24102	17581	7197	1029	5304	755	5627	2.61
1997	24378	17622	7195	1002	5288	776	5510	2.57
1998	24145	17527	7143	968	5210	857	5563	2.16
1999	23699	17125	6926	964	5124	728	5572	3.23
2000	21958	16650	6860	960	5092	705	5579	2.96
2001	21849	16778	6903	916	5203	661	5809	1.93
2002	20600	16319	6604				5996	2.19
2003	21138	16746	6818				5980	2.24
2004	20989	16485	6703				5876	2.75
2005	22387	18738	7951				6922	2.58
2006	25353	20651	8801				7310	2.82
2007	25778	20573	8890				7361	2.78
2008	25419	20721	8971				7427	2.79
2009	27312	22372	9440				8269	2.92
2010	29769	24388	10060				9195	3.11
2011	33448	26363	10745				10230	2.97
2012	34558	27914	11308				10943	3.07
2013	35326	28489	11349				11595	3.12
2014	39063	30859	12252				12967	3.34
2015	39758	30967	12354				13107	3.35
2016	40835	32153	13123				13917	3.54
2017	44089	35251	13692				16054	3.67
2018	45229	36775	13954				17112	3.72
2019	48752	39723	14337				19308	3.78
2020	49890	41516	14883				20492	3.4

12-3 卫生机构床位数

单位：张

年份	总计	医院	卫生院	疗养院、所	其他卫生事业机构	每千人口医院床位数
1979	9442	8975	697	100		3.79
1980	9678	9117		100	100	3.75
1981	9895	9197		100	100	3.76
1982	10291	9678		100	100	3.81
1983	10567	9780		100	100	3.88
1984	10840	10056		100	113	3.89
1985	9711	9199	648		160	4.02
1986	10033	9395	621		159	4
1987	10508	9874	627	113	162	4.16
1988	10921	10329	616		150	1.27
1989	11303	10869	625	20	150	4.6
1990	11772	11181	645	30	150	4.5
1991	12450	11711	643	30	150	4.6
1992	12650	11990	693	30	150	4.9
1993	13552	12974				5.2
1994	13743	13219	720			5.2
1995	14098	13467	855		181	5.3
1996	13786	13589			170	4.9
1997	13857	13628			205	4.9
1998	14263	14113			150	5.9
1999	14192	13947			201	4.88
2000	14164	13862			195	4.8
2001	14373	14032			203	4.78
2002	14921	13720	1043		52	4.56
2003	15366	14484	1060		58	5.05
2004	16260	14484	1016		58	4.32
2005	14825	13303	917		871	4.79
2006	15658	13877	977		965	5
2007	17045	13624	2260			4.27
2008	24207	13071	8149			4.06
2009	21873	13728	1113			4.24
2010	25498	15788	1128			4.35
2011	25411	17292	1152			4.76
2012	27545	18734	1202			5.16
2013	23614	20281	1160			5.57
2014	24873	21577	1176			5.89
2015	22774	21230	1179			5.75
2016	26538	22822	1209			6.16
2017	29164	25382	1207			7.82
2018	30655	26886	1123			7.16
2019	31409	27532	1084			8.29
2020	32160	28452	1078			6.51

12-4 医院、卫生院诊疗人次及入院人数

指标	诊疗人次（万人次）	门、急诊	入院人数（万人）	每百诊次的入院人数（人）	每百门、急诊次的入院人数（人）
医院、卫生院合计	**1321.74**	**1266.64**	**74.23**	**5.62**	**5.86**
县及县以上医院合计	1245.54	1194.29	72.54	5.82	6.07
卫生部门	1076.34	1035.19	62.07	5.77	6.00
集体所有制	9.97	7.7	0.71	7.12	9.22
其他医院	72.94	69.67	4.5	6.17	6.46
卫生院	76.2	72.35	1.69	2.22	2.34

12-5 各区县医院、卫生院基本情况

地区	医院、卫生院（个）	医院、卫生院床位数（张）	医院、卫生院技术人员数（人）
兰州市	**183**	**29530**	**30821**
城关区	37	13403	15765
七里河区	27	6864	6203
西固区	16	1953	2185
安宁区	11	581	613
红古区	14	1156	993
永登县	36	2628	2153
皋兰县	9	618	672
榆中县	33	2327	2237

12-6 各区县卫生机构基本情况

地区	卫生机构数（个）	医院	卫生机构床位数（张）	每千人口床位数（张）	卫生机构技术人员（人）
兰州市	2245	116	32160	7.36	41516
城关区	514	37	14044	9.44	19724
七里河区	330	20	8019	11.22	9334
西固区	194	8	2026	4.97	3116
安宁区	202	11	753	1.7	1732
红古区	89	10	1404	9.76	1315
永登县	375	18	2782	6.06	2637
皋兰县	119	2	749	3.09	893
榆中县	422	10	2383	5.02	2765

12-7 社会福利事业单位基本情况

指标	院数（个）	工作人员（人）	床位（张）	收养人员（人）
社会福利事业单位	17	927	2379	1270
社会福利院	6	271	1052	500
儿童福利院	1	185	360	232
社会福利精神病院	1	197	300	261
城镇、乡村集体办养老院	1	20	44	25

12-8 工会组织情况

年份	工会基层组织数（个）	已建立工会组织的基层单位的职工与会员人数（万人）				工会专职干部人员数（人）
		职工人数	女职工	会员人数	女会员	
2001	1077	36.04		34	14.81	848
2002	997	45.14		35	15.25	839
2003	2456	30.36		35	10.88	894
2004	648	24.08		34	10.20	864
2005	3850	37.90		36.21	13.89	1316
2006	2261	42.73	18.75	39.03	17.79	978
2007	2790	51.28	19.85	39.15	19.03	299
2008	3189	60.32	23.45	48.5	22.46	850
2009	2490	64.74	23.61	62.93	23.09	1020
2010	2949	69.09	26.73	68	26.44	696
2011	3819	69.99	27.98	69.06	27.68	1045
2012	4602	71.05	29.35	70.01	29.08	1153
2013	5022	75.35	29.94	73.78	29.80	1167
2014	5387	71.67	28.36	70.01	27.97	1277
2015	5670	66.54	27.14	64.88	26.78	1123
2016	5857	68.82	28	66.53	27.19	1072
2017	5982	71.05	28.77	68.84	27.95	1115
2018	6184	73.59	29.88	71.44	28.99	1095
2019	6089	74.03	29.32	72.3	28.45	906
2020	6043	74.15	29.88	72.57	28.90	922

12-9 优抚救济对象得到国家抚恤、补助、救助人员情况

指标	2010	2011	2012	2013	2014	2015	2016	2017	2018	2019	2020
抚恤人数（人）	6244	7761	9400	10080	10687	11228	11812	12438	12170	12585	–
烈属定期抚恤人数	121	122	117	115	102	101	89	81	73	70	–
牺牲病故定期抚恤人数	144	130	130	138	78	77	147	148	139	132	–
革命伤残人员抚恤人数	2167	2130	2172	2314	2302	2340	2373	2399	2405	2495	–
优抚对象定补人数（人）					8141	8644	9203	9100	8839	9888	–
在乡复员军人	1302	779	716	629	545	463	395	338	261	232	–
在乡退伍军人	593	223	234	243	271	278	284	311	344	369	–
其他人员	1912	4377	6031	6641	22	25	40	61	109	67	–
社会救助对象（万人）	20.84	24.52	20.35	31.36	40.82	41.66	27.96	37.84	20.22	8.10	7.31
临时救助对象(万人次)	1.6	0.88	0.81	0.78	0.38	0.81	2.46	1.94	6.24	14.03	3.67
农村对象（人）	3997	4132	4121		96561	94300	91770	80029	63853	47100	38244
集中供养五保户（人）	265	282	286	315	324	263	276			280	296
救济灾民人数（万人）	18	24.8	18	10.7	11.57	10.57	8.38	6.2	6.1	10.25	1.76
灾民生活救济费支出(万元)	1115	1494	1910	1906	2062	2139	1396.9	1191.97	1620.4	1435.35	291

12-10 各区县城乡居民最低生活保障情况

地区	城镇低保人数（人）	城镇保障资金（万元）	农村低保人数（人）	农村保障资金（万元）
兰州市	30274	20160	38244	11722
城关区	5969	4825	266	160
七里河区	5665	3773	2498	792
西固区	2624	2024	1487	520
安宁区	1809	1245	0	0
红古区	9166	5131	1677	522
永登县	1248	761	15390	4499
皋兰县	2629	1562	5282	1655
榆中县	1164	838	11644	3573

12-11 律师、公证及调解基本情况

指标	2010	2011	2012	2013	2014	2015	2016	2017	2018	2019	2020
公证情况											
公证处（个）	9	9	9	9	9	9	9	9	10	10	9
公证员（人）	72	81	95	91	94	99	104	96	92	43	41
取得公证员资格	34	35	35	31	36	39	36	34	38	97	47
办理国内公证（件）	19277	19367	21150	17800	19704	22708	22858	24341	29183	36062	47577
民事	10916	12347	12785	11550	12314	19338	19415	20598	22170	27202	44146
经济合同	8361	7020	8365	6250	7390	3370	3443	3743	7013	8860	3431
办理涉外公证（件）	5823	6783	5943	5300	5629	5520	5570	6087	7220	11086	6152
人民调解工作											
司法助理员（人）	170	295	289	268	268	217	251	259	279	192	267
调解委员会（个）	1923	1937	1992	1996	1978	1947	1646	1643	1569	1475	1492
调解人员（人）	9536	10761	11390	11570	10915	10901	8459	7369	7892	7396	6743
调解纠纷（件）	9236	16580	23794	17517	31153	33079	35089	25164	21063	16712	11464
律师工作											
律师事务所（个）	74	85	90	90	98	102	106	112	119	141	151
律师人员（人）	630	650	750	763	817	884	1036	1109	1341	1632	1845
专职	595	611	699	715	762	840	986	1060	1229	1563	1754
兼职	35	39	51	48	43	44	50	49	50	69	91

主要统计指标解释

医院 指设有固定床位，能收容病人住院并能为病人提供医疗、护理服务的医疗机构，包括县及县以上医院、农村乡卫生院和其他医院三部分。医院按所属性质不同分为卫生部门、工业及其他部门和集体经济单位三类。县及县以上医院按业务性质不同分为综合医院和专科医院。

卫生技术人员 指卫生事业机构支付工资的全部职工中现任职务为卫生技术工作的专业人员，包括中医师、西医师、中西医结合高级医师、护师、中药师、西药师、检验师、其他技师、中医士、西医生、护士、助产士、中药剂士、西药剂士、检验士、其他技士、其他中医、护理员、中药剂员、西药剂员、检验员和其他初级卫生技术人员。

医生 指经卫生部门审查合格，从事医疗工作的专业人员。分为中医医生和西医医生。包括卫生技术人员中的中医师、西医师、中西医结合高级医师、中医士、西医士和其他中医。

社会福利事业单位 指集中收养社会孤老、残、幼的机构，包括由民政部门管理的社会福利院、儿童福利院、精神病人福利院和城镇集体举办的福利院及农村集体举办的敬老院。

社会福利事业单位收养人数 包括民政部门管理和城镇、农村集体举办的社会福利事业单位中收养的老人、少年儿童、缺乏生活自理能力的残疾人员和精神病人。

社会福利企业单位 指以安置城镇有一定劳动能力的盲、聋、哑和肢体残疾人员就业为目的，享受国家减免税待遇的国有或集体企业。包括福利工厂、福利商业和服务业、假肢厂和安置农场等单位。

律师 指受聘参加法律顾问处工作，担任法律顾问、刑（民）事代理人、刑事辩护人，办理非诉讼事件、解答法律询问，代写法律事务文书等主要从事律师业务的专职法律工作者和兼职律师。

公证人员 指在国家公证机关依法办理公证事务的司法人员，包括公证员、助理公证员和在公证处工作的其他人员。

办理公证文书 指公证处在一定时期内办结的公证文书件数。公证文书按司法部规定或批准的格式制作，包括国内公证和涉外公证两部分。国内公证分为经济合同公证和民事法律关系公证两大类。

调解人员 指在人民调解委员会担负调解民间一般民事纠纷和轻微违法行为引起纠纷的工作人员，包括调解委员会的委员和调解小组的调解员。

调解民间纠纷 指调解委员会依照法律规定，根据自愿原则，用说服教育的方法调解民间发生的有关民事权利和义务的争执，促成当事双方达到协议和谅解，解决纠纷。包括婚姻家庭纠纷，财产权益纠纷等，不包括法院受理调解的民事案件数。

离休、退休、退职人员 指正式办理了离休、退休、退职手续，并享受相应的离休、退休、退职待遇的人员。

保险福利费用 指企业、事业、机关单位在工资以外实际支付给职工和离休、退休、退职人员个人以及用于集体的劳动保险和福利费用。

十三、人民生活

13-1 人民物质文化生活情况

指标	2000	2010	2011	2012	2013	2014	2015	2016	2017	2018	2019
就业											
每一农村劳动力负担人数（人）	2.00	2.0	2.0	2.15	1.5	1.6	1.5	1.44	1.43	1.5	1.5
每一城镇就业者负担人数（人）	1.81	2.05	2.22	2.13	2.14	1.9	1.84	1.95	1.39	1.37	1.4
城镇登记失业率（%）	1.50	3.12	2.72	1.63	1.71	1.77	1.77	2.17	2.04	2.09	3.38
收入											
农村居民人均可支配收入（元）	2005	4587	5252	6224	7114	8067	9621	10391	11305	12368	13605
城镇居民人均可支配收入（元）	5850	14062	15953	18443	20767	23030	27088	29661	32331	35014	38095
从业人员人均劳动报酬（元）	9147	33340	37754	43658	46621	51928	58967	64551	69555	82480	83542
人均消费水平（元）											
农村居民	2198	5136	5922	6063		7279	7940	8717	9442	9697	11245
城镇居民	5667	13321	14794	14168	15749	17236	20156	22893	24071	26130	27035
储蓄											
城乡居民年底储蓄存款余额（亿元）	297.99	1295.95	1480.16	1743.18	2021.56	2262.94	2477.26	2647.58	2726.97	2916.94	3594.48
平均每人储蓄存款余额（元）	10306	40052	45781	54067	62875	70356	76957	81657	83765	88804	108293.56
住房面积（平方米）											
农村平均每人居住面积	17.29	24.00	24.00	31.00	33.99	31.00	32.42	32.86	33	34.2	32.2
城市平均每人使用面积	12.10	18.46	18.42	19.08	22.45	33.50	34.67	36.18	36.42	41.24	40.2
交通											
城市每万人拥有出租车（辆）	55.00	20.38	20.84	20.95		20.71	22.26	29.56	29.64	31.38	31.83
城市每万人拥有公共车辆（辆）	5.00	10.21	10.31	11.95		7.56	7.42	8.64	8.6	10.1	9.37
城市公用事业											
自来水普及率（%）	94.68	94.96	94.61					82.0	85.0	90.2	90.48
用气普及率（%）	66.18	89.37	88.98	88.71	90.1	86.93	87.3	87.64	87.65	92.93	91.3
人均公共绿地面积（平方米）	2.56	8.63	8.7	8.88	10.46	10.9	9.41	9.52	12.53	13.54	13.06
文化											
城镇每百户有彩色电视机（台）	110.00	108.33	104.65	105.33	99.73	105.03	107	109.61	110.09	105	104.7
农村每百户有彩色电视机（台）	85.00	112.16	111.81	105.12	111.14	116.33	110.8	113.80	115.63	120	122.6
广播综合人口覆盖率（%）	97.00	98.27	98.56	98.58	98.60	98.60	99.00	99.64	99.64	87	99.74
电视综合人口覆盖率（%）	98.00	98.55	98.55	98.55	98.55	98.55	99.00	99.70	99.7	99.7	99.75
教育											
学龄儿童入学率（%）	99.30	99.99	99.99	99.99	99.99	100.0	100.0	100.0	96.5	100.0	100.0
每万人口中在校大学生数（人）	249	704	808	1210	1468	1497	1494	1501	1558	1627	1644
卫生											
每千人有医院病床数（张）	4.80	7.05	7.02	5.49	5.57	5.89	5.75	6.16	7.82	7.16	8.29
每千人有医生数（人）	2.96	3.11	2.97	3.11	3.12	3.34	3.35	3.54	3.67	3.72	3.78

13-1 人民物质文化生活情况（续一）

指标	2020
就业	
城镇登记失业率（%）	3.06
收入	
农村居民人均可支配收入（元）	14652
城镇居民人均可支配收入（元）	40152
从业人员人均劳动报酬（元）	89294
人均消费支出（元）	
农村居民	11551
城镇居民	25892
储蓄	
金融机构人民币住户存款余额（亿元）	3859.63
平均每人人民币存款余额（元）	11557.69
现住房建筑面积（平方米）	
农村人均现住房建筑面积	34.5
城镇人均现住房建筑面积	45.2
交通	
城市每万人拥有出租车（辆）	32.23
城市每万人拥有公共车辆（辆）	9.55
城市公用事业	
供水普及率（%）	95.65
燃气普及率（%）	96.29
人均公共绿地面积（平方米）	13.19
文化	
城镇每百户有彩色电视机（台）	103.8
农村每百户有彩色电视机（台）	119.1
广播综合人口覆盖率（%）	90
电视综合人口覆盖率（%）	99.7
教育	
学龄儿童入学率（%）	100.0
每万人口中在校大学生数（人）	1301
卫生	
每千人有医院病床数（张）	6.51
每千人有医生数（人）	3.40

13-2 城镇居民家庭生活基本情况

年份	每一城市就业者负担人数（人）	城镇居民人均生活费收入（元）	城镇居民人均可支配收入（元）	城镇居民人均消费性支出（元）		人均居住面积（平方米）
					食品	
1979		378	378	356		
1980	1.94	488	448	414	237	
1981	1.74	488	488	464	254	
1982	1.71	514	514	476	274	
1983	1.70	530	530	513	302	
1984	1.69	637	637	595	346	
1985	1.75	731	731	705	369	
1986	1.76	863	863	821	428	
1987	1.78	943	943	915	474	
1988	1.76	1143	1142	1241	593	
1989	1.79	1322	1322	1250	694	
1990	1.79	1432	1432	1238	704	
1991	1.84	1660	1660	1479	819	8.07
1992	1.80	1883	2028	1607	884	8.26
1993	1.74	2280	2463	2029	1032	8.18
1994	1.87	2873	3085	2626	1397	8.68
1995	1.87	3278	3540	3118	1677	8.81
1996	1.98	3565	3804	3307	1752	8.90
1997	2.17		3906	3197	1694	10.33
1998	2.22		4554	3567	1776	10.77
1999	2.04		5128	4506	1914	13.60
2000	1.72		5850	5048	1927	12.10
2001	1.56		6325	5238	2004	12.19
2002	2.05		6555	5688	2098	14.51
2003	2.04		7094	5679	2176	15.04
2004	1.81		7683	6483	2450	15.67
2005	2.02		8529	7181	2570	16.69
2006	2.14		9418	7469	2662	17.98
2007	1.97		10271	8050	3014	17.00
2008	2.02		11677	9034	3430	17.63
2009	1.99		12761	9653	3696	17.80
2010	2.05		14062	10930	4244	18.46
2011	2.22		15953	12352	4714	18.42
2012	2.13		18443	14168	5281	19.08
2013	2.14		20767	15749	5692	22.45
2014			23030	18853	6070	33.5
2015			27088	20156	6278	34.67

注：2002年以后人均居住面积口径为使用面积,1997年后取消城市居民人均生活费收入指标。

13-2 城镇居民家庭生活基本情况（续一）

年份	城镇居民人均可支配收入（元）	城镇居民人均消费支出（元）		人均现住房建筑面积（平方米）
			食品	
2016	29661	22893	4570	36.2
2017	32331	24071	4758	36.4
2018	35014	26130	4442	41.2
2019	38095	27035	4688	40.2
2020	40152	25892	4953	45.2

13-3 城镇居民人均可支配收入和消费支出情况

指标	2016	2017	2018	2019	2020
可支配收入	**29661**	**32331**	**35014**	**38095**	**40152**
工资性收入	16577	18099	19850	21383	23101
经营净收入	768	897	1069	1232	1427
财产净收入	3851	4139	4225	4468	4611
转移净收入	8465	9196	9870	11012	11013
消费支出	**22893**	**24071**	**26130**	**27035**	**25892**
食品烟酒	7018	7355	7414	8104	7819
衣着	1841	1931	1899	2081	1772
居住	4647	4682	6376	6681	7086
生活用品及服务	1584	1450	1629	1528	1690
交通通信	2471	2985	2700	2905	2652
教育文化娱乐	2841	2953	2575	2584	2639
医疗保健	1857	2189	2461	2312	1673
其他用品及服务	635	526	1076	839	560

13-4　城镇居民人均总支出

单位：元

指标	2016	2017	2018	2019	2020
总支出	**28232**	**30042**	**33860**	**33920**	**31161**
消费支出	22893	24071	26130	27035	25892
生产经营费用支出	642	703	350	355	488
第一产业经营费用支出	68	84	205	90	75
第二产业经营费用支出	14	7	0	0	4
第三产业经营费用支出	561	613	145	264	409
财产性支出	5	13	158	251	211
转移性支出	1130	1445	2046	1675	1978
部分商业保险支出	105	77	137	188	88
购置资产及非经常转移性支出	2466	2328	3578	3259	1770
借贷性支出	991	1404	1461	1157	735

13-5　城镇居民按收入五等份分组的人均可支配收入及构成（2020）

单位：元

组别	20%低收入组家庭人均可支配收入	20%中间偏下收入组家庭人均可支配收入	20%中间收入组家庭人均可支配收入	20%中间偏上收入组家庭人均可支配收入	20%高收入组家庭人均可支配收入
人均可支配收入（元）	**17475**	**27332**	**35236**	**48803**	**81963**
工资性收入	12684	15890	21002	21166	50079
经营净收入	2416	1350	1036	654	1466
财产净收入	1301	4591	2271	10609	5693
转移净收入	1075	5501	10926	16375	24724
构成（%）	**100**	**100**	**100**	**100**	**100**
工资性收入	72.6	58.1	59.6	43.4	61.1
经营净收入	13.8	4.9	2.9	1.3	1.8
财产净收入	7.4	16.8	6.4	21.7	6.9
转移净收入	6.2	20.1	31	33.6	30.2

13–6 城镇居民平均每百户年末主要耐用消费品拥有量

指标	2017	2018	2019	2020
家用汽车（辆）	24.4	37.5	34.8	34.8
摩托车（辆）		10.0	6.7	7.5
电冰箱（柜）（台）	99.2	99.2	99.5	99.5
洗衣机（台）	101.7	101.3	101.2	101.7
热水器		79.7	81.5	78.5
空调	11.8	13.8	13.8	18.5
彩色电视机	110.1	105.2	104.7	103.8
照相机	27.9	16.3	17.0	20.3
计算机	68.5	60.8	62.2	81.0
固定电话		30.2	20.8	24.8
移动电话	239.0	252.7	252.3	254.7

13–7 城镇居民人均购买的主要商品数量

单位：元

指标	2016	2017	2018	2019	2020
面粉（千克）	34.3	29.0	22.8	20.6	23.5
大米（千克）	22.6	19.9	15.8	13.6	15.8
食用植物油（千克）	12.1	11.9	9.3	8.9	8.6
鲜菜（千克）	130.1	121.9	118.2	123.6	124.3
猪肉（千克）	12.6	12.8	16.1	14.2	13.2
牛肉（千克）	3.3	2.8	2.4	2.9	3.2
羊肉（千克）	3.3	2.2	2.3	2.4	1.8
禽类（千克）	5.7	6.1	5.7	6.7	7.0
水产品（千克）	5.6	6.0	6.0	8.2	6.5
鲜蛋（千克）	10.9	11.0	11.4	13.2	14.9
啤酒（千克）	3.1	3.1	3.5	3.6	3.9
水（吨）	38.2	35.8	36.7	32.8	36.0
电（千瓦小时）	628.9	643.7	572.6	559.5	526.6
管道天然气（立方米）	100.8	84.8	128.0	135.6	136.9

13-8 历年各区县城镇居民人均可支配收入

单位：元

地区	2011	2012	2013	2014	2015	2016	2017	2018	2019	2020
兰州市	**15953**	**18443**	**20767**	**23030**	**27088**	**29661**	**32331**	**35014**	**38095**	**40152**
城关区	16763	19339	21768	24250	30535	33399	36449	39401	42908	45233
七里河区	15326	17685		22156	25737	28260	30814	33456	36468	38550
西固区	17713	20440		25502	29677	32586	35530	38536	42043	44360
安宁区	15522	17916		22540	27232	29846	32574	35369	38552	40669
红古区	12609	14808		18586	23559	25716	28005	30346	32956	34611
永登县	10010	11655	13409	14831	15246	16618	17998	23489	25462	26763
皋兰县	8248	9650	10906	12095	14099	15375	16716	22385	24355	25651
榆中县	9910	11519	13259	14691	14025	15322	16671	23769	25789	27138

13-9 各区（县）城镇居民人均可支配收入（2020）

单位：元

地区	可支配收入				
		工资性收入	经营净收入	财产净收入	转移净收入
城关区	45233	23341	561	7759	13573
七里河区	38550	27208	1217	1888	8236
西固区	44360	21480	150	3817	18913
安宁区	40669	26499	246	3406	10518
红古区	34611	25697	2806	631	5477
永登县	26763	13325	6098	889	6451
皋兰县	25651	17943	3344	615	3749
榆中县	27138	18122	4891	1306	2819

13-10 农村居民家庭生活基本情况

年份	人均可支配收入（元）	人均生活费支出（元）	人均居住面积（平方米）
1979	92.17	79.17	
1980	96.03	82.17	
1981	99.38	91.1	
1982	107.55	88.31	
1983	181.6	142.75	
1984	261.27	201.45	
1985	352.77	269.54	
1986	385.85	333.1	11.97
1987	411.65	356.64	13.29
1988	461	412.41	14
1989	490	452.46	14.1
1990	563	460.39	17.2
1991	603	521.48	15.7
1992	650	531.16	17.4
1993	723	575.83	16.27
1994	882	748.2	16.52
1995	1142	1121.29	17.21
1996	1366	1219	17.4
1997	1563	1190	18.12
1998	1738	1168.87	19.59
1999	1923.66	1137.29	16.91
2000	2005	1409.97	17.21
2001	2134	1444.24	16.59
2002	2268	1494.02	16.69
2003	2397.63	1540.08	24.74
2004	2550	1872	20.34
2005	2712.69	1693.49	22.32
2006	2898.31	2136.65	21.94
2007	3102.64	2420.03	22.37
2008	3502.73	2842.78	22.9
2009	4001.04	3317.33	24.26
2010	4587	3686	25
2011	5252	4331	24
2012	6224	5019	31
2013	7114.08	6186.26	33.99
2014	8067.3	7130.27	31
2015	9621	7939.80	32

注：自2015年起，“农民人均纯收入”变更为“农村居民人均可支配收入”。

13-10 农村居民家庭生活基本情况（续一）

年份	人均可支配收入（元）	人均消费支出（元）	人均现住房建筑面积（平方米）
2016	10391	8717.22	32.86
2017	11305	9442	33
2018	12368	9697	34.2
2019	13605	11245	32.2
2020	14652	11551	34.5

13-11 农村居民人均可支配收入和消费支出情况

单位：元

指标	2016	2017	2018	2019	2020
可支配收入	**10391**	**11305**	**12368**	**13605**	**14652**
工资性收入	5053	5475	6163	6874	7378
经营净收入	3662	4006	4155	4436	4714
财产净收入	157	174	226	256	309
转移净收入	1518	1650	1824	2038	2251
消费支出	**8717**	**9442**	**9697**	**11245**	**11551**
食品烟酒	2868	2980	3130	3565	3560
衣着	662	669	672	725	701
居住	1665	2043	2102	2265	2501
生活用品及服务	478	489	500	578	546
交通通信	1031	944	1046	1467	1605
教育文化娱乐	1154	1242	1102	1252	1409
医疗保健	712	923	961	1162	986
其他用品及服务	147	153	183	232	243

13-12 农村居民人均总支出

单位：元

指标	2016	2017	2018	2019	2020
总支出	**13250**	**15297**	**13972**	**21134**	**16713**
消费支出	8717	9442	9697	11245	11551
生产经营费用支出	2473	3923	1719	7070	1753
第一产业经营费用支出	1021	1212	1116	3063	1078
第二产业经营费用支出	6	0	2	12	0
第三产业经营费用支出	1446	2711	601	3995	675
财产性支出	11	9	20	5	7
转移性支出	223	227	392	369	406
部分商业保险支出	47	99	78	47	94
购置资产及非经常性转移支出	1622	1514	1659	1528	2416
借贷性支出	157	83	407	871	484

13-13 农村居民按收入五等份分组的人均可支配收入及构成（2020）

单位：元

组别	20%低收入组家庭人均可支配收入	20%中间偏下收入组家庭人均可支配收入	20%中间收入组家庭人均可支配收入	20%中间偏上收入组家庭人均可支配收入	20%高收入组家庭人均可支配收入
人均可支配收入（元）	**5993**	**8836**	**12083**	**17131**	**31407**
工资性收入	3000	6220	6568	10401	11692
经营净收入	1832	1163	3709	3359	14220
财产净收入	63	157	63	152	1156
转移净收入	1098	1296	1743	3220	4338
构成（%）	**100**	**100**	**100**	**100**	**100**
工资性收入	50.1	70.4	54.4	60.7	37.2
经营净收入	30.6	13.2	30.7	19.6	45.3
财产净收入	1.1	1.8	0.5	0.9	3.7
转移净收入	18.3	14.7	14.4	18.8	13.8

13-14　农村居民平均每百户年末主要耐用消费品拥有量

指标	2017	2018	2019	2020
家用汽车（辆）	20.7	33.8	30.1	36.6
摩托车（辆）	60.2	45.1	43.6	39.8
电冰箱（柜）	77.6	99.6	101.8	101.1
洗衣机（台）	98.2	101.3	102.3	100.0
热水器	28.6	36.8	33.3	42.6
空调	3.2	5.1	2.2	4.5
彩色电视机	115.6	120.0	122.6	119.1
照相机	4.4	3.2	0.9	1.5
计算机	24.2	21.7	27.5	26.0
固定电话	30.7	13.0	9.1	6.2
移动电话	268.1	303.2	306.8	295.1

13-15　农村居民人均主要消费品消费量

单位：千克

指标	2016	2017	2018	2019	2020
粮食消费量	143	143.9	144.6	156.9	151.5
油脂类消费量	9.7	10.6	10.7	12.1	9.7
蔬菜及菜制品消费量	72.7	62.9	72.9	106.9	78.9
肉类	18.4	18	20.2	20.5	15.3
禽类	2.7	2.5	2.5	3.1	4.5
水产品	1.1	1.1	1.4	1.5	1.5
蛋类及蛋制品	6.9	6.7	7.7	9.4	9.5
奶和奶制品	11	10.5	10.5	14.3	11.3
干鲜瓜果类	38.3	38.4	38.4	46.9	45.1
糖果糕点类	5	5	5.9	6.4	6.7
酒	9.8	10.4	7.7	10.3	7.7

13-16 历年各区县农村居民人均可支配收入

单位：元

地区	2011	2012	2013	2014	2015	2016	2017	2018	2019	2020
兰州市	**5252**	**6224**	**7114**	**8067**	**9621**	**10391**	**11305**	**12368**	**13605**	**14652**
城关区	14176	16274	18431	20919	19252	20780	22442	2484	26981	28948
七里河区	7899	9558	10825	12297	14365	15506	16904	18527	20435	21941
西固区	8702	10128	11466	13014	14290	15448	16823	18387	20263	21816
安宁区	9034	10514	11963							
红古区	8505	10155	11485	12977	15023	16180	17540	19207	21108	22689
永登县	4053	4899	5642	6382	8287	8974	9716	10649	11692	12602
皋兰县	4257	5083	5785	6512	8375	9076	9843	10769	11813	12730
榆中县	3582	4263	4910	5558	8100	8763	9534	10459	11505	12423

13-17 各区（县）农村居民人均可支配收入（2020）

单位：元

地区	可支配收入				
		工资性收入	经营净收入	财产净收入	转移净收入
城关区	28948	14741	447	8000	5760
七里河区	21941	10663	8693	170	2415
西固区	21816	12768	5379	414	3254
安宁区					
红古区	22689	8425	10697	246	3321
永登县	12602	4735	4732	28	3107
皋兰县	12730	6824	5051	57	798
榆中县	12423	6197	4469	68	1688

主要统计指标解释

可支配收入 指调查户在调查期内获得的、可用于最终消费支出和储蓄的总和，即调查户可以用来自由支配的收入。可支配收入既包括现金，也包括实物收入。按照收入的来源，可支配收入包含四项，分别为：工资性收入、经营净收入、财产净收入和转移净收入。

计算公式为：可支配收入=工资性收入+经营净收入+财产净收入+转移净收入

其中：经营净收入=经营收入–经营费用–生产性固定资产折旧–生产税

财产净收入=财产性收入–财产性支出

转移净收入=转移性收入–转移性支出

工资性收入 指就业人员通过各种途径得到的全部劳动报酬和各种福利，包括受雇于单位或个人、从事各种自由职业、兼职和零星劳动得到的全部劳动报酬和福利。

经营净收入 指住户或住户成员从事生产经营活动所获得的净收入，是全部经营收入中扣除经营费用、生产性固定资产折旧和生产税之后得到的净收入。计算公式具体为：

经营净收入=经营收入–经营费用–生产性固定资产折旧–生产税

财产净收入 指住户或住户成员将其所拥有的金融资产、住房等非金融资产和自然资源交由其他机构单位、住户或个人支配而获得的回报并扣除相关的费用之后得到的净收入。财产净收入包括利息净收入、红利收入、储蓄性保险净收益、转让承包土地经营权租金净收入、出租房屋净收入、出租其他资产净收入和自有住房折算净租金等。

转移性收入 指国家、单位、社会团体对住户的各种经常性转移支付和住户之间的经常性收入转移。包括养老金或退休金、社会救济和补助、政策性生产补贴、政策性生活补贴、经常性捐赠和赔偿、报销医疗费、住户之间的赡养收入，以及本住户非常住成员寄回带回的收入等。

转移性收入不包括住户之间的实物馈赠。

计算公式为：转移净收入=转移性收入－转移性支出

养老金或离退休金 指根据国家有关文件规定或合同约定，在劳动者年老或丧失劳动能力后，根据他们对社会、单位所作的贡献和所具备的享受养老保险资格或退休条件，按月以货币形式或实物产品及服务给予的待遇，主要用于保障因年老或疾病丧失劳动能力的劳动者的基本生活需要。包括离退休人员的养老金或离退休金、生活补贴，农民享有的新型农村养老保险金，城镇居民享有的社会养老保险金，国家或地方政府给予城镇无保障老人的养老金，因工致伤离退休人员的护理费，退休人员异地安家补助费、取暖补贴、医疗费、旅游补贴、书报费、困难补助以及在原工作单位所得的各种其他收入，相当于现金的购物卡券也包含在内。也包括发给的实物和购买指定物品的票证、购物卡券，应同时计入相应的实物产品和服务项目中。

转移性支出 指调查户对国家、单位、住户或个人的经常性或义务性转移支付。包括缴纳的税款、各项社会保障支出、赡养支出、经常性捐赠和赔偿支出以及其他经常转移支出等。

社会保障支出 指调查户家庭成员参加国家法律、法规规定的社会保障项目中由单位和个人共同缴纳的保障支出。包括养老保险、医疗保险、失业保险、工伤保险、生育保险以及其他社会保障支出。

消费支出 指住户用于满足家庭日常生活消费需要的全部支出，包括用于消费品的支出和用于服务性消费的支出。根据用途不同，消费支出可划分为食品烟酒、衣着、居住、生活用品及服务、交通通信、教育文化娱乐、医疗保健、其他用品及服务八大类。根据来源不同，消费支出可划分为现金消费支出、实物消费支出（含自产自用、来自单位、来自政府和其他社会组织）。

食品烟酒 指用于各种食品和烟草、酒类的支出，包括食品和烟酒两个中类。

衣着 指与居民穿着有关的支出，包括服装、服装材料、鞋类、其他衣类及配件、衣着相关加工服务的支出。

居住 指与居住有关的支出，包括房租、水、电、燃料、物业管理等方面的支出，也包括自有住房折算租金。

生活用品及服务 指家庭及个人的各类生活品及家庭服务。包括家具及室内装饰品、家用器具、家用纺织品、家庭日用杂品、个人用品和家庭服务。

交通通信 指用于交通和通信工具及相关的各种服务费、维修费和车辆保险等支出。

教育文化娱乐 指用于教育和文化娱乐方面的支出。

医疗保健 指用于医疗和保健的药品、用品和服务的总费用。包括医疗器具及药品，以及医疗服务。

其他用品及服务 指无法直接归入上述各类支出的其他用品与服务支出。

兰州统计年鉴
LANZHOU STATISTICAL YEARBOOK
2021

十四、市州主要经济指标

14-1 地区生产总值

单位：亿元、%

地区	地区生产总值	第一产业增加值	第二产业增加值	第三产业增加值	地区生产总值构成	第一产业增加值	第二产业增加值	第三产业增加值
全　国	1015986	77754	384255	553977	100.0	7.7	37.8	54.5
全　省	9016.70	1198.1	2852.00	4966.50	100.0	13.3	31.6	55.1
兰州市	2886.74	57.43	933.42	1895.90	100.0	2.0	32.3	65.7
嘉峪关市	281.60	5.4	179.20	97.0	100.0	1.9	63.6	34.5
金昌市	358.62	29.09	227.43	102.10	100.0	8.1	63.4	28.5
白银市	497.27	100.52	170.32	226.42	100.0	20.2	34.3	45.5
天水市	666.90	126.01	161.82	379.06	100.0	18.9	24.3	56.8
武威市	526.41	161.71	85.12	279.59	100.0	30.7	16.2	53.1
张掖市	467.05	128.62	86.99	251.45	100.0	27.5	18.6	53.8
平凉市	476.16	109.85	116.70	249.61	100.0	23.1	24.5	52.4
酒泉市	657.70	113.30	271.20	273.30	100.0	17.2	41.2	41.6
庆阳市	754.73	97.62	356.36	300.75	100.0	12.9	47.2	39.9
定西市	441.36	88.47	70.11	282.78	100.0	20.0	15.9	64.1
陇南市	451.80	82.40	102.90	266.50	100.0	18.2	22.8	59.0
临夏州	331.30	53.70	61.30	261.30	100.0	16.2	18.5	65.3
甘南州	219.06	44.05	29.15	145.86	100.0	20.1	13.3	66.6

14-2 地区生产总值指数

（上年=100）

单位：%

地区	地区生产总值	第一产业增加值	第二产业增加值	第三产业增加值
全　国	102.3	103.0	102.6	102.1
全　省	103.9	105.4	105.9	102.2
兰州市	102.4	105.0	103.7	101.5
嘉峪关市	104.3	104.2	106.7	99.0
金昌市	108.7	105.2	110.9	103.8
白银市	102.8	106.0	100.1	104.1
天水市	105.2	105.6	104.9	105.1
武威市	104.3	105.7	103.6	103.9
张掖市	103.6	105.3	104.1	102.6
平凉市	103.5	105.6	101.2	104.0
酒泉市	106.3	106.2	111.1	101.3
庆阳市	104.3	105.5	105.6	101.9
定西市	104.4	105.9	105.9	103.5
陇南市	102.9	104.3	101.1	103.2
临夏州	105.2	105.4	104.1	105.5
甘南州	101.6	102.5	102.2	101.2

14-3 工业、投资主要指标

单位：亿元、%

地区	全部工业增加值		规模以上工业增加值	建筑业增加值		固定资产投资
	总量	增速	增速	总量	增速	增速
全　　国	313071	2.4	2.8	72996	3.5	2.9
全　　省	—	6.2	6.5	—	4.3	7.8
兰 州 市	727.46	3.1	3.2	207.70	6.1	3.4
嘉峪关市	173.45	7.8	10.6	5.82	–23.7	7.7
金 昌 市	204.18	11.6	14.2	23.49	4.4	9.8
白 银 市	134.68	–2.5	0.1	36.69	13.7	16.0
天 水 市	113.90	5.0	8.6	49.89	5.0	13.6
武 威 市	55.33	4.6	8.4	29.54	1.7	13.4
张 掖 市	51.88	9.9	9.8	35.45	–4.5	8.2
平 凉 市	85.14	0.1	3.6	31.58	5.1	14.3
酒 泉 市	240.10	12.9	17.3	31.30	–2.6	12.1
庆 阳 市	329.27	5.7	6.2	31.79	3.6	26.7
定 西 市	35.91	4.3	8.0	34.20	7.9	15.8
陇 南 市	86.10	1.6	4.9	16.97	–2.3	–26.8
临 夏 州	28.90	–1.1	11.4	35.50	9.8	27.0
甘 南 州	22.74	2.7	8.5	6.44	0.3	–22.8

14-4 消费、财政收入主要指标

单位：亿元、%

地区	社会消费品零售总额		一般公共预算收入		一般公共预算支出	
	总量	增速	总量	增速	总量	增速
全　　国	391981.0	-3.9	182895.0	-3.9	245588.0	2.8
全　　省	3632.4	-1.8	874.5	2.8	4154.9	5.1
兰 州 市	1641.2	-1.8	247.1	6.0	486.2	6.5
嘉峪关市	72.4	-4.7	18.2	2.4	28.9	-9.2
金 昌 市	100.6	-1.3	22.5	7.9	61.0	-8.1
白 银 市	165.3	1.5	33.4	7.3	200.1	5.2
天 水 市	270.9	0.3	53.9	7.1	351.9	13.0
武 威 市	143.8	-0.5	32.0	12.8	217.1	6.1
张 掖 市	201.1	-2.8	27.0	0.1	179.6	16.4
平 凉 市	165.7	-1.1	32.8	0.9	242.4	0.2
酒 泉 市	243.9	-4.6	36.2	-2.3	153.9	-2.3
庆 阳 市	177.0	-2.8	54.5	-7.0	300.5	6.9
定 西 市	159.2	-0.5	25.7	4.1	288.2	10.8
陇 南 市	139.5	-4.9	23.2	-1.7	355.0	19.6
临 夏 州	106.7	0.7	19.2	17.1	319.3	15.9
甘 南 州	44.9	-5.6	10.5	-0.2	221.9	5.8

14-5 城乡居民收入、CPI

单位：元、%

地区	城镇居民人均可支配收入		农村居民人均可支配收入		居民消费价格指数	
	总量	增速	总量	增速	累计指数	涨幅
全　　国	43834	3.5	17131	6.9	102.5	2.5
全　　省	33822	4.6	10344	7.4	102.0	2.0
兰 州 市	40152	5.4	14652	7.7	102.0	2.0
嘉峪关市	44774	5.1	22478	6.9	101.7	1.7
金 昌 市	42662	5.2	16788	6.8	102.4	2.4
白 银 市	33103	4.2	10711	7.9	102.3	2.3
天 水 市	30057	4.7	9072	7.5	102.3	2.3
武 威 市	31580	5.1	13471	7.2	101.6	1.6
张 掖 市	28976	5.5	16020	7.2	101.9	1.9
平 凉 市	31096	4.9	9756	7.4	101.5	1.5
酒 泉 市	40070	4.8	19912	7.0	102.2	2.2
庆 阳 市	33616	4.7	10422	7.6	101.9	1.9
定 西 市	27612	5.3	8843	7.5	102.1	2.1
陇 南 市	26791	4.6	8376	8.3	102.1	2.1
临 夏 州	23338	4.3	8113	8.0	101.8	1.8
甘 南 州	27656	4.0	9129	8.2	101.9	1.9

十五、全国主要指标对比

15-1 地区生产总值

单位：亿元、%

地区	地区生产总值		第一产业增加值		第二产业增加值		第三产业增加值	
	总量	增速	总量	增速	总量	增速	总量	增速
直辖市								
北　京	36102.60	1.2	107.60	−8.5	5716.40	2.1	30278.60	1.0
上　海	38700.58	1.7	103.57	−8.2	10289.47	1.3	28307.54	1.8
天　津	14083.73	1.5	210.18	−0.6	4804.08	1.6	9069.47	1.4
重　庆	25002.79	3.9	1803.33	4.7	9992.21	4.9	13207.25	2.9
省会城市								
兰　州	2886.74	2.4	57.43	5.0	933.42	3.7	1895.90	1.5
*西　安	10020.39	5.2	312.75	3.0	3328.27	7.4	6379.37	4.2
西　宁	1372.98	1.8	57.17	4.3	418.72	6.1	897.09	−0.2
银　川	1964.37	3.2	75.72	0.7	832.62	2.8	1056.03	3.8
乌鲁木齐	3337.32	0.3	27.05	1.4	907.89	8.1	2402.38	−2.2
*成　都	17716.68	4.0	655.17	3.3	5418.50	4.8	11643.00	3.6
贵　阳	4311.65	5.0	178.31	6.4	1552.59	5.5	2580.75	4.4
昆　明	6733.79	2.3	312.35	5.6	2102.93	1.4	4318.51	2.5
呼和浩特	2800.7	0.2	126.5	1.2	815.7	1.4	1858.5	−0.5
南　宁	4726.34	3.7	534.36	4.7	1084.32	5.3	3107.67	2.9
福　州	10020.02	5.1	560.70	4.0	3840.77	6.2	5618.55	4.4
*广　州	25019.11	2.7	288.08	9.8	6590.39	3.3	18140.64	2.3
海　口	1791.58	5.3	79.88	3.8	269.56	0.6	1442.14	6.4
*哈尔滨	5183.80	0.6	615.80	2.1	1144.50	2.3	3423.50	−0.4
*沈　阳	6571.56	0.8	303.58	2.9	2160.41	2.9	4107.57	−0.6
*武　汉	15616.06	−4.7	402.18	−3.8	5557.47	−7.3	9656.41	−3.1
*南　京	14817.95	4.6	296.80	0.9	5214.35	5.6	9306.80	4.1
*长　春	6638.03	3.6	533.82	−2.4	2758.12	8.0	3346.09	0.3
杭　州	16106.00	3.9	326.00	−1.1	4821.00	2.3	10959.00	5.0
*济　南	10140.90	4.9	361.70	2.2	3530.70	7.0	6248.60	3.7
南　昌	5745.51	3.6	235.28	2.2	2676.89	3.8	2833.35	3.4
长　沙	12142.52	4.0	423.46	4.0	4739.27	5.0	6979.79	3.3
合　肥	10045.72	4.3	332.32	1.2	3579.51	6.4	6133.89	3.0
太　原	4153.25	2.6	32.24	3.7	1504.19	3.0	2616.82	2.3
郑　州	12003.04	3.0	156.87	0.9	4759.54	4.5	7086.63	1.7
石家庄	5935.10	3.9	498.60	3.5	1745.20	3.1	3691.30	4.3
其他城市								
*大　连	7030.40	0.9	459.20	3.2	2815.20	4.3	3756.00	−2.5
苏　州	20170.45	3.4	196.40	−2.0	9385.58	3.4	10588.47	3.5
无　锡	12370.48	3.7	128.10	1.6	5751.19	4.3	6491.19	3.2
*厦　门	6384.02	5.7	28.89	2.5	2519.84	6.1	3835.29	5.5
*深　圳	27670.24	3.1	25.79	−3.1	10454.01	1.9	17190.44	3.9
*青　岛	12400.56	3.7	425.41	2.6	4361.56	3.0	7613.59	4.1
*宁　波	12408.70	3.3	338.40	2.1	5693.90	3.0	6376.40	3.6
威　海	3017.79	3.0	301.66	2.9	1162.27	2.1	1553.86	3.7
烟　台	7816.42	3.6	572.74	2.4	3192.39	4.6	4051.29	2.7

注：加*号为副省级城市。

15-2 工业

单位：亿元、%

地区	建筑业增加值		工业增加值		规模以上工业总产值		规模以上工业增加值	
	总量	增速	总量	增速	总量	增速	总量	增速
直辖市								
北　京			4216.50	1.4				2.30
上　海	719.64	0.6	9656.51	1.4	34830.97	1.9		1.7
天　津	719.73	3.9	4188.13	1.3		-2.8		1.6
重　庆	3001.44	3.4	6990.77	5.3				5.8
省会城市								
兰　州	207.70	6.1	727.46	3.1				3.2
*西　安	1547.44	9.3	1828.59	5.8	6419.60	2.6		7.0
西　宁								3.5
银　川	177.22	6.7	655.72	1.9				1.6
乌鲁木齐	207.77	10.0	703.04	7.6	2425.81	5.9	651.83	8.0
*成　都	1312.27	4.2	4208.27	4.7				5.0
贵　阳	670.21	7.0	883.68	4.5				6.1
昆　明			1324.98	0.7				0.9
呼和浩特		-5.6	613.92	3.8				4.6
南　宁		8.8		2.6		1.9		3.0
福　州	1328.23	8.8	2532.16	5.1				5.3
*广　州	910.98	9.5	5722.52	2.6	19969.47	2.8	4575.68	2.5
海　口	122.39	6.5	150.60	-3.5	545.43	-2.7	137.07	-3.3
*哈尔滨	274.70	0.2	870.30	2.9				4.2
*沈　阳								2.8
*武　汉	1483.48	0.1	4085.48	-9.3				-6.9
*南　京	884.86	0.8	4331.59	6.4		6.0	2981.84	6.5
*长　春						9.9		10.4
杭　州	601.00	0.2	4221.00	2.6			3634.00	3.8
*济　南	1181.80	3.9	2360.50	8.2				12.2
南　昌								4.7
长　沙	1275.93	5.2		4.9				5.1
合　肥	1510.35	4.7						8.3
太　原								3.2
郑　州	1627.70	1.6	3145.70	5.7		6.3		6.1
石家庄								1.7
其他城市								
*大　连								3.8
苏　州					34823.9	4.0		6.0
无　锡	625.68	1.5	5126.15	4.6	17594.50	6.3	3968.80	6.6
*厦　门	655.90	8.6	1892.18	5.4			1925.86	6.0
*深　圳	946.61	6.4	9528.12	1.5		-0.4	8932.56	2.0
*青　岛	1112.79	4.0	3268.38	2.8				5.5
*宁　波	656.30	-1.7	5045.60	3.6			4042.00	5.2
威　海	179.36	-0.7						4.6
烟　台	474.22	-0.7	2727.34	5.3				7.7

15-3 固定资产投资

单位：亿元、%

地区	固定资产投资	房地产开发投资		工业投资
	增速	总量	增速	增速
直辖市				
北　京	2.2		2.6	
上　海	10.3		11.0	15.9
天　津	3.0		-4.4	1.8
重　庆	3.9	4351.96	-2.0	5.8
省会城市				
兰　州	3.4	552.81	0.1	26.0
*西　安	12.8		6.5	15.2
西　宁	-25.9		-7.1	-43.7
银　川	1.1	311.43	13.1	15.4
乌鲁木齐	0.3	507.49	-2.1	-16.1
*成　都	9.9		9.2	2.9
贵　阳	2.7	10.10	10.1	3.8
昆　明	8.1		8.0	8.1
呼和浩特	-8.5	246.90	40.9	53.4
南　宁	-2.5	1378.20	-5.7	8.1
福　州	9.6	2070.23	14.2	9.9
*广　州	10.0	3293.95	6.2	-0.8
海　口	9.9	443.67	-7.7	
*哈尔滨	2.8		0.3	1.9
*沈　阳	4.1	1235.89	5.2	1.7
*武　汉	-11.8		-6.4	-20.4
*南　京	6.6	2631.40	5.2	11.0
*长　春	8.8		12.4	3.9
杭　州	6.8		5.3	6.9
*济　南	4.0	1707.60	8.3	27.9
南　昌	8.8		6.4	3.7
长　沙	6.2	1868.41	12.0	3.9
合　肥	4.7	1546.99	-0.6	-5.1
太　原	11.3	715.32	2.4	39.5
郑　州	3.6		2.4	20.9
石家庄	-19.9		3.3	
其他城市				
*大　连	0.1		5.9	-18.3
苏　州	6.6	2673.70	-0.5	27.4
无　锡	6.1	1350.02	-0.6	13.3
*厦　门	8.8	1055.76	17.4	12.9
*深　圳	8.2	3562.58	16.4	0.5
*青　岛	3.2	2045.10	13.4	1.7
*宁　波	5.5		6.8	10.0
威　海	2.9	393.51	2.7	11.4
烟　台	2.9	851.23	23.2	3.9

15-4 进出口

单位：亿元、%

地区	进出口总额		出口总额		进口总额	
	总量	增速	总量	增速	总量	增速
直辖市						
北 京	23215.90	-19.1	4654.90	-10.0	18561.00	-21.1
上 海	34828.47	2.3	13725.36	0.0	21103.11	3.8
天 津	7340.66	-0.1	3075.12	1.9	4265.54	-1.5
重 庆	6513.36	12.5	4187.48	12.8	2325.88	11.9
省会城市						
兰 州	102.60	-14.2	32.70	-54.6	69.90	46.7
*西 安	3473.84	7.2	1776.00	2.6	1697.80	12.3
西 宁	16.81	-37.0	7.05	-51.7	9.76	-19.2
银 川	62.96	-60.0	45.27	-56.6	17.69	-66.8
乌鲁木齐	455.87	-11.0	288.51	-13.7	167.36	-6.0
*成 都	7154.21	22.4	4106.85	23.7	3047.37	20.7
贵 阳	446.94	31.1	357.98	47.3	88.96	-9.1
昆 明	160.59	21.8	77.45	114.8	83.15	-13.2
呼和浩特	147.00	18.3	72.40	13.9	74.60	22.9
南 宁	986.00	31.8	470.82	29.2	515.19	34.2
福 州	2504.80		1786.50		718.40	-0.8
*广 州	9530.06	-4.8	5427.67	3.2	4102.39	-13.6
海 口	368.3	11.2	110.3	27.7	258.0	5.3
*哈尔滨	255.90	1.5	136.90	14.1	119.00	-9.9
*沈 阳	1028.10	-4.2	274.40	-13.2	753.70	-0.4
*武 汉	2704.30	10.8	1421.70	4.3	1282.60	19.0
*南 京	5340.21	10.6	3398.92	13.0	1941.29	6.6
*长 春	1027.60	3.0	135.40	-9.3	892.20	5.2
杭 州	5934	5.9	3693	2.1	2241	12.9
*济 南	1382.70	22.9	755.00	17.2	627.60	30.7
南 昌	1151.46	8.4	713.11	10.3	438.35	5.4
长 沙	2350.46	17.4	1548.72	10.8	801.74	32.5
合 肥	2597.25	16.9	1580.76	13.4	1016.48	22.7
太 原	1211.47	8.1	724.71	11.2	486.76	3.8
郑 州	4946.40	19.7	2948.80	10.0	1997.60	37.6
石家庄	1341.10	14.0	785.60	19.9	555.50	6.7
其他城市						
*大 连	3854.20	-11.7	1672.60	-13.8	2181.60	-10.0
苏 州	22321.43	1.5	12941.49	-2.2	9379.95	7.1
无 锡	6075.61	-4.6	3547.07	-7.2	2528.54	-0.7
*厦 门	6915.77	7.8	3572.92	1.2	3342.85	16.0
*深 圳	30502.53	2.4	16972.66	1.5	13529.86	3.6
*青 岛	6407.00	8.2	3876.80	13.7	2530.20	0.7
*宁 波	9786.90	6.7	6407.00	7.3	3379.90	5.6
威 海	1614.57	15.1	1165.82	26.6	448.75	-7.0
烟 台	3243.10	11.6	1979.80	14.2	1263.30	7.7

15-5 社会消费品零售总额与财政

单位：亿元、%

地区	社会消费品零售总额		一般公共预算收入		一般公共预算支出	
	总量	增速	总量	增速	总量	增速
直辖市						
北　京	13716.4	-8.9	5483.90	-5.7	6776.00	-3.6
上　海	15932.50	0.5	7046.30	-1.7	8102.11	-0.9
天　津		-15.1	1923.05	-10.2	3151.37	-11.4
重　庆	11787.20	1.3	2094.80	-1.9	4893.90	1.0
省会城市						
兰　州	1641.24	-1.8	247.13	6.0	486.24	6.5
*西　安	4989.33	-2.9	724.13	3.1	1352.69	8.5
西　宁	573.57	-9.3	133.51	31.2	329.51	0.4
银　川	770.87	-7.1	157.25	1.6	335.76	-3.1
乌鲁木齐	1043.50	-19.8	392.64	-16.9	536.87	-13.5
*成　都	8118.50	-2.3	1520.40	2.5	2158.00	7.5
贵　阳	2188.26	6.6	398.13	-4.6	676.42	-5.9
昆　明	3070.44	-3.6	650.47	3.2	875.05	6.6
呼和浩特	1032.9	-4.0	217.10	6.9	435.7	4.3
南　宁	2180.36	-6.3	372.25	0.4	819.86	3.9
福　州	4225.61	0.6	675.61	1.1	950.20	0.0
*广　州	9218.66	-3.5	1721.59	1.4	2953.04	3.1
海　口	835.89	1.5	186.1	0.4	305.4	14.9
*哈尔滨		-11.3	339.60	-8.4	1162.20	5.5
*沈　阳	3637.60	-5.4	736.08	0.8	1074.11	2.5
*武　汉	6149.84	-20.9	1230.29	-21.3	2407.0	7.5
*南　京	7203.03	0.9	1637.70	3.7	1754.62	5.8
*长　春		-6.5	440.40	1.5	1084.10	10.5
杭　州	5973.00	-3.5	2093.40	6.5	2069.70	6.0
*济　南	4469.10	1.1	906.10	3.6	1288.40	7.6
南　昌	2452.74	3.0	483.86	1.4	838.07	0.5
长　沙	4469.76	-2.6	1100.09	3.0	1480.24	3.8
合　肥	4513.76	3.1	762.90	2.3	1164.80	3.8
太　原	1655.11	-6.4	378.44	-2.1	647.35	6.0
郑　州	5076.30	-4.7	1259.21	3.0	1721.30	-9.9
石家庄	2279.60	-3.4	605.00	11.0	1068.00	8.3
其他城市						
*大　连	1828.0	-11.5	702.70	1.4	1002.00	-1.4
苏　州	7701.98	-1.4	2303.00	3.7	2263.58	5.7
无　锡	2994.36	-1.0	1075.70	3.8	1214.92	8.7
*厦　门	2293.87	1.6	783.94	2.0	976.91	7.0
*深　圳	8664.83	-5.2	3857.39	2.2	4177.72	-8.2
*青　岛	5203.50	1.5	1253.80	1.0	1584.70	0.6
*宁　波	4238.30	-0.7	1510.80	2.9	1742.00	-1.5
威　海		0.3	252.39	1.0	350.42	2.1
烟　台	2799.95	-0.2	610.07	2.5	845.38	9.1

15-6 金融

单位：亿元、%

地区	金融机构（含外资）人民币存款余额		住户存款		金融机构（含外资）人民币贷款余额	
	总量	增速	总量	增速	总量	增速
直辖市						
北　京	181105.56	10.2	42888.77	15.0	81035.19	10.4
上　海	145327.65	17.8			77991.03	5.7
天　津	33037.64	7.6	14865.71	17.6	37690.44	8.1
重　庆	41270.20	8.7	20209.77	13.2	40960.64	13.2
省会城市						
兰　州	9044.77	2.4	3859.63	8.1	12954.98	7.7
*西　安	25730.51	11.5	10913.05	14.2	25559.04	14.8
西　宁	4371.64	8.7	1723.88	11.3	5312.54	–0.7
银　川	4488.01	11.8	2137.48	14.5	5535.00	7.5
乌鲁木齐	9604.46	8.4	3680.28	16.0	8672.11	11.2
*成　都	42266.00	9.5	17085.00	14.7	39686.00	13.0
贵　阳	12485.17	4.6	3634.56	14.9	15799.15	12.4
昆　明	16324.65	9.5	5962.79	11.3	19740.44	10.6
呼和浩特	6116.1	4.1	2623.75	9.7	8899.6	4.5
南　宁	11479.18	7.3	4415.35	11.5	15820.33	13.7
福　州	2015.52	13.1	924.43	15.3	2170.65	12.7
*广　州	65615.47	15.7			53535.39	16.0
海　口	5019.39	3.1	2034.63	10.7	5770.12	8.3
*哈尔滨	13749.40	12.2	7311.40	16.2	12553.30	4.2
*沈　阳	19272.63	3.1	10329.86	23.9	17929.78	7.9
*武　汉	30329.15	8.4			35491.87	16.1
*南　京	39056.06	12.6	9499.25	17.2	37594.23	13.9
*长　春	14155.70	12.4	6888.20	17.0	14525.70	11.1
杭　州						
*济　南	20715.00	13.2	7584.10	17.8	19704.90	11.8
南　昌	13526.76	12.9			15814.55	14.1
长　沙						
合　肥	18296.74	13.3			17678.66	15.5
太　原	14212.47	12.2	5896.93	12.3	14823.04	8.1
郑　州	24994.33	7.0	8961.80	12.6	28439.38	12.1
石家庄	15917.80		8321.80		12781.80	
其他城市						
*大　连	15512.50	9.5	7843.80	14.6	12628.50	5.3
苏　州	35165.68	11.1			34195.78	13.5
无　锡	18867.71	9.9	7195.67	5.6	15114.05	12.9
*厦　门	12553.38	13.1	2821.79	21.4	12687.99	14.9
*深　圳	96974.91	21.9	18717.82	16.9	64628.97	15.4
*青　岛	19821.80		8030.90		20211.00	
*宁　波	23166.68	14.2	8522.07	14.0	25051.98	15.1
威　海	4613.79	11.1			3374.32	17.7
烟　台	9479.12		5790.59		6343.98	

15-7 城乡居民收入与支出

单位：元、%

地区	城镇居民人均可支配收入		城镇居民人均消费性支出		农村居民人均可支配收入	
	总量	增速	总量	增速	总量	增速
直辖市						
北　京						
上　海	76437	3.8	44839	-7.1	34911	5.2
天　津	47659	3.3	30895	-11.2	25691	3.6
重　庆	40006	5.4	26464	2.6	16361	8.1
省会城市						
兰　州	40152	5.4	25892	-4.2	14652	7.7
*西　安	43713	4.5	25813	-8.3	15749	8.0
西　宁	36959	6.1	24811	3.3	13487	7.2
银　川	39416	3.1	26671	-3.8	16428	7.5
乌鲁木齐	42770	0.2			22827	6.4
*成　都	48593	5.9	28736	-3.3	26432	8.5
贵　阳	40305	5.4			18674	8.1
昆　明	48018	3.7			17719	8.3
呼和浩特	49789	0.8	28579	-8.2	20489	8.0
南　宁	38542	2.3			16130	7.2
福　州	49300	2.9	32019	-2.0	22669	6.3
*广　州	68304	5.0	44283	-1.7	31266	8.3
海　口	40049	2.8			17405	8.0
*哈尔滨	39791	-0.5	27202	-7.0	19631	7.6
*沈　阳	47413	1.3	31562	-7.5	19598	8.1
*武　汉	50362	-2.6	31115	-8.5	24057	-2.9
*南　京	67553	4.9	35854	-0.2	29621	7.2
*长　春	40001	5.7			16636	7.6
杭　州	68666	3.9	41916	-4.9	38700	6.7
*济　南	53329	2.7	34391	2.8	20432	5.0
南　昌	46796	6.0	27955	-2.0	20921	7.3
长　沙	57971	5.0	39133	-1.0	34754	7.5
合　肥	48283	6.3	28002	2.5	24282	8.1
太　原	38329	5.4	20559	-3.5	19655	7.0
郑　州	42887	1.9	25450	-6.4	24783	5.3
石家庄	40247	4.4			16947	6.9
其他城市						
*大　连	47380	2.0	30158	-4.2	21558	7.9
苏　州	70966	3.4	39005	-1.6	37563	6.9
无　锡	64714	4.5	37195	-0.6	35750	6.5
*厦　门	61331	3.9	38069	-1.0	26612	7.3
*深　圳						
*青　岛	55905	2.6	35936	1.9	23656	4.8
*宁　波	68008	4.8	38702	1.1	39132	6.8
威　海	50424	2.8	31252	-1.6	23351	5.3
烟　台	49434	3.0	31843	1.9	22305	5.1

15-8 价格指数与职工工资

单位：元、%

地区	居民消费价格总指数		城镇非私营单位在岗职工年平均工资
	累计	增速	
直辖市			
北　京	101.7	1.7	185026
上　海	101.7	1.7	全口径城镇单位就业人员平均工资 124056
天　津	102.0	2.0	114682
重　庆	102.3	2.3	98380
省会城市			
兰　州	102.0	2.0	93847
*西　安	102.1	2.1	104363
西　宁	102.7	2.7	102871
银　川	101.8	1.8	101772
乌鲁木齐	100.9	0.9	97225
*成　都	102.5	2.5	104463
贵　阳	102.4	2.4	101829
昆　明	103.1	3.1	102304
呼和浩特	102.0	2.0	89549
南　宁	102.3	2.3	97079
福　州	102.4	2.4	96478
*广　州	102.6	2.6	135138
海　口	101.6	1.6	城镇非私营单位从业人员工资 86609
*哈尔滨	101.4	1.4	城镇非私营单位从业人员工资 84796
*沈　阳	102.3	2.3	95908
*武　汉	102.4	2.4	城镇单位在岗职工工资 87929
*南　京	102.4	2.4	138005
*长　春	101.9	1.9	城镇非私营单位从业人员工资 90372
杭　州	102.1	2.1	非私营单位在岗职工工资 132188
*济　南	102.4	2.4	108391
南　昌	102.5	2.5	93774
长　沙	101.8	1.8	105603
合　肥	102.3	2.3	104818
太　原	102.6	2.6	88650
郑　州	102.3	2.3	89464
石家庄	102.3	2.3	87842
其他城市			
*大　连	102.1	2.1	98812
苏　州	102.2	2.2	113744
无　锡	102.3	2.3	115748
*厦　门	102.5	2.5	108554
*深　圳	102.3	2.3	139436
*青　岛	102.4	2.4	城镇非私营单位从业人员工资 106011
*宁　波	101.9	1.9	114374
威　海	102.5	2.5	77022
烟　台	102.5	2.5	88339